はじめに

ご妊娠、おめでとうございます。
初めて妊娠がわかったとき、どんな気持ちでしたか。
うれしいような、恥ずかしいような、
ワクワクする気持ちだったのではないでしょうか。

そして同時に、
「おなかの赤ちゃんは今、元気にしているのかな」
「具合が悪いとき、薬を飲んでもいいのかしら？」などと
不安もたくさんわいてきたことでしょう。

心配なことはなんでも医師や助産師に相談してほしいのですが、
日々のちょっとした疑問や
かけがえのない妊娠生活を
よりハッピーに過ごすためのヒントについては
この本を開いて、参考にしていただけたら幸いです。

そしてその日を安産で迎えられますように。

はじめて妊婦さんに知っておいてほしいこと

1 妊娠・出産は一人ひとり、みんな違います

妊娠・出産には一応、標準的な流れがありますが、非常に個人差があるものです。一人ひとり顔が違うように、何千人ものお産を見ても、誰ひとりとして同じではありません。年齢、体重、子宮筋腫など合併症の有無、仕事をしているかなど、さまざまな要因があります。「人と違う」と不安になりすぎず、「人が大丈夫だったから自分も大丈夫」と過信しすぎないことが大切です。

2 どんなお産をしたいか、自分でも考えましょう

お産についてどのように考えていて、どういうお産をしたいか。自分の希望を「バースプラン」として書いてみましょう。「夫にずっとそばにいてもらいたい」「産む瞬間は夫には見られたくない」など、考え方は人それぞれ。思い描いていたとおりにならないこともありますが、出産のケアをするスタッフも、その方にとっていちばんいい方法を考えたいと思っています。

3 出産はゴールではありません

妊娠・出産はゴールではなく、子育ての始まりです。生まれた子どもは、次の世代を担っていく存在。ですから、生まれてくる赤ちゃんはできるだけいい状態で生まれる権利をもっています。「理想のお産」にこだわりすぎず、「何が赤ちゃんにとってベストか」を考えることも大事。子育ても個人差が大きく、自分の思い描いているとおりに成長することはまずありませんよ!

監修のドクターからのメッセージ

総合母子保健センター
愛育病院
副院長・産婦人科部長
安達知子先生

1978年、東京女子医科大学医学部卒業後、同大学産婦人科学教室入局。米国ジョンズ・ホプキンス大学研究員、東京女子医科大学産婦人科助教授をへて、2004年から愛育病院産婦人科部長に。06年より東京女子医科大学の客員教授に、13年より愛育病院副院長を兼務。厚労省、文科省、内閣府などの各種委員会の委員などを務める、わが国の産科学界を担う中心的存在の一人。

for はじめてママ

初めて妊婦さんの気になることBest16大調査!

みんなが気になることと、その正解は!? 妊娠誌『プレモ』と育児誌『ベビモ』の読者アンケート結果とともに、ナビゲートします。

妊娠初期の（2〜4カ月）気になること

喜びもとまどいも不安も強い時期。何から何までドキドキしますね。

Q つわりがしんどい! いつになったら終わるの!?

A 妊娠2〜3カ月がつわりのピークです

つわりは妊娠初期に見られる、胃がムカムカする、吐きけがするなどの消化器の不快症状で、原因はよくわかっていません。個人差があって、まったくない人もいれば、妊娠中期になってもおさまらない人もいます。妊娠2〜3カ月ごろがピークですが、この時期の胎児には母体からの栄養はあまり必要なく、ママの体重が少しくらい落ちても影響ありません。ただしあまりにひどく吐いて、脱水症状になると危険。主治医に相談して点滴を受けましょう。

→詳しくは36ページ

先輩ママDATA

いつごろ始まった?

4・5週 33%
6・7週 28%
8・9週 28%
10・11週 8%
12週以降 3%

いつごろ終わった?

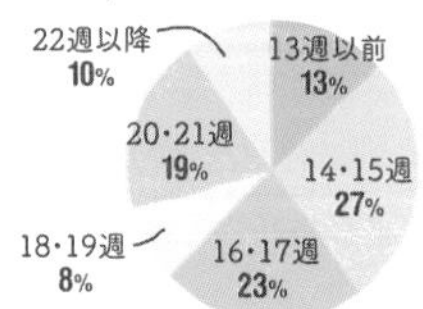

妊娠2カ月（4〜7週）に始まった人が半数以上。一方、終了は妊娠4〜6カ月前半までばらつきが。なかには妊娠後期までつわりが続いたという人も。

どんなつわり?

1位：においづわり
2位：食べづわり
3位：吐きづわり
4位：眠りづわり

約9割の妊婦さんがつわりを経験。食べ物や香料のにおいで気持ち悪くなる「においづわり」は約半数の妊婦さんが経験。空腹だと気分が悪くなる「食べづわり」で体重がふえてしまう人も。

Q 前々から予定が… 旅行に行ってもいい?

A ダメではありませんが妊娠5カ月以降が安心

初期の旅行は絶対にしてはいけないということはありませんが、4カ月の終わりごろまでは胎盤や体の器官が形成される時期。流産も起きやすい時期なので、できるだけ妊娠中期、16週以降がおすすめです。妊娠中のどの時期でも、あまり長時間の移動をしないようにし、移動するときは余裕をもちましょう。

→詳しくは44ページ

Q 妊娠中に食べちゃいけないものってあるの?

A 生ものや非加熱の加工品はやめましょう

妊娠しているからといって「絶対に食べてはいけない」ものはありません。ただ、妊娠中は免疫力が落ちるといわれ、ウイルスや細菌に感染しやすい時期。母体が感染すると赤ちゃんに影響する場合もあるので、生ものや非加熱の加工品はできるだけ避けて。ビタミンAや水銀の過剰摂取が心配な食材については、心配いらない量が定められているのでその数値を知っておいて。アルコールはNG。カフェインは少量にとどめましょう。

→詳しくは46ページ

Q おなかの赤ちゃんに障がいがないか心配です

A 出生前診断でもすべてはわかりません

どうしても気になるようなら、ひとりで悩んでいても何も解決しないので、医師に相談を。出生前診断でもすべての障がいがわかるわけではなく、必ず受けなくてはいけない検査ではありません。受けるための条件や検査自体にリスクを伴う場合もあるので、本当に検査が必要なのか、もし異常があったらどうするのかを夫婦でよく話し合うことが必須です。

「出生前診断」って何?

おなかの赤ちゃんの染色体異常や先天異常を調べる検査のこと。健診時の精密超音波検査のほか、絨毛検査、羊水検査、母体血清マーカーテスト、新型出生前診断（NIPT）検査があります。

「母体血清マーカーテスト」は妊娠15〜19週にできる血液検査。ダウン症など先天異常の確率を診断します。確定診断を望むなら、妊娠10〜13週に子宮内の絨毛の一部を採取する「絨毛検査」か子宮に針を刺して羊水を採取する「羊水検査」。どちらも破水や感染から流産・早産を起こすリスクがあります。2013年4月にスタートした「NIPT検査」は、母体の血液中にある胎児のDNAから染色体異常の可能性を診断。妊娠10〜13週から受けられますが、35才以上が対象などいくつか条件があり、実施できる施設が限られます。

妊娠中期の（5～7カ月）気になること

つわりも一段落、おなかもふくらんでくるこの時期には、また違う心配事が。

Q 「おなかの張り」がよくわかりません

A 子宮がかたくなった状態のことです

おなかの張りとは、子宮がキューッと収縮してかたくなること。さわってみるとかたくなっているのがわかります。子宮が大きくなるために起こる、心配のない生理的な張りもありますが、痛みや出血を伴うときはトラブルの可能性があるので、すみやかに診察を受けましょう。

→詳しくは128ページ

先輩ママDATA

＊「おなかの張り」で、定期健診以外で受診したことはある？

はい 27%
いいえ 73%

＊どんなときにおなかが張った？

1位：活動しているとき
2位：疲れたとき
3位：寝ているとき
4位：セックスしたとき
5位：寒いとき

しばらく休めばおさまるようなら、問題のない張り。運動や疲労、寝不足や冷えによる張りには、十分な休息とリラックスを心がけて。

Q 運動したほうがいいと言われるけれど、どの程度までならいいの？

A 疲れない程度の有酸素運動が○

経過が順調なら、適度な運動は心身によい影響を与えます。息が上がらない、疲れない程度に。妊婦さん向きなのは、ウォーキングなどの有酸素運動です。散歩は手軽にでき、気分転換にもなるのでおすすめ。妊娠前から日常的にしていたスポーツは続けても問題がないことが多いですが、妊娠がわかったら念のため主治医に相談を。

→詳しくは116ページ

先輩ママDATA

＊妊娠中の運動、何してた？

1位：ウォーキング
2位：ヨガ
3位：スイミング
4位：マタニティビクス

自分で好きなときにできるウォーキングが一番人気。ヨガやスイミングなど教室に通うものは妊婦仲間ができるというメリットも。

Q 健診で「赤ちゃんが大きいね」と言われてしまいました

A 大きめでも小さめでも体重がふえていれば大丈夫

おなかの赤ちゃんは27週ごろから大きさに個人差が出てきます。健診で医師から「大きいね」「小さめだね」と言われることもありますが、心配しすぎることはありません。大人の体格に個人差があるように、おなかの赤ちゃんにも個人差が。大きめでも小さめでも、推定体重が毎月ふえていけば心配ありません。もし問題がある場合は、詳しい検査を受けるように指示があるはずです。

→詳しくは142ページ

先輩ママDATA

＊おなかの赤ちゃんが「大きめ」「小さめ」と言われたことは？

「大きめ」と言われた 23%
「小さめ」と言われた 21%
ない 56%

半数弱が「大きめ」「小さめ」と言われた経験あり。ただし推定体重はあくまでも計算上の数値なので、10%前後の誤差は想定されます。

Q 妊娠してからイライラ、メソメソすることがふえました

A 心身の変化を夫に理解してもらって

妊娠中は心身が大きく変化するとき。ホルモンの変化も激しく、おなかの中では新しい命をつくるという大仕事がされています。程度の差はあっても、気持ちが不安定になるのは当然。それをまず夫に理解してもらうこと。お産や今後の生活についての不安があれば、ひとりで悩まず口に出しましょう。

→詳しくは120ページ

＊妊娠してからイライラがふえた？

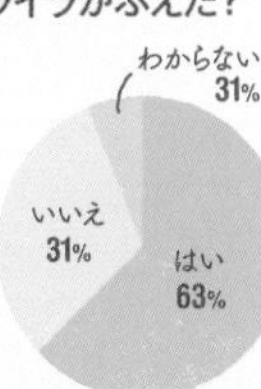

6割以上の妊婦さんが「精神的に不安定になった」と回答。家族、友人のほか、病院の医師や助産師、地域の保健師なども頼って。

Q セックスしてもいいの？おなかの赤ちゃんに聞こえない？

A 体調が安定していれば問題ありません

妊娠経過が順調であれば、基本的に問題ありません。ソフトで短時間のセックスなら大丈夫です。ただ妊娠中期も半ばを過ぎると、おなかが大きくせり出してセックスしにくくなり、激しいセックスは早産を引き起こしかねません。おなかを圧迫しない体位や、性器の結合にこだわらないコミュニケーションを楽しみましょう。また、おなかの赤ちゃんは子宮や羊水で守られ、セックスの刺激や音は伝わらないので聞こえる心配はありません。

→詳しくは62ページ

先輩ママDATA

＊SEXの回数の変化

妊娠前の平均…………月5.09回
妊娠してからの平均……月1.21回

＊妊娠してからの、SEXに対する気持ちの変化は？

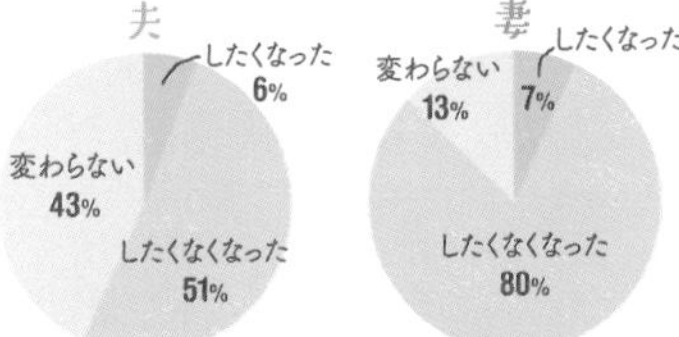

さまざまな体の変化からSEXへの意欲が減退するのは、妻側によくあること。注目は「なければそれでいい」と思う夫も多いこと。したいのにがまんする夫は減少中？

妊娠後期の（8～10ヵ月）気になること

あと少しで赤ちゃんに会える！　でも「お産」はちょっぴり怖いかも!?

Q 「お産の始まり」って、はじめてでもわかるものなの？

A 陣痛はだんだん強くなるので必ずわかります

お産の始まりは「陣痛」です。陣痛の場合は「10分に1回、または1時間に6回以上、痛みを伴う子宮収縮が見られたらお産の始まり」とされます。お産が近づくと不規則なおなかの張り（前駆陣痛）が起こりますが、それより定期的に、痛みがだんだん強くなり間隔が短くなってくるので必ずわかります。ときに陣痛より先に「破水」がある場合も。大量に出ればわかりますが、水っぽいおりものがチョロッと出る場合、尿もれとの区別がつきにくいことも。迷ったら病院に連絡を。

→詳しくは164ページ

先輩ママDATA

お産はどんなふうに始まった？

陣痛から	54%
破水から	26%
その他	20%

陣痛からスタートした人が半数以上。その他は「緊急帝王切開」「予定帝王切開」「予定日を大幅に過ぎて陣痛促進剤を投与」など。

Q 陣痛の痛みに耐えられるのか不安！

A リラックスと深い呼吸で乗り切って

お産の痛みをやわらげるには、リラックスすることが大切。リラックスできる方法は人それぞれなので、夫にそばにいてもらう、アロマの香り、音楽など、自分の好きな方法を考えておき、陣痛の痛みがきていないときは体の力を抜いて好きな姿勢で過ごしましょう。陣痛とは子宮収縮なので、痛いときは胎盤にいく酸素の量も減る、つまり赤ちゃんも苦しいとき。だから陣痛の波がきたら、ママは鼻からしっかり息をして、赤ちゃんに酸素をいっぱいあげましょう。

→詳しくは170ページ

先輩ママDATA

ズバリ！　お産は痛かった？

超痛かった～！	62%
痛かったけど、意外と大丈夫だった	38%

やはり「痛かった」人が6割を超えました。一方で、呼吸や自己暗示によるリラックス、パパの協力などで「意外と平気」だったという声も。

Q だいたい予定日どおりに生まれるの？

A 早まる人のほうが多いようです

出産予定日は妊娠9～10週ごろに、超音波で胎児の頭殿長（頭からおしりまでの長さ）を測り、算出します。ただし、いくら正確でも「予定」にすぎないので、あくまで目安。どちらかというと、早まる人のほうが多いようです。臨月に入ったら「いつ生まれてもおかしくない」と思うほうがよいでしょう。予定日に生まれなくても、予定日の前3週間～後2週間の間に出産すれば正期産（よい時期のお産）です。

先輩ママDATA

お産は予定日どおりでしたか？

予定日より少し早い	37%
予定日より10日以上早い	23%
予定日より少し遅い	17%
ほぼ予定日どおり	16%
予定日より10日以上遅い	7%

予定日ぴったりや前後1日以内に生まれたのは16%と意外に少数。予定日より早めの人が半数以上、10日以上早かった人も2割強。

Q 出産のときにうんちが出てしまうって本当？

A よくあることなので気にしなくてOK

お産が進んでいよいよ赤ちゃんを産み出すときは、うんちをするときのように力を入れるので、便が出ることもあります。入院時に浣腸する病院もありますが、それでもいきんだときに水っぽい便が出ることも。いずれにしてもお産の現場ではよくあることで、すぐに助産師がケアしてくれるので、まったく気にしなくて大丈夫です。

先輩ママDATA

お産のときに、うんちが出た？

はい	18%
いいえ	27%
わからない	55%

自分で「出た」とわかったという人は少数派。陣痛のピーク時には、気にしている余裕もないのかもしれません。

Q 帝王切開になったらどうしよう。

A 誰でもなる可能性があるので最低限の知識はもって

帝王切開は近年ふえていて、日本では10人に2人くらいは帝王切開で出産しているという統計があります。逆子や多胎などあらかじめ帝王切開になることがわかっている場合だけではなく、急なトラブルから緊急の帝王切開手術になることも。それまで順調でも一定の確率で起こることで、どの妊婦さんも経験する可能性があるので、いざというときのために最低限のことは知っておきましょう。

→詳しくは178ページ

先輩ママDATA

帝王切開で出産しましたか？

はい	18%
いいえ	82%

帝王切開の統計は毎年の変化が激しく、全国平均も出されていませんが、最近は20%強といわれています。

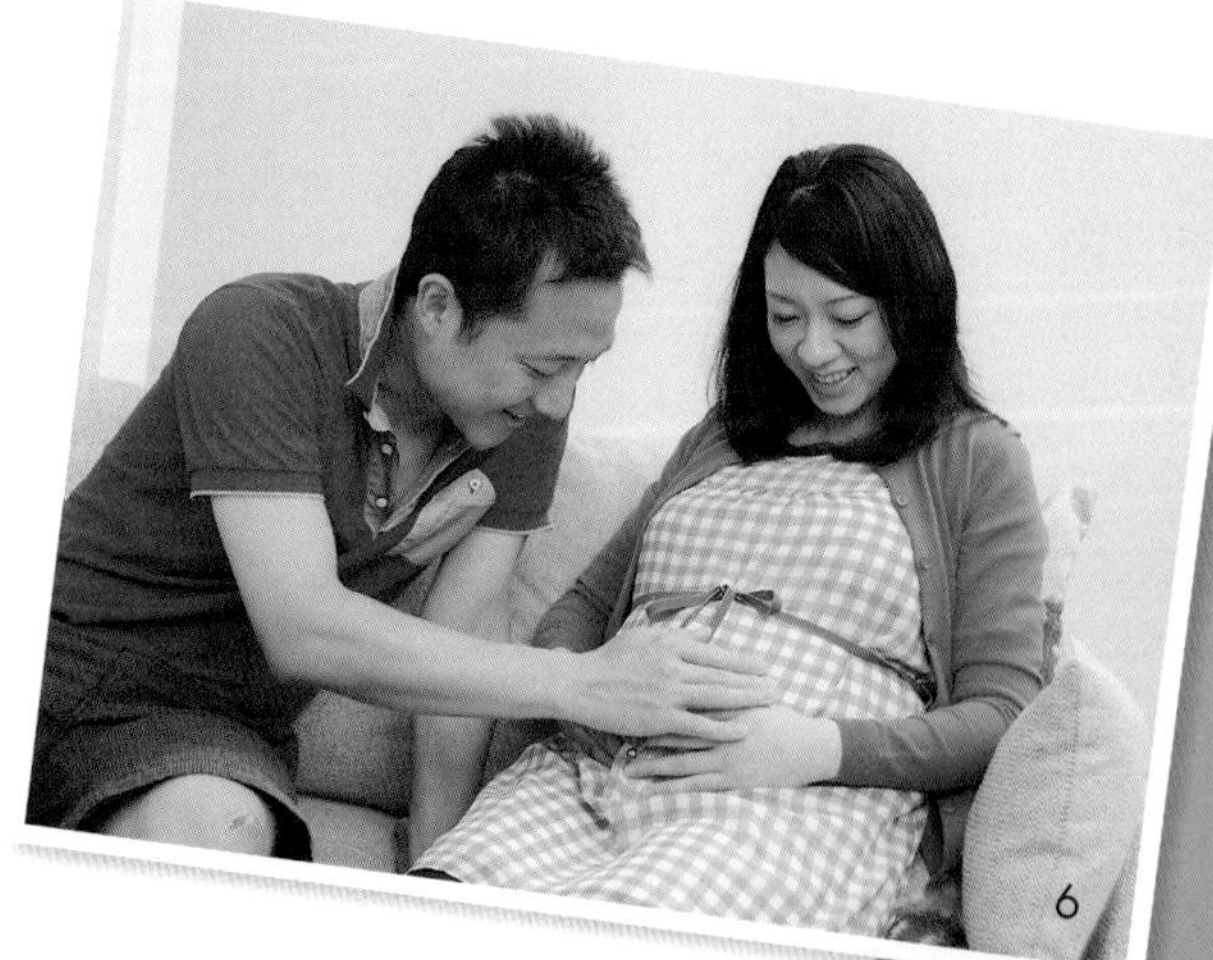

Q 会陰切開が怖くてたまりません!

A それほど痛くなく自然に裂けるより回復が早いことも

病院の方針や医師の考え方によっても異なりますが、「必要がある場合に行う」のが会陰切開。会陰の伸びが悪い、赤ちゃんの心拍数が下がっているなど、一刻も早く出してあげないと危険と判断された場合に行われます。切開しなくても自然に裂けることが多く、複雑な裂け方をした場合は切開したときよりも完治までに長くかかるケースも。そうした理由であらかじめ切開をしたほうがよい人もいます。切るときや縫合しているときは麻酔をするので痛みはあまり感じないようです。

→詳しくは175ページ

先輩ママDATA

会陰切開した?

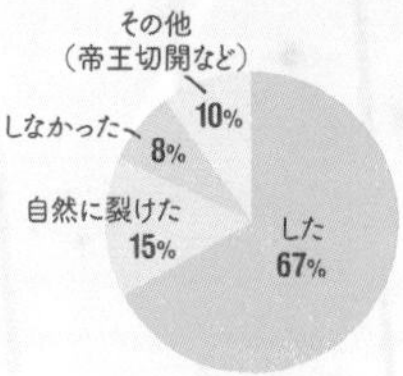

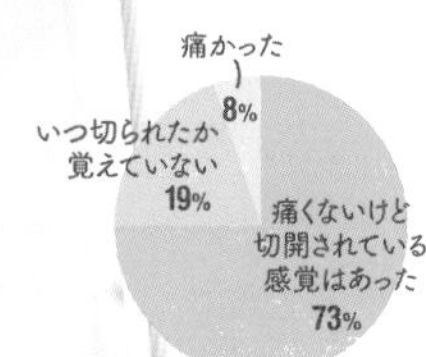

会陰切開をした人が7割弱。でも「麻酔をするので意外と平気」「陣痛のほうが痛いので気にならなかった」の声が多く聞かれました。

会陰切開は痛かった?

痛かった 8%
いつ切られたか覚えていない 19%
痛くないけど切開されている感覚はあった 73%

意外に痛みがない人が圧倒的多数。いざ切開となってもあまり心配はいらなさそうです。

産後、会陰に痛みや違和感はあった?

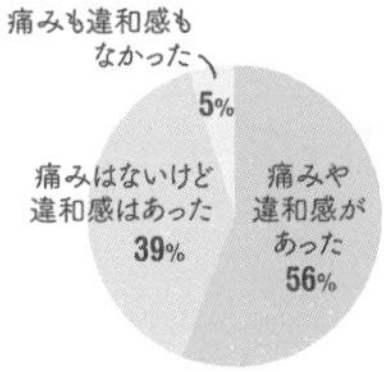

痛みも違和感もなかった 5%
痛みはないけど違和感はあった 39%
痛みや違和感があった 56%

傷の大きさや深さ、個人の感じ方によっても痛みは異なりますが、産後1カ月健診までにはおさまった人がほとんど。

Q 産後、母乳が出るのか不安です

A しっかり出るまでは頻繁に吸わせて

お産が終わったらすぐに母乳がたくさん出て、赤ちゃんが上手に吸ってくれるわけではありません。母乳がしっかり出るようになるまでには3日くらいかかります。赤ちゃんが乳首を吸う刺激でお乳を出すホルモンが分泌されるので、その間はとにかく頻繁に、1日何回でも吸わせるようにして。また、乳腺を発達させ、乳首を赤ちゃんがくわえやすいようにするために、妊娠中から乳首のお手入れをしておきましょう。ただし早産ぎみの人は刺激で子宮収縮が起こるのでNG。仕事に早く復帰しなければならない、病気があるなどの理由で、ミルクで子育てしている人もいっぱいいます。母乳にこだわりすぎず、大らかに子育てしてください。

→詳しくは194ページ

産後1カ月の授乳はどうしてる?

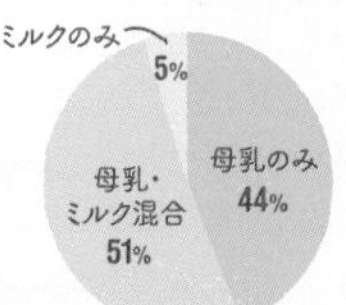

産後1カ月ごろにはおおむね軌道にのるようです。「混合」派の中にも「母乳がメインで少しミルクを足す」「ほぼ半々」など、さまざま。

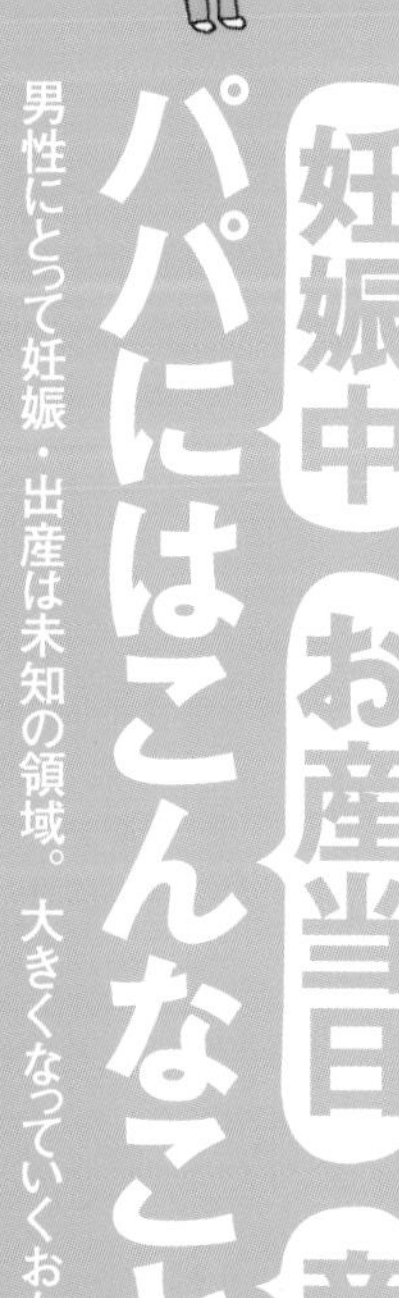

妊娠中 お産当日 産後 パパにはこんなことをしてほしい♥

男性にとって妊娠・出産は未知の領域。大きくなっていくおなかに、ただぼうぜんとしていませんか？ 夫の出番はいっぱいありますよ！

夫にしてほしいこと Best10

- **1位 ふろ掃除**
- **2位 買い物（特に重いもの）**
- **3位 足や腰のマッサージ**
- 4位 洗濯物を干す
- 5位 車の運転
- 6位 上の子の世話、送迎
- 7位 食器洗い
- 8位 早い帰宅。飲み会を自重
- 9位 掃除機をかける
- 10位 ゴミ出し

妻とわが子を守るため力仕事は男の出番！

妊娠初期は見た目がそれほど変わらなくても、体の中では大変化が起こっているので、つわりなどで体調が悪いこともあります。また、おなかが大きくなってくると、しんどい家事がふえてくるもの。おふろの掃除や重いものを持つ、掃除機かけなどの「力仕事」系家事のほか、マッサージや足のつめを切ることも妻に喜ばれますよ！

妊娠中

準備はOK？

出産が近づいたら確認しておこう！

持ち物は？

□入院用の荷物の置き場所

□入院費の保管場所、引き出す方法など

産院関係は？

□産院への行き方（複数のルート）

□産院周辺の駐車場の場所

上の子は？

□上の子の預け先はどうする？

□上の子の衣類や道具の置き場所

連絡先は？

□病院の電話番号

□必要な連絡先の電話番号

お産当日と入院中の動きを想定して

いざ出産！　そのとき夫がすべきことは、いっしょにいる場合は病院に連れていくこと。深夜や休日に始まる場合も想定して、さまざまな交通手段を考えておいて。必要なことは事前に確認し、メモしておきましょう。上の子がいる場合は、あらかじめ長期で預けたり、出産以降の預け先をよく相談しておく必要があります。立ち会い出産を考えているなら、仕事のダンドリをつけておくことも重要です。

妊娠中の妻に言ってはいけない！言葉

1「もう女じゃなくなった」

体の変化に対して「スイカみたい」「牛みたい」「関取」「ボウリングのピン」「象」などの失礼発言は厳禁。

2「心配しすぎ」

妊娠中は何かと不安。「そんなに心配しなくても」「しょーもない」などと切り捨ててはダメ。

3「なまけもの」

「ぐうたらしてばっかり」「毎日のんびりしていいよな」などは、がんばる妻に失礼！

4「結論は？」

「で、何が言いたいの？」と男性は結論を求めがち。でも、妻はどんな話も一生懸命聞いてもらえると安心。

いたわりの気持ちで言葉をかけて

おなかが大きくなったり、脂肪がふえたり、精神的にナーバスになったり……妊娠してから妻は変わってしまったかもしれません。でも妻は今、ふたりの子どもをはぐくむという大仕事をひとりで背負っているのです。不安なことも多い妊娠中、とりとめもない話も一生懸命聞いてもらえると、妊婦さんは精神的に安心できます。いたわりの気持ちを常に忘れず、「疲れているのにありがとう」などポジティブな言葉をかけてあげて。

陣痛中に夫にしてほしいことリスト

□必要な書類への記入

妻にかわって記入を。ただし「誕生日、いつだっけ？」なんて聞かなきゃいけないレベルなら、手を出さないほうが無難かも。

□痛みをやわらげるためのマッサージ

陣痛の痛みがきたときに、妻の肛門付近に、手やテニスボールを押しつけると痛みがやわらぎます。背骨や腰を指圧しても○。

□ビデオで出産を記録する

立ち会い出産で記録係をまかされているなら、しっかり大役を果たして。バッテリーのチェックなど、事前準備も怠りなく。

□水分や食べ物の補給

お産中に適切なタイミングで、水分や軽食を渡してもらえると助かるもの。ただし麻酔を使う場合は、固形の食べ物はNG。

お産の流れと夫がサポートできること

必要なときにサポートできるようお産の予習を

女性は不安と痛みでパニックになることもあるお産。その横で夫がオロオロととり乱したり、出産現場で体調をくずしたりして、お産のじゃまをしてはいけません。陣痛で苦しむ妻の横で、スマホやゲームをするなどもってのほか！　お産の流れをしっかり頭に入れて、必要なサポートをできるようにしましょう。

入院は「陣痛」や「破水」を合図に

10分間隔などで規則的におなかが痛くなるのが「陣痛」。最初は痛みはさほど強くありません。その前に赤ちゃんを包む膜が破れて羊水が出てくる「破水」が起こることも。いずれにしてもあわてず、状況を産院に連絡し、指示に従います。

陣痛から赤ちゃん誕生までの時間は個人差が大きい

陣痛の間隔はしだいに短くなり、痛みも強まります。赤ちゃんが通れる大きさに（10㎝）子宮口が開くと、いよいよ出産。陣痛の波に合わせていきみ、押し出します。陣痛開始から出産までの時間は個人差が大きく、数時間～数十時間です。

出産直後はしばらく様子を見守る

赤ちゃんの誕生後、胎盤を出すために痛みを感じることも。これを「後産」といい、医師や助産師が必要な処置をし、異常がないか2時間ほど見守ります。ママは産後2時間は動けないので、赤ちゃんの写真やビデオ撮影はパパの仕事。

出産当日 → 入院中 → 退院

退院　ここからパパ生活、いよいよ本番！

忘れないで！　申請や手続き

□出生届
➡ 生後2週間以内に市区町村役所に提出。

□児童手当の申請
➡ 生後2週間以内の申請なら翌月からもらえる。所得制限あり。窓口は市区町村役所。

□赤ちゃんの健康保険証をもらう
➡ 健康保険に加入させる。医療処置を受けるベビーは急いで。

□自治体や職場への申請
➡ 会社のお祝い金や自治体独自の助成がある場合は忘れずに。

□生命保険の手術・入院給付金の申請
➡ 帝王切開の手術給付金、入院給付金などが支払われるかどうか、加入している保険をチェック。

□上の子の提出書類
➡ 上の子が保育園、幼稚園、小学校に通っている場合は書類提出が必要なことも。年末、年度末は特に注意が必要。

産後の届け出は父親の仕事です！

家族が1人ふえると、さまざまな書類の提出や、必要な申請作業があります。出産のため上の子の一時保育を頼む場合も、手続きはパパの仕事。入院から退院まで妻は動けません。必要な書類を用意して準備をしてこそ、一家の大黒柱です。

妻の入院中にしっかり！家事リスト

家事
□分別法に従って、正しい曜日にゴミを出す
□冷蔵庫の中をきちんと整理する
□洗濯機、食器洗い機、電子レンジを正しく使う
□衣類や下着を決められた場所にしまう
□消耗品がなくなりそうなら買う

手続き系
□家族の健康保険証など、重要な書類を必要なときにすぐ出す
□家賃など、必要な支出を遅れないように振り込む

上の子ケア
□上の子にきちんと食べさせ、規則正しい生活をさせる
□上の子の園や学校の行事に参加する

出産前後　パパに役立つグッズたち♪

シックなだっこひも&バッグ

パパが使っても違和感がない、ラブリーすぎないデザインのバッグやだっこひもはぜひ準備を。

レトルトカレー&チンするごはん

インスタント食品はストックしておけば妻の入院中はもちろん、退院後にも重宝します。

授乳クッション

首がすわらない新生児のうちでも、これにのせればパパでも上手にミルクがあげられます。

はじめてママ&パパの
妊娠・出産

CONTENTS

PART 3

安産&きれいなママになる生活

妊娠中の気がかりを解消しよう

PART 5 お産本番と陣痛を乗り切るコツ

産後ママの体と心のケア

育児グッズ＆新生児のお世話

だれだって、最初は
はじめてママではじめてパパ。

はじめてママちゃん&
はじめてパパくんといっしょに、
知識を身につけたり、
不安を解消していきましょう!

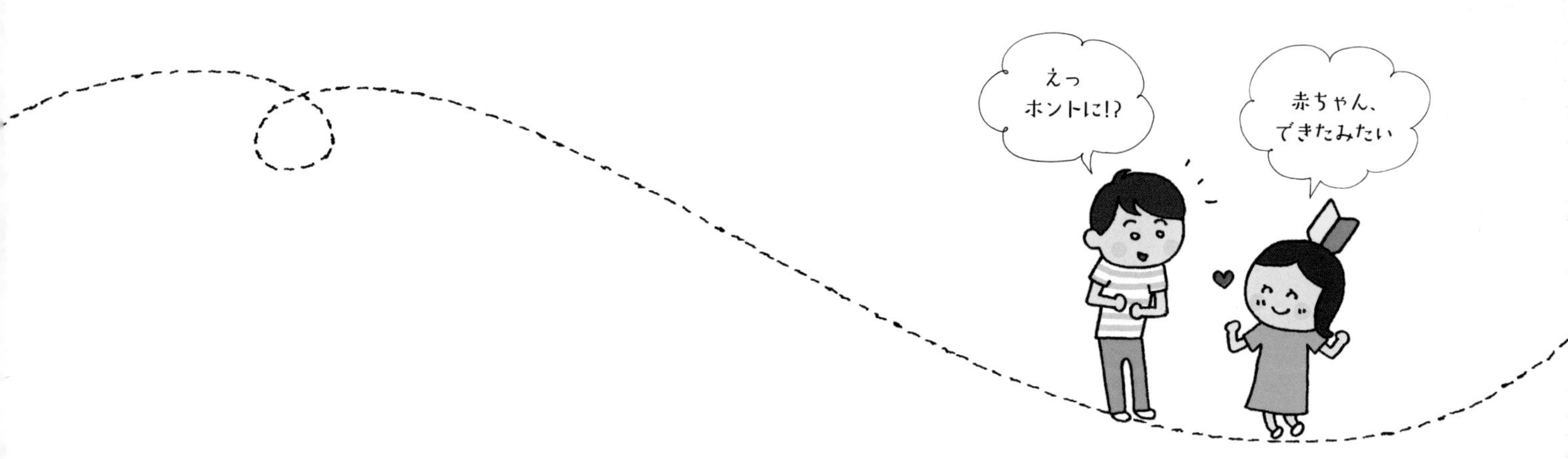

赤ちゃん、
できたみたい
えっ
ホントに!?

PART

1

初めてだから、わからないことがいっぱい

妊娠判明!そのとき知っておきたいこと

妊娠がわかる少し前から、命は育ち始めています。
赤ちゃんの体がつくられ始める、
実はとても大事なこの時期のこと。
そして妊娠したらだれもが気になる
これからのスケジュールや仕事、お金のことなど
気になるテーマをさぐってみましょう。

「月経がこない」
「いつもと違う」は
妊娠のサインかも

「妊娠したかも!?」と思ったら

妊娠すると、体にはいろいろな変化があらわれます。月経が遅れるなど、「妊娠したかも?」と思ったら、早めに産婦人科を受診しましょう。

もしかしたら

体がいつもと違う。もしかして妊娠？というサイン

□理由もなくイライラする

ホルモンバランスが変化するので、わけもなくイライラしたり不機嫌になることもあります。

□おりものがふえる、肌が荒れる

妊娠するとおりものの量がふえることがよくあります。人によっては肌荒れを実感することも。

□基礎体温の変化

妊娠していない場合の基礎体温は、高温が続く時期(高温期)と低温が続く時期(低温期)との2つに分かれるのが普通です。妊娠すると、体温を上げる作用のある黄体ホルモンが分泌され続けるので、高温期がより長く続きます。妊娠していないと高温期は2週間ですが、それが3週間以上続いて、月経がこない場合は妊娠している可能性が大きいと考えられます。

次の月経が始まるパターン

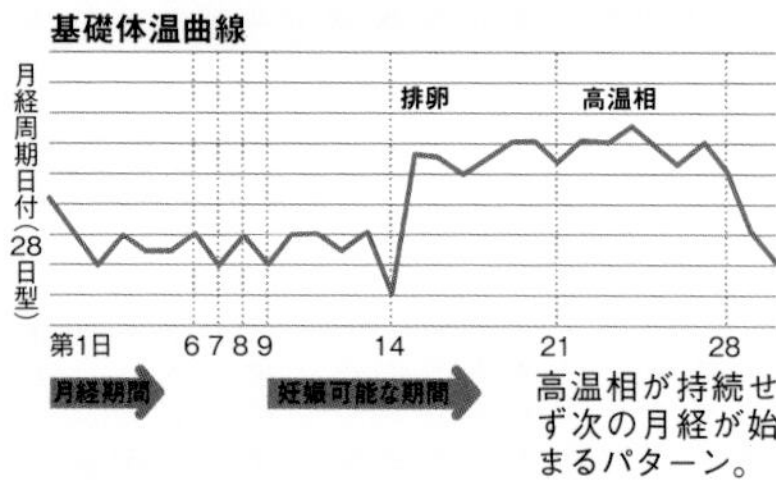

高温相が持続せず次の月経が始まるパターン。

妊娠の可能性が高いパターン

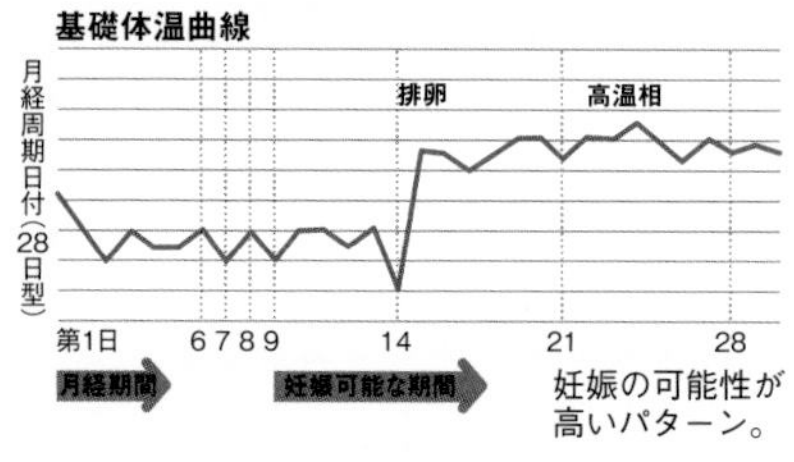

妊娠の可能性が高いパターン。

□吐きけがする、ムカムカする

いわゆる、つわりの症状です。個人差が大きいので、まったく感じない人もいます。

□月経の遅れ

月経周期が規則正しい人の場合、月経予定日より1週間以上遅れたら、妊娠の可能性が。

□体が熱っぽくてだるい

妊娠のごく初期は「風邪かな?」と思うような微熱が続いたり、体がほてったりすることも。

□乳房が張り、乳首が大きくなる

月経が始まる前のように、乳房が張ったり、乳首が大きく色が濃くなったりする人もいます。

□いつも眠い

ホルモンの影響で、眠くてたまらなくなることも。体が休息を求めているのかもしれません。

「いつもと違う」と感じたら産婦人科できちんと確認を

「もしかして、妊娠したのかしら?」と感じるいちばんのサインは、月経の遅れでしょう。しかし女性の体のリズムは、環境の変化などに左右されやすいもの。ストレスから月経が遅れることも、珍しくありません。

また普段から月経周期が不規則だったり、周期にばらつきがある人は、月経の遅れから妊娠を見分けるのはむずかしいでしょう。上にあるような、体の変化にも気を配り、「なんだかいつもと違う」と思ったら、早めに産婦人科を受診しましょう。

順調に妊娠が進んでいるのに、まれに月経と間違えるような出血があることもあります。これは腹痛などがなければ一時的なもので、心配のないこともあります。しかし実際は妊娠しているのに、このような出血があると、妊娠に気づくのが遅れてしまうことも。

月経の様子がいつもと違うときは、妊娠の可能性を考えてみましょう。

また流産の前ぶれとして出血することもあります。腹痛を伴う出血があったり、普段の出血の量や色と違う場合は、注意が必要です。

「妊娠したかも!?」と思ったその日から、気をつけたいこと

レントゲン
胸部レントゲンなどは避けたほうが安心
妊娠初期や妊娠の可能性がある時期はできるかぎり避けるのが基本。X線検査が必要な場合は医師に妊娠していることを伝え、腹部を防護してもらいましょう。妊娠末期には、骨盤の形を見るためにX線検査をする場合があります。

薬・サプリメント
必ず医師に相談してから使いましょう
薬の中には、妊娠中は使用を控えたほうがいいものもあります。市販薬は勝手に使わず、必ず医師に相談を。サプリメントも、念のため医師に成分を確認してもらいましょう。

タバコ・お酒
赤ちゃんに影響するのですぐにストップ！
タバコは胎盤機能不全や、子宮内発育遅延のリスクを高める心配があります。アルコールは胎児アルコール症候群や発育障害、中枢神経障害などを引き起こす原因になります。妊娠中はタバコもお酒も絶対ダメ！

生活リズム
早寝・早起き・朝ごはんがキーワード
おなかの赤ちゃんのためにも、妊娠がわかったら規則正しい生活を心がけましょう。キーワードは「早寝・早起き・朝ごはん」。妊娠中はイライラしやすいものですが、生活リズムをととのえると心も落ち着きます。

運動
妊娠初期は無理しないのがいちばん
妊娠初期については自分の体調とよく相談して、無理をしないことを第一に。胎盤が完成する妊娠5カ月ごろになったら、自分が楽しく、「気持ちいい」と思える範囲で、体を動かしましょう。

感染症
風邪やインフルエンザなどに注意
妊娠中は免疫力・抵抗力が下がるので、風邪などの感染症にもかかりやすくなります。体を冷やさない、睡眠を十分とる、できるだけ人混みに出かけないなど、予防を心がけましょう。インフルエンザはぜひ予防接種を受けてください。

食事
鉄分やビタミンを中心にバランスよく
つわりの時期は無理せず、食べられるものを食べればOK。それ以外の時期は栄養バランスのとれた食事を心がけましょう。特に鉄分、葉酸、カルシウムはおなかの赤ちゃんの発育のためにも、しっかり補給を。

カフェイン
コーヒーは1日1杯、紅茶なら2杯くらいまでに
カフェインはカルシウムを体外に排出させます。また喫煙の習慣があって、カフェインを日常的にとっていると、胎児の発育遅延や早産を招く可能性があります。カフェインを含むコーヒーは1日1杯、紅茶は1日2杯ぐらいまでに。ハーブティーはマタニティ用が無難でしょう。

パパもがまんが必要です！

タバコ
副流煙も赤ちゃんに×

他人が吸っているタバコの煙も、妊婦さんにはNG。自分が吸っているのと同じぐらい赤ちゃんに影響する心配があります。できれば家族も禁煙するのが理想です。むずかしい場合は、妊婦さんがいる場所では吸わないよう配慮してください。

お酒
飲み会は控えて早めの帰宅を

妊娠中は心身が不安定になりがちです。また妊娠経過が順調な人でも、いつ、どんなハプニングが起こるかわかりません。残業や飲み会は少しセーブして、できるだけ早く帰宅し、妻をサポートしてあげましょう。

Q 妊娠がわかったとき「妊娠5週」と言われたのですが!?
A 妊娠2週で受精、4週ごろに着床するので問題なし
妊娠週数は最終月経初日から数えます。ですから妊娠0～1週はまだ赤ちゃんの影も形もありません。月経の2週間後ぐらいに排卵があり（妊娠2週目）、卵子が精子と出会えば受精卵になります。受精卵が子宮内膜に着床するのが妊娠4週ごろ。だから月経が遅れて「妊娠したかも」と産婦人科に行くと、すでに妊娠5～6週であることが多いのです。

5週	◀ 4週	◀ 3週	◀ 2週	◀ 1週	◀ 0週
	次の月経の予定のころ。妊娠2カ月スタート		排卵→受精		最後の月経がスタートした日

実際に赤ちゃんが宿るのは妊娠4週ごろから

妊娠超初期 Q&A

Q 妊娠判定薬は、いつから使えるの？
A 月経予定日の数日後から
妊娠すると絨毛性ゴナドトロピンというホルモンが分泌されます。このホルモンをチェックすることで、妊娠しているかどうかを判断するのが市販の妊娠判定薬です。妊娠判定薬は所定の部分に尿をかけるだけと簡単に使え、精度も高く、月経予定日の数日後から妊娠しているかどうかを調べることができます。判定薬で陽性の反応が出たら、産婦人科で診察を受けましょう。

行く前に予習しておけば安心

初めての産婦人科、どんなことするの？

「産婦人科ではどんなことをするの？」と気になりますよね。上手に診察＆健診を受けるためのコツと、その流れを頭に入れておきましょう。

月経が1～2週間遅れたら受診しましょう

「妊娠しているかも？」と思っても、あまりに早い段階（月経予定日前）では、きちんとした検査結果が出ないこともあります。毎月規則正しく月経がきている人なら、「月経が1～2週以上遅れたころ」が、受診タイミングの目安となります。

市販の妊娠判定薬は便利ですが、子宮外妊娠などの危険な妊娠でも、陽性反応が出ます。判定薬の結果だけで判断せず、赤ちゃんが無事に育っているかどうかを確認するためにも、必ず産婦人科の診察を受けましょう。また判定薬の結果が陰性の場合も、その後、月経がこない場合は受診してください。

妊娠に関わる検査は基本的に保険がききません。費用を確認する意味でも、事前に病院に問い合わせをするとよいでしょう。初診の場合、診察は問診票への記入からスタートし、内診や各検査が終わったあとに、妊娠の有無などが説明されます。

妊娠していた場合は、推定の妊娠週数、出産予定日、今後定期的に受ける妊婦健診のスケジュールなどについて説明があります。赤ちゃんとママの健康を守るため、健診は自治体の補助券があるので利用しましょう（回数など、詳細は自治体によって異なります）。

初診で聞かれがちなことは確認しておくとスムーズ

初診のときに聞かれることは決まっているので、準備を。また医師に聞きたいことは、あらかじめメモしておくと、診察もスムーズです。

- 最終の月経開始日
- 初経の年齢、月経周期
- 大きな病気や手術歴、アレルギー歴
- 自分と家族の持病
- 現在使っている薬の名前
- 出産経験がある場合、妊娠経過、出産時トラブルの有無
- 流産・死産・人工妊娠中絶を経験している場合、その妊娠週数
- 不妊治療歴

なるほど

持っていくもの

- 健康保険証
- 基礎体温表（つけていた人）
- 筆記用具
- お金（初診は少し高めなので、余裕をもって1万～2万円程度）
- 生理用ナプキン

定期健診のときは診察券、母子健康手帳、助成が受けられる妊婦健診受診票も忘れずに。内診後、おりものがふえたり出血することもあるので、ナプキンもあると安心。

受診はこんなスタイルで！

トップス
前あきでそでがまくりやすいものを
おなかの部分だけを出すことも多いので、上下が別々になっている服で、トップスは前あきタイプだとスムーズ。血圧測定や採血がしやすいように、そでがまくりやすいものを。

メイク
顔色がわかるようナチュラルメイク
診察や健診では、顔色からも健康状態をチェックしています。ファンデーションを厚く塗ったり、派手な色のチークやアイシャドウは避けて、ナチュラルメイクを心がけましょう。

ボトムス
パンツではなくスカートを
スカートならば、内診で下着を脱ぐときにも安心。足にふれてむくみの程度を調べることもあるので、ストッキングやタイツよりもソックスがおすすめです。

下着
脱ぎ着のしやすいものを選んで
洋服同様に脱ぎ着がしやすいものがよいでしょう。おなかが大きくなったらさらし状の腹帯など、とりはずしに時間がかかるものは、健診のときは避けたほうが無難です。

足元
脱ぎはきしやすい靴にしましょう
ヒールの高い靴はもちろんNG。体重測定、診察台に上がるなど、靴を脱ぐシーンも多いので、脱ぎはきしやすい靴がおすすめ。ブーツやひも結びが必要な靴は避けるほうがベター。

診察のステップはどんな感じ？

電話で予約すると確実

受診する前に、事前に病院に電話を。病院によっては要予約のところもあります。当日の持ち物なども、このとき確認しておくと安心。

アドバイス
基本的に、妊娠での受診は健康保険が適用されません。いくらぐらいかかるのか、電話で聞いておくとよいでしょう。

1 受付→問診票に記入

受付のあと、初診の場合はまず問診票に記入します。項目は月経歴、最終月経、妊娠・出産・中絶歴、既往症、手術歴、アレルギーの有無など。

問診票

アドバイス
中絶歴など答えにくい項目もありますが、今後の診察に必要な情報です。医療機関には守秘義務があるので、他人に知られることはありません。正直に記入しましょう。

病院によって、問診票のフォーマットは異なりますが、質問項目はだいたい同じです。

2 検査

尿検査

妊娠は尿中のホルモンで確認。健診では、妊娠高血圧症候群や腎臓のトラブルを確認する尿タンパク、妊娠糖尿病を早期に発見する手がかりになる尿糖をチェック。

体重測定

服を着たまま測ります。妊娠中、急激に体重がふえると妊娠高血圧症候群や妊娠糖尿病、産道に脂肪がついて難産になるリスクが高まってしまいます。

アドバイス
体重増加を指摘されるのがいやで、健診前の食事を抜く人がいますが、これは絶対にNG。健診中に貧血などを起こす心配があります。

血圧測定

看護師が手動で測る場合と、自動血圧計で自分で測る場合とがあります。妊娠高血圧症候群（134ページ）の兆候をチェックします。

アドバイス
尿検査直前に甘いものをとりすぎると尿糖が出てしまうことが！ また、体を動かしたあとは血圧が上がるので、血圧は少し休んでから測るとよいでしょう。

＼診察室で／ 3 問診

初診のときは問診票をもとに、医師から質問があります。体調やお産について気になることがあったら、遠慮せずどんどん質問を。

アドバイス
聞き忘れがないよう、質問項目はあらかじめメモにまとめておくとよいでしょう。医師に聞きにくいことは助産師や看護師に聞いてもOK。

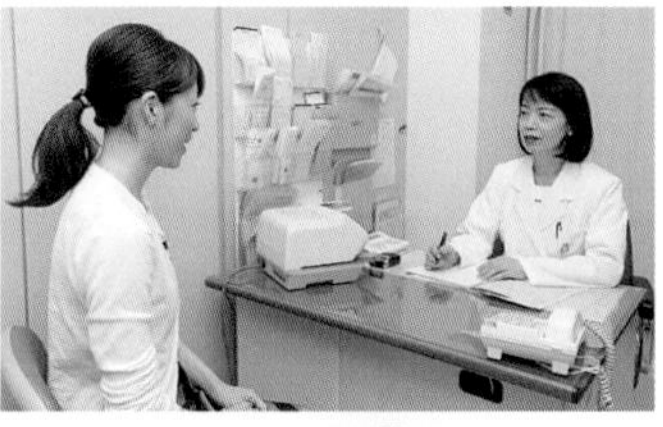

＼内診室で／ 4 内診&超音波検査

内診

下半身の下着をとり、専用の内診台にのって内診を受けます。初期の健診は子宮や卵巣の異常、中期は子宮口のかたさや開き具合で流産・早産の傾向を、後期はお産の時期や進み具合などを、内診によって判断します。

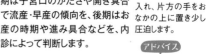

腟の中に医師が指を入れ、片方の手をおなかの上に置き少し圧迫します。

アドバイス
緊張して体がかたくなると、内診がスムーズにできなかったり、痛みを感じやすくなったりします。つい足を閉じたくなりますが、息を吐いて力を抜くようにして。

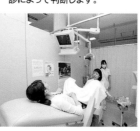

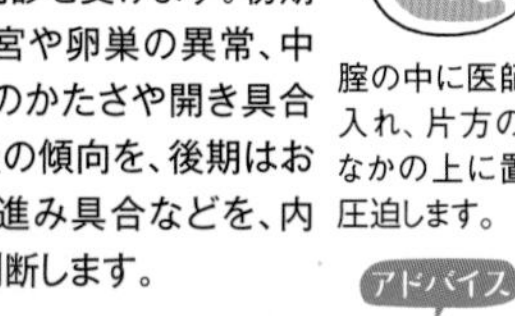

超音波検査

初診や初期の健診は経腟プローブを腟内に挿入し、妊娠しているかどうか、正常妊娠か、子宮筋腫などのトラブルがないかを確認。中・後期は経腹プローブをおなかにあて、赤ちゃんの発育や胎盤の位置などを調べます。

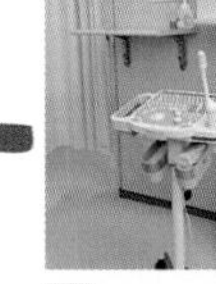

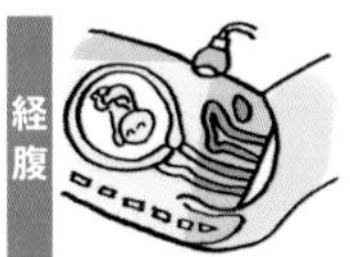

経腟の画像はママの足方向が上、頭方向が下に、経腹はプローブをあてた場所が上に映ります。

アドバイス
超音波検査の画像は尿がたまっていると見えにくいもの。検査の前にはトイレに行っておきましょう。

＼診察室で／ 5 検査結果の説明

各検査の結果をもとに、初診の場合は妊娠の有無や推定妊娠週数と出産予定日など。健診では妊娠経過についての説明があります。

アドバイス
妊娠していた場合は、次の健診スケジュールを確認。そのときまで日常生活で気をつけることなどのアドバイスを受けましょう。

6 会計して終了

妊娠に関わる診察・検査は保険でカバーされず、自費診療になります。初診の場合は、少し多めの金額を準備しておくといいでしょう。

アドバイス
妊娠していたら、出産まで定期的な健診を受ける必要があります。会計時に次回の健診予約を入れられる施設もあるので、相談してみましょう。

お産まで定期的に通院しましょう

しっかり受けたい妊婦健診

定期健診は、妊娠の時期別に頻度や内容が異なります。「体調がいいから、大丈夫」「忙しいから」とさぼらず、必ず受けましょう。

妊娠健診受診券を使って受けましょう

「妊娠は病気ではない」といわれますが、体の中ではいろいろな変化が起こっています。おなかの赤ちゃんが元気かどうか、ママの体にトラブルがないかは、健診でさまざまな項目をチェックしないとわかりません。

妊娠経過で何か問題が見つかっても、早めに対処すれば大事に至らずにすむことも多いもの。妊婦健診受診票を入手し(28ページ)、健診は毎回必ずきちんと受けましょう。

この検査はどういうこと？

触診

診察台にあおむけに寝て、赤ちゃんの位置などを、医師がおなかにふれてチェックします。「おなかが張っているかどうかわかりにくい」場合は、医師に確かめてもらうといいでしょう。

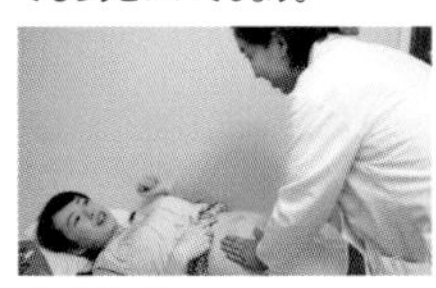

アドバイス
触診タイムは質問しやすいので、医師に聞きたいことがある場合は、このときにぜひ！

ノンストレステスト

36週以降の健診で行われるのがノンストレステスト(NST)。分娩監視装置という機械をおなかにつけて、おなかの張り具合や赤ちゃんの心拍数を調べ、元気度を確認する検査です。

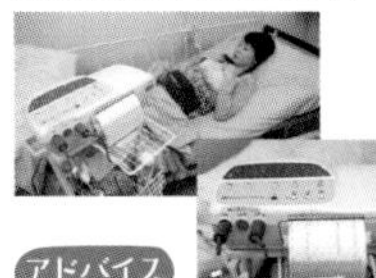

アドバイス
ずっと上を向いていると気分が悪くなることがあるので、横向きなど姿勢は自由に変えてOK。

腹囲・子宮底長測定

腹囲はいちばん大きくふくらんでいるおへそ回り、子宮底長は恥骨の上から子宮のいちばん上までの長さを測ります。超音波検査と併せて、胎児の発育と羊水の量を見ます。

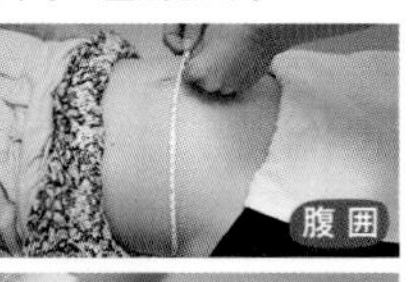
腹囲

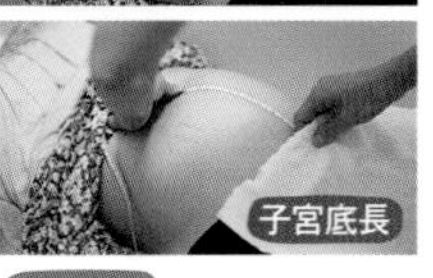
子宮底長

アドバイス
おなかを出して測るので、おなかを出しやすい服装で行くとよいでしょう。

浮腫(ふしゅ)検査

診察台にあおむけに寝て、足のすねを押してへこみを確認し、むくみの程度を確認します。押したあとが戻りにくい場合は、塩分摂取を控えるなど、食事の注意が必要になります。

アドバイス
素足にふれて確認するので、ストッキングやタイツ、長いソックスは事前に脱いでおくこと。

体重測定 血圧測定 内診 超音波検査については19ページ

血液検査で調べる主な項目

感染症（初期）

B型肝炎
「HBs抗原検査」。B型肝炎ウイルスの有無を調べる検査です。

風疹
風疹に対する抗体をどれくらいもっているかを検査します。

C型肝炎
「HCV抗体検査」。C型肝炎ウイルス感染の有無を調べる検査です。

トキソプラズマ（任意）
抗体の有無を調べます。任意なので、不安があれば病院に確認を。

HIV
エイズウイルス（ヒト免疫不全ウイルス）の保有の有無を調べます。

サイトメガロウイルス
サイトメガロウイルスに感染しているかどうかを調べます。

梅毒
梅毒に感染していないかを調べます。発見した場合は治療を行います。

成人T細胞性白血病ウイルス
「HTLV-1抗体検査」。ATL抗体の有無を調べます。

血液型（初期）
妊娠中や出産時にトラブルが起きて、緊急に輸血が必要になったときのために、ABO式とRh（D）式を確認します。母体がRhマイナスのときには血液型不適合妊娠のリスクがあります。

血糖（初期・中期・末期）
妊娠糖尿病かどうかを判断するために、血糖値を調べます。中期には糖負荷試験をし、数値が高いときは尿検査とともに判断して、食事療法などの治療が行われます。

貧血（初期・中期・末期）
妊娠中は鉄欠乏症になりやすいため、妊娠中3～4回の検査を行うのが一般的。貧血と判断されたときは鉄剤が処方されたり、食事指導が行われます。

不規則抗体（初期／末期）
同じ血液型を輸血したとき、まれにアレルギー反応を起こす抗体をもっている人がいるため、緊急時の輸血に備えて検査をします。

妊婦健診スケジュール（例）

健診で毎回すること
● 体重測定 ● 血圧検査 ● 尿検査（尿タンパク、尿糖） ● 腹囲・子宮底長測定 ● 胎児心拍確認 ● 浮腫検査 ● 超音波検査 ● 内診 ● 問診

時期	週数・月数	頻度	検査内容
初期	妊娠2カ月（4～7週）	4週に1回	● 経腟超音波検査（妊娠部位、妊娠週数などの確認） ● 子宮頸がん検査（子宮頸部細胞診）
初期	妊娠3カ月（8～11週）	4週に1回	● 血液検査（血液型、血算（白血球数、赤血球数、血小板数）、血液凝固系（初産のみ）、血糖、ヘモグロビンA_1C）
初期	妊娠4カ月（12～15週）	4週に1回	● 感染症検査（梅毒、B型肝炎抗原、C型肝炎抗体、HIV抗体、ATL抗体、風疹抗体）
中期	妊娠5カ月（16～19週）	4週に1回	● 経腟超音波検査（子宮頸管長（子宮頸部の長さ）チェック） ● 細菌検査（腟内・頸管細菌、クラミジア） ● 経腹超音波検査（胎児発育、胎盤の位置など）
中期	妊娠6カ月（20～23週）	4週に1回	● 経腟超音波検査（子宮頸管長チェック）
中期	妊娠7カ月（24～27週）	2～4週に1回	● 血液検査（血算、糖負荷検査、不規則抗体）
末期	妊娠8カ月（28～31週）	2週に1回	● 経腹超音波検査（胎児発育、胎盤の位置、羊水量など）
末期	妊娠9カ月（32～35週）	2週に1回	● 血液検査（血算、血液凝固系など） ● 細菌検査（腟内B群溶連菌検査など）
末期	妊娠10カ月（36週以降）	1週に1回	● ノンストレステスト（NST）

教えて!!

予定日はどうやってわかるの？

出産予定日はあくまでも目安です

一般的に妊娠期間は280日とされていますが、これは月経が28日周期で、規則正しい人の場合をモデルにして考えています。そのため月経周期が28日より短い人、長い人、周期が一定でない人などは、予定日がずれるのが普通。

現在は妊娠9～10週ごろに超音波で赤ちゃんの頭殿長（頭からおしりまでの長さ）を測り、より正確な予定日を出します。しかし「予定日」はあくまでも目安。実際の出産日が予定日と異なることは珍しくありません。

出産予定日を計算してみよう

最終月経の初日　　月　　日

↓ 月の数から−3（引けない場合は+9）。日にちには+7

出産予定日　　月　　日

<例>最終月経初日が7月25日の場合
7−3=4月、25+7=32日→
2日で、5月2日が出産予定日に

出産予定日早見表

表の縦軸で、最終月経初日があった「月」を探し、次に横軸で最終月経初日の「日」を探し、ぶつかったところが出産予定日になります。うるう年の場合は、2月29日をはさむ妊娠期間は、1日先の日付が出産予定日になります。

月＼日（最終月経初日）	1	2	3	4	5	6	7	8	9	10	11	12	13	14	15	16	17	18	19	20	21	22	23	24	25	26	27	28	29	30	31
1	10月																								11月						
	8	9	10	11	12	13	14	15	16	17	18	19	20	21	22	23	24	25	26	27	28	29	30	31	1	2	3	4	5	6	7
2	11月																								12月						
	8	9	10	11	12	13	14	15	16	17	18	19	20	21	22	23	24	25	26	27	28	29	30	31	1	2	3	4	5		
3	12月																										1月				
	6	7	8	9	10	11	12	13	14	15	16	17	18	19	20	21	22	23	24	25	26	27	28	29	30	31	1	2	3	4	5
4	1月																										2月				
	6	7	8	9	10	11	12	13	14	15	16	17	18	19	20	21	22	23	24	25	26	27	28	29	30	31	1	2	3	4	
5	2月																								3月						
	5	6	7	8	9	10	11	12	13	14	15	16	17	18	19	20	21	22	23	24	25	26	27	28	1	2	3	4	5	6	7
6	3月																								4月						
	8	9	10	11	12	13	14	15	16	17	18	19	20	21	22	23	24	25	26	27	28	29	30	31	1	2	3	4	5	6	
7	4月																								5月						
	7	8	9	10	11	12	13	14	15	16	17	18	19	20	21	22	23	24	25	26	27	28	29	30	1	2	3	4	5	6	7
8	5月																								6月						
	8	9	10	11	12	13	14	15	16	17	18	19	20	21	22	23	24	25	26	27	28	29	30	31	1	2	3	4	5	6	7
9	6月																							7月							
	8	9	10	11	12	13	14	15	16	17	18	19	20	21	22	23	24	25	26	27	28	29	30	1	2	3	4	5	6	7	
10	7月																								8月						
	8	9	10	11	12	13	14	15	16	17	18	19	20	21	22	23	24	25	26	27	28	29	30	31	1	2	3	4	5	6	7
11	8月																								9月						
	8	9	10	11	12	13	14	15	16	17	18	19	20	21	22	23	24	25	26	27	28	29	30	31	1	2	3	4	5	6	
12	9月																								10月						
	7	8	9	10	11	12	13	14	15	16	17	18	19	20	21	22	23	24	25	26	27	28	29	30	1	2	3	4	5	6	7

（縦軸：最終月経初日）

妊娠週数早見表

分娩予定日 ▼（39週）

週数	0	1	2	3	4	5	6	7	8	9	10	11	12	13	14	15	16	17	18	19	20	21	22	23	24	25	26	27	28	29	30	31	32	33	34	35	36	37	38	39	40	41	42	43…
日数	0–6	7–13	14–20	21–27	28–34	35–41	42–48	49–55	56–62	63–69	70–76	77–83	84–90	91–97	98–104	105–111	112–118	119–125	126–132	133–139	140–146	147–153	154–160	161–167	168–174	175–181	182–188	189–195	196–202	203–209	210–216	217–223	224–230	231–237	238–244	245–251	252–258	259–265	266–272	273–279	280–286	287–293	294–300	301–307…
月数	1カ月				2カ月				3カ月				4カ月				5カ月				6カ月				7カ月				8カ月				9カ月				10カ月							

流産　←→　早産　←→　正期産　←→　過期産

どんなお産をしたいかを考えて、選びましょう

産む場所はどうやって決める？

満足度の高い、いいお産をするためには、出産する施設選びも大事。よく調べ、よく考えて、自分に合った施設を選びましょう。

お産ができる場所にはこんな種類が

産科専門病院・診療所

医師との信頼関係が築きやすい

妊娠中から産後まで1人の医師が診ることが多いので、信頼関係が築きやすいのがメリット。入院室の設備、食事が充実している、マタニティ用の各教室を準備しているところも。扱うお産スタイルは、施設によってさまざま。院内だけでは、急なトラブルに対応できないことも。

総合病院

トラブルがある場合は、より安心

産婦人科以外の科もあるので、持病がある妊婦さんなど、産科と他科が連携して健康管理をしてくれるので安心。小児科が併設されていれば、赤ちゃんにトラブルがあったときの対応もすみやか。複数の産科医がいるので、お産のとき、どの医師が担当になるかはわかりません。

助産院

リラックスした雰囲気でお産ができる

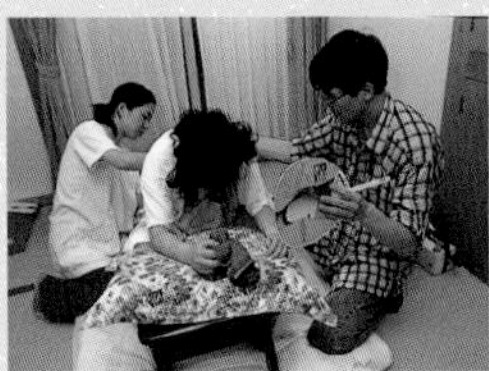

助産師から妊娠中の生活やお産へのこまやかな指導が受けらます。アットホームな雰囲気の中でリラックスしてお産ができるのもメリット。しかし助産師は医療処置ができないので、リスクのあるお産はできず、トラブルが発生したら提携病院への転院や搬送が必要になります。

大学病院・周産期センター

医療技術、設備、スタッフが充実

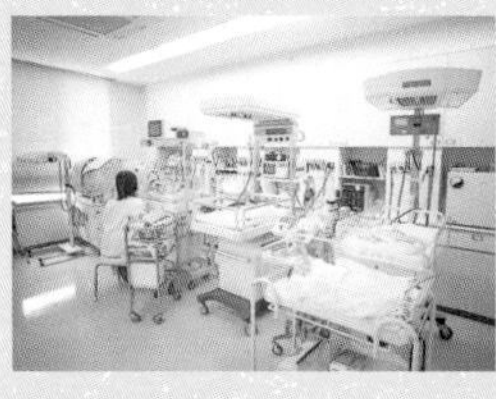

医療技術が高く、設備もスタッフも充実しているため、緊急時の対応がしやすいのがメリット。早産で生まれた場合に必要なケアが受けられる新生児特定集中治療室（NICU）があることも。健診に時間がかかることが多く、大学病院では研修生が立ち会うこともあります。

何を重視するか、具体的に考えてみよう

妊娠していることがわかったら、出産する場所を選びます。「お産はまだまだ先」と思うかもしれませんが、妊娠中は定期的に健診を受ける必要があり、人気の病院では分娩予約を早めにしておかないと、満員になってしまうこともあります。

産む場所選びでいちばん大事なのは、自分がどんなお産がしたいのかをきちんと考えること。「夫立ち会い出産をしたい」「できるだけ自然なスタイルのお産がいい」「痛みに弱いから、無痛分娩にしたい」「入院中、赤ちゃんとずっと同じ部屋にいたい」など、希望を具体的にあげていくと、施設をしぼりやすいでしょう。

お産を扱う施設は大学病院・周産期センターや総合病院など規模の大きなところ、産科専門病院・診療所や助産院など小さなところがあります。それぞれにメリット、デメリットがあるので、よく理解したうえで選びましょう。もともと持病があったり、妊娠の経過によっては、希望する出産方法や望む施設でのお産ができないケースもあります。

またお産はいつ始まるかわからないので、遠くても車で1時間以内で行ける程度、できれば自宅近くにある施設が安心でしょう。

産む場所選び、3つのステップ

STEP1
情報収集
インターネットで施設のホームページ、口コミサイトや掲示板を見るほか、病院選びのガイドブックや雑誌、タウン誌、近所の先輩ママの声など、情報は幅広く集めましょう。

STEP2
見学してチェック
自分の希望するお産ができるかなどを確認し、候補をしぼったら、実際に足を運んでみましょう。施設の雰囲気、医師や看護師との相性、通いやすさも大事なポイント。

STEP3
費用を確認して申し込む
出産方法、部屋のタイプなど、費用は施設によってまちまちで、豪華な施設はやはり高額。人気の病院は予約が埋まるのも早いので、「ここで産む！」と決めたら、早めに分娩予約を。

里帰り出産の場合は？
遅くとも、35週までに紹介状を持って転院
人気病院の予約はとりにくいもの。早めに里帰り先でお世話になる施設を決めて予約し、健診に通っている病院にも里帰り出産することを伝えましょう。転院の際は紹介状を書いてもらい、里帰りは、妊娠35週（9カ月末）までにすること。

選ぶときのチェックポイント

ポイント1
お産のスタイル
立ち会い出産、無痛分娩、計画分娩、フリースタイルなど、出産のスタイルはさまざま。自分なりにどんなお産がしたいかを考え、望むお産ができるかどうかを確認しましょう。

ポイント2
医師やスタッフとの相性
医師や助産師、看護師との相性はとても大事。いくら評判がよくても「なんだか怖くて質問もできない」のはダメ。「ここなら安心して相談できる」という施設を。

ポイント3
赤ちゃんとの過ごし方
産後、赤ちゃんとママがどう過ごすかは施設によって異なります。完全母子同室、日中のみ母子同室、母子別室、それぞれにメリット・デメリットがあるのでよく考えて。

ポイント4
部屋のタイプ・アメニティ
自分のペースで過ごせる個室、ママ同士の交流ができる複数人部屋。美容室やエステがある、家族が泊まれる部屋があるなど、アメニティやサービスも施設により差が。

産む場所、私はこう選んだ！

総合病院は医療もスタッフも充実 トラブルがあっても安心です
「何かあったときに安心だから」と母にすすめられ、医療が充実している総合病院で産むことにしました。人手の多い総合病院は、いつお産が始まっても安心。病院の中には、パンフレットに「母子同室」「カンガルーケアをしている」と書いてあっても、夜間のお産の場合など対応できないこともあるみたい。実際に見学して確認しておくといいと思います。

横田郷子さん（32才） 響（ひびき）ちゃん 鈴音（すずね）ちゃん

アットホームな雰囲気の個人病院。母乳の指導や食事にも満足
フリースタイルのお産をしたい、会陰切開をしたくないという希望がありましたが、助産院だと何かあったときに搬送されてしまうので、和室があって、助産師さんがしっかりしていると評判の個人病院を選択。妊娠中も産後もアットホームな雰囲気でリラックスして過ごせました。産後は担当助産師さんに母乳指導などしっかりしてもらえて助かりました。

原田愛子さん（29才） 梨沙子（りさこ）ちゃん

産前・産後のきめこまかなフォローは助産院ならでは！
自然に近いお産を希望して助産院を選びました。助産師さんが健診のたびにじっくり相談に乗ってくれて安心してお産に臨めたし、おっぱいケアも充実。産後の体を考えて作られた入院食もおいしくて満足！ 「健康を維持して、助産院で産みたい」という思いから、毎日歩く、食事に気をつけるなど、妊娠中の体調管理に気持ちが集中できたのもよかったです。

松井和子さん（30才） 大空（ひろたか）くん 優空（ゆたか）くん

妊娠報告はいつ？
産休や育休は
どうするの？

妊娠しても、働き続けるために

妊娠中の仕事はしんどいこともありますが、働き続けることで得られるものもたくさんあるはず。仕事と両立させるコツを知っておきましょう。

上司には早めに報告、働き方を変える方法も

つわりがあったり、大きなおなかになったり、妊娠中の仕事は大変。でも仕事を続けることには、「自分の収入を得られる」「仕事を続けることで、キャリアアップにつながる」という意義があります。

また専門職はともかく、事務系などはいったん辞めると再就職がむずかしいという現実も。ただし無理は禁物！　仕事を続ける場合は、心身に大きな負担をかけないようにしましょう。体力的にきつい場合は、時短勤務、在宅勤務などの制度があれば利用し、負担を軽くして続けるなどの方法もあります。

妊娠がわかったら直属の上司には早めに報告を。妊娠中は化学物質やＸ線にさらされる心配のある仕事、重労働などは禁止されています。このような職種に就いている場合は、すぐに変えてもらう必要があります。

また、妊娠中は心身ともに余裕がなくなりがちですが、「助けてもらってあたりまえ」という態度はＮＧ。周囲の協力や配慮には素直に感謝の気持ちをあらわしましょう。

「母性健康管理指導事項連絡カード」を活用しよう

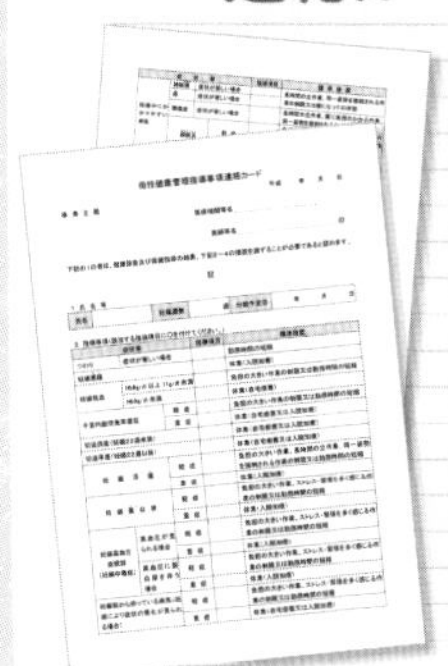

母子健康手帳についているこの連絡カードは、プレママがかかる可能性のある妊娠悪阻や妊娠高血圧症候群になりそうな症状のときに、医師に記入してもらい、職場に提出するもの。勤務時間の短縮や休業など、具体的な措置を医師から提示してもらえるので便利です。ただし医師に書いてもらう際、1000～3000円の文書料がかかります。

妊娠から産後までのタイムスケジュール

妊娠報告から産休・育休、そして復帰までの流れを、自分なりにシミュレーションしてみましょう。

妊娠判明

妊娠 4～8週 ごろ

産院で妊娠を確認したら、仕事をそのまま続けるのか、それとも仕事の形態を変えるかなど、家族とも相談しながら決めましょう。

アドバイス

「総合病院勤務の看護師で、妊娠初期に病棟勤務から、夜勤のない外来勤務に変えてもらいました。夜勤があると不規則な生活で、睡眠が十分とれないことも。早めに伝えてよかったです」（K・Sさん）

妊娠報告

妊娠 8～16週 ごろ

自分の体調や仕事の状況を考えて、職場に妊娠したことを報告します。胎児の心拍が確認されたあとが無難。まずは上司に告げるのがマナーです。

アドバイス

「つわりの時期、通勤ラッシュはつらかったので、上司に相談して、しばらく時短勤務にしてもらいました。つわりがおさまってから、産休までは通常勤務で働きました」（Y・Yさん）

産休・育休入り

（産 休）産前6週～産後8週
（育 休）産後9週～約1～3年

職場も自分も安心して休みに入れるよう、引き継ぎはしっかりとしましょう。何かあったときはすぐ連絡がとれるよう、携帯電話の番号やメールアドレスなどを伝えておくこと。

アドバイス

「出産でもらえるお金の手続きは、会社との連携が必須。担当者とよく打ち合わせをしました。また4月入園を目指していたので、夏ごろから保育園探しをスタートしました」（I・Sさん）

職場復帰

産休・育休明け

保育園の送迎や病気での呼び出しなど、復帰後しばらくはママも慣れない生活でへとへとに。会社や家族の理解を求めましょう。

アドバイス

「入園数日でノロウイルスに感染、私にもうつりました。その反省から、実母のほか、病児保育、ファミリーサポートにも登録。二重、三重に対策をしています」（S・Hさん）

妊娠しても、働き続けるために

産休まで、元気に働くためにしたいこと

オフィスで

✳同じ姿勢を続けない

パソコン作業などに夢中になると、つい長時間同じ姿勢で過ごしがち。疲労がたまらないよう姿勢を変えたり、休憩をとって。また足の血栓症を予防するために、ときどき歩きましょう。

✳冷えに気をつけよう

オフィス内の冷房で、体が冷えてしまう人も少なくありません。夏でもソックスを重ねばきする、ひざ掛けを使うなど、体を冷やさない対策を。

✳ときどき体を動かす

昼休みなど、腕を回して肩甲骨を動かしたり、立ってその場で足踏みをするなど、体を動かしましょう。また、短時間でも横になって休めるとベター。

通勤タイム

✳余裕をもって動く

時間がなくてあわてると、転んだりぶつかったりとケガのもと！　時間に余裕をもって、スケジュールを組みましょう。

✳ラッシュは避ける

混んだ車内では気分が悪くなりやすいもの。少し早めに出発して通勤ラッシュを避ける、数駅戻って始発駅から乗ってすわるようにする、などの工夫を。

家で

✳ゆっくり体を休める

平日はオフィスで仕事に追われ、休日は家事で大忙しでは、体が心配。「少々の手抜きも赤ちゃんのため」と体を休めることを優先しましょう。

✳夫のサポートは必須

育児がスタートすれば、家事を分担するのはあたりまえ。おふろの掃除やゴミ出しなど体に負担のかかる家事は、この際夫にまかせましょう。

✳家事の負担を軽くする

買い物は宅配業者やネットスーパーなど、食材や日用品を家まで届けてくれるシステムの利用も考えて。掃除は家事代行サービスを利用しても。

保育園探しは早めにスタート

保育園探しは妊娠中からスタート。まずは地域の役所などに足を運んで情報を集めましょう。認可保育園の保育時間や待機児童数などは、役所のホームページでも確認できますが、窓口ではさらに詳しい話が聞けたり、認可外保育園の資料をそろえている場合も。同時に、育児休暇や産後の勤務形態について、職場に確認を。

体験談 私たちのワーキングプレママライフ

時短勤務に変え、健診時は半休など体に負担をかけないよう気配り

妊娠したときは派遣社員で事務をしていました。妊娠前は9時半〜17時半という勤務時間でしたが、妊娠中は10時〜16時半までの時短勤務にして、妊婦健診のときは半休をもらいました。つわりの時期は仕事を休むなど、ちょっと迷惑をかけてしまったこともあります。でも仕事を続けて忙しくしていたからこそ、体重管理もうまくできたのだと思います。

加藤桃子さん（32才）　翔馬（しょうま）くん

周囲の人の気配りで、仕事も続けられ、気持ちも安定

妊娠前は営業職。車を運転することもあったのですが、「妊婦だから」と周囲が心配して、事務メインの仕事に変えてくれました。体調が悪い日は、出勤時間を遅らせたり、早退させてもらったり。男性がほとんどの職場だったので、必要以上に大事にしてもらった気がします。予定日の2カ月前まで仕事を続け、現在は育休中です。

正田百恵さん（26才）　賢人（けんと）くん

仕事がいい運動に!? 無理はしないよう心がけました

美容師で立ち仕事だったため、足のむくみはつらかった！　でもほぼ通常どおりに働けて、仕事がいい運動になった面もあると思います。つわりがひどかった妊娠2〜3カ月のころなど、体調が悪いときはほかのスタッフに話して、無理はしないよう心がけました。予定日の1カ月前まで働き、子どもが1才になってから仕事に復帰しました。

大竹恵美子さん（28才）　優斗（ゆうと）くん

どんなことにどれぐらいお金が必要なの？

妊娠・出産にかかるお金

妊娠・出産・育児でもらえるお金はいろいろありますが、出費もたくさん！　マネープランをしっかり立てて、上手にやりくりしましょう。

助成金は自分で申告しないともらえません！

毎回の妊婦健診代、出産費用、赤ちゃんのための服やおむつなど、妊娠・出産・育児にはさまざまなお金がかかります。また、分娩や入院にかかる費用には、健康保険は使えません。

でも家計への負担を減らすため、国や自治体から助成があります。助成金は、基本的に届け出をしないともらえません。28ページを参考に自分なりのスケジュールを作って、忘れずに手続きしましょう。

働いているかどうか、雇用保険に加入しているかなどによって、同じ妊婦さんでももらえるお金は異なります。まずはどんな種類の助成があって、自分はどんな助成を受けられるのか、助成を受けるため何を準備し、どこに申請すればいいのかなど、チェックしておきましょう。わからないことは自治体の窓口などに聞き、必要な書類などは妊娠中から準備しておくと、産後スムーズです。

切迫流産や早産、帝王切開など、なんらかのトラブルで入院したり手術を受けたりした場合、民間の生命保険の給付金がもらえることもあります。自分が加入している保険の内容も、確認しておきましょう。

妊婦健診の費用

公費による助成で大幅に負担が軽減

妊娠初期から出産までに受ける妊婦健診は15～16回くらいあり、1回あたり3000～1万円程度かかります。妊娠・出産にかかる費用には健康保険が使えないので、これはすべて自費負担になりますが、国や自治体による助成があります。ただし、助成される金額などは自治体によって異なります。どれぐらいの助成を受けられるかは、母子健康手帳を受けとるとき、役所の窓口で確認しましょう。

自治体によっては超音波検査の費用を助成しているところも。

出産準備

借りる、もらうなど工夫して、上手に節約を

初めて赤ちゃんを迎える場合、「あれも必要」「これもあったら便利」と目移りしますが、準備を始める前に必要なものをリストアップ。妊娠中は最低限だけ準備して、あとは必要に応じて買い足すと、ムダな買い物が防げます（76ページ）。

ベビーベッドなど、使う期間が限られているものはレンタルするのも手。その他、お下がりをもらう、リサイクルショップやフリマを利用するなど工夫しましょう。

お祝いでもらえそうなもの、出産後でもよいものは、あと回しに。

分娩・入院費

健康保険は使えないが出産育児一時金が出る

分娩や入院にかかる費用は平均で50万～60万円。無痛分娩や個室など特別なオプションを選んだ場合は、より高額になりますが、こうした費用も健康保険が使えません。ただし健康保険に加入している場合、出産育児一時金が給付されます。

出産の途中で医療処置が必要になったり、普通分娩の途中で帝王切開に切り替わったりした場合は、治療の対象となるため、健康保険が適用されます。

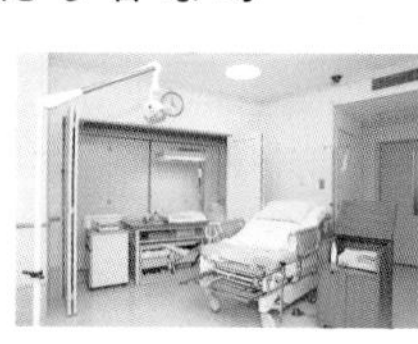
陣痛から産後まで同じ部屋で過ごせるLDRは、施設によって費用がかかることも。

先輩ママに聞きました

Q 産前・産後「高い!!」と感じたお金は？

1. 入院・分娩費　自費分平均12万円
2. 内祝い　平均10万円
3. 里帰り出産の交通費　平均9万円

入院・分娩費は出産育児一時金（42万円）でカバーできる以上の自費分を払った人が9割でした。3位の交通費はパパの分も含まれます。

余裕ができた 0%
とても苦しくなった 4%
苦しくなった 35%
あまり変わらない 61%

!! 出産後、約4割が「家計が苦しくなった」

ベビーのお世話で水道光熱費やおむつ代など出費がかさみがち。妊娠・出産をきっかけにママが退職した収入が減る家庭は、家計が苦しくなることが多いようです。

妊娠 出産 育児 でもらえるお金手続きスケジュール

妊娠判明

1 妊婦健診の補助券

妊娠がわかったら市区町村役所の担当窓口へ。母子健康手帳といっしょに受けとれます。

退職した人は

2 失業給付金の延長措置

退職翌日から30日目のさらに翌日から1カ月以内にハローワークへ。

入院した人は

7 高額療養費

健保組合で限度額適用認定証をもらっておくと、あとがラクです。

祝 出産

4 出産育児一時金

入院中に「直接支払制度」の手続きをすると、あとがラク。

出産翌日～15日以内

3 児童手当

期限を過ぎた分はさかのぼって受けとれないので、注意して。

退院後

4 出産育児一時金

5 子どもの医療費助成

6 育児休業給付金

7 高額療養費

妊娠中に書類の準備などを進めておくと、出産後にラクです。

出産後56日以降に

8 出産手当金

手続きは複雑なので、あらかじめ段取りを考えておくのが正解。

出産の翌年2～3月に

9 医療費控除

確定申告シーズンに最寄りの税務署で手続きをします。

★もらえるお金の詳しい内容は次のページに。

かかったお金・もらったお金　実態リサーチ

かかったお金の総額 134万円　もらったお金 102万円

希望どおりのお産のため、産院にはお金をかけました

もらったお金は出産育児一時金と出産祝い。無痛分娩対応の病院を探したので、出産費用は高め。しかも切迫早産になり15万円も出費増！ でも手ぶらで入院でき、食事は豪華。心も体も休まったので、結果的には大満足です。

山本有美さん（32才）　悠真（ゆうま）くん

かかったお金の総額 105万円　もらったお金 122万円

お宮参り、お食い初めなどお祝い出費がかさんだ！

第1子なので、総勢10人でにぎやかにお食い初め&お宮参り。会場はフォーマルな場所を選んだので、費用は20万円！　内祝いも20人に半返しで計20万円！　もらったのは出産育児一時金、医療保険の給付金、出産祝いです。

小川慶子さん（30才）　実花子（みかこ）ちゃん

かかったお金の総額 81万円　もらったお金 65万円

赤ちゃんの安心、安全にお金をかけました

もらったのは出産育児一時金と出産祝い。お金をかけたのはベビーカー、チャイルドシートなどの安全グッズ。また赤ちゃんの健康のため、ウォーターサーバーや空気清浄機も購入。産後は自費の予防接種が大きな出費に！

中谷 純さん（27才）　凛（りん）ちゃん

妊娠 出産 育児でもらえるお金をチェック！

1 妊婦健診費の負担が軽くなる 妊婦健診の補助券

自治体に妊娠を届け出ると、母子健康手帳とともに、妊婦健診費が公費でカバーされる受診券など妊婦健診の補助券がもらえる。補助される金額や受診券の枚数は自治体で異なり、足りない分は自費に。里帰り先などで住所地以外で払った分もあとから申請すれば還付されることが多いので、確認を。

誰？ 母子健康手帳を受けとれる**ママ全員**

いくら？ 14回分の**妊婦健診受診券**のほか、歯科健診の受診券やタクシー券など、内容や金額は自治体による

手続き方法 すべてのママが**市区町村の役所**へ

2 再就職を考えているなら、給付金が受けとれる 失業給付金の延長措置

妊娠・出産を理由に退職した場合、すぐに再就職できないと見なされ、最大4年まで失業給付金の受給期間を先延ばしできる特例措置が設けられている。手続きすれば子育てが一段落してから失業手当をもらいながら、就職活動ができる。申請できるのは退職日翌日から30日目のさらに翌日からの1カ月以内。代理人や郵送でもOK。

誰？ 離職日以前の1年間に、**雇用保険に通算6カ月以上加入**している人

いくら？ 勤続年数や退職理由により変わりますが、**基本手当日額×支給日数分**

手続き方法 **ハローワーク**へ。退職時は勤務先から離職票を受けとって

3 子ども1人に5000～1万5000円支給 児童手当

子育て中の家庭の経済的負担が少しでも軽くなるよう、中学校卒業までの子どもには児童手当が支給される。もらえる金額は年齢、出生順、所得に応じて異なり、月額5000～1万5000円。申請期間は原則、出産日の翌日から15日以内。期限を過ぎた分はもらえないので、出生届といっしょに手続きすると安心。

誰？ **中学校終了**までの子どもがいる人

いくら？ **0～3才未満　1万5000円　3～15才　1万円**　第3子以降は1万5000円。所得制限を超えた場合は5000円

手続き方法 共済組合加入の公務員は**勤務先**、それ以外のママは市区町村の**役所**へ

4 健康保険から42万円が受けとれる 出産育児一時金

入院や分娩などの出産費用をまかなえるよう、健康保険から42万円がもらえる。受けとり方にはいくつかパターンがあり、健康保険から病院にお金が払われる「直接支払制度」を利用すれば、退院時の支払いは42万円を超えた分だけ。42万円に満たない場合は、後日、健康保険に請求すると差額が戻る。

誰？ **健康保険に加入**しているすべてのママ

いくら？ 子ども1人につき**42万円**

手続き方法 専業主婦、退職ママは自分かパパが加入する**健康保険**。会社員・公務員ママは**勤務先**か**健康保険**または**共済組合**。自営業ママ、自営業の妻は市区町村の**役所**へ。

5 ベビーの医療費の全額または一部を軽減 子どもの医療費助成

子どもにかかる医療費の全額または一部を自治体がサポートしてくれる。対象年齢や金額など、内容は自治体でまちまち。助成を受けるには、まず、赤ちゃんをパパかママの健康保険に加入させて健康保険証を作り、その後、自治体に申請すれば、助成が受けられる医療証を受けとれる。

誰？ **健康保険に加入**している赤ちゃん

いくら？ 赤ちゃんの**医療費の全額または一部**（自治体によって異なる）

手続き方法 パパまたはママの**健康保険**で手続き後、市区町村の**役所**へ

6 育休中のママ＆パパに給料の半分を支給 育児休業給付金

雇用保険に加入している働くママは、子どもが1才（育休期間を延長する場合などは1才2カ月または1才6カ月）になるまでの育休中に、給料の半分が育児休業給付金として支給される。条件を満たせば、ママだけでなくパパももらえる。初回の手続きが複雑なので勤務先やハローワークで確認を。手続きの締め切りが厳しいので注意。

誰？ 雇用保険に加入しているママやパパで、**育休を取得した人**（雇用保険の加入期間などの条件あり）

いくら？ 原則、**給料の約半分×育休として休んだ期間**

手続き方法 **勤務先**または**ハローワーク**

7 たくさん払った医療費が戻ってくる 高額療養費

妊娠・出産にかかる医療費は保険が使えず自己負担ですが、切迫早産や帝王切開など医療措置がなされた場合は健康保険の適用に。医療費が高額になると、一定額を超えた分が戻る「高額療養費制度」が利用できる。ただし医療費が月をまたぐと、合算できないので利用できないことも。あらかじめ健保組合で限度額適用認定証をもらっておくと、病院での支払いは自己負担の上限額までですむ。

誰？ 健康保険に加入し、同じ病院で支払った**1カ月の自己負担額が一定額を超えた人**

いくら？ 一般的な所得者の場合、**8万100円＋αを超えた分**（＋αは「（医療費－26万7000円）×1%」で計算。戻る額は年齢や収入で異なる）

手続き方法 専業主婦ママ、退職ママは**健康保険**。会社員・公務員ママは**勤務先**か**健康保険**または**共済組合**。自営業ママと自営業の妻は市区町村の**役所**へ

8 産休中に給料の6割が受けとれる 出産手当金

産休中に給料が出ない＆減ってしまう働くママが、健康保険または共済組合から、給料の約2/3の手当金がもらえる。国民健康保険加入の自営業ママは残念ながら対象外。手当金が出るのは、出産日をはさんで産前42日（多胎の場合は98日）から産後56日までで、会社を休んだ期間。社会保険料が免除になる手続きもいっしょに行って。

誰？ 健康保険または共済組合に加入している**働くママ**

いくら？ **給料の約2/3を原則98日分**（休業希望日数や産休日数で変わる）

手続き方法 **勤務先の担当窓口、健康保険、共済組合**などへ。申請書類には病院の証明が必要なので、入院時に担当窓口にお願いするとスムーズ

9 払いすぎた税金が戻ってくる 医療費控除

医療費が多くかかった年は医療費控除が受けられ、税金が安くなるので、確定申告をすれば払いすぎた所得税が戻る可能性がある。申告は家族全員の医療費を含めてOK。1年分の領収書が必要になり、電車などの交通費も対象になる。申告すると翌年の住民税も安くなり、保育料が安くなることもあるので、さらにトクする。

誰？ 家族の**1年間の医療費の合計が10万円を超えた人**。所得が200万円以下の場合は、所得の5%を超えた人

いくら？ 一般的な所得の場合、（1～12月の医療費合計－生命保険の給付金、公的な助成金などの合計－10万円）×0.1で計算した金額が戻る（所得によって異なる）

手続き方法 **住所地の税務署**へ。医療費として認められる費用などの不明点は税務署で確認を

はじめてママ&パパの

妊娠・出産

監修：安達知子

総合母子保健センター 愛育病院
副院長・産婦人科部長

主婦の友社

おなかにあてて大きさを実感!

おなかのBaby❤実物大シート

※時期ごとの赤ちゃんのデータについては、あくまで過去のデータをもとにした平均であり、目安です。「この数値内でなければ異常」ということではありません。

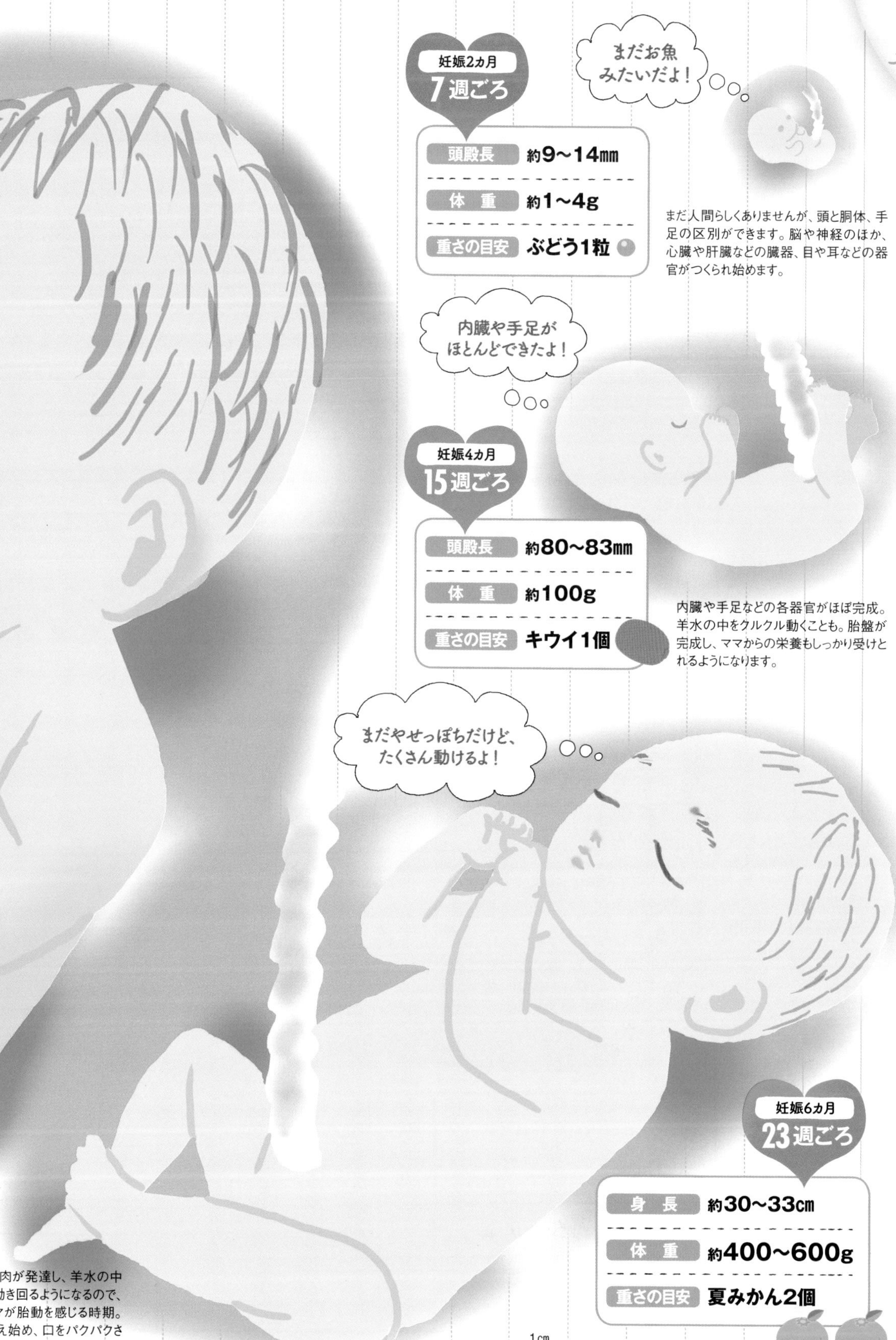

まだお魚みたいだよ!
妊娠2カ月
7週ごろ
頭殿長 約9～14mm
体重 約1～4g
重さの目安 ぶどう1粒
まだ人間らしくありませんが、頭と胴体、手足の区別ができます。脳や神経のほか、心臓や肝臓などの臓器、目や耳などの器官がつくられ始めます。
内臓や手足がほとんどできたよ!
妊娠4カ月
15週ごろ
頭殿長 約80～83mm
体重 約100g
重さの目安 キウイ1個
内臓や手足などの各器官がほぼ完成。羊水の中をクルクル動くことも。胎盤が完成し、ママからの栄養もしっかり受けとれるようになります。
まだやせっぽちだけど、たくさん動けるよ!
妊娠6カ月
23週ごろ
身長 約30～33cm
体重 約400～600g
重さの目安 夏みかん2個
筋肉が発達し、羊水の中
動き回るようになるので、
マが胎動を感じる時期。
こえ始め、口をパクパクさ
も見られるようになります。
1cm

自分の予定も書き込もう!

知っておきたいこと&しておきたいことがひと目でわかる!

Happyマタニティライフ スケジュール表

妊娠判明から出産予定日まで、「いつ、どんなことが起こる」「この時期に何をすればOK」がまるわかり! 病院で正確な出産予定日がわかったら、日付を書き込んで。妊娠週数の欄にも7日ずつさかのぼって、日付を書いていきましょう。

妊娠時期	初期										
妊娠月数	2カ月				3カ月				カ月		
妊娠週数	4	5	6	7	8	9	10	11	12	13	
	/ 〜	/ 〜	/ 〜	/ 〜	/ 〜	/ 〜	/ 〜	/ 〜	/ 〜	/ 〜	
出産予定日まであと何日?	あと252日	あと245日	あと238日	あと231日	あと224日	あと217日	あと210日	あと203日	あと196日	あと189日	
妊婦健診の回数	2週に1回								週に1回		

この時期の体

月経の遅れや体調で妊娠に気づくころです

●妊娠のサインがあらわれます

体温が高い状態が続いて体がだるい、眠いなどのほか、乳房が張る、乳首がチクチクする、吐きけがするなどの妊娠のサインが。

●薬の服用は医師に相談してから

赤ちゃんの主な器官がつくられる大切な時期。薬によっては赤ちゃんに異常が起こることがあるので、必ず医師に確認しましょう。

つわりがピークに。気持ちや体調にも変化が

●つわりが始まります

多くの人につわりの症状が見られるようになり、食べ物の好みが変わったり、においに敏感になったりします。ピークは妊娠10週ごろ。

●上手に気分転換を

この時期はイライラしたり、急に気分が落ち込んだりすることも。DVDを観たり、ブログを始めてみたりと、今しかできないことを楽しんで。

、ふっくら

まってきます

欲が回復してくる時期。反激に体重がふえてしまうこ

るさがとれてラクに

ってきます。体の熱っぽさキリと軽く感じられるでしょ

このころにしておきたいこと

□ **産婦人科を受診する**

妊娠判定薬で陽性が出たら、なるべく早めに病院を受診して、子宮外妊娠などの異常がないか確認してもらって(P18)。

□ **母子健康手帳をもらう**

妊娠・出産の経過や赤ちゃんの健康状態を記録する大切な手帳。自治体の窓口で交付してもらいましょう(P38)。

□ **食事など生活習慣の見直し**

禁煙・禁酒はもちろん、食生活を見直しましょう。落ち着いた気持ちで過ごすために規則正しい生活を(P106)。

□ **マタニティ下着に切り替える**

妊婦さんらしい体になってきたら、ゆったりとやわらかく体を守ってくれるマタニティインナーにチェンジ(P52)。

□ **出産施設に分娩予約を入れる**

出産施設も産科医も少なくなっているため、人気の施設は初期に予約が必要なことも。里帰り出産の場合も早めに予約を。

HOSPITAL

□ **妊娠・出産について情報収集**

妊娠や出産の経過をきちんと知っておけば、不安も解消。SNSやブログなどで先輩ママの経験を読むのも参考になります。

My memo

PART

2

月ごと&週ごとにこんなことが起こります!

おなかの赤ちゃんとママの9カ月

妊娠してから生まれるまでの約9カ月間、
おなかはどのように大きくなるのか、
そして体の中ではどんなドラマが起こっているのか
詳しく追いかけてみました。
時期ごとに気になるテーマや週数別のアドバイスも参考に
かけがえのない妊娠生活をよりハッピーに過ごしてください。

ママの体型はどんなふうに変わる？　赤ちゃんはどうやって育つの？

おなかの赤ちゃんとママの280日!!

妊娠判明！　でもこれからどうなるの!?　これからのママの体調や体型の変化、おなかの赤ちゃんの成長具合を解説します。

妊娠が判明し体は急激に変化

月経が止まり、基礎体温は高温状態をキープ。見かけはまったく変わりませんが、胸のむかつきや吐きけなど、つわりの症状があらわれ始めます。

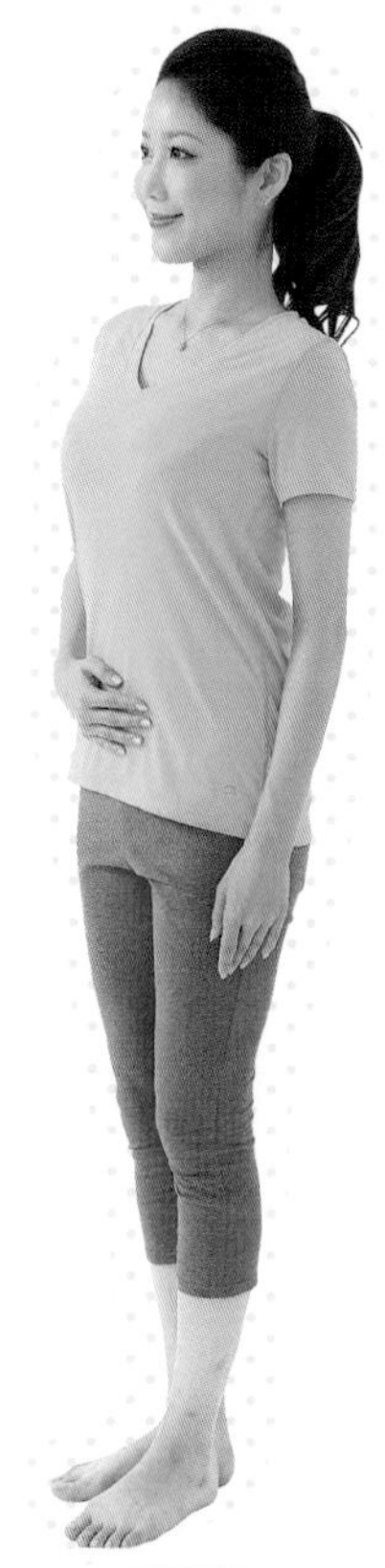

おなかの赤ちゃん

胎芽と呼ばれる魚に近い状態。でも心臓は動き始め、口、目、脳、神経などができ始めます。

つわりや不快症状などでつらい時期

多くの人が本格的なつわりを迎えます。おなかは目立ちませんが、子宮は握りこぶし大になり、頻尿や便秘、おりものなど不快症状も。

おなかの赤ちゃん

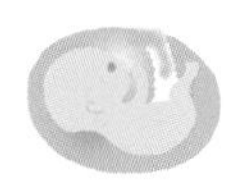

胎盤のもとになる絨毛が子宮内膜に張り、赤ちゃんはしっかりと育ち始めます。胎芽から胎児へ。

赤ちゃんのベッドである胎盤が完成

ママと赤ちゃんをつなぐ胎盤がほぼ完成し、流産しにくい時期に入ります。多くの人はつわりが軽くなり、下腹部はなんとなくふっくら。

おなかの赤ちゃん

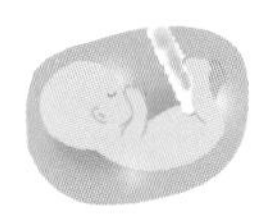

人らしい姿が超音波検査でも見られます。胃、腎臓、膀胱などの内臓器官は、ほぼ完成。

妊娠
5カ月
16～19週

安定期に突入。早ければ胎動も

妊娠中で最も安定する時期。おなかのふくらみが目立ち始めます。動き回る赤ちゃんの動きを胎動として感じとれるかもしれません。

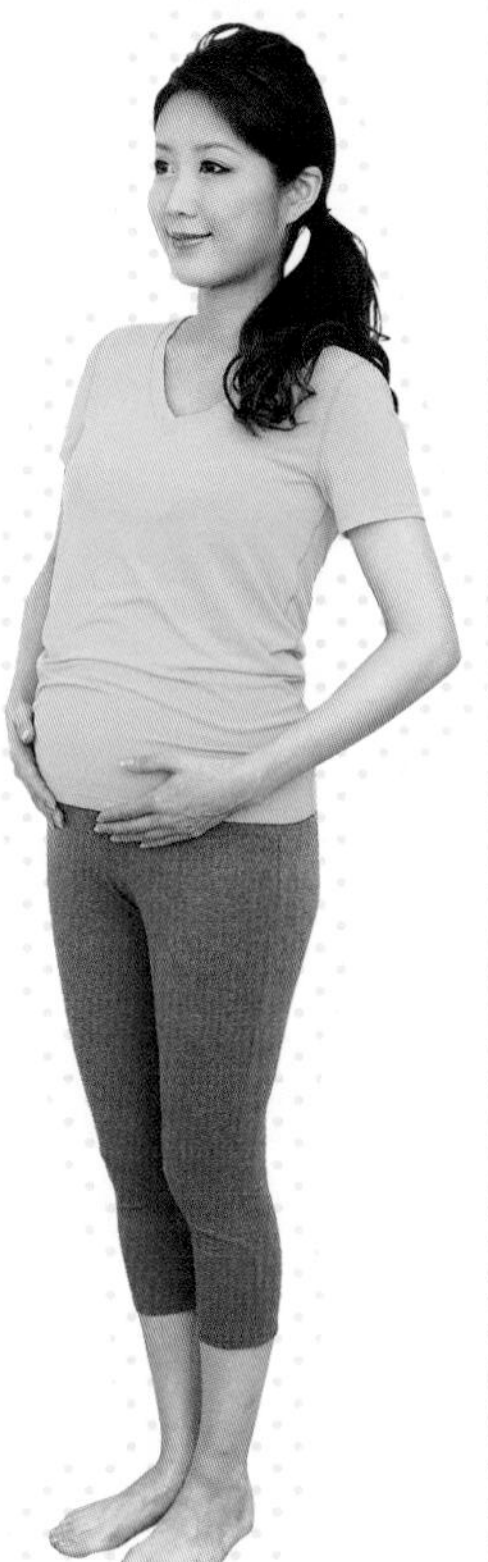

おなかの赤ちゃん

五感をつかさどる前頭葉ができて、羊水の中で活発に動きます。皮膚を保護する産毛も。

おなかの赤ちゃんとママの280日

妊娠6カ月 20～23週

下腹部が大きくなり腰痛や静脈瘤も

順調なら運動や旅行を楽しめる時期ですが、下腹部がますます大きくなり、腰痛になったり静脈瘤ができることがあります。無理しないで!

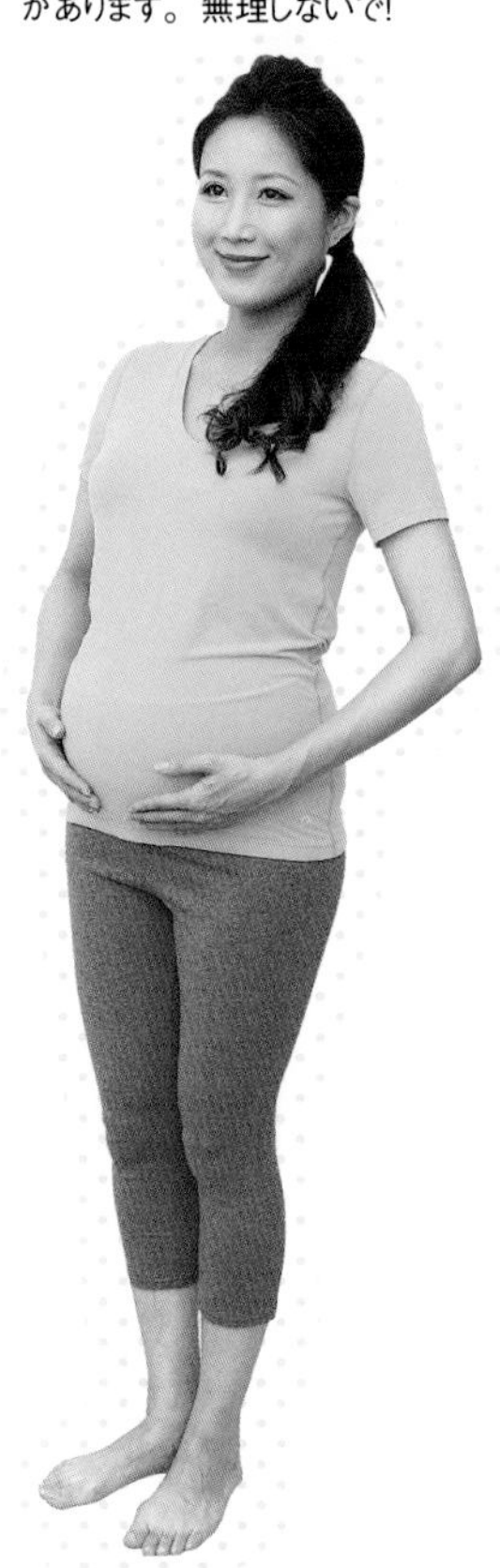

おなかの赤ちゃん

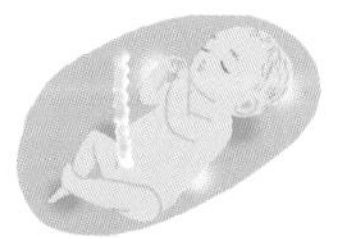

骨格や筋肉が発達してきて、力強く動きます。口をパクパクして羊水を飲む様子もわかります。

妊娠7カ月 24～27週

おなかがせり出して動きにくい!!

おなかはさらに前にせり出し、日常動作に支障をきたすこともあります。また便秘や痔に悩まされたり、おなかが張りやすくなったりします。

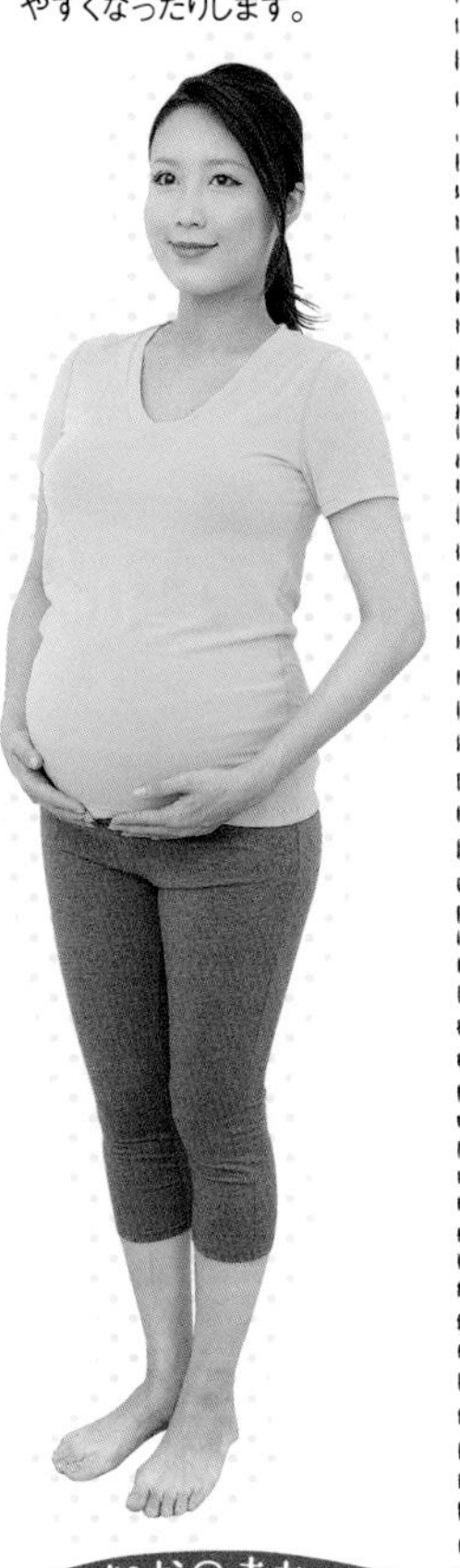

おなかの赤ちゃん

ママの心音も声もはっきりと聞こえています。心肺機能や内臓は、今後さらに発育していきます。

妊娠8カ月 28～31週

大小問わずトラブル頻出!

大きなおなかが原因で、おなかの張りや手足のむくみなどマイナートラブルが続きます。妊娠高血圧症候群や妊娠糖尿病にも注意して。

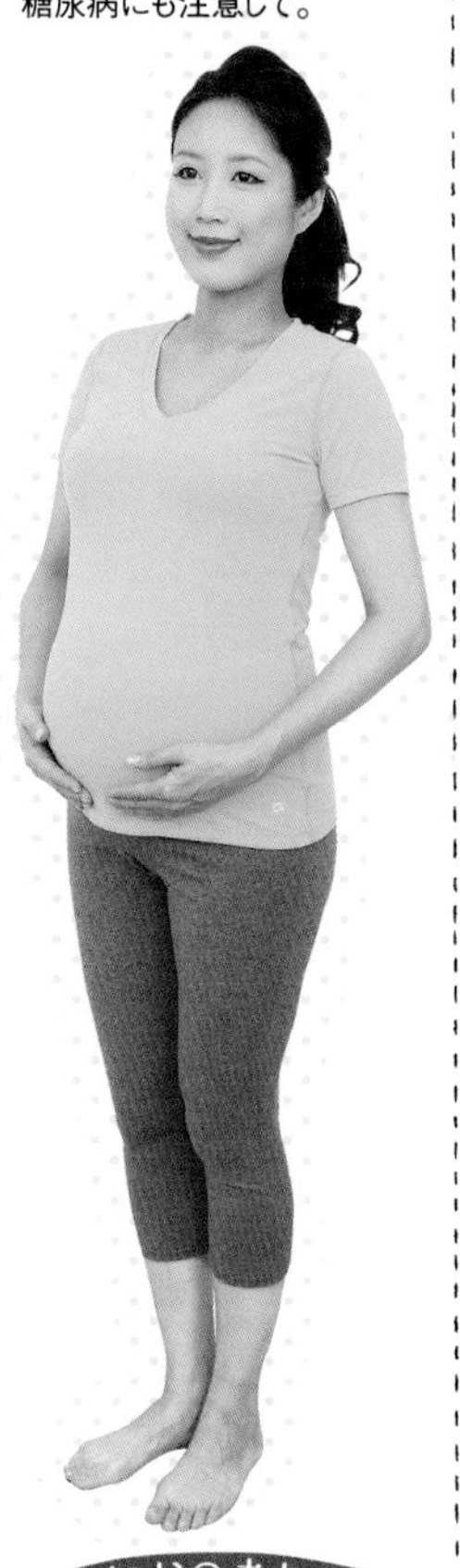

おなかの赤ちゃん

骨格がほぼ完成し、脂肪もつき始めます。体が大きくなり、おなかの中の姿勢も定まってきます。

妊娠9カ月 32～35週

体はお産の準備を始めています

大きな子宮に胃や肺、心臓が圧迫されて、動悸や息切れ、胃もたれが激しくなります。歩くと足のつけ根や恥骨が痛むこともあります。

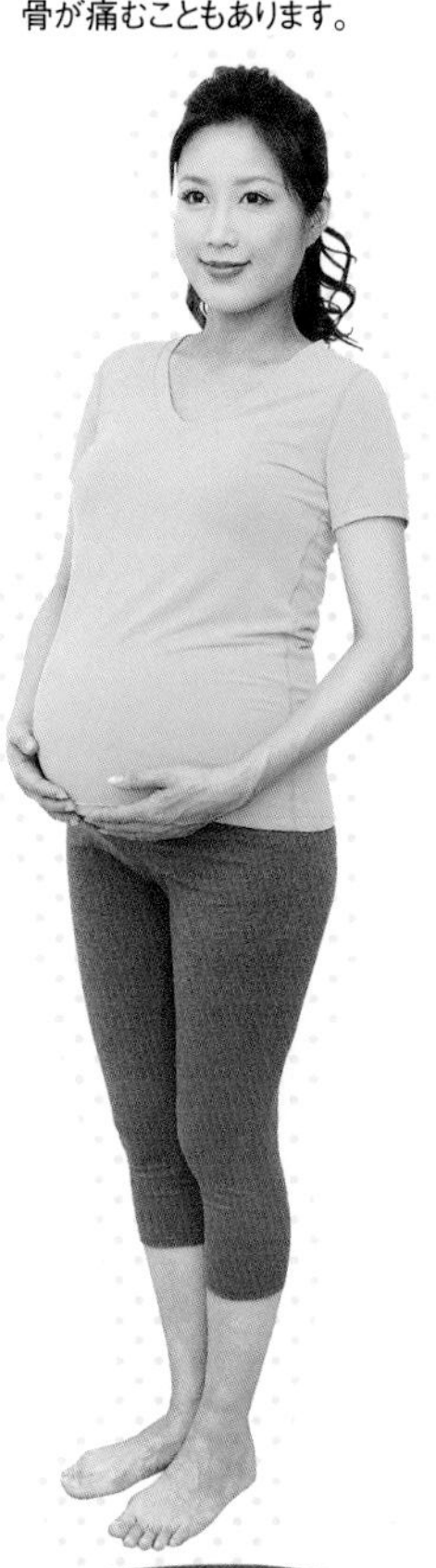

おなかの赤ちゃん

皮下脂肪がさらにつき、体つきがふっくら。体をおおっていた産毛が薄くなり、肌はピンク色に。

妊娠10カ月 36～39週

お産の兆候があらわれます

頻繁なおなかの張りが、お産が間近に迫っていることを知らせます。子宮口をやわらかくして開きやすくするために、おりものもふえます。

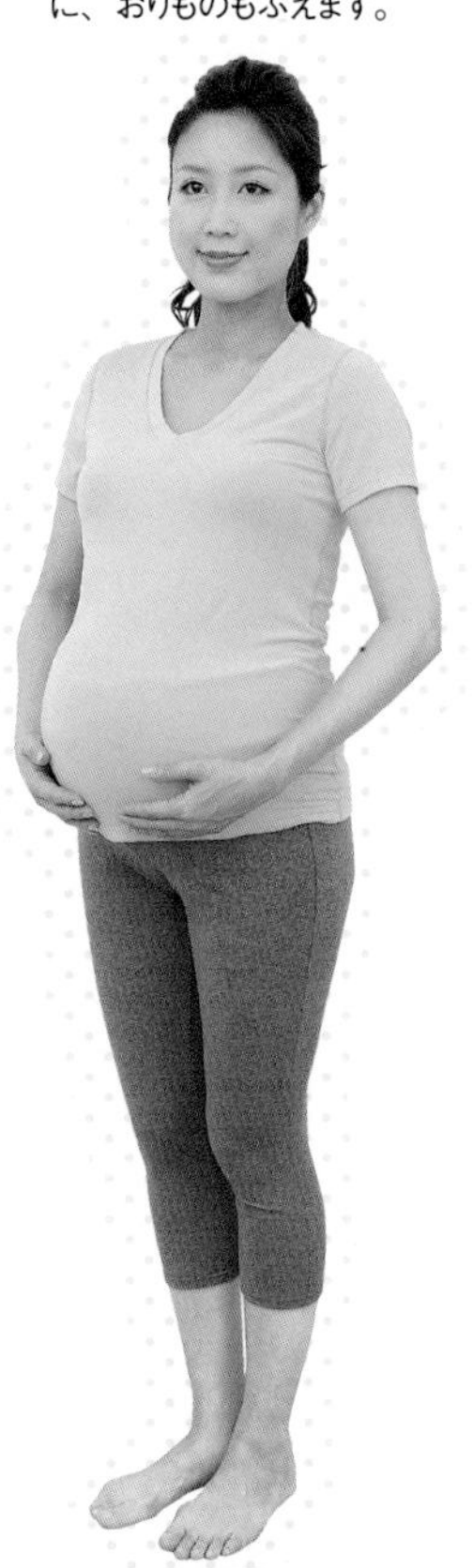

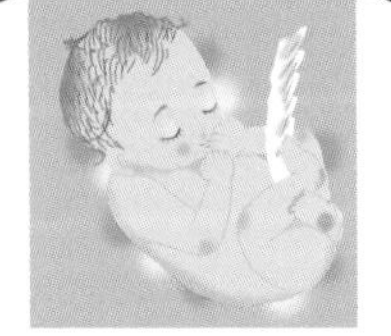

頭を下にして外に出る準備OK。生まれてすぐに肺呼吸できるよう肺機能もでき上がっています。

妊娠
2カ月
4〜7週

月経の遅れや体調の変化など、妊娠のサインが体にあらわれます

ママの体の変化

＼ こんな変化が起こるかも ／

- つわりの症状があらわれます
- 熱があるように感じます
- 眠い、だるい、乳房が張るなどの症状があります
- 頻尿や便秘の症状が出てきます

子宮底長
まだ測定できません

体重増加の目安
まだ変化はありません

子宮の大きさ
ガチョウの卵大

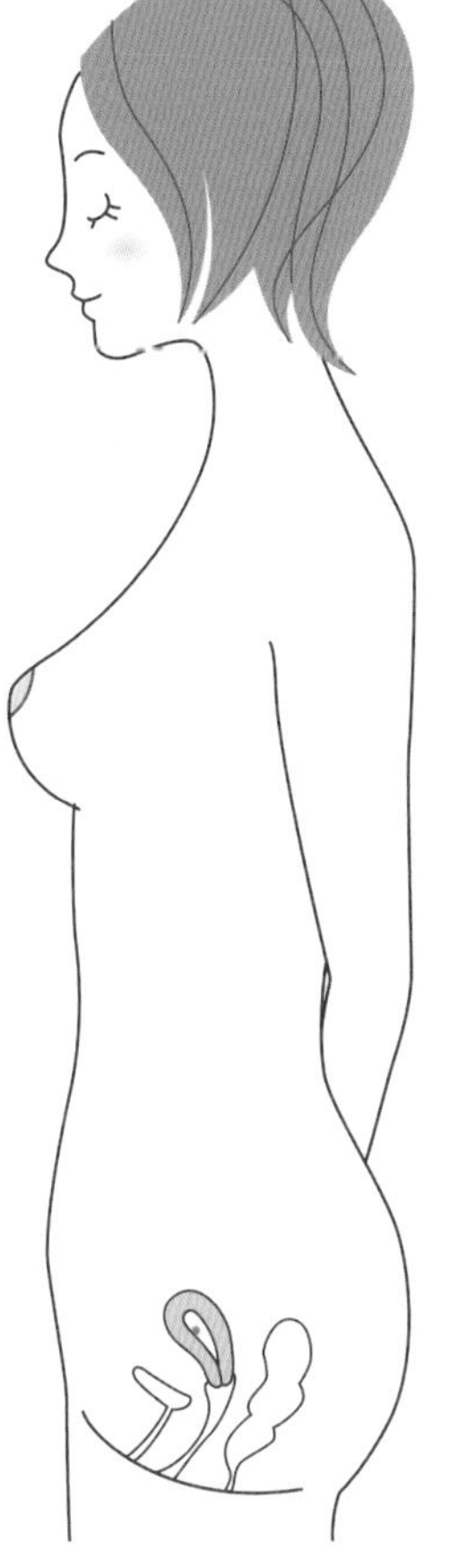

気持ち悪さや眠けなどつわりの症状が出ることも

「月経も遅れているし、ひょっとして……」と妊娠判定薬を試してみたら陽性！という始まりで、妊娠に気づく人も多いでしょう。気持ち悪さや眠けなど、すでにつわりの症状が妊娠のサインとして体にあらわれることも。2週間以上、月経が遅れたら早めに受診し、妊娠しているかどうか検査してみましょう。できれば分娩希望の病院に初診から通うのが理想ですが、持病の有無や通いやすさ、費用なども含めて納得できる病院を選びましょう。

妊娠2カ月でしておくことList

【マストなこと】
- ☐ 産婦人科を受診する ➡ 詳しくはP18
- ☐ 母子健康手帳をもらう ➡ 詳しくはP38

【なるべくしたい】
- ☐ 生活習慣の見直し ➡ 詳しくはP106
- ☐ 超音波アルバムを用意する ➡ 詳しくはP39

おなかの赤ちゃんの成長

妊娠2カ月ごろの赤ちゃん

頭殿長	約9〜14㎜
体　重	約1〜4g
重さの目安	ぶどう1粒

こんな変化が起こります

- 実際には目に見えない大きさで、「胎児」ではなく「胎芽」と呼ばれます
- 心臓は形をととのえ、鼓動をスタート
- 脳や神経細胞の80%がつくられます
- 7週ぐらいから顔、胴体、手足の区別がつくようになります

しっぽがあって魚みたい。でも心臓は動き始めています

ママのおなかに宿ったばかりの命は、実際には目に見えない大きさ。命が芽生えたこの時期は、まさに〝胎芽〟と呼ばれる時代で、しっぽのようなものがあって、まるで魚のよう。けれども小さな心臓は動き始め、脳や神経、脊髄など体の原型ができ始める大切な時期＝器官形成期です。7週目ごろにはしっぽも退化し、顔、胴体、手足の区別がつくようになります。ママの外見上の変化はほとんどありませんが、おなかの中はめざましく変わっています。

この月のパパへのメッセージ

妻の変化に合わせて協力態勢をととのえて

妻が妊娠していると頭ではわかっていても、以前と同じ生活ができると思っていませんか？　見た目はまったく変わりませんが、出産に向けて体は変化し始めています。妻の状況を理解するのはもちろん、協力態勢もととのえましょう。

ママへのメッセージ

体の器官がつくられる大事な時期。くれぐれも無理をしないように

この時期は赤ちゃんの体のそれぞれの器官や胎盤が形成されていく、とても不安定な時期です。ウイルス感染や薬、アルコールなどの影響を受けやすいので病気や事故に注意し、あまり無理なことはしないようにしましょう。

ライフAdvice

妊娠4週

予定日まで252日

Mama まだ妊娠に気づかない人も多い時期ですが、月経周期がはっきりしている人は妊娠判定薬などで妊娠がわかるころです。月経予定日近辺で、問題ない少量の出血がある人もいますが、妊娠中の出血は要注意なことも多いもの。自己判断しないで、必ず受診を。

待ちに待った妊娠判明！でもすでに胸のむかつきが

胸がムカムカしたり、吐きけをもよおすなどつわりのような症状で妊娠に気づいた人も多いでしょう。食事は食べたいものを食べればOK。自分だけのお気に入りフードを見つけて。

ケーキなどが食べたくなったら少量の果物を。

多種類のフルーツを盛りつけて見た目も満足。

Baby このころの赤ちゃんの様子

小さく光る黒い点はまるで宇宙に輝く星のよう！

見た目はお豆のようですが「胎嚢」といわれる赤ちゃんの入っている黒っぽい袋がはっきりと映っています。「もしかして妊娠?」と産婦人科で初めて検査を受けたときの1枚がこんな感じだったという人も多いのでは？　その感動を「宇宙に輝く星」と言いあらわしたママも。心拍=心臓の動きが画面で確認されるのは、もう少しあとのこと。

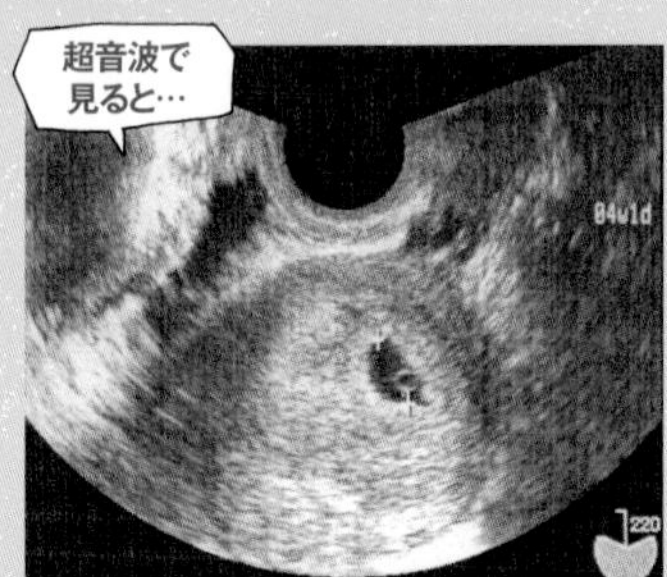

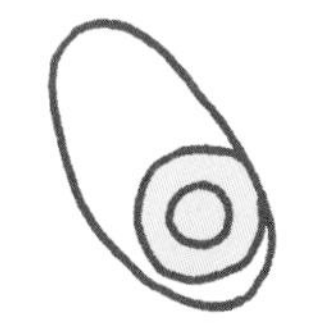

赤ちゃんの姿はまだ見えませんが、小さな丸の中に入っています。

妊娠5週

予定日まで245日

Mama 小さな「胎芽」の時期ですが、赤ちゃんの体の大事な基礎が猛スピードでつくられています。ママが飲んだ薬やお酒、タバコの影響が大きく出る時期なので、妊娠がわかったらすぐにストップを。気づかずに飲んでしまった場合は医師に報告を。少量なら問題ないこともあるので後悔しすぎないで。

少し歩くだけで疲労感。疲れたら横になって

体を動かすと、いつもと体調が違い、あらためて妊娠していると実感できるでしょう。疲れたらソファなどに横になって休みましょう。とても大事な時期です。くれぐれも無理をしないように。

外出するときは感染予防にマスクをしても。

買い物に出かけただけでぐったり。休憩中。

Baby このころの赤ちゃんの様子

胎嚢を囲むホワイトリングに思わずじ〜ん…

4週目には見えなかった胎嚢がはっきりと確認でき、この中で赤ちゃんが育っているんだという実感がわくでしょう。胎嚢の周りが白くリング状に見えることのある「ホワイトリング」は、この時期だけに見える貴重なもの。月のようなまん丸の形が生命の神秘を思わせます。この映像を見た瞬間「じ〜んときた」というパパも。

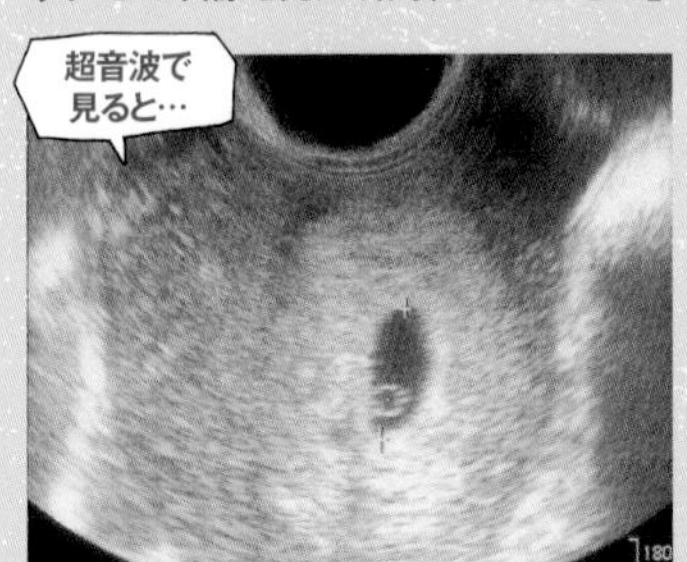

小さな丸は胎盤ができる前に赤ちゃんに栄養を与える袋。赤ちゃんはまだ見えないことが多い。

週数別・マタニティ

妊娠6週

予定日まで238日

Mama 胃がムカムカしたり吐きけだけがつわりではありません。眠い、だるい、とにかく寝ていたいような体調不良も一種のつわり。横たわると子宮に優先的に血流が届くので、おなかの赤ちゃんからの「休んで」のサインでもあります。風邪の初期症状にも似ていますが風邪薬を使うのは慎重に。

自炊で自分好みの味にすれば つわり中もおいしく食べられます

「とにかく生野菜!」「ピリ辛味が食べたい」など、つわり中の食の好みは人それぞれ。家で食べれば、そのときに自分が食べたいものを作れます。カロリーや塩分を減らせるのも○。

ピリ辛が食べたくてキムチ鍋。夫も大好物。

鍋や煮物、サラダなど野菜中心のメニュー。

Baby このころの赤ちゃんの様子

心拍が確認されれば、晴れて妊娠確定です

画面上で点滅しているような動きが確認されます。これが心拍と呼ばれる心臓の動き。条件によっては確認できないこともあるので、あまり気にしすぎないようにしましょう。妊娠初期は胎嚢のほか心拍を見て妊娠が順調かどうかを判定します。多胎かどうかもこの時期にわかるでしょう。

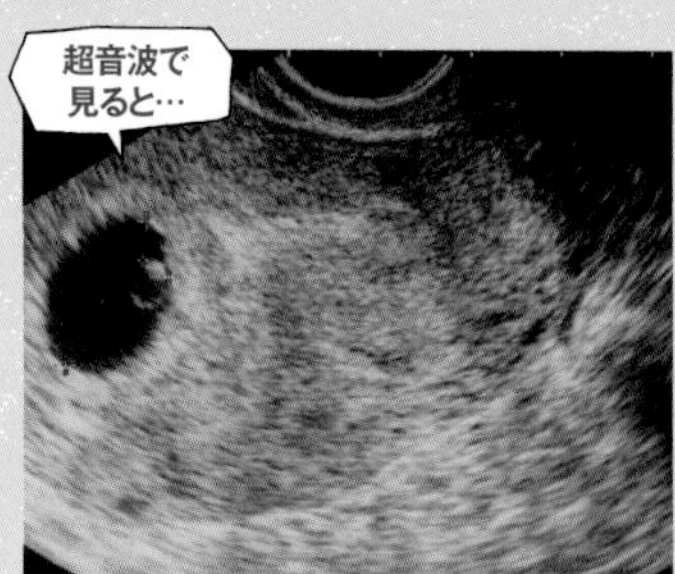

胎嚢が大きくなり、赤ちゃんの姿がはっきり見えます。心拍も確認でき、検査時に心音を聞くことも可能。

妊娠7週

予定日まで231日

Mama 妊娠すると、おなかよりも先に胸に変化があらわれます。月経前のように、乳房が張り、乳首が敏感になってチクチクするような感じが出てきます。これは、妊娠を継続させるためのホルモンが大量に出るため。産後、母乳が出るように、急激に乳腺が発達していくからなのです。

妊娠中はカフェイン控えめに ノンカフェインで楽しんで

妊娠中のカフェインの過剰摂取はNG。コーヒーなら1日1杯、紅茶なら2杯程度は大丈夫です。おいしいノンカフェインドリンクもたくさんあります。この機会に開拓してみては。

ルイボスティーはノンカフェインで安心。

ハーブやフルーツなど香りが味わえるものも。

Baby このころの赤ちゃんの様子

チカチカ光って、生きてるって知らせているみたい

7週目ごろになると、小さなお豆が頭と胴に分かれて二頭身になり、ちゃんと人間らしい形になってくるのがわかります。こまかい心臓の動きから心拍も確認されます。超音波検査ではあまりに小さくて見えませんが、目、耳、鼻、口もつくられ始めています。「胎芽にチカチカと点滅するものがあり、それが心臓でした。感動!」と話すママも。

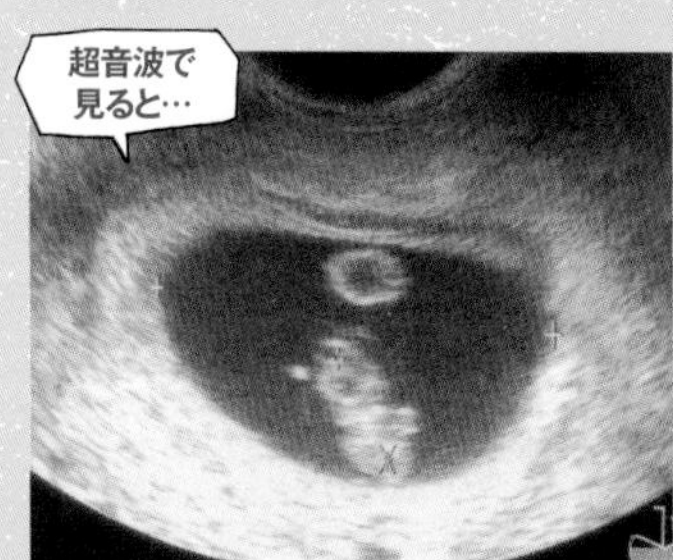

手足も見えて、ちゃんと人の形をしています。ほんの数週間でお豆さんから人の形に。すごい成長ぶり!

妊婦さんの9割が経験する不快症状

つわりをうまく乗り切るには

吐きけがする、においが気になる、食べないと気持ち悪くなる……、多くの人が妊娠初期に悩まされるつわりの症状と解消法をご紹介！

つわりの症状と程度は個人差があります

そもそもつわりとは、吐きけや食欲不振、消化不良など、妊娠初期に起こる不快症状のこと。一般的に妊娠5週目ぐらいから始まり、10週ごろにピークを迎え、16週ごろに終わります。

なぜつわりが起こるのか、そのメカニズムについては妊娠によってホルモン分泌が変化するからとも、赤ちゃんという異物に対するアレルギー反応が起こるからともいわれていますが、原因ははっきりとわかっていません。

つわりには個人差があり、まったくない人もいれば、中期に入ってもおさまらない人も。つわりを引き起こす原因や程度も、それぞれです。自分のつわりのタイプを知って、このつらい時期を乗り越えたいものです。

もしかして…これってつわり？

1 食べ物の好みが変わる

カレーライスや鶏のから揚げなど、これまで特に好きでもなかった食べ物が、やたらと食べたくなる人もいます。

2 すっぱいものが食べたくなる

口当たりのよいさっぱりしたものを体が求めるのか、かんきつ類などすっぱいものを食べたくなる人が多いよう。

3 においに敏感になる

炊きたてのごはんや人工的な香料など、ある種のにおいをかいだだけで、吐きけをもよおすことがあるみたい。

4 朝起きぬけに気分が悪い

空腹だと胸がムカムカするのも症状の一つ。特に起きぬけは空腹感を感じて気分の悪くなる人が多いようです。

さっぱりしていてほどよい酸味のあるトマトは、つわり中の強い味方。

どうしても眠くなったら、ソファに横になって仮眠を。窓をあけて換気をするのも○。

つわりの症状は大きく分けると食材や体臭などにおいに敏感になる〝においづわり〟、とにかく眠くて憂うつな気分に陥る〝眠りづわり〟、食欲がなくなる、食べるとすぐに吐く〝吐きづわり〟、反対におなかがすくと気持ち悪くなる〝食べづわり〟などの主に4タイプ。吐くことはないけれど、朝や夕方は気分が悪くなるというつわりもあります。

つわりの時期は1日3食にこだわらず、基本的に食べたいものを食べればOK。3時間おきぐらいに冷やしたものを口に入れるのがおすすめです。

つわりをうまく乗り切るには

よくある つわりの症状別乗り切り術

症状1 体がだるくて眠い

お仕事ママは窓をあけたり仮眠をとって

事情が許せば、眠いだけ寝てもOK。実家に帰って母親に甘えるのもよいでしょう。お仕事ママは窓をあけたり、休憩時間は横になったりして、眠けをやり過ごしましょう。

症状2 朝、気持ち悪い

枕元にすぐに食べられるものを用意して

空腹がムカムカを引き起こすので、起きたらすぐに口に入れられるよう枕元にパンやクッキーなどつまめるものを置いておくとよいですね。コップ1杯の水も効果的です。

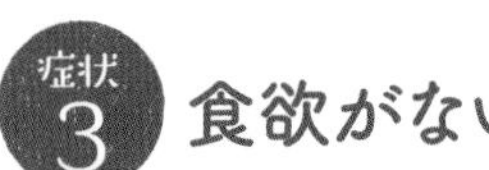

症状3 食欲がない

食べられなくてもOKですが水分補給は十分に

食べられなくても赤ちゃんの成長に影響しませんので、食べたいときに食べられるだけでOK。ただし食べられなくても水分だけはとりましょう。氷をなめるのもおすすめ。

症状4 においが気になる

好きなにおいに変えるだけで気分スッキリ

苦手な食べ物がある場合は、なるべく避けるのがいちばん。身の回りの嫌いなにおいは好きなにおいに変えるだけで気分はラクに。マスクをしたり換気したりするのも大切。

症状5 吐く＆よく吐きけがする

少しずつでも水分をとって脱水を予防

嘔吐を繰り返すと水分不足になりがちなので、少しずつでも水分をとるようにしてください。フルーツや炭酸水などはさっぱりしていて、気持ち悪さを感じにくいようです。

症状6 食べないとムカムカする

食べすぎに注意。低カロリーのものを選んで食べて

食べづわりの症状ですが、だからといって常に食べ物を口にしているとつわりが終わるころには体重オーバーに。少量食べる、低カロリーのものを選ぶといった工夫が必要。

つわりQ&A

Q つわりが全然ないのですが、赤ちゃんは無事に育っている？

A 出血や腹痛などの異常がなければ、つわりがなくても特に心配する必要はないでしょう。妊婦さんの中には、つわりがまったくないという人もいるのです。ただし、ひどいつわりだったのに、突然気分がよくなったなど、急な変化があった場合は、念のためかかりつけの病院を受診してみましょう。

Q どうしても気持ちが悪いときは胃薬を飲んでもいいの？

A 胃薬を飲んでも赤ちゃんに特に悪い影響はありません。でも、つわりのムカムカ感はホルモン分泌の変化なので、胃薬を飲んでもおさまらないでしょう。薬に頼るよりも空腹にしない、外に出て気分転換するなどのほうが効果があるのでは？ 自分なりのリフレッシュ方法を見つけてください。

Q 母親はつわりが重かったそうです。つわりの程度は遺伝するのですか？

A お産については何かと母親と似ている点もあるでしょうが、つわりの有無や程度が遺伝することはありません。「母親が重かったから、私もつわりが重いだろう」と思い込むと、それがストレスになり、本当につわりが重くなることも。つわりは一時的のものなので、あまり深刻に考えすぎないように。

【こんなときは受診を…】

食べられないなら点滴が必要なことも

ほとんど食べられない状態なら点滴が必要。その状態が続くと体内のエネルギー源が不足し、栄養失調になるからです。体重減少、皮膚の乾燥、電解質異常があるときにも入院して点滴を。放置すると肝臓と腎臓の働きが悪くなるだけでなく意識障害を起こすことも。

母子健康手帳の活用法

ママと赤ちゃんの大切な記録がぎっしり

妊娠を確認したら自治体に届け出て、母子健康手帳を受けとりましょう。妊娠中から産後、子どもが小学校に上がるころまで使います。

健診の結果が記録されます

自治体によりデザインは異なります。

❶ 妊娠週数
妊婦健診時の妊娠週数を記入。18週1日であれば「18-1」や「18W1D」など記入方法は医師によって異なります。

❷ 子宮底長
恥骨上端から子宮のいちばん上までの長さ。妊娠20週前後から赤ちゃんの発育具合や羊水の量を確認するために測ります。

❸ 腹囲
妊娠中期以降、毎回おなかのいちばん太い部分の周囲の長さを計測します。ママのおなかの脂肪のつき方をチェック。

❹ 体重
適切な体重増加のために毎回計測。もともと体重が標準の人は7〜13kg、スリムな人は10〜14kg、太めの人は5〜7kg増が目安。

❺ 血圧
左上に最高血圧、右下に最低血圧が記入されます。妊娠20週以降に高血圧になると、妊娠高血圧症候群の疑いがもたれます。

❻ 浮腫
足のすねを指で押し、へこんだ部分の戻りを見てむくみの有無を判断。あれば「＋」、なければ「−」、度合いがひどいと「＋＋」に。

❼ 尿タンパク
尿にタンパクが出ているかどうか検査するもので、妊娠高血圧の症状として出る場合も。検出結果は3段階であらわされます。

❽ 尿糖
尿中の糖を3段階であらわしたもの。連続して糖が検出されたときは、妊娠糖尿病の可能性があり、血糖値を調べることも。

❾ その他の検査
超音波検査による赤ちゃんの体位や心音、貧血など血液検査の結果を記入しますが、特に異常がなければ空欄のままの場合も。

❿ 特記事項
健診結果に応じて処方した薬や治療内容のほか、体重増加や休業指示など医師が特に伝えたいことが記入されます。

誰が見ても妊娠の経過を把握できる貴重なツール

超音波検査で妊娠が判明したら、自治体に妊娠届を提出しましょう。そのときに妊婦健診の受診券や副読本などといっしょに受けとれるのが母子健康手帳。

母子健康手帳は妊娠中に受けた定期健診の記録や出産の様子、生まれた赤ちゃんの健診結果や予防接種を記録する大切な記録簿。妊娠中に何かあったときは、かかりつけ医でなくても、この手帳を見れば妊娠の経過がわかるようになっています。外出するときは常に持ち歩きましょう。

母子健康手帳はどうしたらもらえるの?

いつ	妊娠がはっきり確認できる8〜12週ごろ
誰が	本人または家族
どこで	自分の住む地域(住民票のある)の役所や出張所
資格	妊娠が確認できた人なら誰でも(医師の証明が必要な地域も)
用意するもの	印鑑

母子健康手帳は妊娠中から産後まで使います!

1 定期健診のとき
妊婦健診のたびに、体重、血圧、腹囲、子宮底長、尿検査の結果、むくみの有無などを記入します。記入欄以外にも妊娠中の日常生活や食事についてのアドバイスがあります。

2 公的サービスを受けるとき
保健所が主催する妊娠中の母親学級の受講や、産後の公的サービスを受けるときにも使います。手帳がないとサービスが受けられないこともあるので、いつもバッグに入れておいて。

3 お産入院をするとき
分娩の経過や所要時間などお産の様子や、赤ちゃんの生まれたときの状態を記録します。出産後の母体の経過や赤ちゃんの健康状態を記入する欄も。分娩した病院が記入します。

4 産後の乳幼児健診のとき
産後は赤ちゃんの成長の様子を記録します。乳幼児健診や各種予防接種のときは持参しましょう。そのときどきに気になることをメモしておけば、健診で相談するときもスムーズ。

超音波検査で何がわかるの？

赤ちゃんの姿を見て楽しむだけではありません

おなかの赤ちゃんのさまざまなことがわかる超音波検査。妊娠中に何度か受けるので、基本的なことを知っておきましょう。

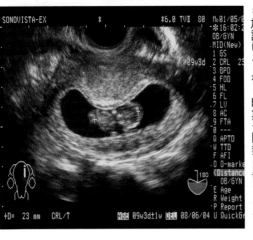

赤ちゃんの異常の有無を確認する重要な検査です

超音波とは、人の耳に聞こえない高い周波数の音。やわらかいものや液体はまっすぐ透過し、かたいものは反射や屈折するという性質を利用して画像にするので、胎内の赤ちゃんの姿を「断面」として見ることができます。

超音波検査では、赤ちゃんに異常がないかを確認すると同時に、胎盤や臍帯、羊水などもチェックしています。すべての異常がわかるわけではありませんが、早く発見できれば治療を始められる場合もあります。海外では妊娠中にほとんど行わない国も多く、日本でも施設により行う時期や回数は異なります。

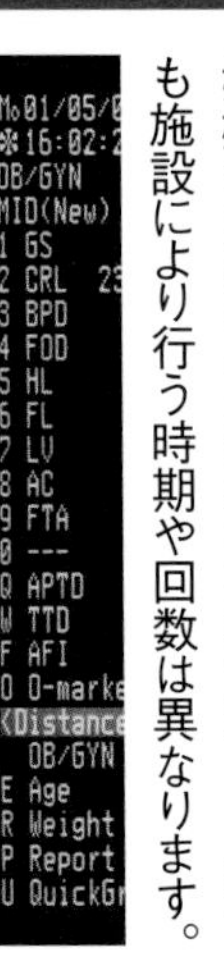

時期によって確認する項目はさまざま

妊娠初期には経腟超音波検査で子宮内の胎嚢（胎児の入っている袋）や胎児の心拍の有無など、妊娠を確認します。

妊娠8～10週には赤ちゃんの頭殿長（頭からおしりまでの長さ）を測定して、妊娠週数を確定します。この時期の赤ちゃんの頭殿長には個人差がないとされているからです。

性別は16週ごろからわかることもありますが、確実ではなく、もし推測した性別が実際とは異なっていた場合、本人も医療機関もよい思いはしません。超音波ではほかに診断しなければならない大切なことも多く、性別は「生まれるまでのお楽しみ」がよいですね。

2Dと3Dはどう違う？

2D

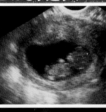

体の断面が映し出されるので、内臓など体の内部の様子を知るのに最も効果的。

3D・4D

立体的に描き出すのが3D、それに動きが加わったのが4D。目的は検査というより姿を見て楽しむもの。

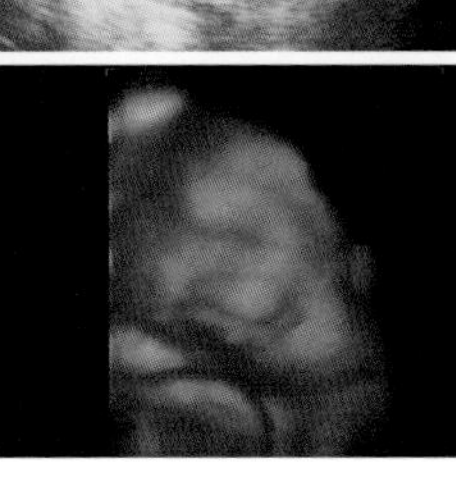

超音波写真Q&A

Q 超音波検査は赤ちゃんに影響はありませんか？

A 医療用の超音波はエックス線と違い、赤ちゃんに危険を及ぼすほど強いエネルギーはないので大丈夫。これまで問題となった症例もありません。おなかの赤ちゃんが超音波をあてられていると感じることもないようです。

Q 超音波写真の上手な保存方法を教えて！

A 感熱紙に焼きつけられている超音波写真は、年数がたつにつれて色があせて薄くなっていきます。パソコンにとり込み、CD-ROMなどに保存しておくのがおすすめ。せめて空気にふれないようにアルバムやファイルにはって。

時期別の受け方

初期：経腟超音波

赤ちゃんが小さいので腟から写します

腟にプローブを挿入。初期の検査のほか、20週ごろに頸管長（子宮の出口の長さ）を見るために行われます。

内診台で細長い経腟プローブを挿入します。

中・後期：経腹超音波

おなかの上からプローブをあてます

20週ごろおよび30～34週ごろに、おなかにプローブをあてて、胎児の発育や羊水の量などを確認します。

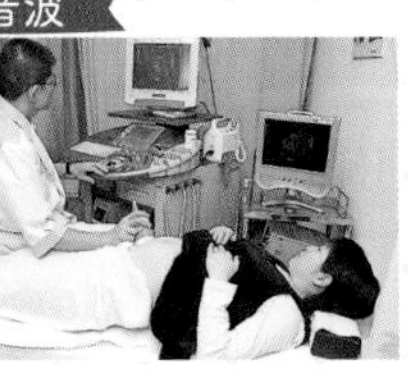

妊娠3カ月 8～11週

つわりのつらさがピークに。便秘やおりものなどの体調変化が見られることも

ママの体の変化

＼ こんな変化が起こるかも ／

- 子宮が膀胱や直腸を圧迫することやホルモン状態が変わることで、頻尿や便秘になったり、おりものがふえたりします
- 吐きけやむかつきといった本格的なつわりを迎えます

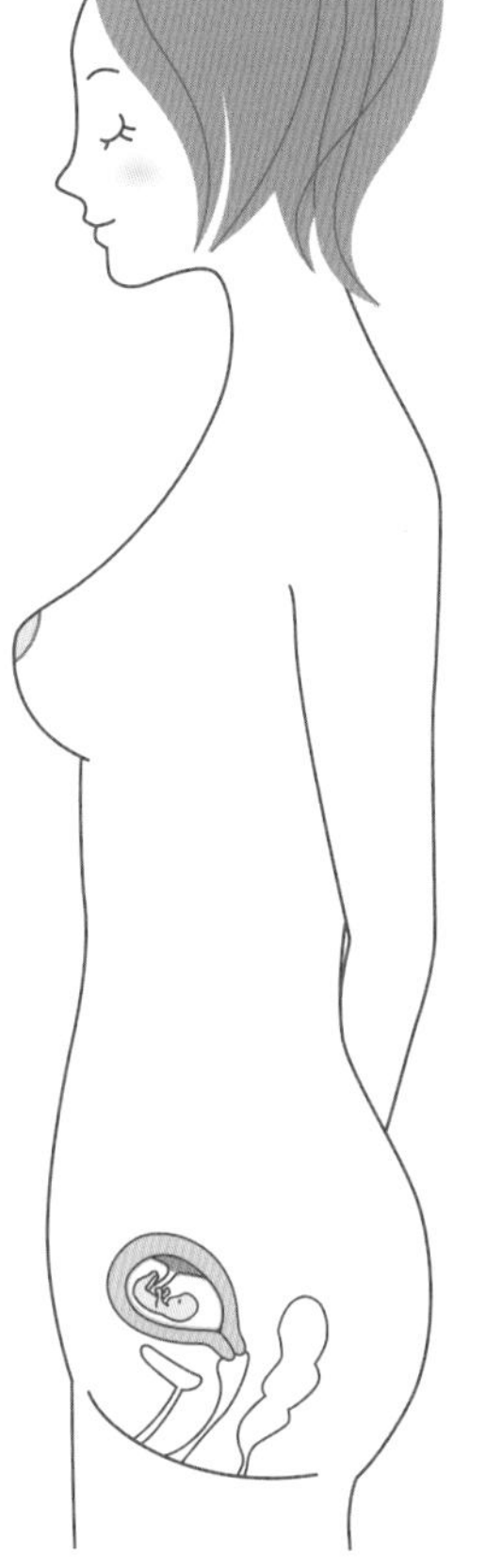

子宮底長
まだ測定できません

体重増加の目安
まだほとんど変化はありません

子宮の大きさ
握りこぶし大

まだまだ流産の可能性が高いときと知っておきましょう

流産の可能性は妊娠16週以前に起き、そのうち75％は妊娠8週目までに起こるというデータもあることから、いかに妊娠初期の流産が多いかがわかります。引き続き、無理をしない生活を心がけましょう。

多くの人がつわりの症状でつらい時期でしょう。胸がムカムカして食べられない、あるいは食べていないと気持ち悪い、などつわりの症状は人それぞれですが、あまり神経質になりすぎず、食べられるときに好きなものを食べて乗り切って。

妊娠3カ月でしておくことList

【マストなこと】

- □ 分娩する病院を選ぶ ➡ 詳しくはP22
- □ 妊娠・出産について情報収集 ➡ 詳しくはP23
- □ 葉酸を積極的にとる ➡ 詳しくはP110

【なるべくしたい】

- □ 里帰りの場合、病院をリサーチ ➡ 詳しくはP79
- □ トキソプラズマ検査をする ➡ 詳しくはP45

おなかの赤ちゃんの成長

妊娠3カ月ごろの赤ちゃん

身長	約5cm
体重	約10g
重さの目安	いちご1粒

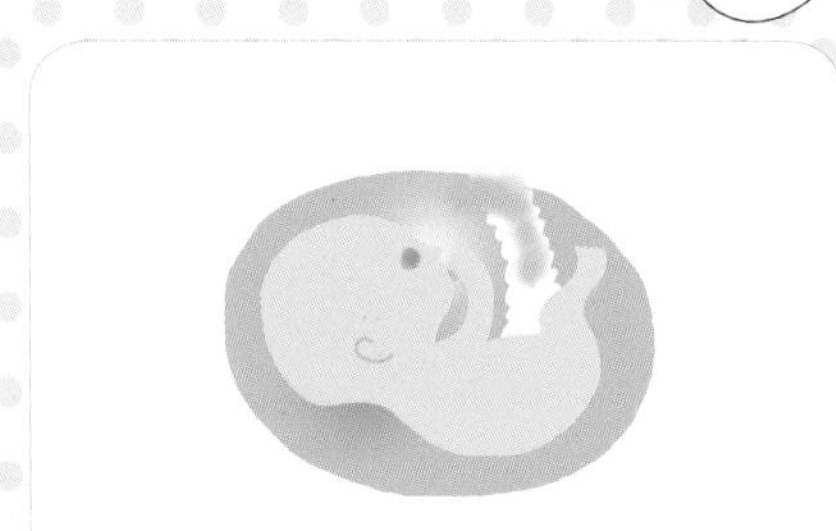

こんな変化が起こります

- 頭、胴、足が分かれる三頭身に
- 手足を動かすしぐさをします
- 鼻やあご、唇など顔のパーツや手足のつめが形成されます
- 排泄機能がスタート
- 目、鼻、口、耳、皮膚などの諸感覚が生まれます

いよいよ胎芽から胎児へ。徐々に人間らしい体つきに

胎芽を卒業し、いよいよ胎児期に。この時期の赤ちゃんは身長が伸び、頭、胴、足がはっきり分かれ、日に日に人間らしい体型に変わっていきます。心臓の動きははっきりと確認でき、腎臓と尿管がつながり、排泄機能が働くことから飲み込んだ羊水をおしっことして出せるようになります。

ママにはまだ感じられませんが、超音波映像からは小さな手足を合わせるようなしぐさをしたり、ぴょんぴょんとけったりしているのがわかるでしょう。

この月のパパへのメッセージ

喫煙は赤ちゃんにも影響が 愛煙家のパパは禁煙を

タバコを吸うパパは禁煙を目指しましょう。パパが喫煙を続けていると生まれた子どもは受動喫煙を受けて育つことになり、そうでない子に比べてぜんそくなどの増加が知られています。禁煙にトライするよい機会です。

ママへのメッセージ

今は食べられるものを食べて ゆっくり過ごして

3カ月というと、おなかの赤ちゃんはだいぶ成熟してきますが、すべての器官が完全にでき上がっているわけではありません。つわりで苦しい時期ですが、食べられるものを食べて、引き続き、体に無理なく過ごしましょう。

ライフAdvice

妊娠8週

予定日まで224日

もう少し前から、つわりを感じる人もいますが、このころになるとつわりがある人は、ムカムカする感じが出てきます。まったくつわりを感じなくても心配ありませんが、逆に重度のつわりで水も飲めないような場合は非常に心配です。体重が4kg以上減るような場合は入院することもあります。

Enjoy!

つわりは期間限定のつらさです。楽しみを見つけて乗り切って

多くの人がつわりに悩まされていますが「この体調の悪さは期間限定」ととらえ、ゆったり過ごしましょう。音楽や映画など前向きになれる自分なりのアイテムを見つけて。

とにかくだるいときは、ラクな姿勢で過ごします。

夫婦のコミュニケーションは積極的に。

Baby このころの赤ちゃんの様子

小さな手足をバタバタ動かす姿に胸キュン！

二頭身に手足がついたような形が見え始め、“胎芽”を卒業し“胎児”と呼ばれる時期に入ります。超音波の映像からは手足をバタバタと動かしている姿が見えることもあります。横向きになっていたら、へその緒が見えることも。8~11週には赤ちゃんの頭からおしりまでの長さ（CRL）を測定し、正確な妊娠週数、出産予定日を算出。

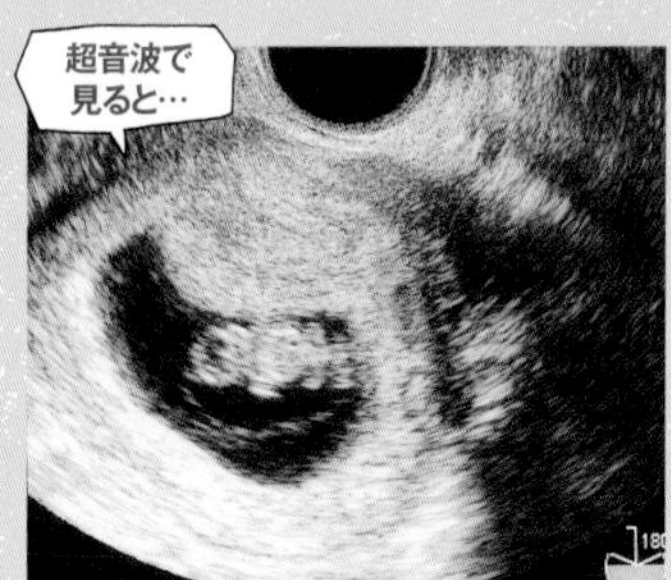

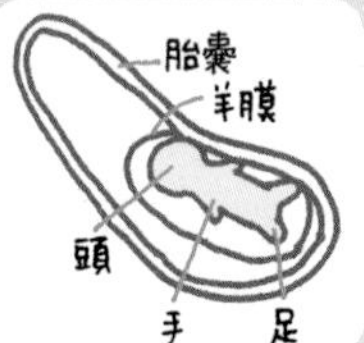

黒い袋の中に赤ちゃんがいるのがわかります。この時期に妊娠初期の過ごし方の説明を受けます。

妊娠9週

予定日まで217日

つわりで食べたり飲んだりがつらいような場合は、妊娠初期に便秘になることがあります。これは、食事量が減るために水分補給不足になるから。気持ちが悪くて食事量が減っても、ママの栄養は優先的に赤ちゃんに送られますが、水分だけは意識してとるようにしましょう。

Enjoy!

友人と会ったり将来の子どものことを考えたりするのも、よい気分転換に

よそから漂ってくる夕飯のにおいに気持ち悪くなる人もいるでしょう。つわりがあるのも、おなかにベビーがいるからこそ。つわりの合間は友人と会うなど、うまく気分転換を。

わからないことは経験者に聞くのがいちばん。

ベビーのためにも妊娠中に家計を見直しておきたい。

Baby このころの赤ちゃんの様子

脳組織が発達し、動きも激しくなってきます

頭、胴、足がはっきりと分かれ、心臓もすっかりでき上がりました。超音波映像で頭の中が黒く見えるのは、脳組織が発達中の証拠。足をちょこちょこと動かしたり、手を合わせるようなしぐさをしたり、キュートな動きに思わず笑みがこぼれます。ママはつわりで動けなくても、赤ちゃんはおなかの中ですくすくと成長中！

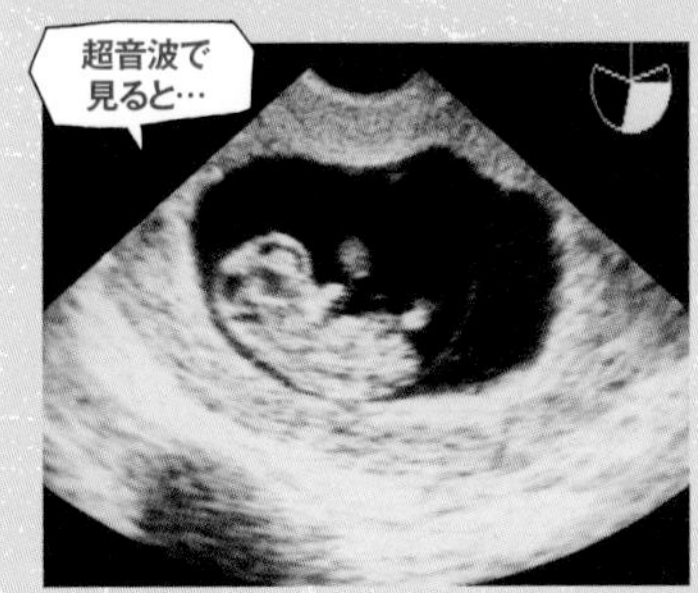

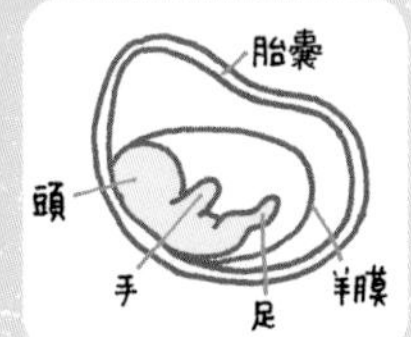

雪だるまのようにコロンとした全身から、手がしっかりと出ているのがわかります。小さな手が愛らしい！

週数別・マタニティ

妊娠10週

予定日まで210日

Mama まだ赤ちゃんの大きさは、たったの10gでいちご1粒分しかありません。もし、この時期に体重がふえたとしたら、それは食べづわりのせいかもしれません。空腹感から吐きけがするのが食べづわりなのでしかたがありませんが、つわりの時期が過ぎたら正常な食生活に戻しましょう。

ストレスはつわり悪化のもと。お仕事ママも十分な休息が必要

仕事の疲れやストレスがたまると、つわりがよけいに重くなります。仕事を続けている妊婦さんは、いつもよりもペースダウンするように心がけて。休日はしっかりと休むこと。

ピアノなどの趣味に没頭して気を紛らわせて。

季節の風景を楽しみながら、のんびり愛犬の散歩。

Baby このころの赤ちゃんの様子

かわいらしい顔を超音波で確認できるかも

3頭身の体に、鼻やあご、唇などが形づくられ、あごのラインも少しはっきりしてきます。10週後半ぐらいから超音波検査で、その愛らしい姿を確認できることもあります。つわりがひどくて滅入っているママも、こんな超音波写真を見れば、自分のおなかの中で「ひとりの人間の命が育っている」と元気が出るはずです。

超音波で見ると…

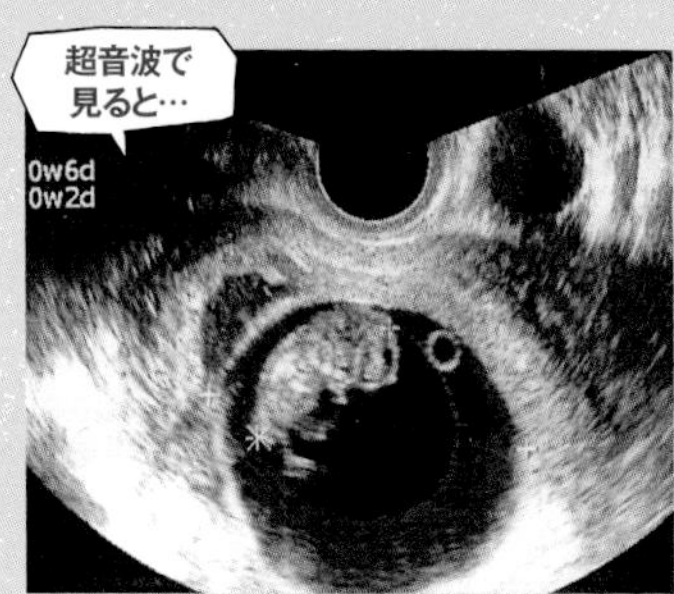

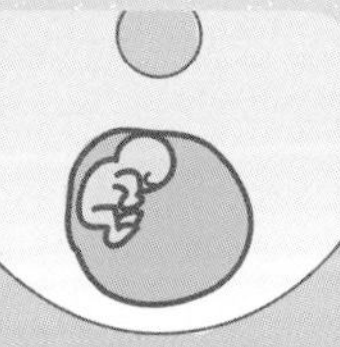

丸い袋に赤ちゃんがいるのが見えます。頭も手も足もはっきり。すでにちゃんと人の形をしています。

妊娠11週

予定日まで203日

Mama つわりがない場合もあります。上の子のときはつらかったのに、次の妊娠ではまったくなんともないことも。そんな場合は、つい妊娠していることを忘れてしまって無理をしちゃった!ということもあります。つわりがなくても、妊娠している体だということは忘れずに、体をいたわって過ごしましょう。

散歩やストレッチでうつうつとした気分を振り払って

運動は安定期に入るまでの辛抱。でも散歩やストレッチはOKです。だるいときは家の周りを歩いたり、ストレッチで肩甲骨を動かすだけで、気分がパッと晴れます。

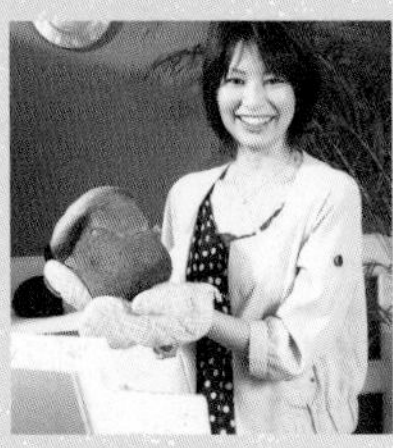

つわりがラクな日は自宅で趣味のパン作り。

肩こりは軽いストレッチで解消。

Baby このころの赤ちゃんの様子

指やつめがつくられ、こまかな動きも可能に

まん丸い胎嚢にくっきりと人の形があらわれ、頭や胴、手足、顔がはっきりと区別できるでしょう。手の指やつめがつくられるのも、ちょうどこのころ。早くもかわいい足でキックしたり、手と足をいっしょに動かしたりできるように。きちんと聞こえるのはもう少し先ですが内耳が形成され、音の伝わる構造ができ始めます。

超音波で見ると…

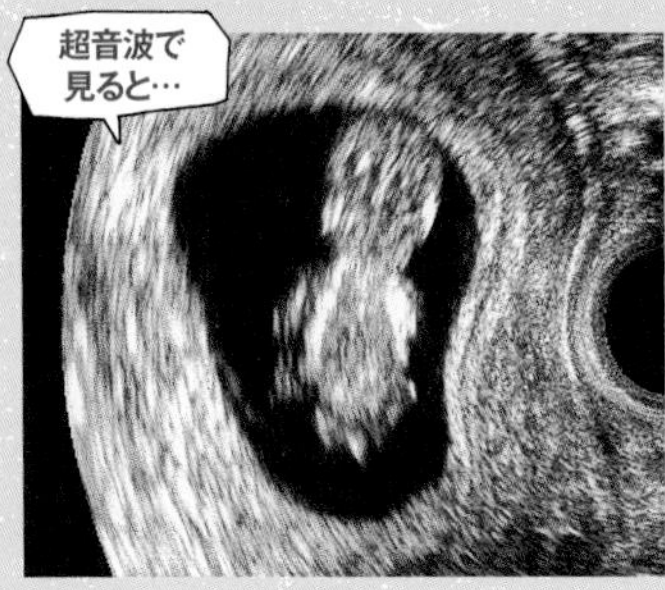

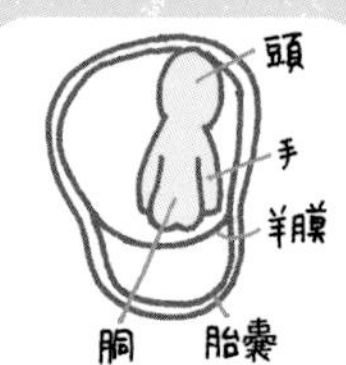

頭と胴体がはっきりと分かれて、人間らしい姿が確認できます。胴体に隠れていますが手や足もしっかり。

妊娠3カ月

どこまで今までどおりで大丈夫？

妊娠初期の「これってしてもOK？」

不安定な妊娠初期は普段の生活にも注意が必要な時期。これってしてもOK？　NG？

日常生活編

体調がよければ今までどおりのペースで過ごしてもいいの？

発汗作用のある入浴剤を使ってもいい？

悪影響はないけれどママの脱水に注意

入浴剤の成分が赤ちゃんに直接悪い影響を及ぼすことはありませんが、妊娠中は脱水しやすいので発汗系よりもリラックス系を。

体調がよいのでスポーツしてもいい？

16週以降に医師の許可が出たらOKです

胎盤が完成する16週までは不安定な時期。スポーツは16週以降、妊娠経過が順調で、かかりつけ医の許可が出たらOKです。

電子レンジやパソコンの電磁波、受けても大丈夫？

電磁波を完全に避けることはできません

私たちの生活は電磁波に囲まれているので、完全に避けることはできません。また医学的な実証データもないので△。

おなかにカイロをはってもいい？

熱は伝わりませんがやけどに注意

赤ちゃんにまで熱が伝わることはありませんが、ママが低温やけどをする危険性があるので、使用上の注意を守りましょう。

長ぶろで赤ちゃんがのぼせることは？

赤ちゃんではなくママがのぼせるおそれが！

赤ちゃんがのぼせることはありませんが、妊娠中は血管が拡張しやすく、ママはのぼせやすくなっているので長ぶろは控えて。

うつぶせで寝ると赤ちゃんがつぶされる？

子宮や脂肪に守られているので大丈夫

赤ちゃんはママの子宮や脂肪に守られているので、うつぶせで寝てもつぶされることはありません。ママが苦しくなければ大丈夫。

セックスしないほうがいい？

異常がなければOK。ソフトなセックスを

子宮の形の異常や切迫流産などトラブルがなければOKですが、ソフトで短時間のセックスを心がけましょう（詳しくは62ページ）。

流産が不安なので、とにかく寝ていたほうがいい？

寝ていても起こるときは起こります

流産の多くは赤ちゃん側の原因によるものなので、静かに寝ていても起こることがあります。体調がよければ普通に過ごして。

肩こりがひどいのでツボ押ししてもいい？

気持ちいいと感じる程度ならOK

体勢に無理がなく、自分が気持ちいいと感じる部分をまんべんなく押す分には問題なし。途中で体調が悪くなったら中止して。

美容＆健康編

妊娠してもおしゃれに手を抜きたくない！　そんなママにアドバイス。

美容院でパーマやカラーをしても大丈夫？

化学薬品が心配です。最低限に抑えて

化学薬品が赤ちゃんに与える影響を考えると、やめたほうが無難。どうしてもというときは、最低限に抑えておきましょう。

体脂肪計は電流を流すから使っていい？

問題ありませんが気になるなら専用を

体脂肪計の電流が母体や赤ちゃんに影響を及ぼすことはありません。心配ならマタニティモード搭載の体脂肪計に切り替えては。

レーザー脱毛はしてもいい？

レーザーは影響なし。肌トラブルに留意して

レーザーの作用は影響を及ぼしませんが、妊娠中は皮膚が敏感になっているので、肌トラブルが気になるならやめたほうが○。

ネイルってしてもOK？

成分は問題ありません。サロンよりもセルフで

ネイルの成分に影響を受けることはありませんが、ネイルサロンで長時間、同じ姿勢で過ごすのは考えもの。できるだけ短時間で。

お出かけ編

妊娠前から計画していた旅行。このまま続行してOK？

自転車に乗ってもいい？

転倒する危険性が！避けたほうがベター

転倒の心配があるので、やめたほうがよいでしょう。おなかが大きくなると体のバランスがとりづらく、運動神経も鈍ります。

車の運転は？

体調がよければOK。出産間際は控えて

体調のよいときならOK。出産が近づいておなかが大きくなってきたら、なるべくバスや電車を利用して移動しましょう。

温泉に入ってもいい？

入ってもOKですがひとりで入らないで

入ってもかまいませんが、長湯でのぼせたり、転倒したりといった心配が。ひとりで入浴せず、できるだけ誰かといっしょに入って。

海外旅行をしても大丈夫？

医師に相談してから決めましょう

長時間のフライトや現地の気候、衛生状態、万一の医療設備を考えると不安。必ず医師に相談し、出発前には受診しましょう。

妊娠中でも仲良くしたい！ペットとうまく暮らすには…

妊娠すると、ペットとの接し方に注意が必要なときも。あらためて見直しましょう。

妊婦さんが特に気をつけたいトキソプラズマ症

ペットの口の中や排泄物には多くの病原菌が存在します。特に妊婦さんが気をつけたいのが、トキソプラズマという原虫によって感染するトキソプラズマ症。ネコ科の動物やブタのふんが感染源といわれます。妊娠前からペットを飼っているなら基本的に問題ないことが多いですが、妊娠中に初めて感染した場合は、胎盤を通して胎児に感染し、流産・早産、発育の遅れ、水頭症などを引き起こすおそれも。感染を防ぐためには、ペットの衛生管理をきちんとして、よその家のペットには接近しすぎないこと。妊婦さん自身が生肉を食べないことも大事です。

【ペットから感染する可能性のある病気】

● **パスツレラ症**
パスツレラ菌は犬の75%、猫のほぼ100%が口内にもつ病原体。感染するとはれや赤みが。

● **バルトネラ症**
猫にかまれたり、ひっかかれたりして感染すると、発熱や痛みなどの症状が。まれに犬も。

● **エキノコックス症**
エキノコックスはキタキツネや犬に寄生する原虫。人間に感染すると重い肝機能障害が。

ペットの飼い方のポイント

1 ペットにさわったら必ず手を洗う
ペットの体や飼っている水槽などには病原菌のいる可能性があります。さわったら、必ず手を洗いましょう。

2 口うつしでエサを与えない
ペットの口の中は病原菌の温床。食べ物の口うつしや口の周りをなめさせることは絶対にやめましょう。

3 ふんの処理は手袋を使ってこまめに
動物のふんは乾燥すると空気中に浮遊して、感染の原因となります。手袋やマスクをして、こまめに処理を。

4 ペットに生肉は与えない
生肉にはトキソプラズマのオーシスト（卵のようなもの）が残っていることも。感染を防ぐために与えないで。

5 妊娠中は生肉を食べない
加熱が不十分な生肉にはトキソプラズマが潜んでいることも。妊婦さんも生肉を食べるのは絶対にやめましょう。

6 人間もペットも抗体検査を受ける
妊娠したら抗体検査を受けて。産院の血液検査で調べられます。ペットは動物病院で血液検査をしてもらえます。

こうすれば安心してつき合える！

犬

顔や口をなめるなど過剰なスキンシップが心配。抵抗力の弱っている妊婦さんがあまりなめられるとパスツレラ菌に感染することもあります。スキンシップは、ほどほどに。

Point
さわったりなめられたりしたら洗って。夫の実家で飼っていて「困る」と言いにくい場合は、夫から伝えてもらって。

猫

感染した猫が排泄した土や砂なども、未感染猫の新たな感染源になります。特に3～4カ月の子猫は外に出さないほうが安心です。ふんはすぐに処理する習慣をつけて。

Point
感染症をもらわないように室内飼いが基本。猫が感染源となる卵を排泄させない薬を投与するのも効果的です。

その他のペット

カメなど爬虫類&両生類
爬虫類や両生類は、サルモネラ菌をもっているので、さわったら必ず手洗いしましょう。

熱帯魚など魚類
魚を入れている水槽は雑菌がいっぱい。手を入れたり、水を替えたりしたら手洗いを。

オウムやインコなど鳥類
インフルエンザのような症状の出る「オウム病」が心配。エサの口うつしは避けましょう。

妊娠 3カ月

妊娠前と同じ感覚じゃダメ？

妊娠中に食べていいもの・悪いもの

妊娠中はいろいろな食材をバランスよく食べるのが理想。でも、なかには食べ方に注意が必要な食材もあります。

妊娠中に気をつけたいもの

レバー・うなぎ

レバーやうなぎに含まれるビタミンAを過剰に摂取すると胎児に悪影響を及ぼすことがあります。とはいえ、レバーはビタミンB群や鉄分なども豊富。適量を守りながら、うまくとり入れれば頼もしい栄養源になります。

うなぎ
うな重と肝吸いを1週間に1回食べるぐらいなら、まったく問題はないでしょう。

焼き鳥のレバー
焼き鳥は1本30～40gなので、1週間に1本が上限と、かなり少なめです。

レバーペースト
鶏＆豚レバーの1日の適量は6g、牛レバーは70g。ペーストなら大さじ1弱目安。

生もの

生のサバやアジ、イワシなどにはアニサキスと呼ばれる寄生虫、加熱が不十分な肉からはトキソプラズマや腸管出血性大腸菌O-157に感染するリスクがあります。生魚は少量にとどめて、生肉は絶対にやめましょう。

生卵
殻に付着したサルモネラ菌から感染する可能性が高くなるので控えたほうが無難。

ローストビーフ・タタキ・レアステーキなど
トキソプラズマは筋肉中に入り込んでいることもあるので、中心まで火を通して。

すし・刺し身
アニサキスは冷凍処理（－20度、24時間）で感染力を失うので"解凍"のものを。

一部の魚

これはOK！
サケ、アジ、サバ、イワシ、サンマ、ブリ、ツナ缶など。

魚類に含まれる水銀を多くとりすぎると、おなかの赤ちゃんの発育に影響を与える可能性が懸念されています。厚生労働省の基準に従いましょう。

ミナミマグロ
1週間に約160gが目安。80gを週2回までとし、刺し身なら1回5～6切れ程度。

金目鯛
1週間に約80g程度に抑えましょう。本まぐろ、めばちまぐろも同様。

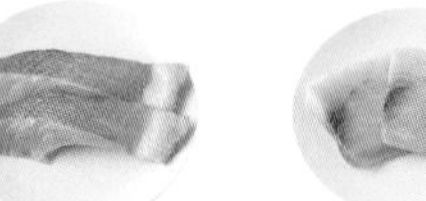

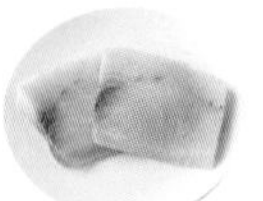

めかじき
1週間に切り身1切れ（約80g）が目安。脂肪が少ないほど、水銀濃度は少なめ。

非加熱の加工品

食中毒菌の一種であるリステリア菌が心配されます。リステリア菌に感染すると胎盤を通じて胎児に感染する恐れがあり、流産や死産を引き起こす危険性もあります。75度以上で加熱すれば食べてもOK。

ナチュラルチーズ
カマンベールや青かびチーズは×ですが、ピザのように加熱すればOK。プロセスチーズは問題なし。

生ハム
加熱殺菌済みのハムやソーセージはOK。食べる前にゆでると、塩分も減らせます。

スモークサーモン
リステリア菌は食塩に強く、冷蔵保存でも増殖します。生のサーモンを焼いてマリネ液につけて。

その他、こんなものは？

アルコール

ベビーに直接届くのでNG

神経系脳障害の一種である"胎児性アルコール症候群"の原因になるので絶対にNG。ノンアルコールはOKですが、揚げ物などカロリーの高いおつまみに気をつけて。

カフェイン・刺激物

コーヒー
カフェインが含まれるのでコーヒーなら1日1杯、紅茶なら2杯までが適量。

コーラ
カフェイン量は少ないけれど、350㎖缶に角砂糖10個もの糖分が入っています。

ピリ辛料理
食欲増進になりますが、キムチなどは塩分に注意。カレーは高カロリーです。

適量なら食欲増進になるけれど…
スパイスの効いた料理は適量なら食欲増進になりますが、食材によっては、糖分や塩分、脂肪のとりすぎになることもあります。

妊娠中は食中毒に注意。生肉は絶対にダメ！

妊娠中は免疫が落ちて細菌やウイルスに感染しやすくなるうえ、母体に感染すると赤ちゃんにまで影響を及ぼすことがあるので食べ方に注意が必要。特に細菌や寄生虫の心配がある、生ものや非加熱の加工品はなるべく控えて。生肉はNG。とはいえ大切なのは特定の食品に過敏になりすぎず、いろいろな食材をまんべんなく食べることです。

妊娠中に食べていいもの・悪いもの

外食は栄養バランスを考え塩分を抑えるのが勝負！

妊娠中を通して心がけたいのは栄養バランスのよい、塩分控えめの食事ですが、外食となると高カロリー＆高脂質＆塩分多めになりがち。栄養バランスのよいメニューを選び、しかも塩分をとりすぎないようにする、食べ方のルールを知っておきたいものです。

妊婦さんの理想の外食メニューは、定食スタイル。丼ものや麺類を食べたいときは、ごはんや麺を少し残して野菜料理を1品プラスしましょう。ファストフード店なら、サラダや野菜ジュースをつけて野菜不足をカバー。

外食の選び方＆食べ方7つのルール

Rule 1 料理法を選ぶ

「揚げる」は高カロリー。「いためる」も油を使うので、体重オーバーの人は「ゆでる」「蒸す」「あみ焼き」といった料理法のメニューを選んで。

Rule 2 野菜の多いメニューを選ぶ

野菜に含まれるビタミンやミネラルは、糖質やタンパク質がうまくエネルギーとして働くために不可欠の栄養素。外食でも積極的にとって。

Rule 3 汁もの・漬け物・ソースは残す

みそ汁や漬け物、つくだ煮、ねり製品は塩分が多いのでなるべく残して。刺し身やぎょうざのつけじょうゆや、フライのソースなども控えめに。

Rule 4 デザートやドリンクは慎重に

主食でカロリーを控えても、食後にデザートやドリンクを頼むと糖分＆カロリーが一気にアップ。主食と同カロリーのものもあるので注意。

Rule 5 ごはんや麺はときに残す

外食のごはんや麺は多めが一般的。全部食べ切らずに、あらかじめ減らしてもらうか、ときには残しましょう。

Rule 6 麺のスープは飲まない

塩分の多いラーメンやうどん、そばのつゆは残しましょう。月見うどんの塩分は6.7gなので全部飲み干すと、1日の塩分目安量の8割に。

Rule 7 ドレッシングのかけすぎに注意

ドレッシングのカロリーや塩分にも注意。油やマヨネーズが多く含まれるものは避けて。ノンオイルでも塩分が多いのでかけすぎは×。

ノンオイルしょうゆ 12kcal
＜
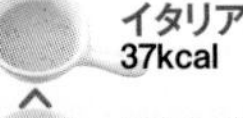
イタリアン 37kcal
＜

フレンチ 57kcal
＜
サウザンアイランド 58kcal

妊婦さんOKの外食メニュー

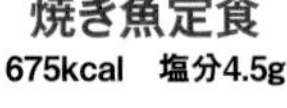

とんカツ定食 931kcal 塩分2.9g ＞ **焼き魚定食** 675kcal 塩分4.5g

揚げ物よりはカロリーの少ない焼き魚。塩分多めなので、みそ汁の汁や漬け物は半分残すようにしましょう。

天丼 750kcal 塩分3.7g ＞ **親子丼** 644kcal 塩分3.3g

天ぷらの油と天つゆが高カロリー、高塩分の天丼。親子丼は野菜の量が少ないけれど、カロリーは少なめ。

月見うどん 482kcal 塩分6.7g ＞ **ざるそば** 366kcal 塩分2.9g

つゆは塩分が多いので残しましょう。そば湯もNG。どちらも野菜多めの副菜をつけましょう。

てりやきバーガーセット 703kcal 塩分2.2g ＞ **ミックスサンド** 430kcal 塩分2.3g

バーガーセットは高カロリー、高脂質で野菜が少ないメニュー。選ぶならミックスサンドを。

定食

ごはん、肉や魚などタンパク質、野菜の量が一目瞭然。栄養バランスがよく、ごはんの量を簡単に調整できます。焼き魚や煮魚は安心ですが、塩分が多めなのでみそ汁や漬け物は残して。揚げ物はなるべく避けましょう。

丼もの

ごはんが多めなので、体重増加が気になる人は、できるだけ避けたい。どうしても食べたいときは野菜をしっかりとれるビビンバなどを選ぶとよいでしょう。親子丼や他人丼は野菜は少ないけれど、カロリーは比較的少なめ。

麺類

麺は中華麺よりうどんやそばといった和風のほうが低カロリーですが、天ぷらそばなどは例外。鍋焼きうどんやタンメンは多種類の野菜や肉がとれます。麺は少なめを選ぶか残すかして。塩分の多いつゆは必ず残して。

ファストフード

ミックスサンドやハンバーガー、パスタなど炭水化物中心になるため、サラダを追加したり、野菜ジュースを飲んだりして野菜不足を補いましょう。満足感が得られない場合は、低カロリーの野菜スープと組み合わせると○。

妊娠

4カ月

12～15週

胎盤がほぼ完成し、おなかも少しだけふっくら。食欲も回復します

ママの体の変化

＼ こんな変化が起こるかも ／

- 基礎体温が下がり落ち着いてくるので、熱っぽさやだるさがとれます
- おなかのふくらみもなんとなくわかるように
- 子宮が大きくなるにつれて足のつけ根に痛みを感じます

子宮底長

9～13cm

体重増加の目安

妊娠前の体重＋1～1.2kg

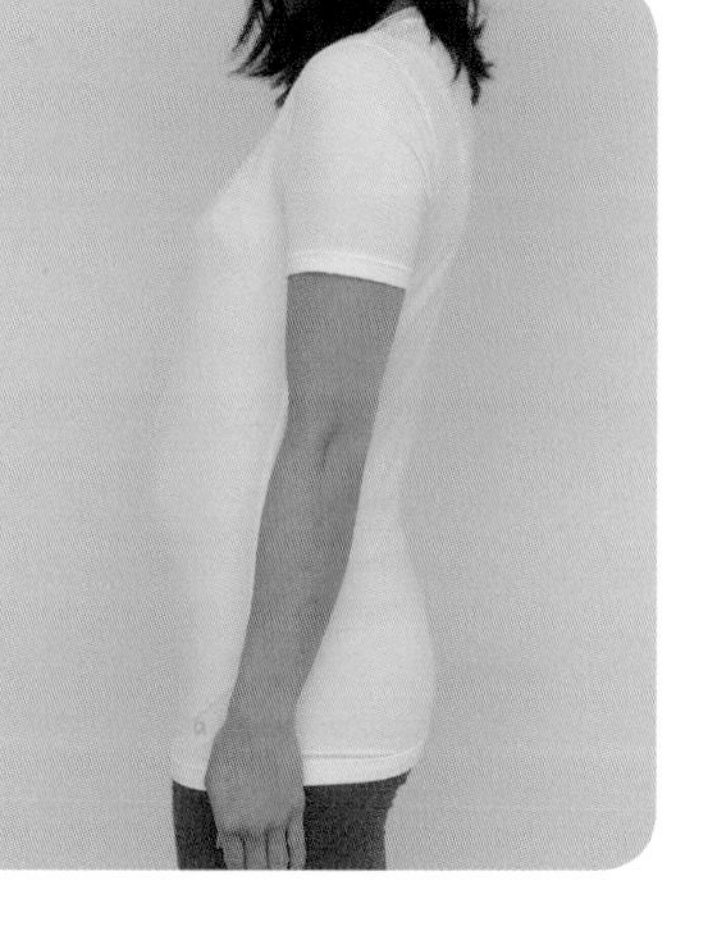

子宮の大きさ

新生児の頭大

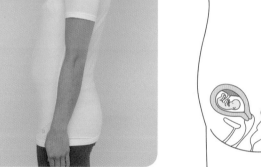

苦しいつわりから解放され気分は前向きになります

14～15週にはいわゆる赤ちゃんのベッドである「胎盤」が完成に近づきますが、引き続き、無理のない生活を心がけて。つらかったつわりから解放され、食欲が出始め、前向きにマタニティライフを楽しもうと心の余裕が生まれる人もいるかもしれません。

妊娠中はホルモンの影響で皮下脂肪に栄養を蓄えやすい時期。つわりの反動で食べすぎることなく、栄養バランスのよい食生活を意識し、体重管理に努めましょう。

妊娠4カ月でしておくことList

【マストなこと】

- □ 病院に分娩予約 ➡ 詳しくはP22
- □ 体重管理を始める ➡ 詳しくはP108

【なるべくしたい】

- □ 里帰りの場合、通院中の医師に転院を申し出る ➡ 詳しくはP79
- □ マタニティ下着に切り替える ➡ 詳しくはP52
- □ 結婚式をしたい人は計画を立てる ➡ 詳しくはP55

おなかの赤ちゃんの成長

妊娠4カ月ごろの赤ちゃん

頭殿長	約80～83㎜
体　重	約100g
重さの目安	キウイ1個

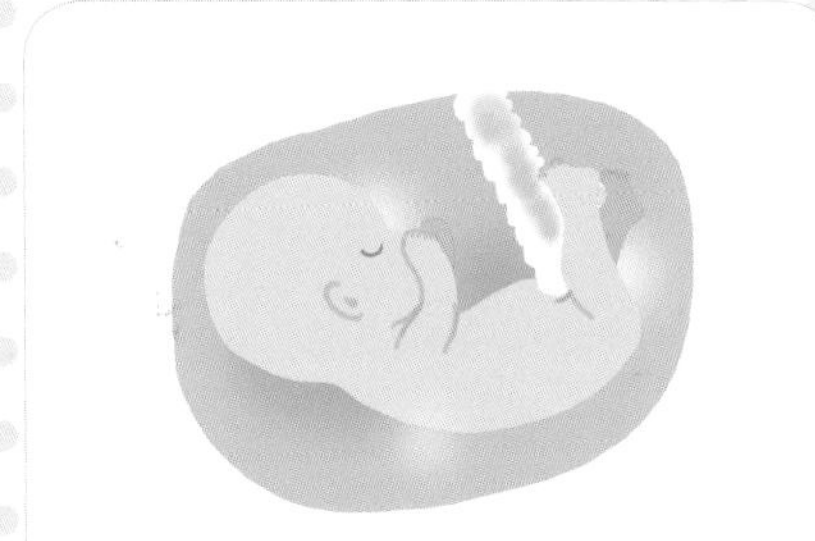

こんな変化が起こります

- 胎盤やへその緒が完成
- 内臓や手足などの器官もほとんど完成
- 顔には産毛がうっすらと生えます
- 骨や筋肉が発達して羊水の中で回転することもできます
- 味を感じる味蕾ができ始めます
- 反射機能が備わります

ライフラインが完成し よりいっそう器官が発達

成長に必要な酸素や栄養を受けとったり、不要な二酸化炭素や老廃物を戻したり、赤ちゃんにとって重要なライフラインといえる胎盤とへその緒が完成します。胃や腎臓、膀胱などの内臓や手足などの器官も、ほとんどでき上がります。顔にはうっすらと産毛が生え、外性器もできてきます。聴覚や視覚、嗅覚、味覚などが発達し始めるのもこの時期。口に入れたものに吸いつく反射機能も備わり、超音波写真からは指しゃぶりをする姿が確認できることも。

この月のパパへのメッセージ

話を聞いたり、母子健康手帳を読んで現状を把握しましょう

つわりがおさまったとしても、まだまだ心身ともに不安定な時期です。今、妻がどういう状況で、妊婦健診でどういう注意を受けているか、妻の話に耳を傾けましょう。一度、母子健康手帳にも目を通してみるとよいでしょう。

ママへのメッセージ

歯の治療や旅行はもう少しあとから

昔から「むし歯の治療は4カ月を過ぎてから」といわれますが、これは4カ月が終わるまでは胎盤が形成されていないから、重症でないかぎり歯の治療は控えてということ。また旅行も同様です。まだまだ流産しやすい時期と理解して。

ライフAdvice

妊娠12週

予定日まで196日

Mama まだおなかはペタンコかもしれませんが、おなかを冷やすと血行が悪くなってしまうので、小さい下着をつけていた人は、そろそろきちんとおなかをおおう下着にかえましょう。デザインに抵抗があった人でも、つけてみるとはき心地がよくて戻れない、という声がよく聞かれます。

つわりがおさまったら、妊娠生活を楽しみましょう♪

つわりがおさまった人もいるかもしれませんがまだ続いている人も多いでしょう。体調が回復したら、妊婦ファッションやベビーグッズのお買い物が楽しめます。

ベビー用品の情報収集をスタート。

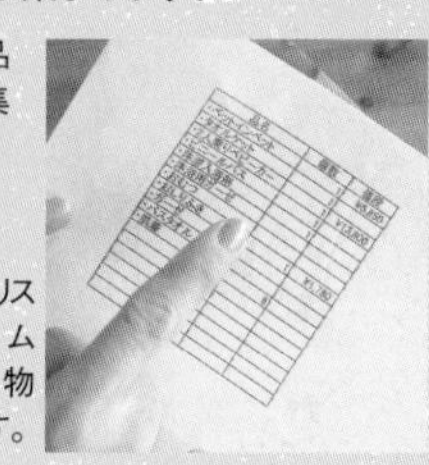

お買い物リストを作り、ムダな買い物を防ぎます。

Baby このころの赤ちゃんの様子

羊水の中でクルクルと回って活動中！

胃や腎臓、膀胱など内臓器官ができ上がり、人間として必要な器官がほとんど完成する時期。骨や筋肉も発達し、全身を動かしたり、羊水の中でクルクル回ったり、元気に活動しています。超音波検査で赤ちゃんの活発な姿を見れば、つわりが長引いているママも勇気づけられるでしょう。赤ちゃんのもっているパワーはスゴイ！

超音波で見ると…

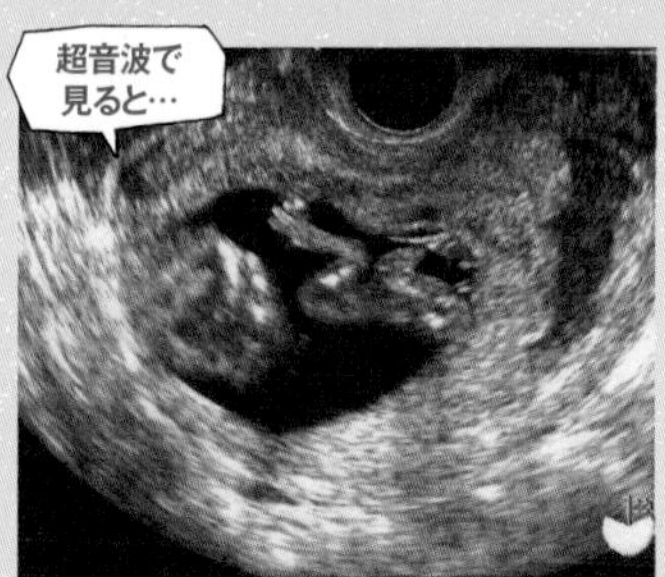

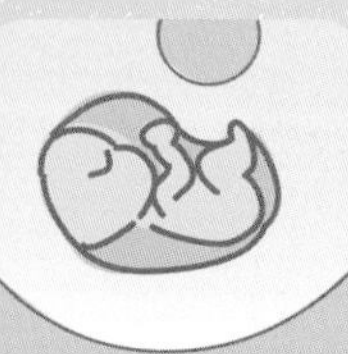

頭、胴体、腕の先には5本の指が映っています。おなかの赤ちゃんの姿が、こんなにわかるなんて驚き！

妊娠13週

予定日まで189日

Mama マタニティマークは本来、妊娠中に何かあったとき、救急隊員が適切な処置をすばやくできるようにと作られたもの。妊娠初期はおなかも目立たないので、混んだ電車の中など危険を感じるときは、妊婦であることがすぐにわかるようにマタニティマークを活用しましょう。

食べたいだけ食べるのはおしまい！好きなヘルシーフードを探して

心身ともに徐々に落ち着き、食事も元に戻るころ。つわりのときのように食べたいだけ食べていると大変なことに！ 食事を見直すとともに自分のお気に入りを見つけて。

気になるむくみは、着圧ソックスが効果アリ。

ドライフルーツは低カロリーで食べごたえ十分。

Baby このころの赤ちゃんの様子

指しゃぶりや足を組む姿はたまらないかわいさ！

胎盤が完成し、赤ちゃんはへその緒を通してママから酸素や栄養をもらって成長していきます。手足などの体の各器官がほとんど完成するとともに、嗅覚や味覚も発達します。横を向いて指をしゃぶったり、足を交差させたり、愛らしい赤ちゃんの動きに思わず「かわいい!」と声をあげたママも少なくないのではないでしょうか。

超音波で見ると…

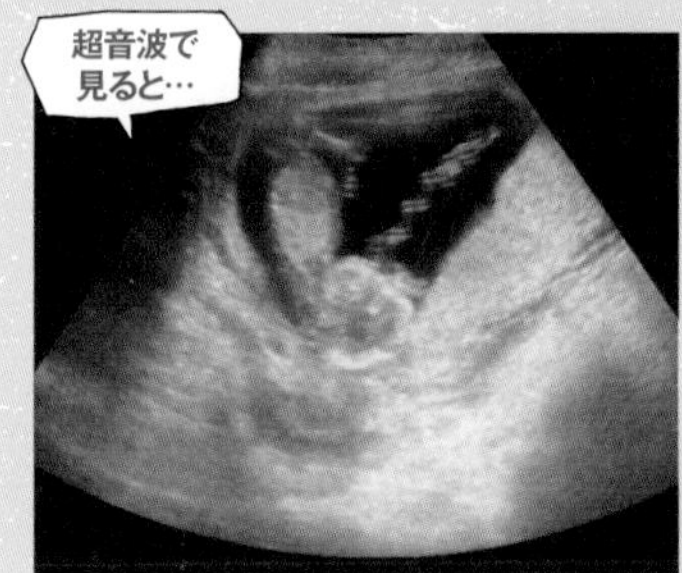

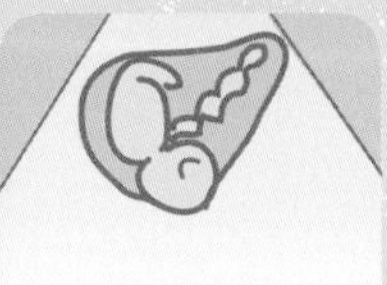

頭を下にしてへその緒をぶんぶん振り回して遊ぶ赤ちゃん。おなかの中にひとりでいるのは退屈なのかな？

週数別・マタニティ

妊娠14週

予定日まで182日

Mama ホルモンバランスが急激に変化するときは、体だけでなく、メンタル面も変化します。妊娠して性格まで変わってしまった!?と思うほど、イライラしたり、メソメソしたりという変化が起こることも。今はこういう時期と知っておくだけでも、感じ方は違ってくるかもしれません。

Enjoy!

旅行や外食を楽しめるとき。カロリー&塩分に気をつけて

4カ月の後半を過ぎると、多くの人がつわりが解消し、行きたい場所&食べたいものを楽しめます。外食は出産前のお楽しみですが、カロリーと塩分には注意。

口あたりのよいフルーツは定番のデザート。

パパや友だちとの外食をたっぷり楽しめるとき。

Baby このころの赤ちゃんの様子

とっておきのポーズをキャッチできるのも今のうち

ますます赤ちゃんらしい体つきになります。体全体が超音波写真におさまるのも14～15週ごろまで。これ以上大きくなると1枚におさまらず、顔だけ、胴だけ、足だけと部分ごとに見ていくことになります。外性器もできてきますが、超音波検査での判断はむずかしい時期です。もう少し先のお楽しみにとっておきましょう。

超音波で見ると…

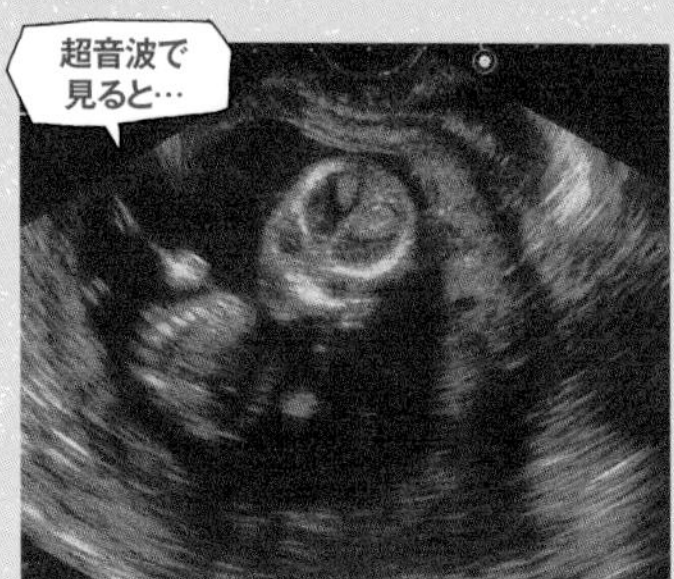

検査方法を経腹超音波に切り替える時期ですが、クリアな経腟超音波なら、目の水晶体が見えることも。

妊娠15週

予定日まで175日

Mama 妊娠線はおなかの皮膚の真皮層が、表皮がのびるスピードに追いつかず、断裂が起こる状態。妊娠線のケアは、まだおなかが大きくなる前からスタートしましょう。肌細胞にうるおいをしっかり与えることが大事。オイル、クリーム、ローションなどいろいろあるので、好みのつけ心地のものを選んで。

妊娠前のように元気に動けてもリラックスも大事

不調がおさまり、仕事も家事も元気にこなせるようになる人もふえてきます。でも疲れたときはお茶を飲んで一息ついたり、おなかの赤ちゃんに読み聞かせしたりしてリラックスを心がけて。

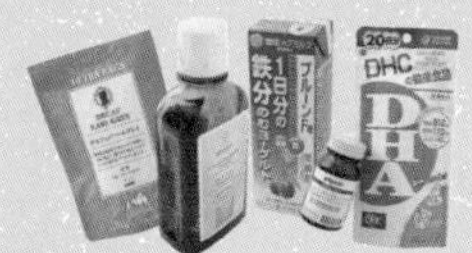

飲むヨーグルトや葉酸サプリで栄養補給。

胎教とリラックスのためにおなかの赤ちゃんに読み聞かせ。

Baby このころの赤ちゃんの様子

体をつくる骨がしっかりと確認できます

頭の大きさはピンポン玉ぐらい。超音波からは背中に通る背骨や腕や足の骨がくっきりとわかります。この時期になると口をあけたり閉じたり、ふれたものに吸いついたりするようになります。ママは、ようやくつわりから解放される時期。おなかの赤ちゃんの成長とともに、出産まで充実した時間を過ごしたいものです。

超音波で見ると…

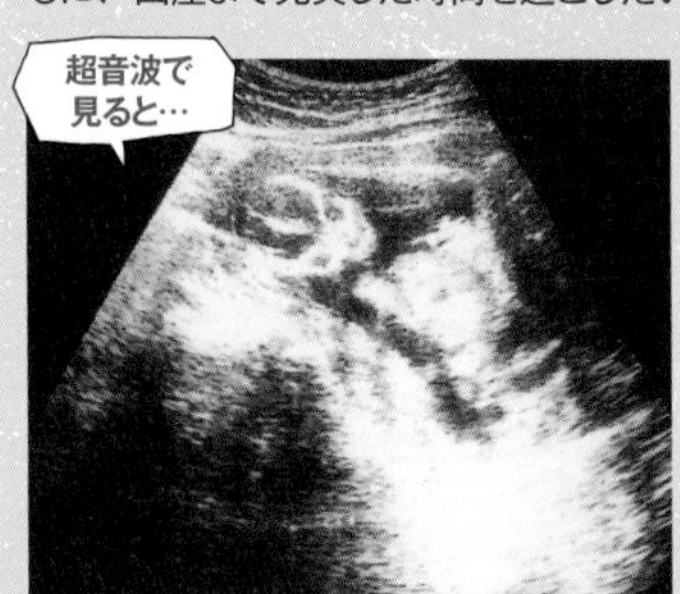

赤ちゃんがだんだんと人間らしくなってきて、その顔立ちまではっきりとわかる貴重なショットです。

妊娠 4カ月

ゆったりとした着心地で快適！

マタニティインナー&ウエアに切り替えよう

インナーはおなかがふくらみ始めるこの時期が替えどき。妊娠中だからこそ楽しめるファッションにも徐々にトライ！

インナー編

マタニティブラ

2カップアップを考慮して

おなかが大きくなるにつれ、サイズアップしていくバストに合わせてそろえたいのがブラ。これからバストが2カップアップすることを考慮して伸縮性のある素材を選びましょう。授乳兼用タイプなら産後そのまま使えて便利。ワイヤー入りのブラトップはお出かけに、家でくつろぐときはノンワイヤーのハーフトップと、使い分けている妊婦さんも多いようです。

マタニティブラのタイプ

ブラトップ
カップのついた通常のブラジャーと同じデザイン。ワイヤー入りとノンワイヤーのものが。

ストラップオープン
ストラップのカンをはずせばワンタッチでカップが開くタイプ。きれいなラインをキープ。

ハーフトップ
バストを包み込む乳帯タイプ。カシュクールや前ボタン式など、ノンワイヤーが主。

クロスオープン
片方の手で引きおろせば胸が出せるクロスオープンタイプだから、産後の授乳もラクラク。

マタニティキャミソール

おなかをしっかりとカバー

おなかの冷えは妊婦さんの大敵。冬の寒い時期はもちろん、冷房で冷えがちな夏にもおすすめなのがキャミソール。おなかをしっかりカバーできて、ブラよりも着心地がラクチン。胸元が開くデザインなら、産後、授乳時にも活躍します。伸縮性のあるものを選ぶのがコツ。

体を締めつけない、ゆったりとしたデザイン、吸湿性と通気性にすぐれた素材のものを選んで。

マタニティショーツ

大きい！ でもラクチン♪

大きなおなかに負担をかけず、ゆったりとはけます。股上が長く、おへそまですっぽりと隠れるタイプが一般的ですが、つわりなどで締めつけ感が気になる人にはローライズタイプも。リンパや血液の流れを妨げないそ径部を圧迫しないデザインを選んで。

股上が深く、大きくなるおなかをすっぽりとカバーできて安心。ブラやハーフトップとのペアがおすすめ。

妊婦帯

腰痛や冷えからガード

大きくなるおなかをサポートし、腰痛や冷えを防ぐ妊婦帯。妊娠5カ月の「戌の日」に、さらし帯を巻いて安産祈願する習慣があることから、この時期に使い始める人が多いよう。おなかをすっぽりと包む腹巻きタイプや、巻くだけで手軽に使えるベルトタイプ、ガードルのようにヒップまで包み込むパンツタイプなど、いろいろな種類があるので体調や季節に合わせて選びましょう。産後の骨盤ケアにも使えます。

妊婦帯のタイプ

腹巻きタイプ
寒い季節や冷房のきいたところでは、保温性抜群の腹巻きがおすすめ。すっぽりはくだけなので着脱も簡単。ソフトな着用感なので就寝時にも。

サポートベルトタイプ
おなかのベルトを支え具合に合わせて調節できるのが便利。おなかを下から支えるので、腰や背中への負担がぐんと軽くなります。

パンツタイプ
ボディラインにやさしくフィットし、おなかを下から支えるサポート機能つき。1枚ばきできるので、通勤やお出かけなど、スッキリとはきたいときに。

マタニティインナー&ウエア

ウエア編

手持ちの服でもOKだけどボトムスは専用が便利

それまではいていたスカートやパンツがきつくなってきたら、ウエアもそろそろマタニティ仕様に切り替える時期。ボトムスは、おなか部分が収縮する専用のものがおすすめですが、ワンピースやチュニックなどふんわりシルエットのアイテムなら手持ちのものでも対応可能。持っていたけれど着る機会のなかった服など、お目見えのチャンス。クローゼットを整理して、ぜひマタニティファッションを楽しみましょう。

ただし体を冷やすアイテムや着方はNG。転倒を引き起こすおそれのあるアイテムを避けるのは言うまでもありません。

体を冷やさないポイント

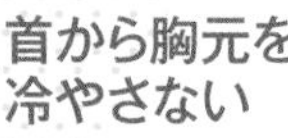

はおりもので体温調節
冬はもちろん夏も冷房で思いがけず冷えることが。はおりもので、こまめに体温調節を。

首から胸元を冷やさない
首から胸元を冷やすと、風邪をひきやすくなるだけでなく、産後母乳の出も悪くなります。

足さばきのいい服で転倒防止
動きにくい丈のスカートは足さばきが悪くなるので注意。転ばない丈を選びましょう。

タイツも締めつけない専用のものを
大きくなったおなかを締めつけないマタニティ用はやっぱり優秀。ぜひそろえてください。

ペタンコ靴でおしゃれ
足元は安定感重視で、はきなれた靴が基本。普段はかない人もペタンコ靴のおしゃれを楽しんで。

レッグウォーマーやソックスで足元を冷やさない
足首を冷やすと血行が悪くなり、むくみの原因になるので、冷やさないよう工夫を。

【冠婚葬祭はどうする?】

ゆったりラインのブラックドレスが○

冠婚葬祭は体調に問題がなければ出席したいところですが、一度しか着ないかもしれない喪服やドレスをどうしたらよいでしょうか。おすすめは産後も着られる黒のゆったりラインのワンピースです。アクセサリーやショール、ストッキングをかえることでパーティにも使えます。

おしゃれを楽しむチャンス!

マキシ丈やミモレ丈などロングスカートは、おしゃれなだけでなく冷えなくてグッド。ただし足さばきが悪いと転倒の原因に。自分に合う丈を選びましょう。

こんなアイテムも便利!

産後も着られるワンピース
産後2〜3カ月は体重が戻っても、おなか回りだけ戻らなかったりするので、ゆったりラインのワンピースは産後も重宝します。

おなかリブのパンツ
おなか部分だけが伸縮して、大きくなるおなかに対応。かっちりとしたジャケットを合わせれば、仕事用にも違和感なく使えます。

チュニック
普通の服でも妊娠中を通して着られる万能アイテム。臨月になって前身ごろのすそが上がってしまうようなら、マタニティ用を。

どうすればスッキリするの？

なりがちな便秘・痔の予防と対策

大きくなった子宮とホルモンの影響で多くの妊婦さんが便秘や痔を経験します。まずは食生活と生活習慣の改善から。

便秘を防げば痔の予防につながります

妊娠するとホルモンバランスの変化と体内の水分量の増加により、便秘や痔といったトラブルがふえます。妊娠中に分泌される黄体ホルモンには腸管の働きを鈍くする作用があることから、これまで便秘と無縁だった人も妊娠すると、とたんに便秘に見舞われることも。また骨盤のゆるみや子宮が腸を圧迫すること、運動不足やストレスなども便秘の原因とされています。多くは便秘症状ですが、人によっては下痢症状としてあらわれる場合も。便秘が続くと、たまりにたまった老廃物を外に出そうとする反動で下痢になることもあるのです。また便秘や下痢が原因で、おなかの張りや軽い痛みが起こることもあります。

痔は体内の水分量の増加や子宮の重みで肛門が圧迫されたり、血流が悪くなったりするとうっ血して起こります。妊婦さんに多いのは、このように静脈がうっ血して、肛門の外側にできる「外痔核」のほか、便秘で便がかたくなり、排便のときに肛門が切れて出血する「切れ痔」の2種類。便秘を防げば痔の予防にもつながります。規則正しい生活をして、過度な香辛料やガスのたまりやすい食材は避けましょう。

＼これ以上、悪化させない！／

便秘予防＆対策法

1 毎朝、同じ時間にトイレに行く

自然の便意を待っていても、排便リズムがつかめません。便意があるなしにもかかわらず、朝は必ず同じ時間にトイレに行ってみて。

2 水分＆食物繊維はたっぷり

水分補給と繊維質の多い食材を食べること。食物繊維は消化されずに腸に到達し、腸をきれいにします。1日の目安量は21g。

3 おふろでしっかりあたたまる

便秘は血行が悪くても起こります。特に下半身の血流をよくするためには、毎日おふろに入り、体をあたためましょう。

4 肛門引き締め対策にトライ！

肛門周辺の血行を促すには、骨盤底筋群を鍛えること。腟をキュッと引き上げ→力を抜いてゆるめる、を繰り返しましょう。

5 薬で早めに対処

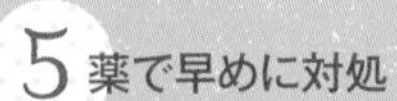

長引かせると悪循環に陥るので、早め早めの対処が肝心。悪化させる前にかかりつけ医に相談して薬を処方してもらいましょう。

積極的にとりたい！食物繊維の多い食材

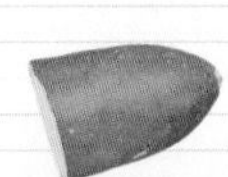

さつまいも
焼いたものは3.5g。食物繊維が多いのは、干しいも→蒸しいも→焼きいもの順。

ライ麦パン
6枚切り1枚で5.6g。食パンの2倍以上の食物繊維で、ミネラルもたっぷり含有。

大豆
ゆでたものは7.0gで、水煮缶詰でも、ほぼ同等の6.8gがとれます。ビタミンEも豊富。

ひよこ豆
ゆでたものは11.6g。乾燥豆のほうが豊富で16.3g。カリウムや亜鉛などのミネラルも。

こんにゃく
食物繊維量は2.2g。しらたき（糸こんにゃく）でもほぼ同等の食物繊維（2.9g）がとれます。

にら
ゆでたものは4.3g。カルシウムが骨に沈着するのを助けてくれるビタミンKもたっぷり。

ごぼう
食物繊維が多くとれるのは、生よりゆでたもので6.1g。ミネラル分のバランスもグッド。

プルーン
ドライプルーンの食物繊維量は7.2gと果実類でダントツ。高エネルギーなので少量に。

食物繊維以外で効果的なもの

発酵食品
ビフィズス菌や乳酸菌などの善玉菌は、腸内環境を改善します。ヨーグルトやキムチ、納豆からとり入れましょう。

オリゴ糖
ビフィズス菌のエサとなるのが、プレバイオティクス・オリゴ糖。玉ねぎやごぼう、バナナなどに豊富に含まれています。

※写真の食材は100g（乾物の写真のみ10g）の目安量と、その中に含まれる各栄養素の含有量を示しています。

安定期を目指して準備スタート

マタニティウエディングをするなら

時期やドレス、当日のスケジュールは？　妊婦さんが「やってよかった」と思える結婚式の仕方をレクチャーします。

妊婦であることを前もって式場に伝えて

妊娠中に結婚式をあげるなら安定期に入る5～6カ月が理想。最短1～2カ月で準備できるといわれますが、何が起こるかわからないので早め早めに計画しましょう。式場の人と打ち合わせの際には、当日の妊娠週数のほか、花嫁がちょこちょこ休憩できる、なるべくすわっていられるなどの希望を伝えましょう。ドレスはマタニティ用でなければ、式直前に必ず試着をしましょう。リゾートウエディングを希望するなら、まずはかかりつけ医に相談を。

おなかが大きくないならマタニティ用でないドレスが着られるかも。

カジュアルな結婚パーティは体にもお財布にも負担がかかりません。

マタニティウエディングを成功させる5つのPoint

1 式場はさずかり婚対応の自宅近くの会場で

さずかり婚対応の式場なら、準備から式当日までサポート態勢が万全。リーズナブルなプランがあるのもうれしい。さらに自宅近くなら、何よりも移動がラク。

2 おなかが大きくなり始める6カ月までがベスト

挙式は安定期に入り、つわりもおさまり、おなかが大きくなり始める前の5～6カ月がベスト。7カ月以降は急におなかが大きくなり、衣装選びがむずかしくなります。

3 ドレスはおなか回りを調節できるものを

ドレスはマタニティ用でなければ、軽くて引きすそが短く、おなか回りを調節できるものを選びましょう。靴はヒールが低いものを。ショールは冷え予防に役立ちます。

4 当日のスケジュールは余裕をもって

妊娠中は疲れやすく、また途中で具合が悪くなることも考えられます。お色直しを多め&長めにとるなど、花嫁が休憩できる時間をしっかりとっておくと安心です。

5 費用は産後のことも考えて無理のない範囲で

妊婦健診やベビーグッズ、その後の教育費にお金がかかるので、それらも考慮して無理のない範囲で設定を。子どもの門出を祝いたいという両親に甘えるのもあり!?

マタニティウエディングのダンドリ！

妊娠初期

Step 1 安定期を目指して日程・会場を決める

目安は妊娠5～6カ月。真冬や真夏にあたる場合は野外での挙式は避けて。会場は挙式までの打ち合わせや当日の移動を考えると自宅近くが便利。

Step 2 挙式準備

ゲストや式の演出、食事のほか、衣装、ヘアメイク、エステなどこまかいことについても決めていきます。式当日は余裕をもったダンドリで。

挙式1週間前

Step 3 衣装の最終チェック

たった1週間でおなかのサイズが大きく変わることがあるので、必ず試着して、おなかを調節しましょう。当日直すことも。

Step 4 挙式当日

気分が悪くなったときやトイレに行きたくなったときは、さりげなく退場できるように、式場の人にお願いしておきましょう。

妊娠
5カ月
16〜19週

いよいよ安定期に突入。安産を願い戌の日のお祝いを

ママの体の変化

＼ こんな変化が起こります ／

- 胎盤が完成し、心身ともに安定します
- おなかがふくらみ、乳房も大きくなってきます
- 皮下脂肪がついてきて、体全体がふっくら
- 早い人は胎動を感じることも

子宮底長
14〜17cm

体重増加の目安
妊娠前の体重＋
1.2〜2.4kg

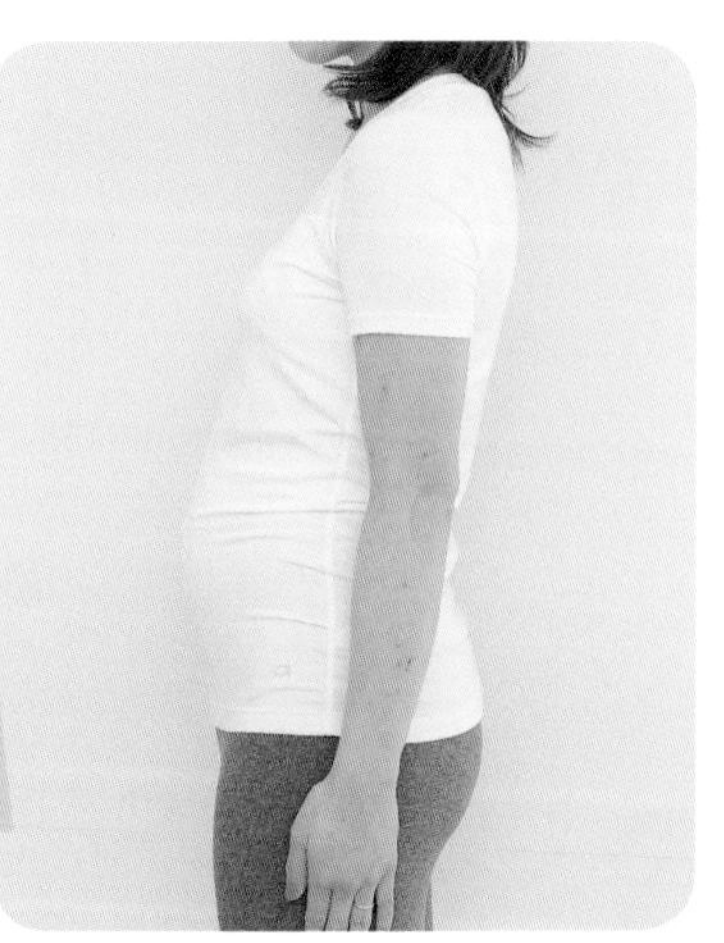

子宮の大きさ
大人の頭大

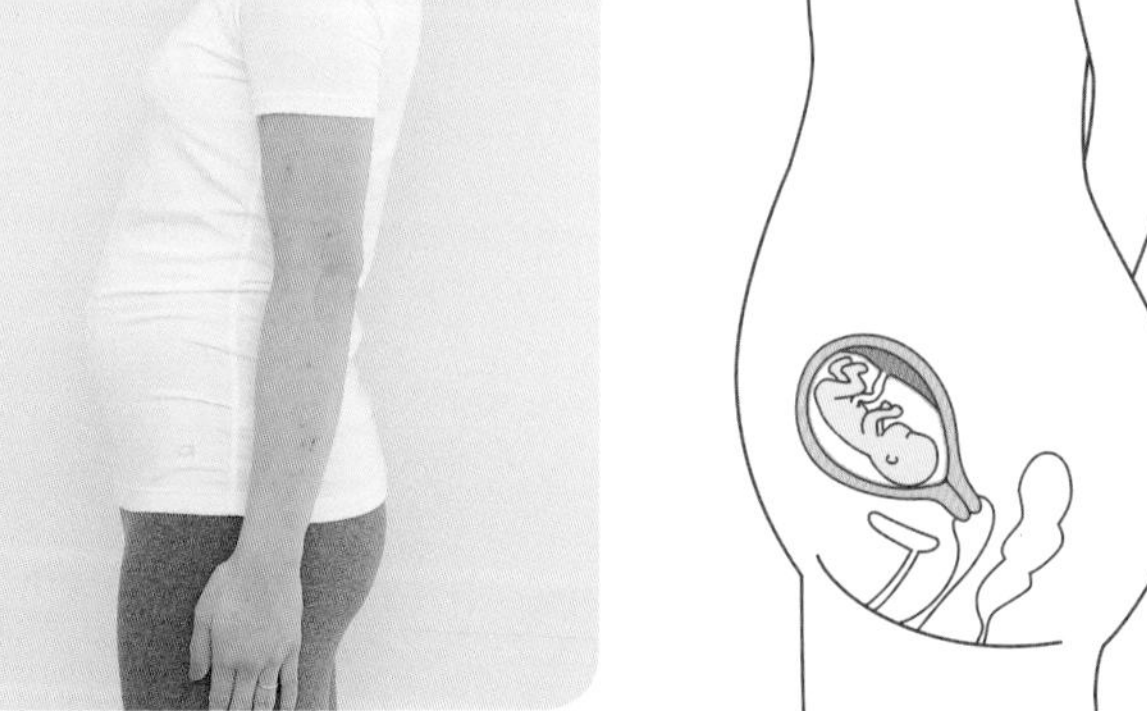

おなかやバストが大きくなり胎動を感じることもあります

胎盤が完成し、妊娠中で最も安定しやすい時期に入ります。子宮底はママのおへそあたりに達し、そのためおなかのふくらみも目立ち始め、同時に乳腺が発達することから乳房も大きくなります。早い人は18週ぐらいでおなかの赤ちゃんの動き＝胎動を感じることができるでしょう。初めての胎動はママになる実感があらためてわく瞬間。ときおり感じたことをメモしておけば、よい思い出になるのはもちろん、胎児の発育状況を知る手がかりにもなります。

妊娠5カ月でしておくことList

【マストなこと】
- □ 戌の日に安産祈願 ➡ 詳しくはP60
- □ 歯の治療 ➡ 詳しくはP61
- □ もらえるお金のリスト作り ➡ 詳しくはP26
- □ ベビーグッズの購入&リースリストを作る ➡ 詳しくはP204

【なるべくしたい】
- □ バースプランを書いてみる ➡ 詳しくはP104
- □ バランスのよい食事をとる ➡ 詳しくはP108
- □ 安産のための運動を始める ➡ 詳しくはP61
- □ 妊娠線ケアをスタート ➡ 詳しくはP61

おなかの赤ちゃんの成長

妊娠5カ月ごろの赤ちゃん

身長	約20cm
体重	約200g
重さの目安	りんご1個

こんな変化が起こります

- 皮膚を保護する胎毛が生えてきます
- 前頭葉や神経が発達し、自分の意思で手足を動かせます
- 皮膚感覚が敏感になります
- 活発に動くことが多くなります

皮膚を守る産毛が全身に生えてきます

赤ちゃんの皮膚を保護する「胎毛」と呼ばれる産毛が全身に生え、うっすらとですが眉毛やまつ毛、髪の毛も生えてきます。また視覚や聴覚などの五感をつかさどる前頭葉や神経が発達してきて、自分の意思で手足を動かしたり、羊水の中で元気に動き回ったりできるようになります。

外から「トックントックン」という元気な音が聞こえるのもこの時期。日に日に人間らしさを増していくのがわかります。

この月のパパへのメッセージ

レジャーの計画は妻の体調優先で

安定期に入り、体調がよければレジャーや旅行を楽しめます。だからといって、何をしてもいいというわけではありません。疲れたりおなかが張ったりしたら、すぐに休むこと。何よりも妻の体調を優先して動きましょう。

ママへのメッセージ

おなかがせり出し腰痛が出やすくなります

胎盤が完成し、比較的安定している時期です。とはいえ、おなかは少しせり出してくるので、姿勢が悪くなると腰痛が出てきます。また貧血が出てくる場合もありますので、鉄分を多く含む食事を意識してくださいね。

ライフAdvice

妊娠16週

予定日まで**168**日

Mama いよいよ5カ月。つわりで妊娠前よりも体重が落ちた人も、そろそろ体重がプラスになってくるころです。下腹部もほんのりふっくらし始めるでしょう。おなかを締めつける服は早めに卒業して、子宮への血流を妨げないゆったりしたウエアにシフトしていきましょう。

ようやく気分スッキリ! さて何から始めようかな

待ちに待った安定期に入り、あれもしたいこれもしたいとパパと相談しているかもしれません。鉄板焼きやカウンターだけの店での外食は、今しか楽しめないかも♪

手作りの生ジュースや葉酸鉄分入りのヨーグルトで貧血予防。

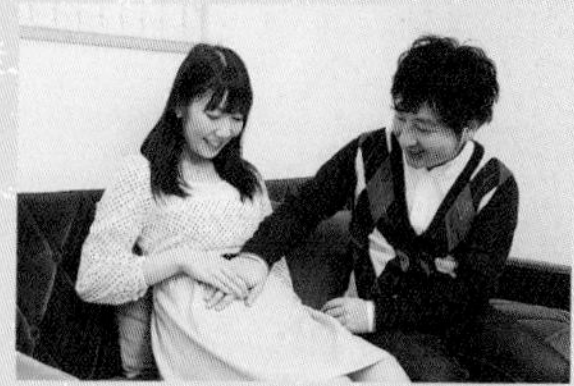

パパもさわって胎動を感じてみます。

Baby このころの赤ちゃんの様子

経腹超音波に切り替わりベビーの様子をチェック

検査方法が膣から挿入する経膣超音波から経腹超音波に切り替わり、医師はいろいろな角度からおなかにプローブをあてて赤ちゃんの成長具合や運動状態、器官の異常などをチェックします。そのほか、胎盤が子宮口をふさいでいないか、羊水の量に問題がないかも合わせて見ます。赤ちゃんの全身には「胎毛」が生えてきます。

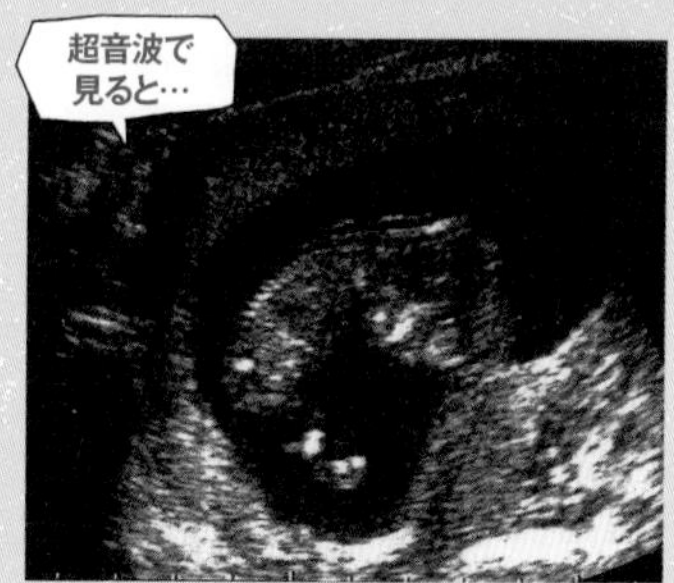

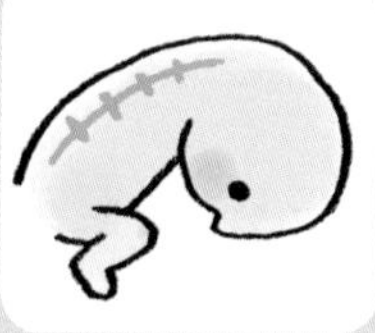

骨格もどんどんできている時期の脂肪があまりついていないので、背中にくっきり背骨が見えます。

妊娠17週

予定日まで**161**日

Mama 夫婦ふたりだけでのんびり旅行に行くなら安定期。プランを立てるときには、必ず宿泊先の近くにある病院について調べておきましょう。特に海外旅行では、言葉に自信がなければ、日本人医師がいるところをチェック。妊娠中は、いつ体調が変化するかわからないと心に留めておきましょう。

手持ちのアイテムでコーディネイトするのも楽しい♪

だんだんとおなかがふくらみ始め、ウエアをマタニティ用にチェンジしたい時期。手持ちのワンピースやマキシ丈のスカートなどで、マタニティファッションを楽しむのもあり。

心音計で赤ちゃんが動く様子や心音をキャッチ。

おなかのシルエットが目立たないキルト素材のワンピース。

Baby このころの赤ちゃんの様子

こまかいパーツがつくられ、ポーズをとった1枚も

ふっくらとした体つきに加えて、指や顔などのこまかいパーツがはっきりと分かれ、ママの愛情もひとしお。手を上げたポーズや眠そうに目をこするポーズなど奇跡の1枚が撮れた人もいるのでは。五感をつかさどる"前頭葉"が発達してきたことから、自分の意思で手足を動かしたり、羊水の中を動き回ったりできる時期です。

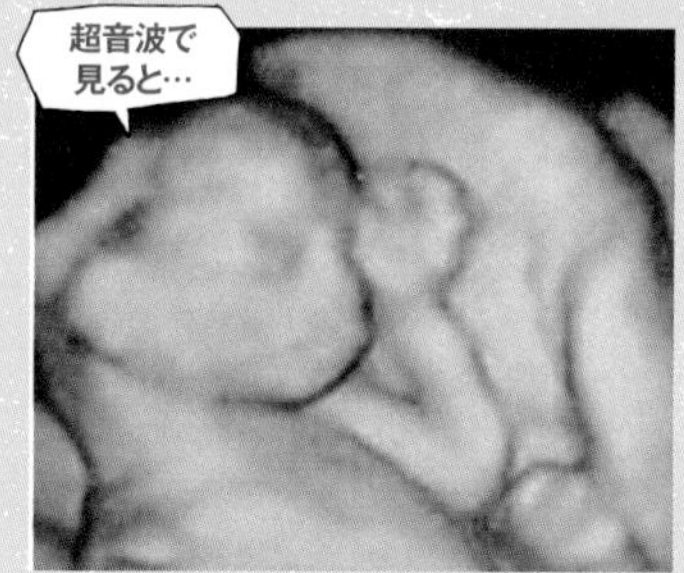

長い手を目元にあてて、眠そうにしているアンニュイな姿。ここまではっきりと映るのも珍しいかも。

週数別・マタニティ

妊娠18週

予定日まで**154**日

Mama もし、むし歯や歯周病がある場合、妊娠後期になる前に、治療を終えておきたいところ。つわりも完全におさまり、あおむけの体勢も苦しくないこの時期に、まずはむし歯がないかどうか確認する歯科健診を受けましょう。むし歯がなくても、歯石のクリーニングをしてもらって、むし歯予防を。

産後のケアや資格取得などやりたいことは尽きません!

産後のことを考えると、妊娠中の今しておきたいことはいっぱい。外食や旅行だけでなく、抜け毛対策や骨盤戻しなどのケア、将来の仕事のための資格取得などもぜひ。

産後は抜け毛がひどいと聞き、今から頭皮マッサージ。

妊娠中に勉強して資格取得を目指しても。

Baby このころの赤ちゃんの様子

目をキョロキョロ…何を見ているのかな?

体や頭だけでなく、眉毛やまつ毛も生えてきて、目を動かす様子が超音波でキャッチできることも。性別が判明するのは一般的に24～27週ごろですが、早い人は経腟超音波から経腹超音波に切り替わったこの時期に「足と足の間におちんちんがしっかりと見えて男の子」とわかったというママも。

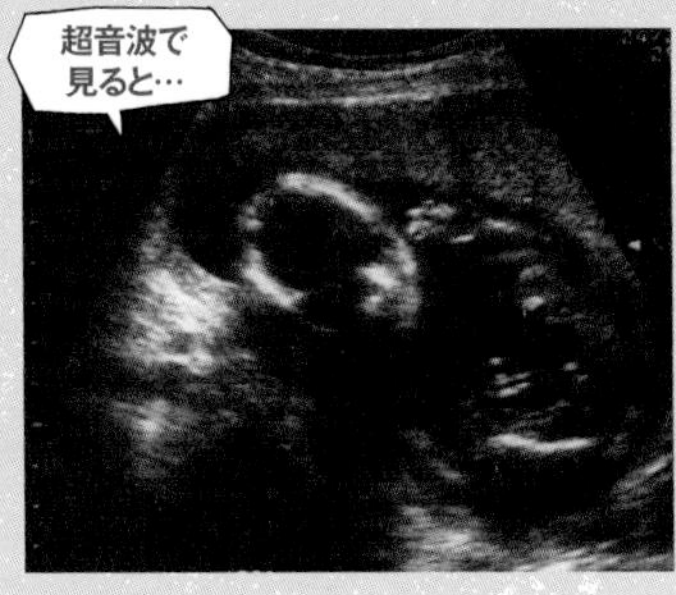

左手を上げているキュートなポーズに注目。開いた股から男の子と判明。ポーズも男の子らしい!

妊娠19週

予定日まで**147**日

Mama 安産を願うなら、どうしたら自分はリラックスができるのかを今から研究を。お産をスムーズに進めるには、心も体もリラックスしていることが大事です。香り、音楽、肌ざわり、目に入るもの、マッサージなど、緊張をほぐしてくれるグッズや方法をたくさんストックしておきましょう。

「戌の日」には神社でお参りして安産祈願を

ポコポコとかわいらしい胎動を感じるころ。おなかがだいぶ目立ち始め、動きにくくなってくるかもしれません。「戌の日」には神社に出かけて、安産をお祈りしましょう。

妊婦さんの大事な行事「戌の日」の安産祈願に。

体が重いな～と感じたときはストレッチ。

Baby このころの赤ちゃんの様子

心臓が4つに分かれ「トックン、トックン」と心音も

心臓が2心房2心室に分かれている様子が超音波映像でも確認できるでしょう。同時に「トックン、トックン」という心音に、思わずママも胸が高鳴ります。赤ちゃんの成長する姿に一喜一憂できるのもこの時期のお楽しみ。手を広げたり足を曲げて伸ばしている姿が見えるので、足に焦点を合わせると性別がわかる場合もあります。

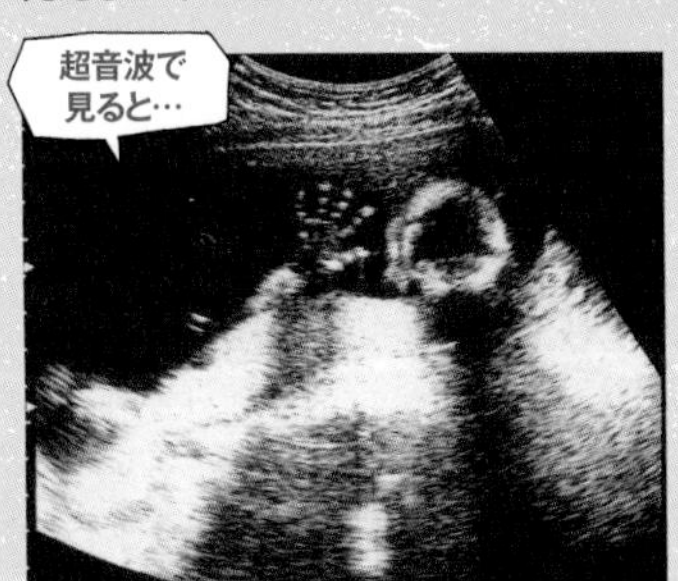

手を広げているので5本の指がはっきりとわかります。指の長い子は、おなかの中にいるときから長い!?

赤ちゃんが無事に生まれてきますように

戌の日のお参りに行こう

5カ月に入り、安産をお祈りする戌の日は妊娠中の大切な行事。この日を機に腹帯もつけ始めましょう。

戌の日って何?

お産の軽い犬にあやかった安産祈願の習慣

「戌の日」とは「岩のように丈夫になる子どもが生まれてくるように」という願いを込めて岩田帯(腹帯)を巻く帯祝いのこと。

多産でお産の軽い犬にあやかり、5カ月に入った戌の日に神社や仏閣に安産祈願をする習慣が始まりました。戌は十支のひとつですから、戌年が12年に1回あるように12日に1回、戌の日があります。安産祈願で有名な神社仏閣は、12日ごとに法要が行われることが多いようです。

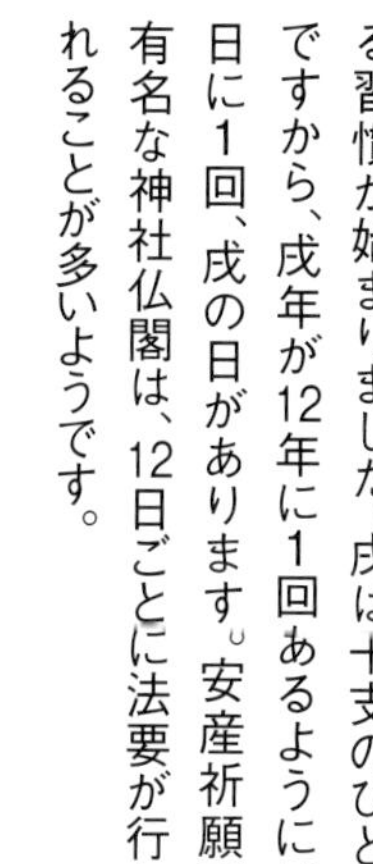
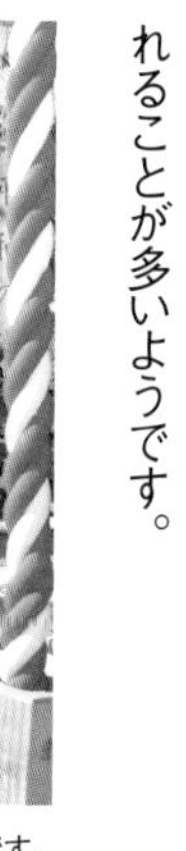

神社での参拝は"二拝二拍手一拝"。男性も女性も作法は同じです。

いつ、誰と行けばいいの?

戌の日当日でなくてもOK

お参りは必ずしも戌の日でなくても大丈夫。戌の日は混み合うことが予想されるので、天候や体調を見ながら無理せず予定を立てましょう。昔は妻側の実家が同行したといわれますが、今は夫婦でが主流。

どこで安産祈願するの?

どこでもしてもらえます

安産祈願は多くの神社や仏閣ででき、安産祈願で有名な神社も多数あります。安産のお礼参りと赤ちゃんのお宮参りをいっしょにするケースが多いため、地元の同じ場所で、という人も多いようです。

腹帯は持っていくの?

神社で買っても持参しても

腹帯は神社で買うこともできますし、自分で持参した帯をお清めしてもらうこともできます。ただしさらしのみお祓いというところもあります。小さい神社だと扱っていないこともあるので事前に確認を。

どうやってお参りするの?

神社でのお参りの作法をご紹介。お寺では本堂の前で合掌し、おじぎをしましょう。

いただいた腹帯は産着にして使っても。お祈りの気持ちを込めたものなので、粗末にしないで。

戌の日当日でなくても大丈夫。天候がよく、体調のよい日を選んでお参りしましょう。

1 お清め

手水舎で手を洗い、口をすすぎ、身も心も清めてから鳥居をくぐります。「祈願してもらう」という心構えで。

2 ご祈祷申し込み

神札所で安産祈願であることを申し出て、申込用紙を記入。初穂料を支払います。初穂料は、5000～1万円が平均的。

3 本殿に入りお祓い

順番を待ち、名前を呼ばれたら本殿に入りましょう。ご祈祷の前にお祓いを受けます。静かにすわり、軽く頭を下げましょう。

4 祝詞奏上

神主が神様にご祈祷のメッセージを送る祝詞奏上(のりとそうじょう)。引き続き、静かに頭を軽く下げて聞きましょう。

5 二拝二拍手一拝

祝詞が終わったら立ち上がり、姿勢を正して"二拝二拍手一拝"。二度深く頭を下げ、二回拍手し、もう一度深くおじぎ。

6 授与品を受けとり終了

神主から一人ひとりに授与品が手渡され、終了。所要時間は10～15分ですが、人数が多いと時間がかかることも。

お産に向けて今のうちにスタート!

安定期にしておきたい3つの体のケア

比較的自由に動ける安定期。旅行や外食もいいですが、今のうちにしっかりと体のメンテナンスもしておきましょう。

1 スポーツなどで体を動かす

無理のない有酸素運動で体力づくり&気分転換

妊婦さんに向いているのは、マタニティスイミングやマタニティヨガ、マタニティビクス、マタニティ体操などの有酸素運動。散歩やウオーキングは気軽にできて気分転換にもなります。ただし子宮筋腫、多胎、子宮頸管無力症、胎盤の異常など早産のリスクがある人はNG。また体調の悪いときは無理をしないで休み、あくまでも「楽しくやれる」「気持ちがいい」が大前提。体調の変化を感じたらすぐに中止しましょう。スポーツ後の食べすぎにも気をつけて(詳しくは116ページ)。

短時間でも毎日体を動かすほうが体調維持には効果的。スピードは軽く汗をかく程度に。

2 妊娠線ケア

おなかが大きくなる前からクリームやローションで保湿

おなかが大きくなると皮膚がのびて乾燥しやすくなるうえ、表皮が急激にのばされて裂けてしまうため妊娠線ができてしまいます。妊娠線は、妊娠末期や出産直前の急激に体重がふえたころにできやすいですが、ケアは安定期に入る5カ月ごろから始めましょう。おなか以外のできやすい場所もケアして(詳しくは122ページ)。

おなかはもちろん、バストやおしり、太ももなど妊娠線があらわれやすい場所をクリームでケア。

妊娠線の予防ケア

care1 **保湿**
のびのよい皮膚になるようにクリームやローションを塗ります。おなかが張っているときや切迫早産予防の薬を飲んでいるときは避けて。

care2 **体重管理**
急激な体重増加は妊娠線発生の原因にも。食べすぎず、適度に運動して急激な体重増加を防止しましょう。

care3 **プロのケア**
自分では目が届かないところもケアできるのがプロの手によるマッサージ。エステやホテルのマタニティコースで身も心もリラックス。

3 歯の治療

妊娠中は歯が弱くなりがち。治療するなら今!

つわりで四六時中アメをなめたり、歯磨きが適切にできなかったりと妊娠中はむし歯になりがち。加えて女性ホルモンの増加や免疫力の低下により、歯周病のリスクもぐんと高まります。もともとむし歯のある人はもちろん、歯のケアが気になる人が歯科に行くなら5〜6カ月がベストです。もちろん顔がはれるほどひどい場合は、時期を問わず一刻も早く治療に。治療を受ける際は妊娠している旨を必ず伝えましょう(詳しくは126ページ)。

\ ATTENTION! /

歯周病になると早産のリスクが高まる!

むし歯の細菌や歯周病は、おなかの赤ちゃんが大きく成長できない、早産になるリスクが高まるなど妊娠中のトラブルと関係していると指摘されています。歯ぐきが赤くなっていたり、出血したりしていたら、急いで歯科に行きましょう。

妊娠 5カ月

人にはなかなか聞けないけれど……

知っておきたい妊娠中のセックスのこと

妊娠経過とともに変わる体に合わせて、セックスの注意ポイントも変わってきます。そもそも妊娠中はセックスしても大丈夫？

ソフトで短時間ならOK。おなかが張ったらすぐに中止

妊娠初期や中期は、切迫流産だったり医師に禁止されているのでなければ、セックスが流産の引き金になることはありません。ただし胎盤が完全にでき上がっていない初期は、子宮への刺激は極力抑えて。体調がよくて気分が乗れば、ソフトで短時間のセックスならOKでしょう。

妊娠中期の半ばを過ぎるとおなかは大きくせり出し、セックスしにくい体型になります。また深く挿入すると子宮の出口をこすり、収縮したり出血したりしやすくなるため、激しいセックスが原因で早産を招くおそれもあります。また子宮の収縮は定期的な振動や乳首の刺激、オーガズムによって起こりますから、おなかの張りを感じたり、気分が悪くなったりしたときにはただちに中断を。セックスのあとも、おなかの張りがおさまらなかったり、出血が見られるときは診察を受けましょう。

妊娠中のセックスで何よりも大切なのは、お互いを思いやる気持ち。オーラルセックスやおなかを圧迫しない体位をとるなど、無理のないセックスを心がけましょう。女性は妊娠すると、おなかの赤ちゃんに意識が向き、性欲が減退しがちですが、ときには夫を思いやり、積極的な愛情表現をしましょう。妊娠時期とおすすめの体位は左ページのとおり。先輩ママの意見も参考にしてください。

\ ATTENTION! /

こんなときはNG!!

出血や痛み、おなかの張りがあり、切迫流産・早産の可能性があるとき、前置胎盤や胎盤の位置が低いと診断された場合は厳禁。性感染症や腟炎のある場合やその治療の間も控えましょう。途中で急に体調が悪くなった場合は、すぐに中断して。

妊娠中のセックスQ&A

Q セックスで破水することはないの？

A 挿入で破水を引き起こすことはありませんが、不安な気持ちのままセックスすると、恐怖感や嫌悪感を抱いてしまう原因になります。夫ときちんと話し合い、挿入を浅くするなど安心してできる方法を考えましょう。

Q コンドームは使ったほうがいいの？

A 免疫力が低下している妊娠中は菌の侵入で炎症が起きやすく、また精液にはプロスタグランディンという子宮収縮を起こす成分が含まれているので、腟内で射精すると場合によってはトラブルにつながることも。性感染症を防ぐためにもコンドームを使いましょう。

Q 時間や回数の制限はあるの？

A 妊娠経過は個人差があるので時間も回数もそれぞれの体調。体調がよいなら疲れを感じない程度にしてもよいでしょうが、おなかの張りを感じたときはやめましょう。特に妊娠初期、中期の後半から後期の前半にかけては、流産や早産を引き起こすリスクがあります。

Q 多胎妊娠ですがセックスしても大丈夫？

A 単胎よりもおなかが張りやすく、早産の可能性が高い多胎妊娠の場合は、基本的に産後までセックスは控えたほうがよいでしょう。セックスする場合もおなかへの負担を考えて、体位などに注意を払いましょう。

妊娠時期とおすすめの体位

末期

より穏やかなセックスを

子宮の収縮から前期破水を起こすと危険なので、よりソフトなセックスを心がけて。また妊娠後期は最も膣内に菌が入りやすい時期なので、体を清潔にすることも大切。

抱き締めながらの座位

男性の太ももの上に女性がすわり、後ろから抱き締められるような形で挿入し、感覚を楽しんで。おなかへの圧迫がなく妊娠全期で可能な体位です。

後ろからの側臥位

お互い横向きになり、女性の後ろから挿入するスタイル。おなかを圧迫せず、女性が疲れないのでおすすめ。挿入も浅くなります。

片足を上げ向き合って

女性の片足を軽く上げて挿入。女性は足を開きすぎず、男性はあまり動かさないように気をつけて。足のつけ根が痛いときは避けましょう。

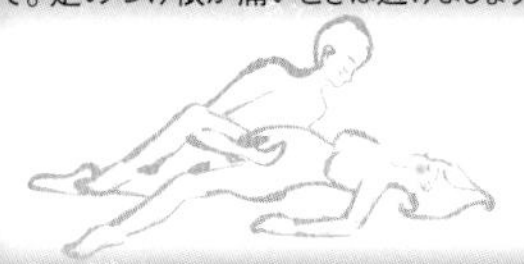

中期

大きくなるおなかを圧迫しない体位が理想

つわりも落ち着き安定期に入ります。切迫早産や前置胎盤の傾向など異常がなければ、セックスでコミュニケーションをとるのもよいでしょう。挿入は浅めにして、おなかに負担をかけない配慮や工夫を。

座位でリラックス

大きくなり始めたおなかを圧迫しない体位。男性だけに主導権が渡らないので、挿入の深さや動きは女性がコントロールできます。

側臥位で向き合って

さほどおなかが大きくないならOK。女性が横向きになるだけなのでラクチンです。男性からの愛撫も受けやすく、挿入も浅めになります。

後背位は深さに注意

後背位はベッドの高さを利用して女性の負担を減らして。ただし男性が背中をそらすのはNG。一気に挿入が深くなります。

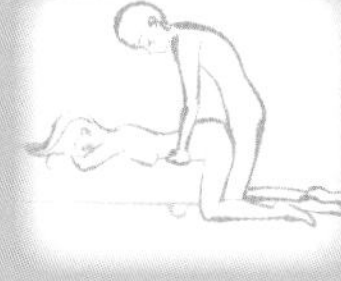

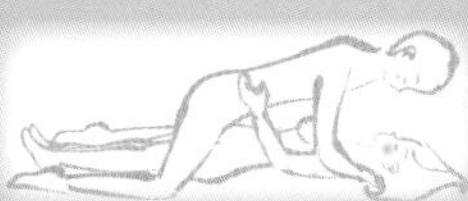

足を閉じて正常位

挿入は浅めで男性としっかりと向き合うことができるので、精神的な満足感の高い体位。男性は女性に体重をのせないように気をつけて。

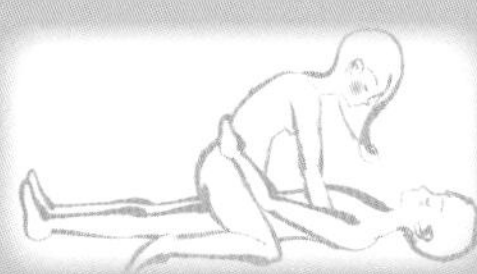

セーブ可能な女性上位

女性が挿入の深さや動きなどを決められるのがいいところ。男性は下で激しく動かないようにしましょう。女性も動くならゆっくりと。

初期

挿入は浅め&短時間が基本

まだ胎盤ができ上がっていない時期なので注意が必要。正常に経過しているならセックスが原因で流産することはありませんが、膣の粘膜が出血しやすい状態になっています。挿入は浅めに時間は短く。

正常位

男性は女性のおなかを圧迫しないように、自分の両腕で体重を支えましょう。深く挿入しないように女性は足の曲げすぎに気をつけます。

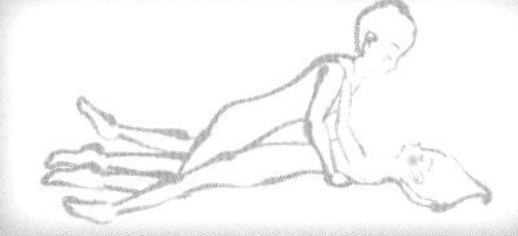

挿入が浅くなる正常位

女性が足を伸ばすと挿入が浅くなり、男性の動きも制限されるので安心。くれぐれも女性の上に男性がのらないように注意しましょう。

ベッドを使って正常位

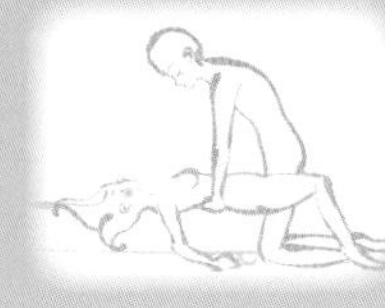

男性の体重がかからないので、おなかを圧迫しない安心スタイル。あおむけになると気分が悪いというときは避けましょう。

SEXした？ しなかった？ みんなのSEX事情

末期

- セックスのあとに少量の出血が！ 急いで病院に行くと子宮ではなく、外陰部からの出血と判明。指で愛撫するときも注意です。（Y・Oさん 産後3カ月）
- 胎動を感じるたびに愛情が夫から赤ちゃんへ。セックスは自然に遠のきました。（U・Kさん 産後2カ月）
- コミュニケーションタイムはおふろ。手でしてあげたりしてなんとか乗り切りました。（G・Kさん 産後2カ月）

中期

- 今思うとセックスのときは、いつもおなかが張っていたような。最近になって反省。（T・Yさん 妊娠9カ月）
- いつも「いざ！」という段階で胎動が。挿入しても最後までいかないことが多かった。（C・Fさん 妊娠8カ月）
- 乳首を愛撫されるとおなかに違和感が。これが子宮収縮かと思うと、怖くなって途中でやめてしまいました。（E・Hさん 妊娠8カ月）

初期

- 妊娠初期は気持ちが不安定。セックスは心の健康上いい。（E・Fさん 妊娠7カ月）
- 1人目を妊娠中は私が拒否していたのでケンカが多発。今回は応じるようにしています。（W・Rさん 妊娠6カ月）
- つわりがひどくて青ざめている私に「しようよ」とは夫も言えなかったみたい。（M・Mさん 妊娠6カ月）
- 妊娠と同時に性感染症も判明。まずは治療に専念。（T・Sさん 妊娠5カ月）

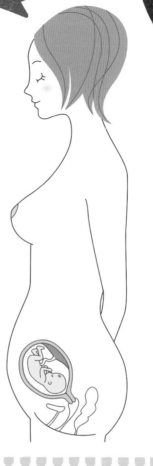

妊娠

6カ月

20〜23週

胎動を感じられる時期。両親学級や旅行で夫婦の絆を強めたい！

ママの体の変化

＼ こんな変化が起こるかも ／

- 心臓や肺を圧迫されて動悸や息切れが起こりやすくなります
- 下半身に静脈瘤ができやすくなります
- シミやそばかすができやすい状態に
- 乳腺が発達し、乳首から乳汁が出ることも

子宮底長

18〜21㎝

体重増加の目安

妊娠前の体重＋
2.4〜3.6㎏

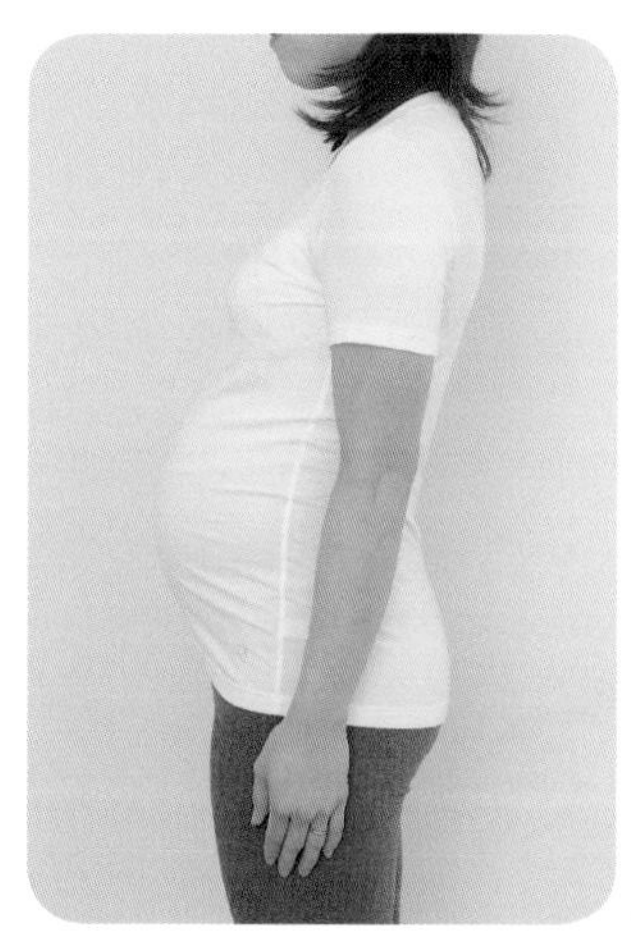

軽い運動で体を動かし不快症状を解消して

体内の血液量がふえ、大きくなった子宮に心臓や肺が圧迫されることから、動悸や息切れが起こりやすくなります。下半身の静脈にこぶのような静脈瘤ができることも。シミやそばかすもできやすくなります。

さまざまな不快症状を解消するためにも、体調がよければマタニティスポーツで体を動かすのがおすすめ。ただしくれぐれも無理は禁物。これまでスポーツをしてこなかった人は、特に気をつけましょう。

妊娠6カ月でしておくことList

【マストなこと】

- □ 両親学級を受講する ➡ 詳しくはP70
- □ チャイルドシート、布団などの大物グッズの買い物 ➡ 詳しくはP76
- □ 里帰りの場合、病院の受診 ➡ 詳しくはP79
- □ 立ち会い出産をするか決定 ➡ 詳しくはP182
- □ 塩分・カロリーのとりすぎに注意する ➡ 詳しくはP69

【なるべくしたい】

- □ 譲ってもらえるベビーグッズがないか、周囲に声がけ ➡ 詳しくはP76
- □ 乳房チェックを受ける ➡ 詳しくはP101
- □ こども保険の加入や保険の見直しを検討
- □ ベビースペースのために荷物を断捨離する ➡ 詳しくはP85
- □ 体調がよければ、マタニティヨガ、スイミングなど ➡ 詳しくはP116

おなかの赤ちゃんの成長

妊娠6カ月ごろの赤ちゃん

身長	約30〜33㎝
体重	約400〜600g
重さの目安	夏みかん2個

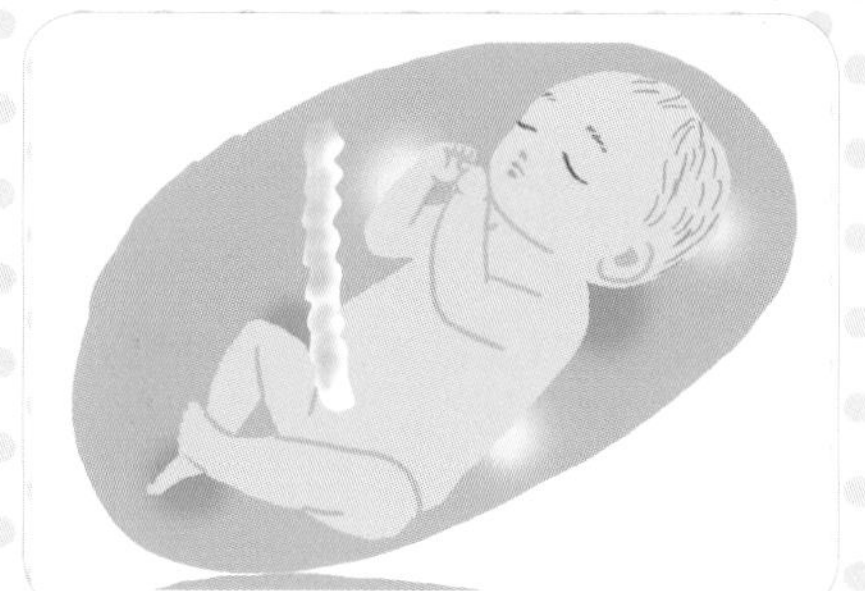

こんな変化が起こります

- 肺以外の内臓器官は完成
- 呼吸器が発達し、呼吸様運動がスタート
- 全身はバターのような胎脂でおおわれています
- 内耳が完成し、周囲の物音やママの声が聞こえます
- 脳細胞の数がそろいます

呼吸の練習をスタート。クルクル変わる表情にも注目

肺以外の内臓や脳細胞の数がほぼそろいます。呼吸器の機能も発達し、羊水を飲み込み肺の中にためて吐き出す「呼吸様運動」もスタート。皮下脂肪がふえて、顔立ちはだいぶはっきりしてきましたが、皮膚は透明がかった暗赤色で、体はバターのような胎脂でおおわれています。

羊水の中では、さらに力強く手足を動かし、ときには目を動かしたり、唇をすぼめたり、さまざまに変化する表情も超音波写真で楽しめます。

この月のパパへのメッセージ

ともに食生活を見直し健康的に過ごしましょう

妊婦さんにとってバランスのよい食事は、働き盛りの夫にとってもいいはず。ともに食生活に気をつけることは、将来の健康管理にもつながります。腰痛が出やすい時期なので、マッサージをしてあげるとよいでしょう。

ママへのメッセージ

鉄分や葉酸をしっかりとって貧血対策を

引き続き貧血になりやすく、食生活を見直してほしい時期です。特に鉄分や葉酸、カルシウムといった栄養素は、赤ちゃんの機能や発育に関係するので、積極的にとっていきましょう。塩分や糖分のとりすぎにも気をつけましょう。

ライフAdvice

妊娠20週

予定日まで140日

Mama このころになると、多くの人が胎動を感じます。特に経産婦さんは、過去の経験があるので、比較的早く気づくでしょう。初めは「あれ？　おなかのガスかな？」という感覚からスタートします。胎動は赤ちゃんが動いている様子そのものなので、赤ちゃんの状態を知る非常に大事なバロメーターです。

お待ちかねの出産準備。まずは産後すぐに使う大物から

6カ月に入り、そろそろ始めてほしいのがベビーグッズの準備やベビースペースづくり。退院後すぐに使う布団やチャイルドシートなどの大物は、早めにそろえておくと安心です。

ベビー服はかわいいけれど、生まれる季節を考えて。

ラップワンピースは産後授乳時にも使えて優秀。

Baby このころの赤ちゃんの様子

力強い足でキック！　胎動の元気さにびっくり

骨格や筋肉がさらに発達し、動きはますますパワーアップ。皮下脂肪もしっかりとついてきて、伸ばした腕や力強い足がばっちり映ることも多くなります。この足でキックされたママは、胎動としてはっきりと感じとることができるでしょう。おなかをたたき返すと、またキックされる「キックゲーム」を楽しめるのも、この時期ならでは。

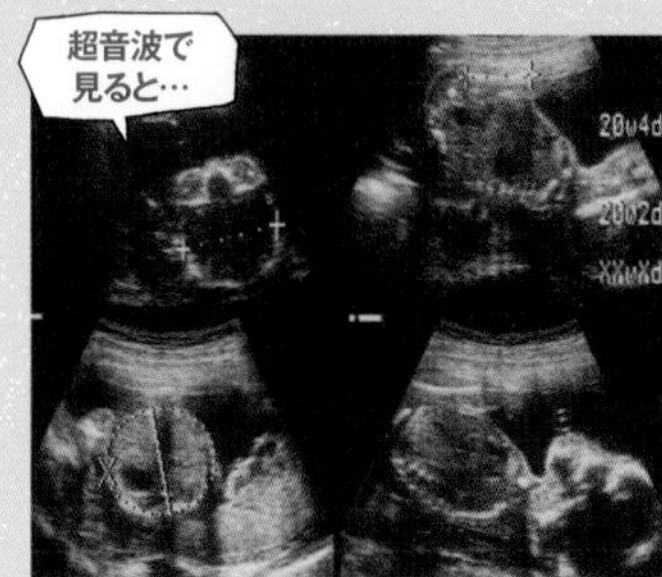

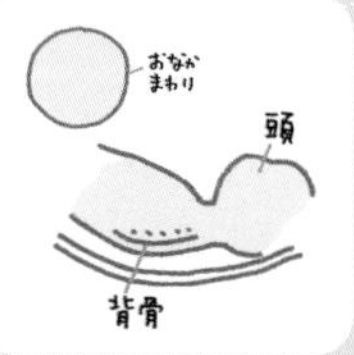

左上から時計回りに頭の大きさ、大腿骨の長さ、横顔おなか回り。これらを統合して胎児の体重を推定。

妊娠21週

予定日まで133日

Mama 膣炎などの異常がなく、子宮口が閉じていれば、温泉は基本的に入ってもOK。ただ、強い泉質の場合は敏感になっている皮膚に刺激がある場合も。床が滑りやすくなっていて、足元が危険ということもあります。この2点に注意すれば、リラックスできる温泉は妊婦さんにはいいものでしょう。

Enjoy!

大好きなことに没頭している時間は、しんどさを忘れられる!?

さまざまな不快症状が出てくるころですが、充実した時間を過ごしたいもの。趣味に夢中になっていると、少しぐらいのつらさは忘れられますが、くれぐれも無理は禁物です。

妊娠中のパン作りはいい気分転換に。

子育て関連の本を読んで、育児の予習をしても。

Baby このころの赤ちゃんの様子

体重がぐんとふえ、肉づきがよくなります

健診のたびに赤ちゃんの体重はふえていき、この時期の超音波検査は上半身、下半身と分けて見るようになります。指の関節や肉づきまでリアルに映ることも。赤ちゃんが大きくなるにつれて、ママのおなかも大きくなり、腰痛や静脈瘤、むくみといった症状に悩まされます。体を冷やさず、血行をよくする生活を心がけて。

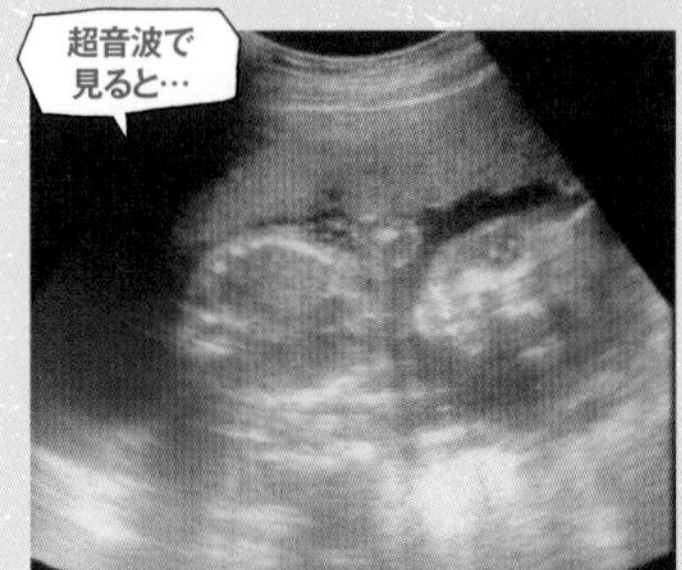

赤ちゃんの体全体が1枚でおさまりきらないほど大きくなっています。頭を右にして……眠っているのかな。

週数別・マタニティ

妊娠22週

予定日まで126日

Mama ヨガ、スイミング、ウォーキング。妊娠中の適度な有酸素運動は、筋力と体力をつくるためにとてもいいことです。でも、おなかが張ったり、疲れすぎるようだったら、本末転倒。妊娠前にスポーツに縁がなかった人が急にがんばりすぎると逆効果です。体調に合わせて少しずつ、を基本にして。

Enjoy!

油断大敵！　引き続き体調管理を怠りなく

妊娠生活に慣れて気がゆるむときですが、食事や運動でしっかりと体調管理をしたいとき。出かけるときはマスクをしたり、帰ってきたらうがい、手洗いなども徹底して。

家の階段で毎日20分の踏み台昇降運動を。

おなかの赤ちゃんに得意のギターを聞かせるパパ♪

Baby このころの赤ちゃんの様子

かわいいしぐさは、いつまで見てても飽きません

目鼻立ちがかなりととのい、口をあ～んとあけたり、上下に分かれたまぶたを動かしてまばたきもできるように。パクパクと口を動かすしぐさは「呼吸様運動」といわれ、生まれてから肺呼吸するための準備。肺以外の内臓器や脳細胞も数のうえでは、ほぼ完成に近づいています。体はまだ細めですが、皮下脂肪はついてきています。

超音波で見ると…

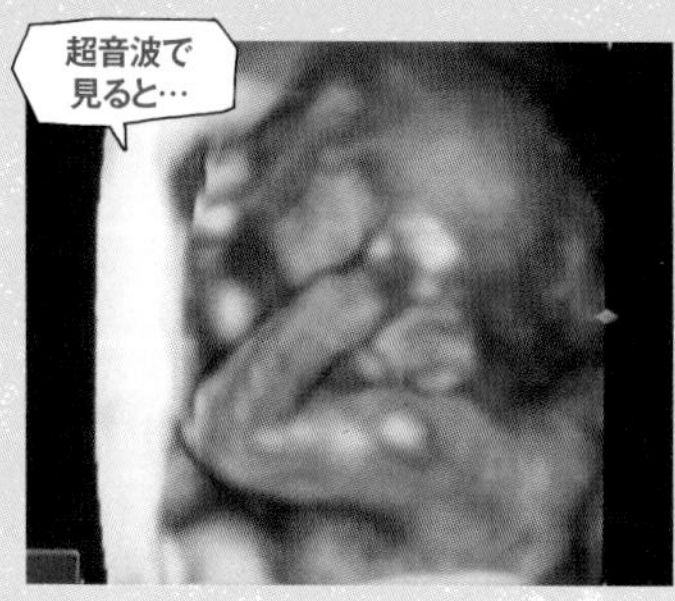

頭を抱える姿勢がなんともかわいらしい1枚。肩から二の腕のふっくらとしたラインも赤ちゃんらしい。

妊娠23週

予定日まで119日

Mama おなかが大きくなってくると、下半身の静脈が子宮に圧迫されて、血行が悪くなりがちです。さらに足が冷えていると血行はもっと悪くなり、腰痛、むくみ、便秘、さまざまなトラブルの原因に。特に足首周辺には体をあたためるツボもたくさんあるので、冷やさないようにしましょう。

癒やしをもたらすアイテムでむくみとりマッサージ

血行が悪くなり、今までにないむくみを感じる人も多いでしょう。好きな香りのクリームやオイルを使って、おふろ上がりのマッサージタイムを至福の時間に変えましょう。

おふろ上がりや寝る前のマッサージが欠かせません。

夫婦で近場に1泊旅行。温泉でリラックス。

Baby このころの赤ちゃんの様子

五感がほぼ完成!　赤ちゃんに話しかけてあげて

内耳がほぼ完成し、さまざまな音が聞こえ始めます。ぜひおなかの赤ちゃんに積極的に話しかけてあげましょう。絵本を読み聞かせたり、音楽を聴かせたりするのも、よいコミュニケーションに。聴覚以外にも嗅覚、触覚、味覚、視覚といった五感がほとんど完成。においの信号を受け止める脳の部位もつくられ始めます。

超音波で見ると…

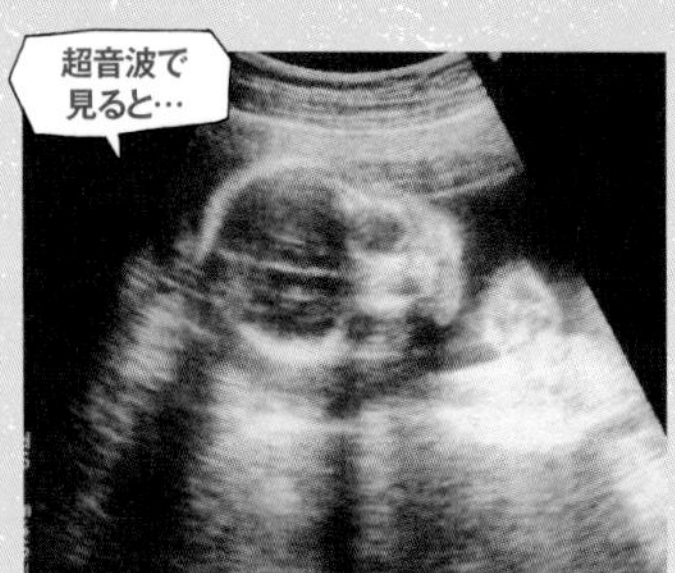

左側に位置しているのが頭。黒っぽいのがおでこで、そして2つの目、鼻、口。ばっちりカメラ目線!?

妊娠

6カ月

話しかけたり、タッチしたり赤ちゃんと遊ぼう！

おなかの赤ちゃんとコミュニケーション

胎動は赤ちゃんからの「元気だよ」というメッセージ。ママは赤ちゃんの動きに、こたえてあげましょう。

耳も聞こえています。たっぷり話しかけて

この時期になると多くの人が、おなかの中で赤ちゃんが動く「胎動」を感じとれるでしょう。また耳も聞こえ始めるので、積極的に話しかけて赤ちゃんとコミュニケーションをとりましょう。まずはママがリラックスした状態で、おなかにさわってたくさん胎動を感じてください。パパや上の子もいっしょに、おなかにさわったり話しかけたりしてあげるとよいでしょう。

\ ATTENTION! /

こんなときはすぐに病院に

一般的に臨月になると胎動が減ります。ただし、毎日活発に動いていたのに急にまったく動かなくなった場合は、赤ちゃんに異変のある可能性があるので、すぐに受診を。妊娠高血圧症候群や妊娠糖尿病などの症状が進んで、胎盤の機能が悪くなって胎動が減ることもあります。

コミュニケーションQ&A

Q 動き方が変な感じです。苦しんでいるの？

A 胎動にはさまざまな動きがあり、赤ちゃんが元気な証拠。苦しんでいるのではなく、動くことで神経や筋肉を発達させているのです。

Q 胎動が急に激しくなりました。何か異常が起きたのでは？

A 妊娠週数で胎動の様子は刻々と変わっていきます。激しい胎動は元気に動いているということ。動く位置が変わったら逆子になったのかも。

コミュニケーションいろいろ

おなかに話しかける

リラックスしながらなでてみる

ママがゆったりとリラックスしている状態だと赤ちゃんは、よく動いてくれるよう。パパも積極的におなかにさわってみましょう。

散歩しながら

歩いているときも、おなかにさわって反応をチェックしてみましょう。話しかけていると、おなかの赤ちゃんから返事が戻ってくることもあります。

胎教グッズで

おなかの赤ちゃんに話しかけるグッズや心音が聞けるグッズなどを使うとコミュニケーションの楽しさアップ。

音楽を聴く

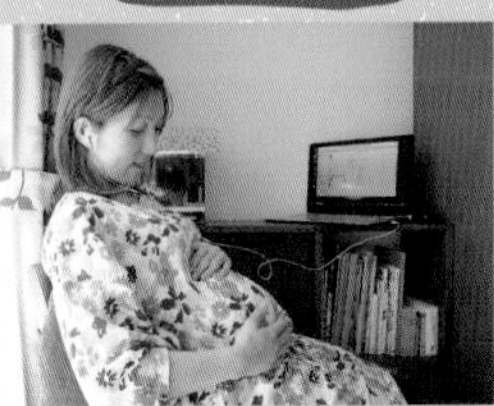

ママが好きな音楽を聴いてリラックスすると、赤ちゃんにも伝わります。好きなジャンルの曲を聴きながら、言葉がけをプラスして。

絵本を読む

好きな絵本を声に出して読み聞かせましょう。産後に同じ本を読むと、赤ちゃんが落ち着くという先輩ママの話も。

キックゲームを楽しむ

ママがたたいたところをけり返せば成功！

ママがたたいた場所を、赤ちゃんがけり返してくれたら大成功です。「上手にできたね」と、たっぷりほめてあげましょう。

赤ちゃんがおなかをけったら「キック」

胎動を利用して、やりとりする遊び。おなかの赤ちゃんがおなかをけったら「キック」と言いながら、その場所を軽くポンッとたたきます。

妊娠中はカロリーオーバーと塩分のとりすぎには注意が必要！

食事はカロリー&塩分カットを心がけて

妊娠中に体重オーバーになったときは、カロリーを抑えます。ただし赤ちゃんに必要なタンパク質やビタミン・ミネラルは不足しないよう気をつけましょう。

カレーは高カロリー。市販のルウを使わず、カレー粉で作ればヘルシーに。

カロリーカット

ごはんなどの糖質や脂質をとりすぎると、体重が増加。果糖や砂糖などの糖類も消化・吸収が早いので要注意。食材を選び、調理方法を工夫することで、カロリーカットできます。

テク1 脂肪の少ない肉を選ぶ

同じ肉でも部位によって脂肪の量が違うので、カロリーに大きな差があります。牛や豚ならヒレや赤身、鶏なら、ささ身がヘルシー。

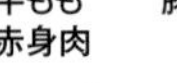

牛もも赤身肉 ＞ 豚ヒレ肉 ＞ 鶏ささ身

テク2 肉は脂を切り落として使う

牛肉や豚肉のロースの端の脂、鶏もも肉の皮や脂はとり除きましょう。このひと手間で大幅にカロリーダウンになります。

テク3 調理方法を変えてみる

「揚げる」「ソテー」「いためる」調理法は油を吸収し高カロリーになりがち。「ゆでる」「蒸す」「あみ焼き」なら、素材の脂肪を落とせます。

揚げる ＞ ソテー ＞ ゆでる

テク4 網やグリルで焼いて脂を落とす

「焼く」ときも網やグリルを使えば、油を使わずにすむだけでなく、食材自体の脂も落とせます。素材本来の持ち味を楽しめるはず。

テク5 フッ素樹脂加工のフライパンを利用

「焼く」「いためる」ときは、フッ素樹脂加工など表面がコーティングしてあるフライパンを使えば、油なしか少量の油で調理できます。

テク6 お揚げ類は油抜きしてから使う

がんもどきや油揚げ、厚揚げなど加工する段階で揚げてある食品は、熱湯でさっとゆで、油抜きしてから使うとカロリー減に。

油や調味料を工夫してさらにカロリーダウン！

天然の植物成分「中鎖脂肪酸」の作用で脂肪がつきにくい油や、油を1/3までカットしたオイルカットドレッシングなどを使えば、味を損なうことなくカロリーダウンできます。

塩分カット

塩分のとりすぎは妊娠高血圧症候群やむくみの原因に。減塩タイプの調味料を使ったり、だしやスパイスをきかせたり、塩分カットのコツを知れば、より健康的で満足感の得られる料理が作れます。

テク1 だしは天然のものを使う

かつおぶし、こんぶなどの天然だしはグルタミン酸やイノシン酸などのうまみ成分がたっぷり。塩分控えめでもおいしく感じられます。

テク2 しょうゆは減塩タイプを

食塩をカットした減塩タイプのしょうゆを使って調理すると、塩分は半分に減らせます。しょうゆをだしや酢で薄めた割りじょうゆもおすすめ。

テク3 食品に含まれる塩分に注意する

ちりめんじゃこや魚卵、ソーセージ、チーズのほか食パンやめん類にはもともと塩分が多く含まれています。湯通しすると塩分カットに。

テク4 カリウムを多くとる

カリウムはナトリウムの排出を促して血圧を下げる作用があります。野菜、果物、いも類、豆類、きのこ類を積極的に食べて！

テク5 つくだ煮や漬け物は控える

一般に梅干し、漬け物、つくだ煮は塩分が高いので控えめに。どうしても食べたい場合は、梅干しは低塩タイプ、漬け物は浅漬けを。

テク6 薄味の料理を作る

天然のだしを使い旬の食材の味を生かせば、塩分控えめでもおいしく食べられます。季節の食材を知り、新鮮な材料を選びましょう。

Na400mg＝食塩1g 塩分表示を意識して

食品の塩分量は、パッケージに表示されているナトリウム量で換算できます。ナトリウム量約400mg＝食塩相当量1gなので、ナトリウム量が2.4gとあったら3900mg÷400mg＝食塩量6gということ。

食材の自然の味を生かす

塩味を薄くしながら、砂糖やみりんも控え、自然本来のおいしさを生かして調理しましょう。

かんきつ類、香辛料、ハーブなどを使って

酸味や香辛料、薬味を上手に使うと、コクが出て塩分の少なさをカバーできます。

妊娠 6カ月

両親学級に参加しよう!

パパの自覚が芽生えるチャンス

初めてのお産はわからないことだらけ。両親学級で妊娠中の生活や育児の基本について、夫婦いっしょに学びましょう。

妊娠&出産について正しい情報を得られる貴重な機会

妊娠や出産の正しい知識や、新生児のお世話の仕方を教えてもらえるのが両親学級。通っている病院のほか、市区町村の保健所などで開催されています。初めて妊娠した人はもちろん、数年ぶりに妊娠した人も、おさらいのつもりで受講すると新しい情報が得られるかも。

受講は体調が安定している中期が理想ですが、働いている場合は産休に入ってからでもOK。そしてぜひパパも参加して、妻の体の状態や赤ちゃんのことを知りましょう。立ち会い出産予定の夫は出席が必須という病院もあります。

両親学級に参加してから急にパパモードになった、という夫も。

妊娠後期のおなかと同じ重さの「妊婦ジャケット」の着用体験。妻のしんどさを実感!?

両親学級に参加するメリット

1 妊娠中の生活や出産・育児の情報が得られる

妊娠中の食生活の注意点、お産の流れや新生児のお世話などをわかりやすく説明してもらえます。身近に聞く人がいない人は助かります!

2 パパ向けの体験指導で父としての自覚が芽生えやすい

「妊婦ジャケット」などパパ向けの体験指導に参加すると、妻がいかに体力的に大変か実感できるみたい。人形で沐浴させる練習もあります。

3 ママ友がつくれる!

同じ時期の出産予定の人と知り合えるので、よき相談相手が見つかります。産後は赤ちゃんをいっしょに遊ばせるなど、より仲が深まるでしょう。

4 悩みや不安を解消できる

妊娠中の悩みやお産に対する不安は、参加者同士が話すグループディスカッションや助産師に相談することで解消できます。

両親学級のプログラム例

両親学級のプログラム内容、1回あたりの時間、回数などは、開催している施設によって異なります。以下は地域保健センターでの実施例です。

第1回 「妊娠中の生活」

妊娠中の過ごし方について、助産師や保健師から話があるほか、当日集まった妊婦さん同士の交流もあります。

第2回 「妊娠中の歯と栄養について」

歯科医師または歯科衛生士から、妊娠中の歯の知識に関する話と、栄養士から妊娠中に必要な栄養の話を聞きます。

第3回 「妊婦体操」(実技)「出産と産後について」

助産師指導による、安産のための体操指導と、お産・産後の過ごし方などの話を聞きます。お産のビデオを見ることもあります。

第4回 「立ち会い出産」「産後の育児」

両親学級としてカップルで参加。妊婦ジャケットの体験や赤ちゃん人形を使っての沐浴実習、お産のときの呼吸法の練習などをします。

出産までにしておきたいことNo.1だけど……

旅行をするときに気をつけたいこと

夫婦ふたりのうちにいろいろなところに行きたい！　その気持ちはみんな同じですが、妊娠中はあくまでもママの体調が第一です。

両親学級／旅行

移動は少なく無理のないスケジュールを立てて

安定期のこの時期、やりたいことリストに必ずあがるのが旅行。妊娠中の旅行は体調がよければダメではありませんが、あまり長時間の移動がなく、スケジュールに余裕をもたせることが大事。遠方への旅行は医師に相談してからのほうが安心です。

海外旅行を計画する際も、まず医師の確認をとってから。日本との時差や温度差の大きい場所はおすすめできません。

妊婦さんに向いているのは、1カ所に滞在するような旅。無理のないスケジュールを組み、休憩はこまめに。母子健康手帳や保険証は必ず持って行きましょう。

時間に追われず、のんびりと過ごせる滞在型のリゾートが妊婦さんには向いています。

車の運転は家族にまかせて。もし具合が悪くなったら車からおりて、しばらく休みましょう。

お出かけに持って行くものリスト

- □ **母子健康手帳** これがあればどこの病院でも、妊娠経過がすぐに確認できます。
- □ **健康保険証** 急に体調をくずした場合、病院に行くときに必要。
- □ **診察券** 緊急の場合、診察券があればカルテ探しなど手続きがスムーズ。
- □ **印鑑** 旅行先やお出かけ先で緊急入院、というときのために。
- □ **連絡先カード** かかりつけの病院や夫の電話番号など、連絡先をメモしたもの。
- □ **ナプキン** 外出先で破水や出血したときのために、大きめサイズ1個を持参。

こんなところに注意！

車 車の振動は体に負担です。移動は1～2時間を限度に。妊娠中は判断力が鈍るので、運転は家族にまかせましょう。車内の換気と、こまめな休憩も忘れずに。

電車 長時間、一定の姿勢でいるとおなかに負担がかかるので、こまめに姿勢をかえましょう。気分が悪くなったら途中下車して休憩を。

飛行機 長距離&長時間揺れる飛行機は避けたほうが無難ですが、どうしてもという場合は医師の確認がとれればOK。妊婦サポートのある航空会社もあるので、予約や搭乗時に申請を。

【いつまでOK？　行き先別アドバイス】

行き先	初～中期	末期	アドバイス
温泉やスパ	○	×	あまり長湯をして疲れたりしないように注意。子宮口が開いていたり、腟炎がある場合は×。
船に乗る	○	△	長時間の移動は×ですが、1～2時間程度の遊覧クルーズならOK。寒さと船酔いには注意。
自転車に乗る	△	×	できれば乗らないほうがいいもの。後期になると重心がとりにくくなり転びやすくなるので×。
山登り	△	×	本格的な登山は×ですが、トレッキング程度なら安定期まではOK。ゆっくりペースを心がけて。
マリンスポーツ	○	△	海に入るダイビングやシュノーケリングは×。浜辺で水遊び程度にとどめておきましょう。

行き先	初～中期	末期	アドバイス
遊園地	○	△	ジェットコースターなど過激なアトラクションは避けましょう。歩きすぎにも注意。
ボウリング	○	△	気分転換になるなら○。妊娠中は体が思うようにならないので、白熱しないように気をつけて。
コンサート	○	○	座席が確保されている場合は大丈夫ですが、長時間立ちっぱなしのライブは避けたほうがベター。
カラオケや飲み会	△	△	気分転換ならOKですが、二次会、三次会まで行くのは考えもの。タバコの煙には気をつけたい。
ショッピング	○	○	基本的にはOKですが、バーゲンなどで混雑しているときは避けて。疲れたら無理せず休憩して。

○ 大丈夫でしょう　△ 注意しましょう　× 控えましょう

妊娠7カ月 24〜27週

おなかが張りやすくなります。無理をせず疲れをためない生活を

ママの体の変化

＼ こんな変化が起こるかも ／

- 腰や背中の痛み、静脈瘤、便秘や痔などのマイナートラブルに悩まされることも
- おなかや太ももに妊娠線が出現することも
- 生理的なおなかの張りが起こりやすくなります

子宮底長
22〜24cm

体重増加の目安
妊娠前の体重＋3.6〜5kg

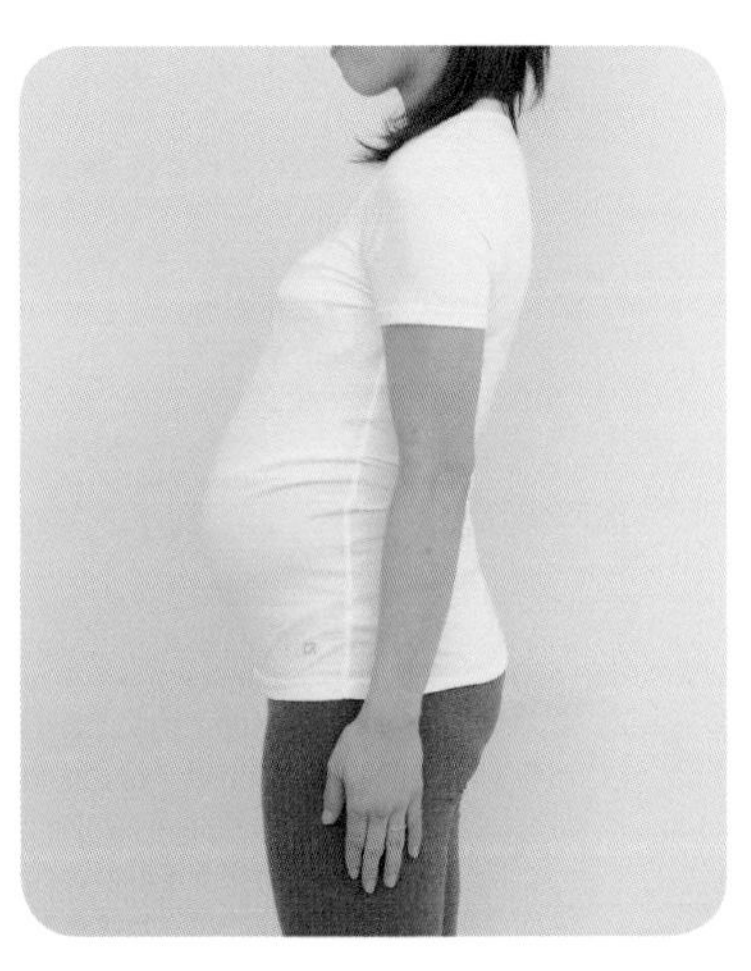

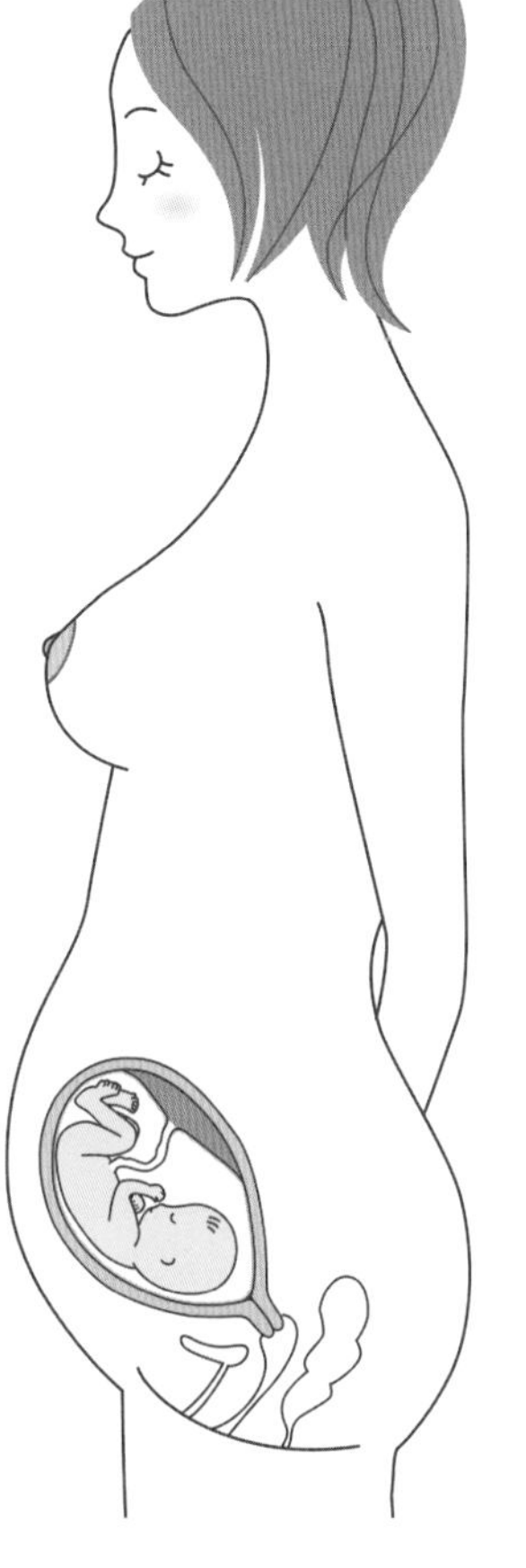

元気だからと動きすぎると早産を引き起こすおそれも

体調は比較的安定していて、出産前にすませたいことがあるなら、この時期がチャンスです。とはいえ、おなかは前にせり出し、腰や背中への負担が大きくなってきます。そして何よりも気をつけたいのが早産。早産とは妊娠22週以降37週未満に生まれてしまうこと。万一この時期に生まれても、適切な処置を施せば赤ちゃんは育つ可能性があるものの、外界への適応力は未熟です。体調がよいからと無理をして早産を招かないよう注意を。

妊娠7カ月でしておくことList

【マストなこと】
- □ 分娩経過の予習 ➡ 詳しくはP162
- □ 近所の小児科、児童館など、周辺情報をキャッチ

【なるべくしたい】
- □ 里帰りの場合、留守宅の準備をスタート ➡ 詳しくはP93
- □ ドラッグストアやスーパーの品ぞろえをチェック
- □ 体調がよければ外食、ショッピング、映画観賞 ➡ 詳しくはP77
- □ 資格取得など、今しかできない自分のことをする ➡ 詳しくはP77

妊娠7カ月ごろの赤ちゃん

身長	約35㎝
体重	約800g
重さの目安	メロン1個

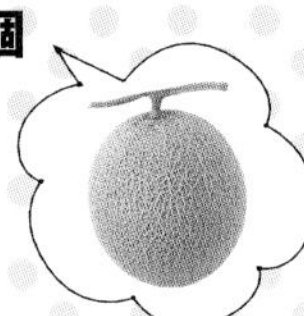

おなかの赤ちゃんの成長

こんな変化が起こります

- 鼻の穴が開通し、まぶたができます
- 逆子の状態になることも
- 大脳皮質が発達し、人間らしい動きをします
- 聴覚や視覚、味覚が発達します
- パパやママの声を聞き分けたり、聞き慣れた音のパターンを記憶できます

五感がますます発達し感情も芽生え始めます

それまでくっついていたまぶたが開き、鼻の穴が開通、より赤ちゃんらしい顔立ちに近づきます。同時に知覚や記憶をつかさどる大脳皮質が発達するため、体を動かしたり、向きを変えたりといった動きを自分の意思でできるようになります。考えたり記憶したり、おなかにいながらいろいろな感情が芽生え始めるのもこの時期から。音を聞き分けたり、光を感じたりできるほど、聴覚や視覚もいっそう発達します。甘みや苦みを感じる味覚も完成に。

この月のパパへのメッセージ

セックスは妻の気持ち優先で「浅く軽く短く」を心がけて

セックス問題は妊夫にとって悩みどころ。体調に異常がなければセックスでスキンシップをとるのは問題ありません。ただし妻の気持ちが最優先。おなかを圧迫しない体位で「浅く軽く短く」が原則です。

ママへのメッセージ

おなかが急激に大きくなるので早産や貧血に注意が必要です

7～8カ月の2カ月間は胎児の成長するスピードが非常に速い時期。羊水がふえ、おなかも急激に大きくなっていくので、前の妊娠で早産になっている人は要注意。切迫早産や貧血にはくれぐれも気をつけてください。

ライフAdvice

妊娠24週

予定日まで112日

妊娠中は免疫力が落ちて、風邪をひきやすい状態。気をつけていても、熱が出た場合は、産婦人科で解熱剤を処方してもらいましょう。風邪ウイルスそのものは赤ちゃんには影響しませんが、高熱が続いて体力を消耗すると、ママの体が心配。なるべく早く回復できるようにしましょう。

Enjoy!

もうやり残したことはない? むし歯が気になる人は歯医者へGO

出産までにやり残したことのある人は、今すぐリストを作り、体調と相談しながら進めましょう。妊娠すると歯が弱くなります。歯のケアやむし歯の治療は急いですませて。

妊娠してすぐにTO DOリストを作りました。

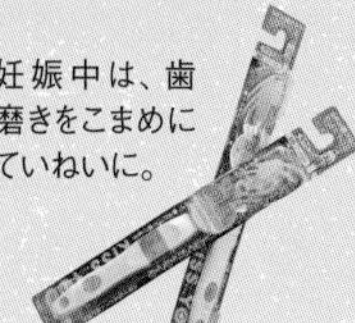

妊娠中は、歯磨きをこまめにていねいに。

Baby このころの赤ちゃんの様子

ママとパパの声がしっかりと聞き分けられます

ママの心臓の音や声などがしっかりと聞こえ、またママの高い声、パパの低い声と音の判別もできるようになります。鼻の穴も開通し、いっそう赤ちゃんらしい面差しに。大きな鼻やほりの深い目元などが映し出された超音波写真1枚で「鼻はパパ似?」「ママの目にそっくり!」と家族で盛り上がれること間違いなし!

超音波で見ると…

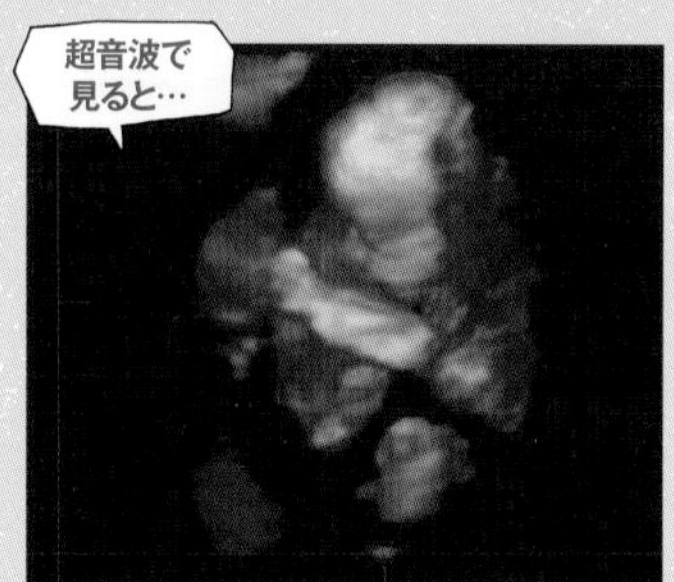

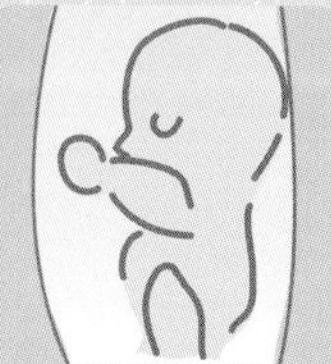

3D写真で撮影した横向きの映像。腕を伸ばして顔をおおうようにしています。体育ずわりしてるのかな?

妊娠25週

予定日まで105日

妊娠7カ月は妊婦さんらしい体型になり、でもまだそんなにおなかも重くはなく、体調もいいころ。胎動も日々感じて、今がいちばん「妊婦さんらしさ」を楽しめる時期です。パパとたくさんデートしたり、出産準備ショッピングも楽しんで。働く妊婦さんは体調にまかせて無理しすぎないように注意を。

Enjoy!

夫婦で両親学級に参加して 夫をイクメンにしよう!

夫をイクメンにしたいなら、妊娠6カ月ごろからスタートする両親学級に、ぜひいっしょに参加したいもの。「両親学級のあとはお茶やディナーなど夫婦でデート」という声も。

ドーナツ形の足枕で足のむくみがスッキリ。

おやつはボーロなどヘルシーなものを。

Baby このころの赤ちゃんの様子

今は逆子でもほとんどは自然に直ります

ニッコリ笑ったり、口を大きくあけてあくびをしたり、ママのおなかにいながら、その表情はすでに一人前。このときのかわいらしい様子が印象に残っていて、生まれたときも初めて会った気がしなかったと話すママが多いのもうなずけます。足がV字形になっていたら、逆子の可能性がありますが、今の時期なら自然に直ることがほとんど。

超音波で見ると…

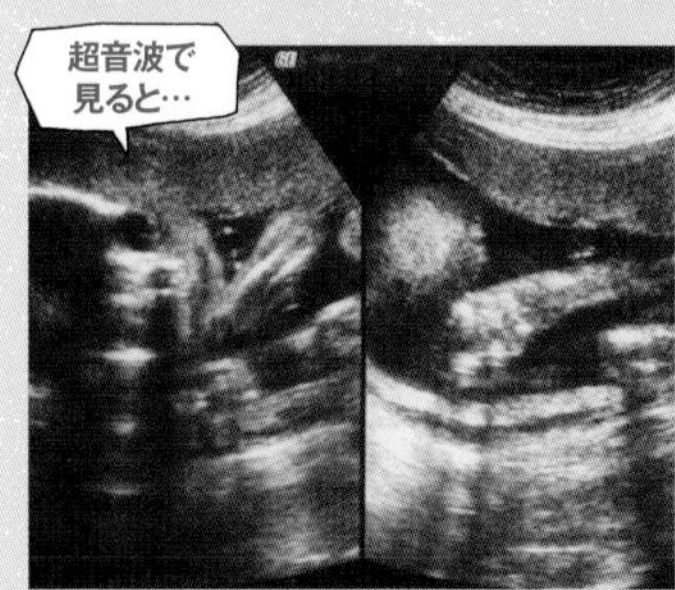

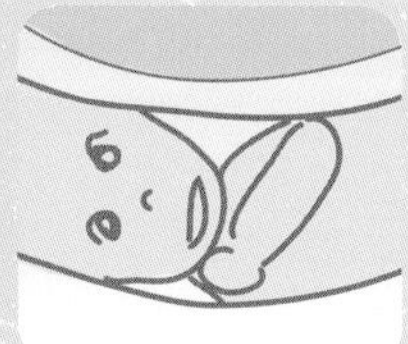

ちょっと窮屈そうだけど、こっちを向いてニッコリ。腕を胸の前で伸ばして、ポーズをきめています。

週数別・マタニティ

妊娠26週

予定日まで98日

Mama このころから、おなかの張りを感じる頻度がふえてきます。なんでもないときもありますが、疲れていたり、体が冷えると張りやすいでしょう。休めばおさまるくらいの張りなら、そんなに心配することはありませんが、おなかが張ったらひと休みする習慣をつけましょう。

妊娠中の思い出づくりのチャンス

夫婦の思い出づくりもそろそろラストスパート。行きたい場所やレストランへ足を運び、悔いなく過ごしましょう。そのときはおなかの赤ちゃんにもいっぱい話しかけてあげて。

のんびりと沖縄旅行を楽しみました。

胎動を感じたら、おなかにタッチして話しかけ。

Baby このころの赤ちゃんの様子

股間に見える外性器から、ついに性別判明!?

脳の大脳皮質が発達し、体を大きく伸ばしたり、体の向きを変えたり、より人間らしい動作ができるようになります。その体の動きから、はっきりと外性器が見えて男女が判明する場合も。足と足の間に木の葉形の「大陰唇」が見えたら女の子、おちんちんの袋（陰嚢）と棒状に突き出たおちんちんの先端（陰茎・ペニス）が見えたら男の子です。

超音波で見ると…

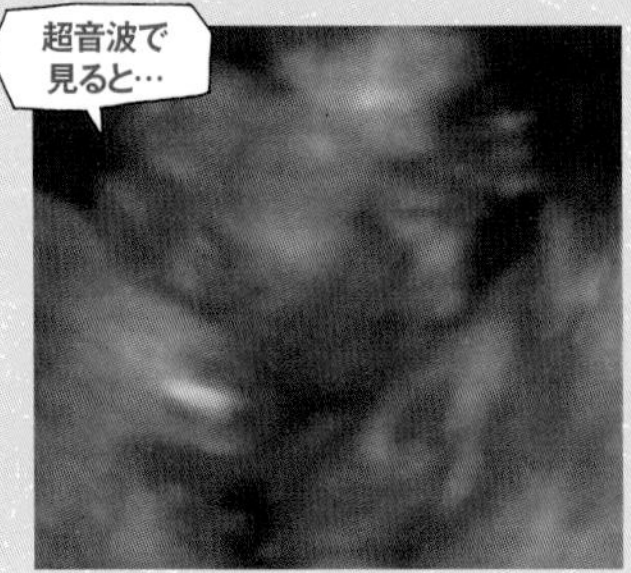

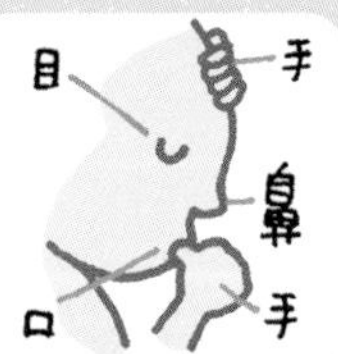

おでこに手をあてて、一生懸命に指をチュッチュッと吸っています。おしゃぶりの練習をしているのかな。

妊娠27週

予定日まで91日

Mama 日中アクティブに動いたら、夜はしっかり睡眠をとって体を休めましょう。このメリハリがとても大切。しょっちゅう夜ふかししたり、遅くまでパソコンやスマホを見ていると、熟睡できず疲れがたまり、血行が悪くなります。自分の体調のためだけでなく、赤ちゃんのためにも早寝・早起きの習慣づくりを。

心地よいクリームで体ケア。ときには自分を甘やかして

お気に入りのローションやクリームで、妊娠線ケアのついでにデコルテやハンドケアもいかが。自分をいたわることで心もリラックス。

好きな香りなら妊娠線ケアも楽しくなります。

かわいいペタンコ靴は妊娠中ならではのお楽しみ。

Baby このころの赤ちゃんの様子

ママが夜ふかしするとベビーの体内リズムも狂う!?

網膜が発達し始め、光を感じることができます。映像で目をじっくりと観察すると、まぶたをぱちぱちしたり、目をきょときょとするなどこまかい動きがわかることも。ママが夜ふかしすると、おなかの赤ちゃんも明るさを感じています。ママの体のためにはもちろん、赤ちゃんの体内リズムのためにも規則正しい生活に努めましょう。

超音波で見ると…

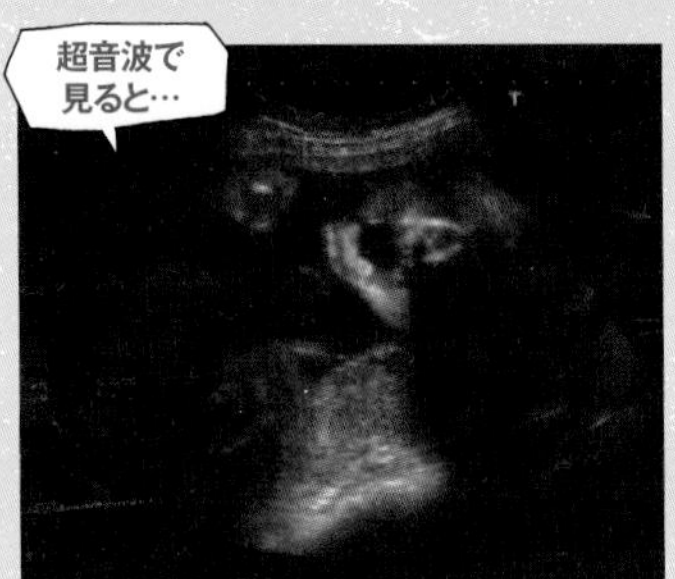

上からぶら下がっているように見えるショット。こっちを向いて「ここだよ！」って言っているみたい。

7カ月 妊娠

ベビーグッズ選びを始めよう！

キュートなアイテムに目移りするのも楽しい♡

かわいらしいベビーグッズを見ると、つい衝動買いしそうになりますが、ひと呼吸おいて。まずはリスト作りから。

専用のノートを作って必要なベビーグッズをリストアップ。チェックボックスで買いもれなし！

わからないことや迷ったことがあったら、家族や友だちなど経験者に相談するのがいちばん。

すべて買いそろえず レンタルやお下がりも活用

比較的自由に動きやすい、今の時期に産後すぐに使うベビーグッズをそろえ始めましょう。育児グッズの中には妊娠して初めて知るものもたくさん。まずはどんなものがあって、どんなふうに使うのか、この本の204ページも参考に調べてみましょう。そのうえで必要なものをリストアップしてお買い物へ。里帰り先で使うものや短期間しか使わないものは、レンタルを利用しても。また、周りに声をかけてみると譲ってもらえるものがあるかもしれません。定番の肌着以外のウエア類は産後、季節や成長に合わせて買い足すのが正解です。

ベビーグッズ選びを成功させるコツ

1 経験者の意見を聞いてリスト作り

やっぱり頼りになるのが経験者。特に同じ季節に出産したママなら、その時期ならではのポイントを知っているはず。「先輩ママに買い物につき合ってもらったので、ムダなものを買わずにすんだ」という声も。

2 出産前にそろえすぎない！

かわいいベビーグッズを見ると、ついつい財布のひもがゆるみがちですが、洋服は季節や成長に左右されるもの。生活パターンや赤ちゃんの個性により、合う合わないがあります。出産前の買い物は最低限。迷ったものはリサーチにとどめて。

3 ママの気分が上がるグッズを選ぶ！

グッズは赤ちゃんの成長に合ったものを選ぶのは当然ですが、色やデザインは思いっ切りママ好みのものを選んでテンションアップ！　特に長く使うだっこひも、ベビーカー、ママバッグ、おむつポーチなどはこだわって。

出産準備のダンドリをおさらい！

Step 1　妊娠5カ月ごろ
情報収集する
まずはベビーグッズに、どんなものがあるか情報収集。ネットや雑誌だけでなく、身近な経験者の話も聞いてみましょう。

Step 2　妊娠6～7カ月ごろ
実物を見ながらリストアップ
ベビーベッドやハイ&ローチェアなど値段の張る大物は、実物を見るのがベスト。借りる、譲ってもらうも含めてリストアップして。

Step 3　妊娠8カ月ごろ
アイテムを購入する
とりあえず産後すぐに使うものは、この時期に買っておきましょう。消耗品は近所のドラッグストアでも買えるので直前でOK。

Step 4　妊娠9カ月ごろ
レンタルを手配する
人気のアイテムは品切れになる可能性もあるので、早めに手配を。チャイルドシートは自治体が貸し出してくれる地域も。

Step 5　妊娠10カ月ごろ
買いもれを最終チェック
入院中、産後すぐのお世話をシミュレーションして買いもれをチェックしましょう。産後の買い物はネットが便利です。

したいことがあるならラストチャンス

妊娠生活を思い切り楽しもう

旅行以外にもマタニティフォトや手作りは妊婦さんに人気のお楽しみ。産後はなかなか会えなくなる友人とも、今のうちに会っておいて。

マタニティフォト

自宅やスタジオで撮影

マタニティフォトは定点観測的に夫に撮ってもらう、スタジオでプロに撮ってもらう、など形はさまざま。大きなおなかの写真は妊娠中の貴重な思い出。将来、子どもに「あなたはここにいたんだよ」と見せてあげられると素敵ですね。

マタニティフォト撮影のコツ

- リラックスして楽しみながら撮影する。
- 目線をおなかに向けたり、ふし目がちにしたりカメラから目線をはずす。
- 横向きに撮影するとおなかのラインがきれい。
- 自然光を人物に合わせると明るく、逆光ぎみにすると雰囲気ある仕上がりに。

おしゃれなシチュエーションはスタジオならでは。人気のスタジオは予約必至。2～3カ月前に予約を入れると安心。

手芸

手を動かすと不思議と心が安定

わが子が思いながらスタイや肌着を縫ったり、おくるみやベストを編んだり、今まで興味のなかった人も妊娠すると手芸心に火がつくようです。つわりや安静生活で外出できないときも「部屋で手を動かしていると心が落ち着いた」という人も。

妊娠期間を通して、ゆっくりと製作を進めます。疲れたらすぐに休んで無理をしないこと。

かわいらしい刺繍を施したブランケットが完成。退院時のおくるみに使います。

料理

趣味と実益を兼ねて

妊娠をきっかけに食物の栄養やエネルギーについてあらためて勉強し直したという人は多いもの。またもともとパンやお菓子を作るのが好きだった場合、時間のある妊娠中により極める人も。ヘルシーにアレンジできるのも、手作りだからこそ。

ベビーをモチーフにしたアイシングクッキーを手作り。出産予定日も入れて。

日もちがするお菓子はギフトにも最適。実家や友だちに贈ると喜ばれます。

出産までにしておきたいお楽しみ

映画や美術館などエンタメを堪能

大人向けの映画や子連れのむずかしい美術館は、自由に動ける今のうちに楽しんで。ママが自分の好きなものに囲まれてリラックスすれば、おなかの赤ちゃんも楽しいはず。

資格試験などの勉強

今の仕事のブラッシュアップのため、産後復帰のための準備など、この時期に勉強にとりかかる人も少なくありません。期間限定だからこそがんばれる!? 英語は胎教にもなるかも。

夫婦でおしゃれな店で外食

カウンターしかないバーや雰囲気のあるおしゃれなお店などは、子連れでは行きにくいスポット。夫婦ふたりのうちに楽しんでおきましょう。ただし塩分やカロリーには十分注意。

外食行っておきたいBest3

1位 カウンターだけの店
2位 ホテルのレストラン
3位 鉄板焼きの店

友だちと思い切り遊ぶ

産後は育児が落ち着くまで友だちと疎遠になってしまうことも。会っても赤ちゃん連れだとゆっくり会話できなくなるので、今のうちにいっぱい会って、いっぱいおしゃべりして！

上の子をたっぷり甘やかす

上の子がいる場合は、生まれるまではたっぷりと甘えさせてあげて。いっしょにおなかをさわったり話しかけたりすると、生まれてからも受け入れやすくなるようです。

「安静に」と言われたら…

いったいどれぐらいなら動いていいの?

ひと口に安静生活といっても症状によって動いていい目安は違います。「安静に」と言われたら、自分の安静の度合いを医師に確認して。

自宅安静と入院安静があり安静レベルは4段階

妊婦さんの体に出血やおなかの張りがあったり、超音波検査から子宮頸管が短くなっているなど、流産・早産のおそれがある場合、安静にするように言われます。左の4段階の安静レベルを参考に、自分はどこまで動いていいのか医師に確認したうえで、指示やアドバイスは必ず守りましょう。医師の指示に従い、しっかりと安静にしていれば、普段どおりの生活に戻れることがほとんどです。

「自宅安静」と言われたら確認しておきましょう

- □ 家事
- □ 外出
- □ セックス
- □ 階段
- □ 入浴

自宅安静の指示が出たら、家事、外出、セックスは基本的にNG。ただし日常生活で何が制限されるかは妊婦さんの生活環境によっても変わります。家族構成や生活パターン、住環境などを医師に伝え、左の項目についてOKかNGか判断を仰いで。

こんな症状があると「入院安静」に

入院安静の1つの目安は、出血やおなかの張りが一時的ではなく長く続いているかどうか。特に自宅で張り止めの薬を服用してもおなかの張りがおさまらないときは、点滴による治療が必要なため、入院安静になることが多いでしょう。

安静生活Q&A

Q 「自宅安静」と言われたとき、自宅でパソコンを使うのはOK?

A 長時間、同じ姿勢でのパソコン作業は、血液循環が悪くなることから体が冷えて、おなかが張りやすくなります。仕事でどうしても必要でも、最小限に控えて。

Q 「自宅安静」が守れないと「入院安静」になることがある?

A いったん「自宅安静」と指示されても、上の子の世話や家庭の都合で自宅ではゆっくりと体を休ませることができないと、症状が進んで「入院安静」になってしまうこともあります。

私の"安静レベル"ってどれぐらい?

安静度低 → 安静度高

自宅安静

安静レベル★

なるべく静かに過ごし疲れたら横になる

1日じゅうベッドに寝ている必要はないけれど、できるだけ静かに過ごし、疲れる前に横になりましょう。仕事をしている人は医師に診断書をもらって休んで。

安静レベル★★

トイレや食事以外は基本的にベッドで

必要最低限の行動以外は、ほぼ1日じゅう横になっている必要があります。食事作りや掃除などの家事や子育ては、家族やベビーシッター、家事ヘルパーにお願いして。

入院安静

安静レベル★★★

基本的にトイレや洗面はOK

出血やおなかの張りが続くときは、病院で経過観察しながら、場合によっては点滴などの治療も。トイレや洗面のための歩行は基本的にOK。許可があれば売店へも。

安静レベル★★★★

ほとんど1日じゅうベッドで寝たきり

破水した場合や子宮頸管無力症、前置胎盤などが原因のときは、食事もベッドでとる「ベッド上安静」。体の状態や産院の設備によってはトイレ・洗面もベッド上で。

里帰り出産を成功させるコツ

親に甘えられるけれどパパと離れ離れに

ママにとっては安心の里帰り出産も、パパと産後、離れることで育児に対する温度差が出てしまうことも。夫婦で納得できる方法を見つけて。

転院先の病院はお産の前に一度受診して雰囲気を知って

里帰り出産は安心してお産に臨める、産後ゆっくり休める、家族みんなにベビーを迎えてもらえるなどのメリットがある一方で、パパと離れる、病院を転院しなければならない、お金がかかるなどのデメリットもあります。里帰り出産を成功させるカギは、このデメリットを克服することにあるといえそうです。里帰り先の病院は、お産で転院する前に一度受診しておくとよいでしょう。病院の雰囲気に慣れ、医師とも顔なじみになれますし、病院側もあらかじめ患者側のデータをとっておけます。

里帰り出産を成功させるポイント

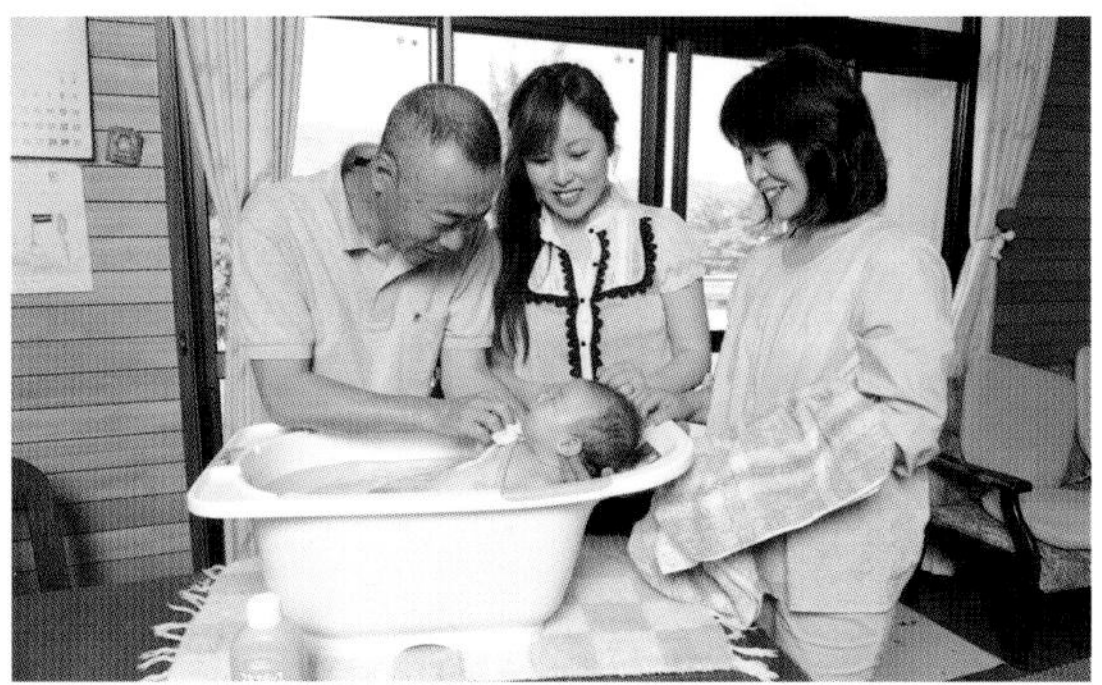

1 転院先の病院はしっかりリサーチすべし!

転院後に困らないためにも、調査段階でその病院の診療方針をきちんと聞いておきましょう。自分の優先順位をクリアにするのはもちろん、実家の家族や友人などの「口コミ」情報も欠かせません。

2 分娩予約は早いにこしたことはない!

近年は産科医不足で病院が減っているという現状があり、里帰り出産NGとしている病院もあります。ココという病院を見つけたら、なるべく早く予約をとったほうがよいでしょう。

3 転院は32～34週が理想的

病院によりますが転院先でしっかりとした妊婦健診を受けるためには、32～34週がギリギリの目安とされています。転院のタイミングは、今通っている病院の医師と相談しながら慎重に決めましょう。

4 予想外の出費も覚悟しよう

ママの交通費はもちろん、パパの交通費、実家やご近所への手土産、帰省先でそろえるママの美容グッズやベビーグッズ……、実家に帰るだけとはいえ、意外に出費がかさみます。お金は前もって準備しておいて。

5 里帰り先での甘えすぎは禁物

実家にいると、すべてをまかせきりになりがち。家事もせずベビーのお世話も片手間にしていると、自宅に戻ったときに大変です。里帰りしても親に甘えすぎず自分のことは自分でするよう心がけましょう。

6 パパにもちょくちょく来てもらおう

パパと離れていると、夜のお世話など大変な時期をいっしょに過ごさないことで、父親としての自覚形成が遅れることもあります。数日間でも実家に泊まりに来てもらい、大変さを共有することが大切。

「安静に」と言われたら／里帰り出産

里帰り出産のダンドリ！

Step 1 妊娠2～5カ月

通院中の医師に転院を申し出る

今かかっている医師に、お産は里帰り先でする旨を伝えましょう。いつごろ転院すればよいのかアドバイスをもらえるはず。

Step 2 妊娠2～6カ月

転院手続き

同時に転院先の病院のリサーチもスタート。転院先の病院が決まったら、電話を入れて里帰り出産の希望を申し出ましょう。

Step 3 妊娠5～6カ月

病院に慣れるため、一度受診

安定期の体調のいいときに帰省して、転院先の病院で健診を受けましょう。お産の際の帰省スケジュールの相談もここで。

Step 4 妊娠8～9カ月

転院

32～34週を目安に帰省し、転院しましょう。留守宅の準備も忘れずに。帰省してからもパパへの連絡はまめにしましょう。

帰省時にマストなもの

必ず持っていきたいもの。会社員ママは医師の証明が必要なお金の申請書も忘れないようにしましょう。

- □ 母子健康手帳
- □ 病院の紹介状
- □ 健康保険証
- □ 印鑑
- □ マタニティ服
- □ 退院時に着る服
- □ もらえるお金の申請書

あると便利なもの

帰省先でも買えるけれど、すべてを一からそろえると大出費。送料がかかっても送ったほうがオトクです。

- □ 美容ケアグッズ
- □ マタニティインナー
- □ マタニティパジャマ
- □ ご近所へのあいさつ品
- □ 本やCDなど娯楽品

妊娠8カ月 28~31週

手足のむくみや腰痛など体のトラブル勃発！体操で痛みをやわらげて

ママの体の変化

＼こんな変化が起こるかも／

- 胎動を強く感じるようになります
- 腰痛や便秘の状態がひどくなったり、貧血や手足のむくみがあらわれたりします
- 貧血になりやすくなります
- 皮下組織が切れて妊娠線ができやすくなります

子宮底長
25~28cm

体重増加の目安
妊娠前の体重＋5~6.5kg

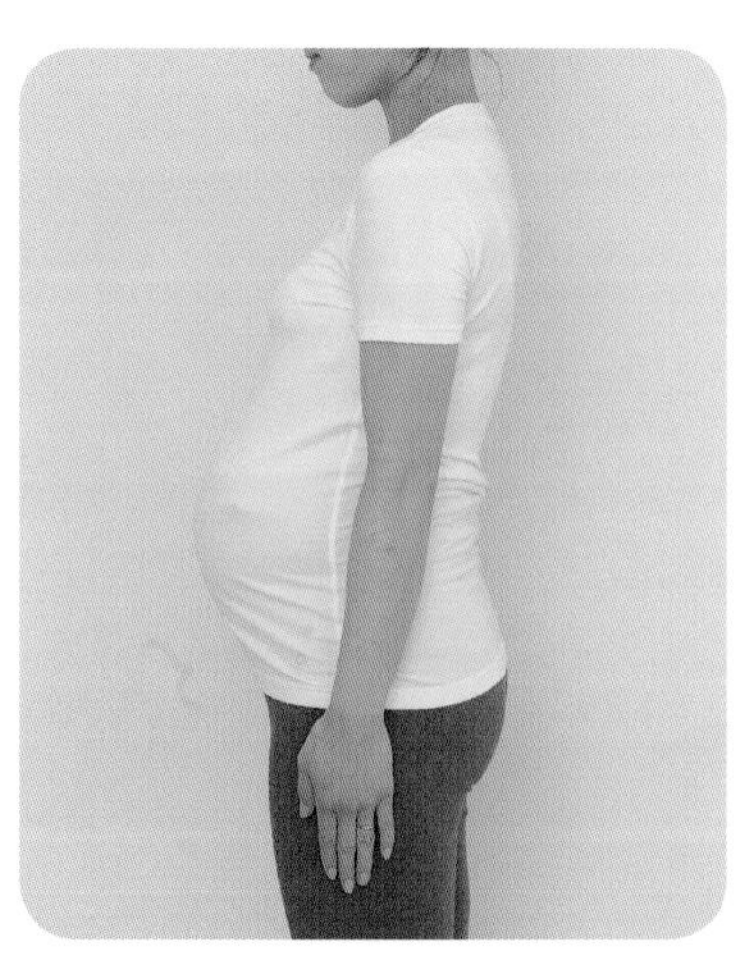

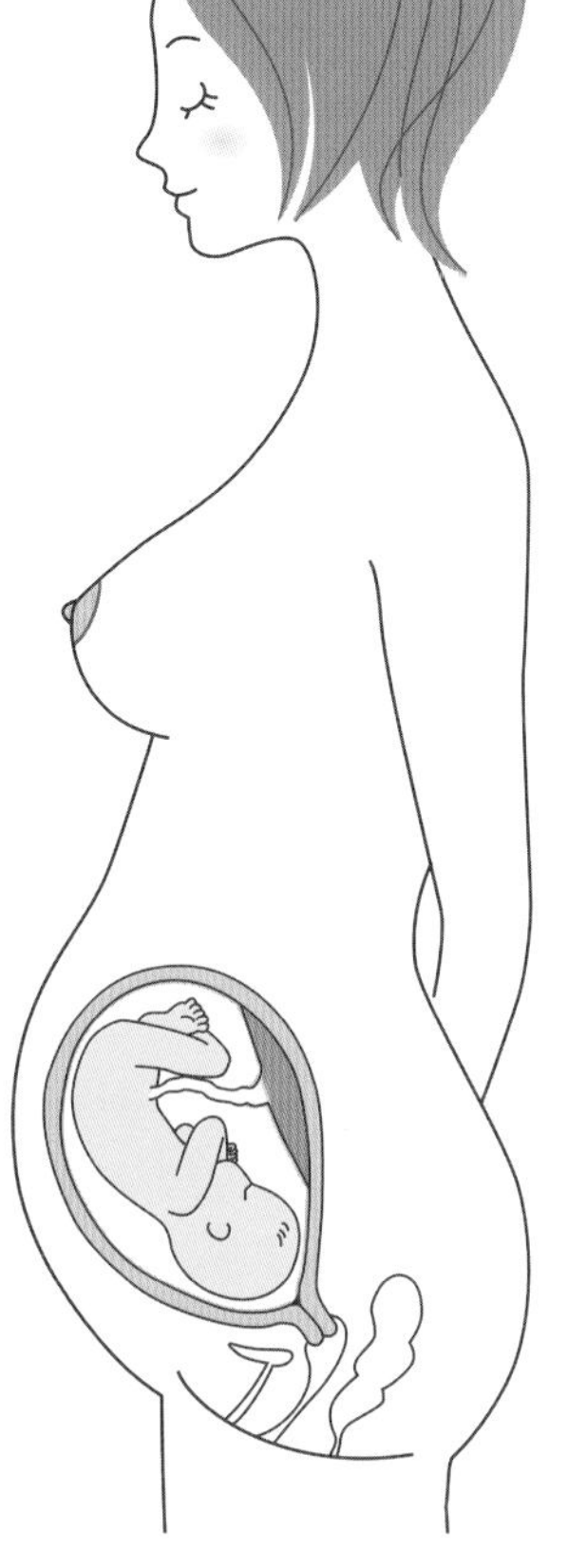

胎動がますます強くなり眠りが浅くなることも

妊娠末期に突入し、おなかの張りや手足のむくみ、こむらがえりなどの不快な症状が起こりやすくなるでしょう。

胎動はますます強くなり、赤ちゃんの活発な動きで夜眠れない、朝方目が覚めるといったことがあるかもしれません。おなかもぐんと大きくなり、妊娠線ができやすくなる時期なので引き続きケアして。適度な運動で不快症状も解消していきましょう。

妊娠8カ月でしておくことList

【マストなこと】

- □ 赤ちゃんの名前を考え始める ➡ 詳しくはP84
- □ おむつ、肌着、グルーミンググッズなどの購入 ➡ 詳しくはP204
- □ 里帰りする人は飛行機や電車のチケットを手配 ➡ 詳しくはP79

【なるべくしたい】

- □ マタニティフォトを撮る ➡ 詳しくはP77
- □ 美容院に行き、産後セットしやすいヘアスタイルにしておく
- □ 里帰り先で使うものは、あらかじめ送っておく ➡ 詳しくはP79
- □ 出産時の呼吸法の練習 ➡ 詳しくはP164
- □ お産に向けて骨盤をケア ➡ 詳しくはP198
- □ パパとのふたりきりの時間を楽しむ

妊娠8カ月ごろの赤ちゃん

身長	約40〜41㎝
体重	約1200〜1700g
重さの目安	梨3個

おなかの赤ちゃんの成長

こんな変化が起こります

- 皮下脂肪がふえて丸みを帯びた体型に
- 肺以外の内臓器官は発達
- 神経系統が発達し、こまかな手指の動きができます
- 嗅覚や聴覚はさらに発達
- 位置や姿勢が定まり、頭を下に向けた体位に落ち着きます

新生児に近い状態に成長。お産に向けて頭を下向きに

皮下脂肪がつき、丸みを帯びた体型に変化。骨格はととのい、肺以外の内臓器官は新生児と同じくらい発達しています。手の指を1本ずつ動かすなど筋肉や神経系統の動きもより高度化しています。この時期になると羊水はふえなくなり、グルグル回っていた赤ちゃんもしだいに落ち着き、頭を下にした姿勢でお産に向けて準備を始めます。超音波検査で外性器がはっきりと見えることも多くなり、これまで見えなかった人も性別が確認できるかも。

この月のパパへのメッセージ

部屋の模様替えなど力仕事はパパの出番

妊娠高血圧症候群が出やすく、いっそう食生活に気をつけたいとき。外食に誘うときは配慮を。そろそろベビーグッズやベビースペースの準備も始めましょう。部屋の模様替えやベッドの組み立てなど力仕事はパパの役目です。

ママへのメッセージ

体重がぐんとふえる時期。食生活や体重に注意して

体重がふえやすい時期。太りすぎると妊娠高血圧症候群や妊娠糖尿病を招いたり、骨盤回りに脂肪がついて赤ちゃんの通り道が狭くなり難産になる可能性も。食事を見直し体重管理を。食べたものや体重を記録するのもおすすめです。

ライフAdvice

妊娠28週

予定日まで84日

Mama 妊娠中の体重は、なだらかにふえて、最終的に目標値におさまることが理想的。心配なのは3日で1kgもふえるような場合。食べすぎではなく、むくんでいる可能性があります。水分はきちんととり、塩分を控えて、体を十分に休めて、トイレにこまめに行き、よけいな水分を出すようにしましょう。

おしゃれをめいっぱい楽しんで気分をアップさせて♪

妊娠末期に入り、出産に向けて心も体もととのえたいころです。ファッションを工夫したり、お気に入りのネイルで気分を上げたりしても。お仕事ママは産休まであと少し。

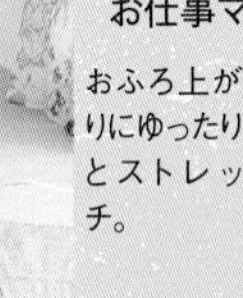

おふろ上がりにゆったりとストレッチ。

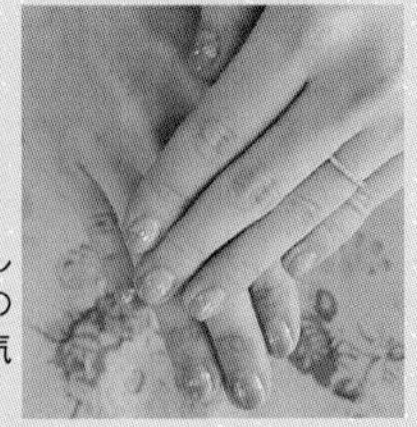

女の子らしいピンクのネイルで気分アップ。

Baby このころの赤ちゃんの様子

どっちに似てる？　目鼻立ちがくっきり

「目が大きいなぁ」「鼻の形がそっくり」など目鼻立ちがますますはっきりし、超音波写真からも生まれてくる赤ちゃんの顔立ちが想像できるでしょう。引き続き、赤ちゃんの性別を画像で確認できるチャンスなので、ぜひチェックを。運がよければ、超音波検査中に「ヒックヒック」という「しゃっくり様運動」が見られることもあります。

超音波で見ると…

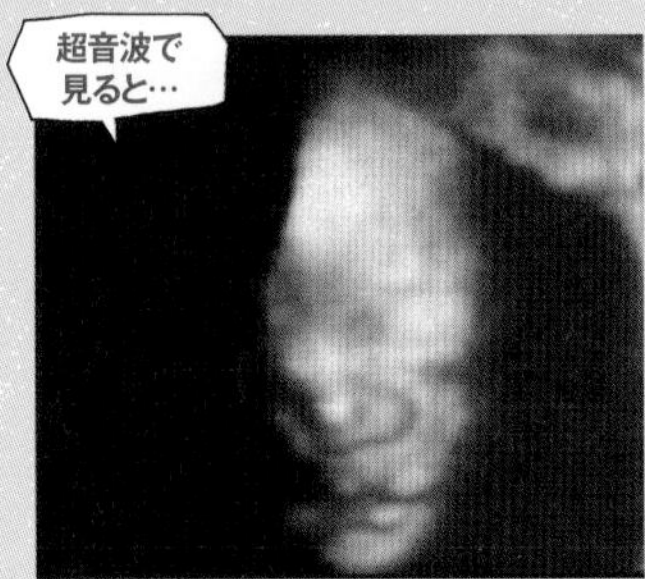

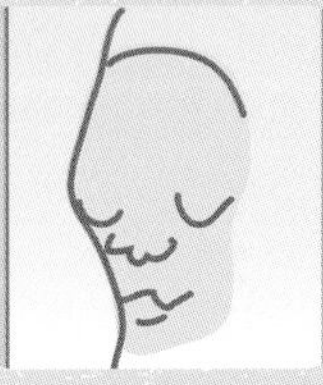

鼻、目、唇がはっきりと映っていて、パパ似かママ似かまでわかりそうなショット。会えるのが楽しみに。

妊娠29週

予定日まで77日

Mama 8カ月も中盤にさしかかると、ぐっとおなかは重みを増し、その分、腰痛にもなりやすいでしょう。86ページにあるように、大きなおなかのバランスをとる姿勢のせいで腰が痛くなることが多いので、できるだけ姿勢をチェックして。骨盤をサポートするガードルや腹帯を使うと、ラクになります。

最後まで走り切るためにはたまには息抜きも大事

一段とおなかが大きくなり、疲れやすくなるでしょう。食事はバランスよく、ときには外食でお楽しみも。ベビーグッズや部屋の準備も着々と進めていきましょう。

硬水のミネラルウォーターでミネラル補給。

雰囲気のあるレストランで夫とデート♪

Baby このころの赤ちゃんの様子

赤ちゃんが出てこられる準備OKかチェック

自由に動き回っていた赤ちゃんも、この時期には頭を下にしておなかの中での位置を決めていきます。この時期、医師は赤ちゃんの成長具合や子宮の状態を見るほか、逆子かどうか、へその緒の状態を確認します。またお産が近づくにつれ、少しずつ減ってくる羊水の量もチェック。

超音波で見ると…

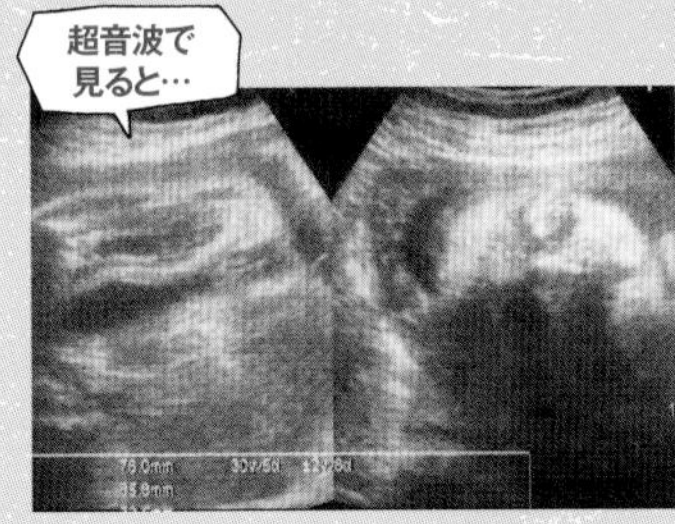

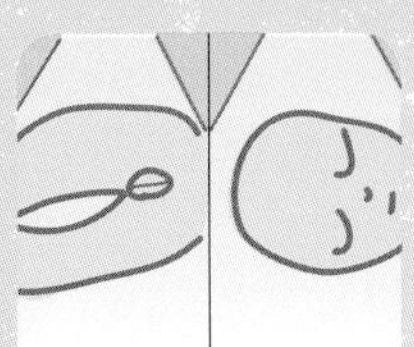

右は顔のアップ、左はおしりと足。左の写真の右側に、女の子のあかしである木の葉形の「大陰唇」が。

週数別・マタニティ

妊娠30週

予定日まで70日

Mama 女性は体が変化することで気持ちもママになりますが、男性はパパになる実感が生まれるのは赤ちゃんの誕生後。このギャップは、よく話をすることで埋めていきましょう。赤ちゃんを待つ楽しみな気持ちも、陣痛への不安も、言葉にして伝え合って。これがマタニティブルーの予防の第一歩になります。

大きなおなかで不便なことも。お楽しみで気分転換を

かなりおなかが大きくなり、足のつめを切ったり、靴下をはくのも一苦労。でもそれもおなかの赤ちゃんが元気に育っている証拠です。楽しいことで気分転換して乗り切って。

足のつめを切るのが大変になってきました！

今のうちに上の子といっしょに家族旅行。

Baby このころの赤ちゃんの様子

かわいらしいお顔がはっきり見えてきます

赤ちゃんの体が大きくなり、子宮の中で動きづらくなると超音波も顔など一部のみがはっきりと映るようになります。そのためにあごがキュッとしている、おでこが出っ張っているなど、顔の特徴がはっきりとわかり、パパとママは自分の子どもであるといううれしさとともに、遺伝の不思議をしみじみと感じることでしょう。

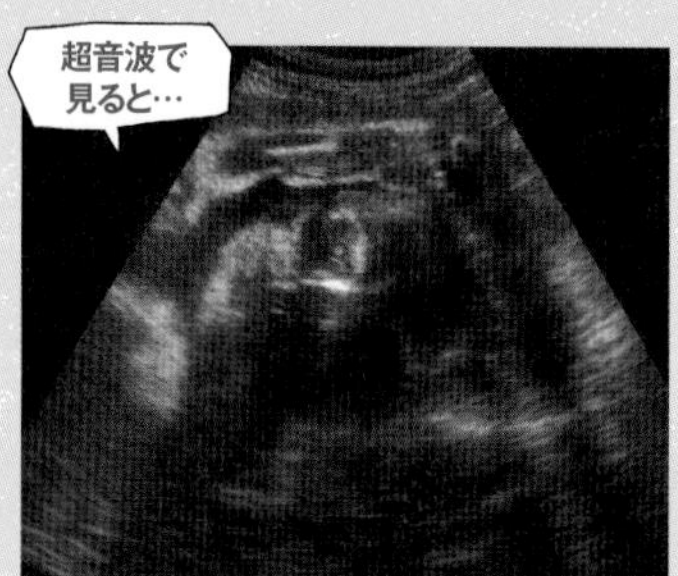

自分の腕を枕にねんね中。すっかり人間らしくなり、顔立ちはしっかり。動きも一人前の様子がうかがえます。

妊娠31週

予定日まで63日

Mama 大きな子宮に圧迫されて起こる、妊娠中～後期の便秘。水分と食物繊維をとり、決まった時間にトイレに行くことが基本です。あまりひどい便秘の場合は、下剤を処方してもらいましょう。また、貧血で鉄剤を飲んでいると便秘することが。つらければ医師に相談して鉄剤の種類を変えてもらいましょう。

ママが穏やかな気持ちで過ごすことがいちばん大切

胎動をより激しく感じ、赤ちゃんとのコミュニケーションが楽しくなってきたのでは。ママの感情は赤ちゃんにダイレクトに伝わります。毎日をなるべく明るく過ごしたいもの。

マタニティ用にブレンドされたハーブティは必携。

体調がよければ近所をウォーキング。外の空気を吸うと、気分スッキリ。

Baby このころの赤ちゃんの様子

手を動かしてジャンケンだってできちゃいます！

神経系統がより発達し、グー・チョキ・パーなど手を開いたり閉じたりする動作が画像からもキャッチできます。骨格はほとんど完成し、シワシワのやせっぽちの体も赤ちゃんらしい丸みを帯びたものに変化。嗅覚が発達し、羊水内のにおいを感じることもできます。これも生まれてからママのおっぱいをかぎ分けるための準備。

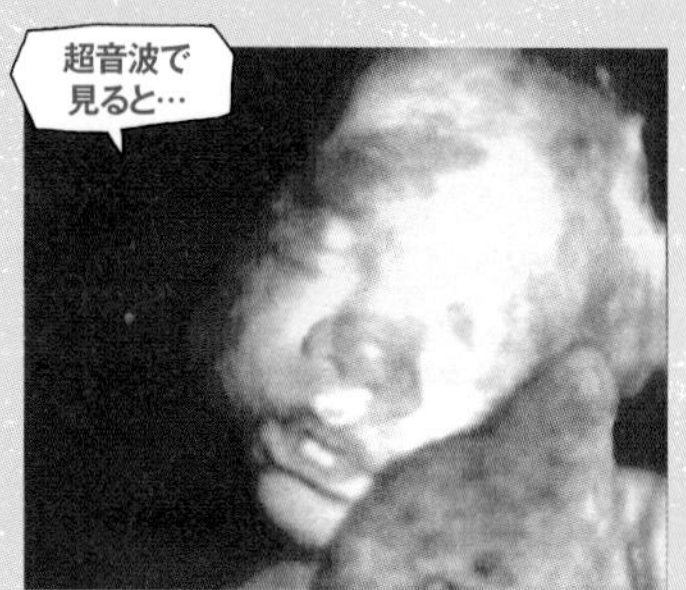

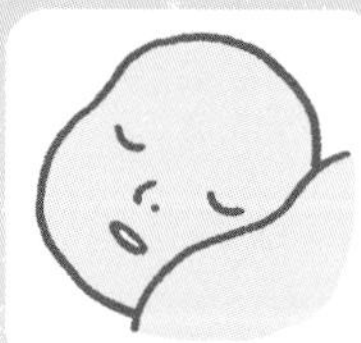

ママの胎盤を枕にスヤスヤ。このままおなかの中でのんびりさせてあげたくなる癒やしのショットです。

妊娠 8カ月

両親からの初めてのプレゼント

赤ちゃんの名前を考えよう

名づけの方法は全部で7つ。どうやって決めたらいいのかわからない、いい名前が思い浮かばない、という人はぜひ参考にしてください。

子どもが将来困らない、親の気持ちを大切にした名前に

名づけのアプローチはパパとママが何を重視するかで変わってきます。たとえば「まあちゃん」と呼びたいと「音の響き」を重視したり、パパの名前を1字もらいたいと「漢字」にこだわったり、主に7つの方法がありますので、自分たちに合うやり方を見つけてください。いちばん大切なのは、パパとママの本音です。周囲の声に惑わされず直感を大切にしましょう。ただし「読み方がわからない」「当て字の語呂合わせのような名前」は子どもが成長したときに不必要な苦労を負うもの。名前は親の思いを託すものであると同時に、社会的な記号であるということも忘れないで。

名づけ本をぱらぱらとめくり、インスピレーションで候補をあげていっても。

全部で7つ! 名づけの主な方法

1 自然のイメージから

赤ちゃんが生まれた季節や印象に残った風景を生かす方法。イメージをふくらませ、それに合わせて漢字を連想します。12月出産→冬→雪、柊、聖など。

2 呼び名(音の響き)から

「まあちゃんと呼びたい」など呼び方の音を基本に考える方法。直感で、ひらがなで書き出すのがポイント。まあちゃん→まさみ、まさき、まさと……。

3 漢字で決める

「パパの名前から1字もらいたい」など、こだわりの漢字がある人に。好きな漢字をリストアップ、ひらがなに戻し、その音が入った名前を考えましょう。

4 字画で

姓名判断は30以上もの流派があるので、どの流派でいくか決めたら、よそ見をしないこと。名字に合う字画を探して名前を決めるのがスムーズです。

5 何かを記念して

尊敬する人の名前にあやかる、生まれた土地のイメージを織り込むなどがこの方法。あまりこだわりすぎる名前は役所で受理されないケースもあります。

6 文字数にこだわる

1文字や3文字にこだわってしぼる方法。1文字は力強く、3文字は男の子&女の子らしい印象に。1字姓+3字名、3字姓+1字名はグッドバランス。

7 親の期待をこめる

「やさしい子に育ってほしい」「サッカー選手に」など親の願いや期待をこめた名づけ。過剰な思いが子どもにプレッシャーを与えることもあるので注意。

ここに注意!
最優先項目を決めること

「音の響きで考えて、よい画数になるように漢字をあてはめる」など複数の方法を組み合わせてもよいのですが、すべての条件を満たすのはむずかしいこと。何を最重視するかは明確にして。

名づけのダンドリ!

妊娠中

Step 1 準備スタート

安定期以降、落ち着いてきたら、少しずつ情報収集を。あまり早くから真剣に考えすぎると迷うことも。最初はごく軽い気持ちで。

Step 2 性別がわかっても男女両方の名前を

たとえ性別がわかっても、念のため男女両方の名前を考えましょう。候補の幅が広がりやすく、万一診断に間違いがあってもあわてません。

Step 3 名前の候補をリストアップ

できるだけたくさん名前の候補をあげましょう。夫婦どちらかで考えるよりも、ふたりで頭をひねったほうが満足度は高くなります。

出産後

Step 4 リストから名前をしぼり込む

生まれた赤ちゃんの顔を見て、候補名から合う名前をしぼり込みましょう。生後7日目のお七夜に親戚を招いて名前を披露しても。

Step 5 出生届を提出

名前が決まったら出産日を含めて14日以内に出生届を役所に提出します。出産した医療機関で出生届に記入してもらうのを忘れないで。

お昼寝はどこで？　夜のねんねは？

赤ちゃんスペースを確保しよう

赤ちゃんが快適に過ごせるよう昼間は日当たり&風通しのよい場所に、ベビースペースをつくってあげましょう。

昼間は明るい場所で寝かせて昼夜の区別をつけましょう

生まれてすぐの赤ちゃんは1日の多くを寝て過ごします。とはいえ、昼夜の区別はつけたいので、夜は寝室で寝かせ、昼間は目の届くリビングなどに寝かせるのが理想。

ベビースペースづくりのポイントは日当たりや風通しがよいことに加えて、エアコンの風が直接当たらない、赤ちゃんの頭上に倒れるものや落ちてくるものがないこと。ベッドにするか布団にするかは迷うところですが、ベッドは柵があって安全、収納スペースがある、清潔が保てる、布団は移動が簡単、たためばコンパクト、夜の授乳がラク……。それぞれによさがあるので、ライフスタイルに合わせて選ぶとよいでしょう。

収納

成長を追うごとに、どんどんふえていくベビーグッズ。どこに何をしまうか、収納場所もしっかりと確保しておきましょう。ベビー用のタンスやチェスト、収納ケースを用意して。

肌着やウエアは？
普段着るもの、おふろ上がりに着るもの、これから着るもの……、シーン別、着る時期別に分けておくと便利。ベッド下は貴重なスペース。

おむつやケアグッズは？
ストックは箱に入れてベッド下やクローゼット、毎日使うおむつやケアグッズは、とり出しやすいバッグやケースに入れて。

お出かけグッズは？
だっこひもやママバッグなどかさばるものは、吊しておくと、いざというときにさっととれて便利。S字フックでベッドやクローゼットにかけても。

夜のねんね

ママがゆっくり休むならベッドがいいけれど、泣くたびに起き上がって授乳するのも大変……。添い寝かベッドか、悩むところですが、とりあえずベッドはレンタルという手も。

パターン1

大人と添い寝
添い乳できるのがいちばんのメリット。ベビーがベッドから落ちないように壁側に寝かせて。ベッドインベッド（添い寝サポートグッズ）を利用しても。

パターン2

ベビーベッド
基本的にママは大人用ベッド、ベビーはベビーベッドと別々にしておけば、ママは体がラク。夫婦がベッドの場合はベッドという家が多数。

パターン3

床にベビー布団
夫婦が布団では、並べてベビー布団を敷くパターン。たたむとコンパクトになり、押し入れに収納できるので、部屋を広く使えます。

お昼寝

昼間は日当たりのいいリビングで、ベビー布団やベビーチェアに寝かせるパターンが多いようです。普段は床に寝かせて、掃除や家事をするときはチェアを利用するというママも。

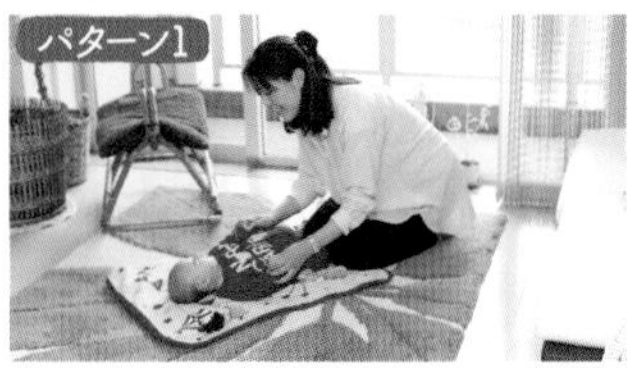
パターン1

床にベビー布団
床で過ごす生活スタイルなら、床にベビー布団やマットを敷くと、お世話がラクチン。仕掛けのついたプレイマットに寝かせる人も多数。

パターン2

ベビーチェア
ハイ&ローチェアやバウンサーは、ゆらゆらと揺れるので、寝入りばなにぴったり。高さがあるので、掃除中はここに寝かせて避難。

パターン3

ベビーベッド
上の子やペットがいる場合は、昼間もベッドに寝かせるパターンが多いもよう。おむつ替えや着替えなどのお世話がラクなのもメリット。

妊娠 8カ月

腰痛をなんとかしたい…

腰に負担をかけない動作をマスターしましょう

妊婦さんの多くが経験する腰痛は、体の使い方を工夫することで少しラクになります。筋力をつけることも腰痛予防には大事。

妊娠中の腰痛はおなかの重みや骨盤のゆるみが原因

妊娠中はホルモンの作用で骨と骨の継ぎ目や骨盤がゆるくなります。さらにおなかの重みで背骨や腰に負担がかかると、簡単に骨が前にずれてしまい腰痛が起こるのです。また後ろにそりぎみの姿勢になるため、さらに背骨や腰への負担が増して悪化することも。

腰痛を予防するには、適度な運動で筋力をつけたり、日常生活の動作に気をつけたりすること。また体重がふえすぎないようコントロールすることも大切です。特に日常動作は前かがみや猫背にならないように、かといってそりすぎにもならないように、背筋をまっすぐに伸ばすように心がけましょう。腰痛がひどくなってしまったときは、横になって安静にするのが大原則。医師の許可があれば、薬を使ってもOK。カイロなどで腰をあたためる、30～40度のぬるめのおふろにゆっくりとつかる、かための寝具を使うといった方法も、腰痛緩和に役立ちます。

いったん腰を痛めてしまうと、なかなかスッキリと治りません。産後は、さらに育児で負担がかかるので、妊娠中から腰痛を引き起こさない努力が肝心です。

腰痛にならない基本動作

階段は片足に重心をのせてから

階段の上り下りは、上体が猫背にならないように気をつけて。重心を片方の足にのせてから、もう一方の足を動かし、足全体で踏み締めるのがポイント。上るのもおりるのもゆっくりと。

台所仕事は中腰で行わない

キッチンで作業するときは前かがみにならないように注意。なるべくまっすぐ、姿勢よく立ちましょう。作業台やテーブルの高さを調節するか、いすにすわるなどすれば中腰の姿勢が避けられます。

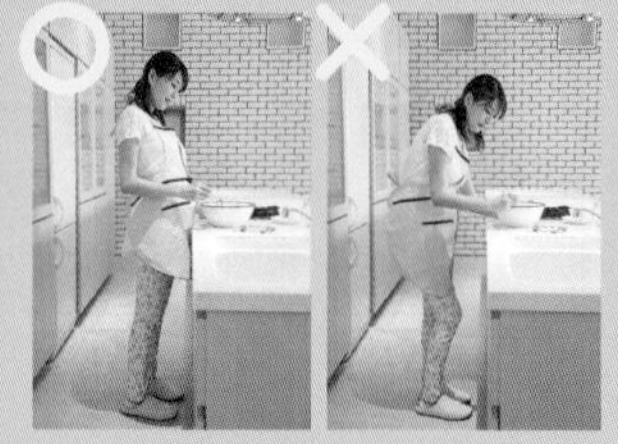

物を持ち上げるときは腰を落とす

洗濯カゴや買い物袋など床にあるものを持ち上げるときは、まず腰を落として、いったんしゃがみます。そして物を自分の体に引き寄せてから持ち上げましょう。腕だけで持ち上げるのはNG。

前かがみの姿勢にならないようにする

床にすわってアイロンがけなど作業をするときは、背筋を伸ばすように心がけて。横ずわりは骨盤と背骨によくない姿勢で腰痛を悪化させます。骨盤と背骨が正しい位置にくる正座がおすすめ。

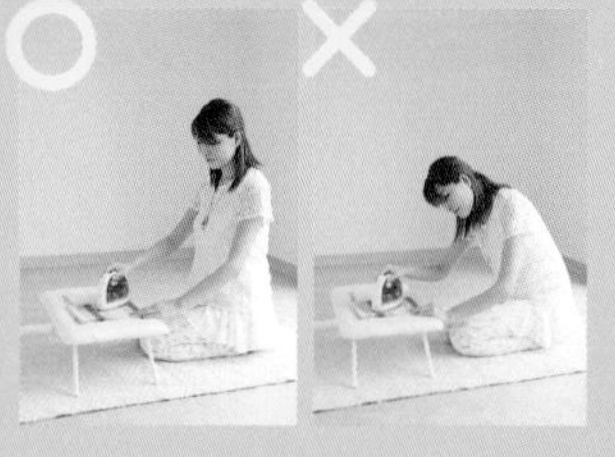

掃除機の柄は使いやすい長さに

中腰の姿勢で掃除機をかけるのは腰によくありません。掃除機の柄を短くしたり、短く持ったりすると中腰になるのでNG。腰を伸ばしたときに使いやすい、適切な位置に調節しましょう。

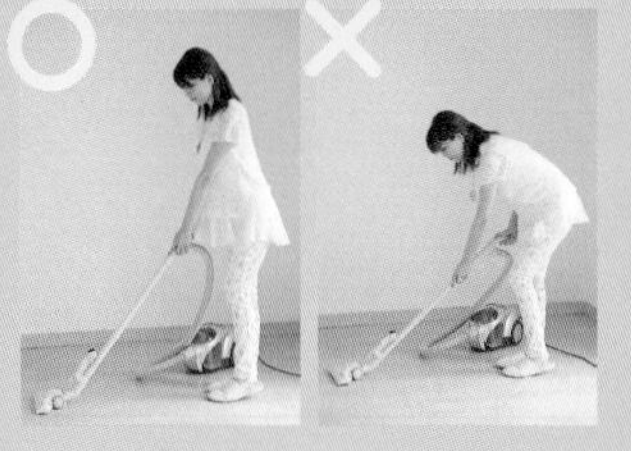

いすに腰かけるときは深く

いすにすわるときは深く腰かけて、背筋を伸ばすようにしましょう。伸ばしたまま背もたれに体を預けるのは○ですが、そりぎみの姿勢は×。ソファも前かがみになりがちなのでまっすぐすわって。

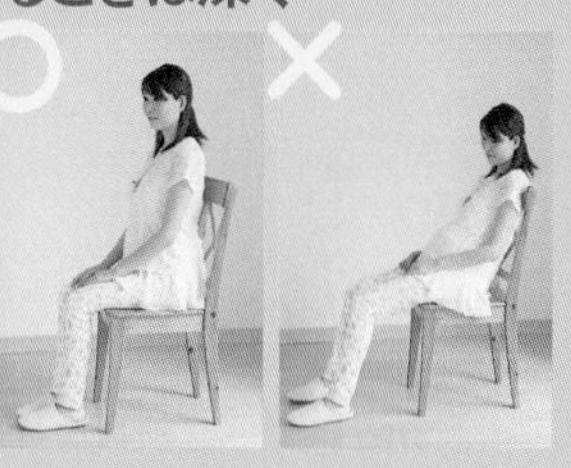

腰痛をなんとかしたい…

腰痛解消エクササイズ

四つんばいのポーズ

両手、両ひざをついて四つんばいの姿勢になります。手は肩幅に開き、ひじは曲げないように。足は骨盤の幅ぐらいに開きます。腰、背中、首の順に動かして背中を丸めましょう。

開脚して前屈

1 つま先を立て、両方の足を開いてすわります。

2 おへそ、胸、頭の順で上体を倒し、気持ちいいところでストップ。

背筋から足首まで伸ばす

背中ブリッジ

あおむけに寝て、ひざを曲げて立てます。背中を床につけたまま、おしりを持ち上げましょう。骨盤のゆがみを矯正します。苦しくなったら無理せず、やめましょう。

おしりを持ち上げて

下半身ひねり

腰をひねり背中を柔軟に

あおむけに寝て、手足は横に伸ばします。上体はそのままで腰をひねり、右足を体の左側の床につけ10秒間キープ。右足を戻し、同じ要領で左足を右側の床につけ10秒間キープします。

腰痛Q&A

Q どんどんひどくなるのは何か悪い病気のせい？

A あまりに腰痛がひどくて病気の前兆では？と不安になる人も多いようですが、妊娠中に起こる腰痛のほとんどは、子宮の重みや骨盤のゆるみが原因で病的なものではありません。けれども、まれに卵巣嚢腫や子宮筋腫など婦人科系の病気が原因で腰痛が起こることもあります。不安なときは産院に相談を。

Q コルセットをつけると少しはラクになりますか？

A コルセットは腰痛を治す器具ではありませんが、締めつけることで動きを制限するので、痛みを緩和できることも。とはいえ妊娠中はコルセットを使用できないので、妊婦用のサポートベルトで対応しましょう。腹帯＋サポートベルトの二重巻きでサポート力をアップさせる手も（詳しくは52ページ）。

Q 腰痛の薬、どんなものなら大丈夫なの？

A 内服の鎮痛剤は成分の関係上、妊娠中は使うことができないので、主に湿布薬が腰痛対策の治療薬となります。湿布薬は内服薬に比べると体内への吸収は少ないとはいえ、使うときは必ず産院の指示に従うこと。インドメタシンは胎児の血管に影響することがあり、妊娠中は避けたい成分です。

パパの出番

腰をマッサージしてあげましょう

夫は妻の後ろにすわり、強すぎず弱すぎず、妻が気持ちいいと感じる強さで妻の背中や腰を指圧マッサージしてあげて。陣痛のときにも役立つうえ、夫婦の貴重なコミュニケーションの機会に。

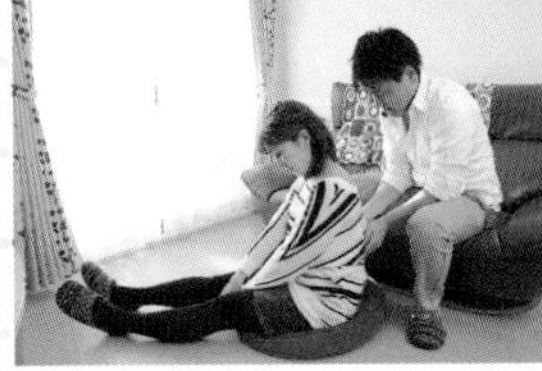

妊娠 9カ月

32~35週

体はそろそろお産の準備スタート！出産準備もぬかりなく

ママの体の変化

＼ こんな変化が起こります ／

- 胃や心臓、肺が圧迫されて、食欲が落ちたり、胃もたれがひどくなることが
- 動悸や息切れが激しくなることが
- 頻尿や尿もれなどが多くなります
- 頻繁におなかが張ることも

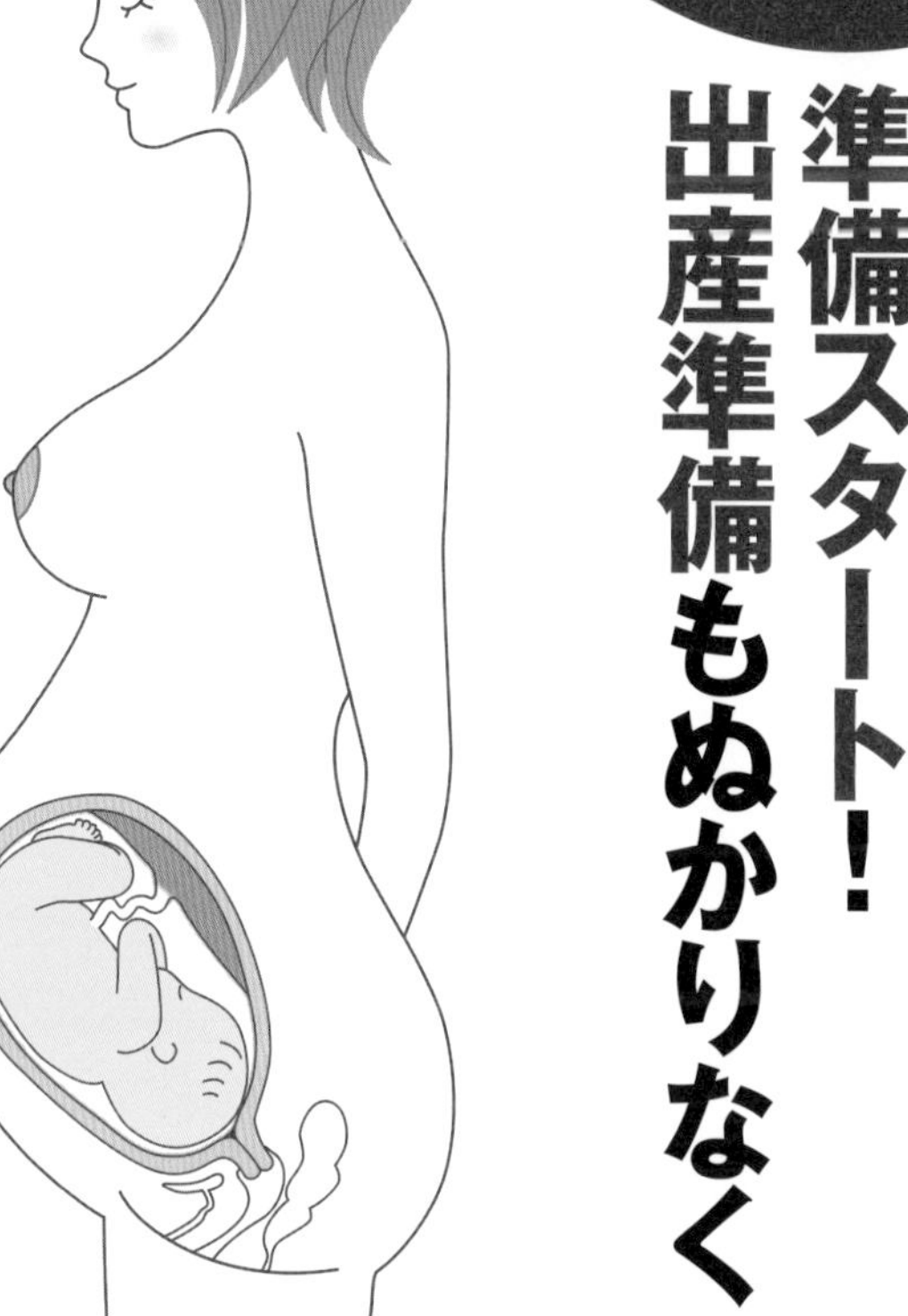

子宮底長

28~31cm

体重増加の目安

妊娠前の体重＋6.5~8kg

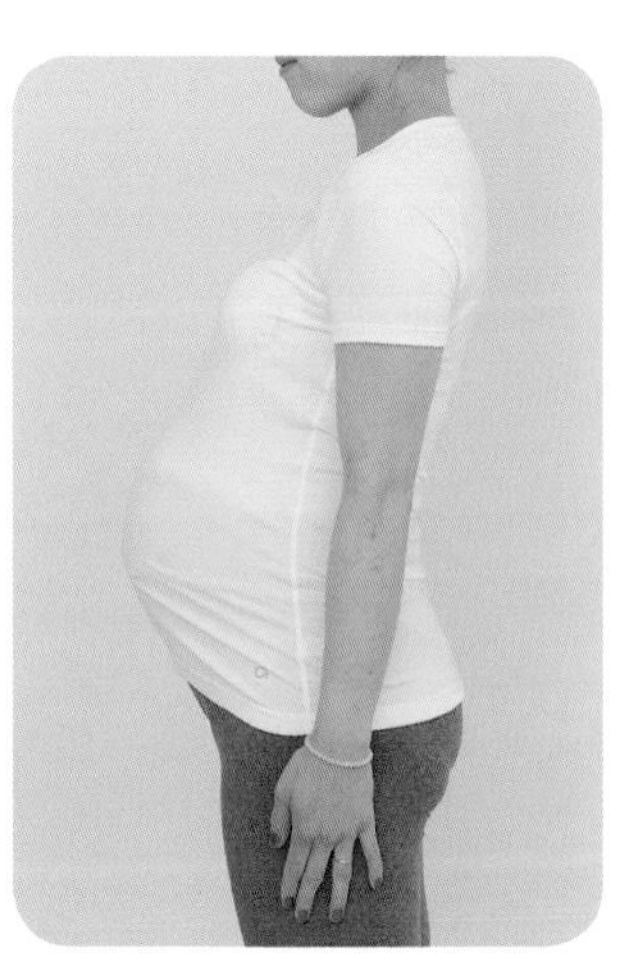

子宮に内臓が圧迫されて不快症状が起こることも

大きくなった子宮に胃や心臓、肺が圧迫され、胸やけや胃もたれが起こりやすく、動悸や息切れもひどくなりがちな時期。また赤ちゃんの頭に膀胱を押さえつけられるため、頻尿や尿もれなど不快症状があらわれることもあります。

1日に何度かある不規則なおなかの張りは、体がお産に向けて準備を始めている合図。赤ちゃんの頭が骨盤に入ってくることで、足のつけ根や恥骨あたりに痛みを感じる場合もあります。

妊娠9カ月でしておくことList

【マストなこと】

- □ 入院グッズをバッグに準備 ➡ 詳しくはP92
- □ 産後の手続き（出生届、児童手当など）についてパパと打ち合わせ ➡ 詳しくはP93
- □ 保育園の見学、一時預かりやベビーシッターのリサーチ ➡ 詳しくはP95
- □ 勤務先に産前産後の休暇申請 ➡ 詳しくはP24
- □ 「限度額適用認定証」を発行してもらう
- □ 里帰りする人は34週までに帰省 ➡ 詳しくはP79

【なるべくしたい】

- □ ベビーシッターや一時預かりサポートの登録 ➡ 詳しくはP95
- □ バースプランを書いてみる ➡ 詳しくはP104
- □ ネットスーパーや食材宅配の登録
- □ 化粧品やコンタクトレンズをストック
- □ 退院後、ベビーを迎えるための部屋の最終準備

おなかの赤ちゃんの成長

妊娠9カ月ごろの赤ちゃん

身長	約45cm
体重	約2200g
重さの目安	パイナップル1個

こんな変化が起こります

- 産毛が薄くなり、肌はピンク色の肌に
- 手足のつめが伸びます
- 羊水を飲んで尿を出すことができます
- 快・不快の感情をあらわせます
- 20分周期で寝たり起きたりします
- 頭を動かして骨盤に入る準備をしています

外界で生きていく準備が着々と進んでいます

皮下脂肪がさらにふえ、体は丸みを帯び、透けていた肌も弾力に富んだピンク色に。全身をおおっていた産毛は薄くなる一方、髪の毛は濃く、手足のつめもしっかりと伸びてきます。羊水を飲んでは、おしっこを出すこともできるようになります。外からの刺激や周囲の音に快・不快の感情をあらわすようになり、超音波検査ではほほ笑んでいるような顔が見られることも。頭を動かして骨盤への入り口を探るなど、赤ちゃんも出産に向けて準備を進めています。

この月のパパへのメッセージ

「その日にあった楽しいこと」をふたりで話してみましょう

パートナーとしていっそう協力態勢が必要なとき。1日にあった楽しいことやおもしろかったことなど「その日のチャームポイント」を話し合うだけで、妻の気分は晴れます。これまで以上のコミュニケーションを心がけて。

ママへのメッセージ

睡眠不足は大丈夫？質のよい睡眠を心がけて

妊娠末期は、生理的に眠りが浅くなります。仕事をしていた人は、産休に入って不眠がちになることが多いようです。適度に運動し、就寝前にテレビやパソコンを見ない、抱き枕を活用するなど良質な睡眠がとれるよう工夫を。

ライフAdvice

妊娠32週

予定日まで56日

Mama 風邪や花粉症などでくしゃみや咳が出ると、瞬間的に腹圧は強くかかりますが、切迫早産で入院しているような場合でなければ、くしゃみくらいで破水することはありません。ただ、くしゃみの衝撃が腰痛をひどくさせることが。くしゃみが出そうと感じたら、すわったり、何かにつかまったりしましょう。

自宅で？　スタジオで？ マタニティフォトにトライ

わが子がおなかの中にいた記念に、妊娠中の姿を自宅やスタジオでプロに撮影してもらうマタニティフォト。おなかが大きいこの時期を選ぶ人も多いようです。

疲れたときはお気に入りのお茶を飲んでホッ。

このころはマタニティフォトのベストタイミング。

Baby このころの赤ちゃんの様子

おなかにギュウギュウ。すっかり大きくなったね!

シワシワだった皮膚がのびて、超音波写真からはふっくらとした体つきがうかがえます。画面に入りきらない分、それぞれのパーツがアップに。そろそろママのおなかが窮屈になってきています。医師は赤ちゃんの発育状況に加え、羊水の量や臍帯の巻き絡みなどのトラブルがないかどうかこまかくチェックしています。

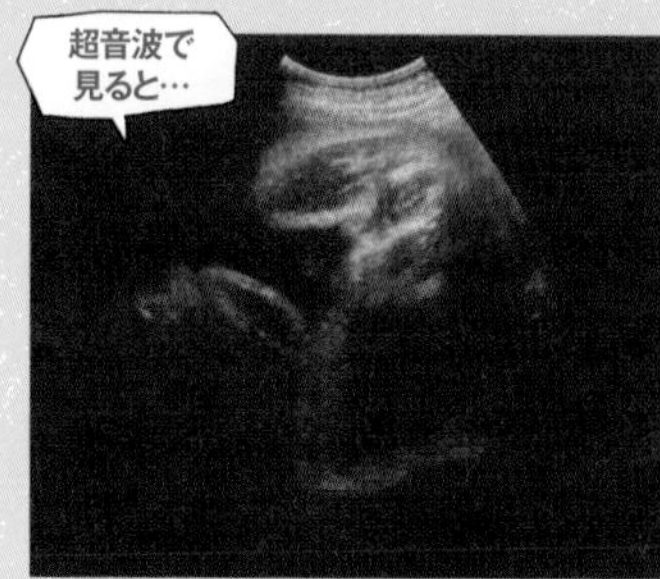

むっちりとした両方の太ももとおしりがはっきりと映っていて、女の子のおまたもばっちり見えています。

妊娠33週

予定日まで49日

Mama 臨月直前、体のバランスがとりにくくなると、足元がよく見えなくなります。怖いのは、階段の上りよりもおりるとき。動作はゆっくり慎重にしましょう。今までよりも移動には時間がかかるものと思って、余裕をもって行動するように計画を。産後赤ちゃん連れで行動するときの訓練にもなります。

お仕事ママはつかの間のお休み。出産までのんびり過ごして

働くママはそろそろ産休に入るころ。時間的な余裕ができたものの急に生活リズムが変わり、かえってストレスを感じることも。日中は体を動かしたり、アクティブに過ごして。

美容院で産後も対応できるスタイルに。

2人目なら、上の子との2人の時間もあと少し。

Baby このころの赤ちゃんの様子

“うれしい”“悲しい”表情があらわせるように

これまで顔がよく見えなかったという人でも、この時期ははっきりとわかるのでは？　おなかの赤ちゃんは外からの刺激や聞こえてくる音に対して、快・不快の表情をあらわすことができ、超音波ではしかめっつらやあくび顔など多彩な表情が楽しめます。夫婦ゲンカは赤ちゃんに聞こえてしまうので気をつけて!

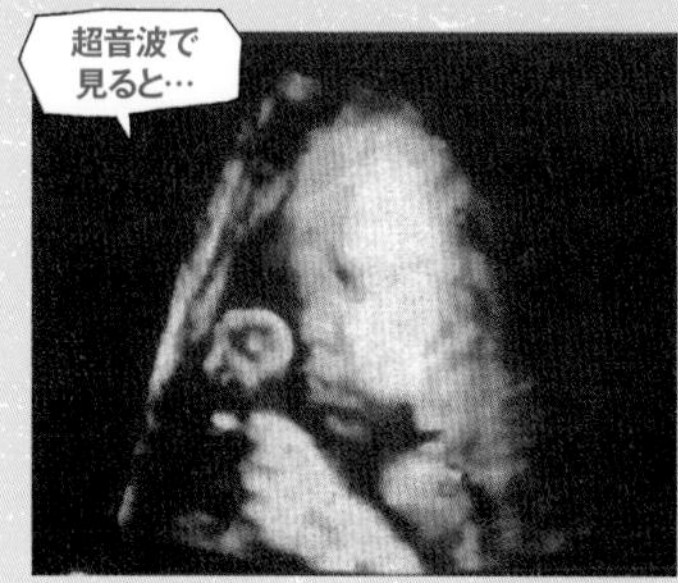

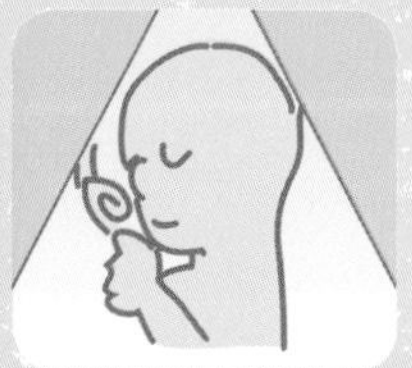

ペロペロキャンディーみたいに手に持っているのはへその緒。安心しているのか、寝ているようです。

週数別・マタニティ

妊娠35週

予定日まで35日

Mama この時期には、赤ちゃんの体の機能もほぼでき上がります。でも正期産に入る37週までもう少し、おなかの中で育てましょう。たとえ1日分でも体が成熟してから外界に出たほうが、赤ちゃんにとってはいいのです。「もうすぐだから」と気をゆるめないで、今までどおりに過ごしましょう。

入院グッズをバッグにまとめておきましょう

そろそろお産入院グッズをバッグにまとめておきたい時期。情報収集にタブレットを持参するママも多いようです。持っていくものリストを作ると、頭の中が整理されます。

絵本をダウンロードして赤ちゃんに読み聞かせ。

体調がよければできるだけ歩いて。

Baby このころの赤ちゃんの様子

おっぱいを飲む練習も始めています

口から飲み込んだ羊水を、尿として排泄できるようになっています。これは生まれてからおっぱいを飲んでおしっこをする練習を始めているということ。妊娠末期になり、羊水の量が減ると超音波映像が見えにくくなる傾向があります。ママもそろそろお産に向けて、出産のイメージトレーニングをスタートしましょう。

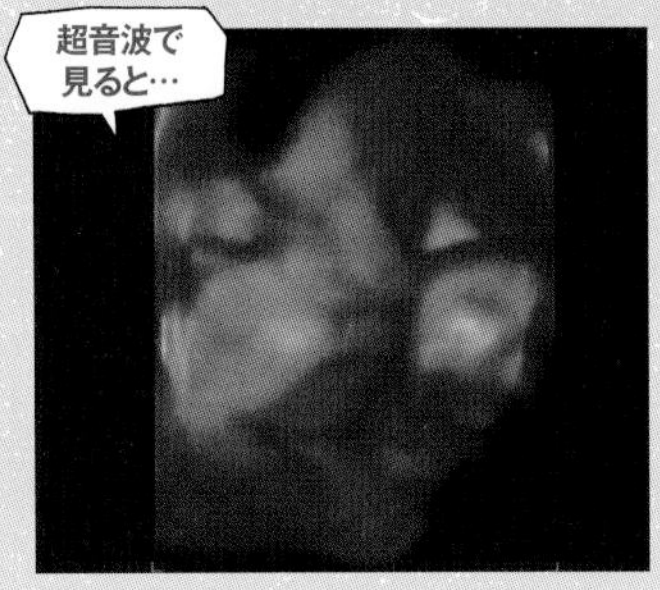

上を向いた横顔をキャッチ。この時期は体重もぐんとふえ、赤ちゃんも生まれる準備を始めています。

妊娠34週

予定日まで42日

Mama 正期産まであと3週間。いつ生まれてもいい時期が目前に迫りました。初めてのお産は不安でいっぱいかもしれませんが、「怖いから考えない」ではなく、「知ることで不安を解消」しましょう。お産の始まりから赤ちゃん誕生までのイメージトレーニングを、そろそろ始めてもいいですね。

超音波写真や日記で妊娠生活を振り返ってみて

おなかが張りやすくなるこの時期、外に出るのがつらいときは家で超音波写真のアルバムを作っては？ 赤ちゃんを思う気持ちが強くなります。

聴診器をあてるとベビーの動きをすぐそこに感じます。

ノートに超音波写真をはった妊娠日記。

Baby このころの赤ちゃんの様子

出てきても育つけれど、もう少しおなかにいてね

顔もしぐさもすっかり一人前。体の機能も発達しているので、万が一早産しても、適切な処置が受けられれば外界で生存していける確率は十分に高くなっています。早産の前兆はお産と同じで、おなかの張りや出血、破水。早く赤ちゃんに会いたいけれど、もう少しおなかの中にいてほしいですね。

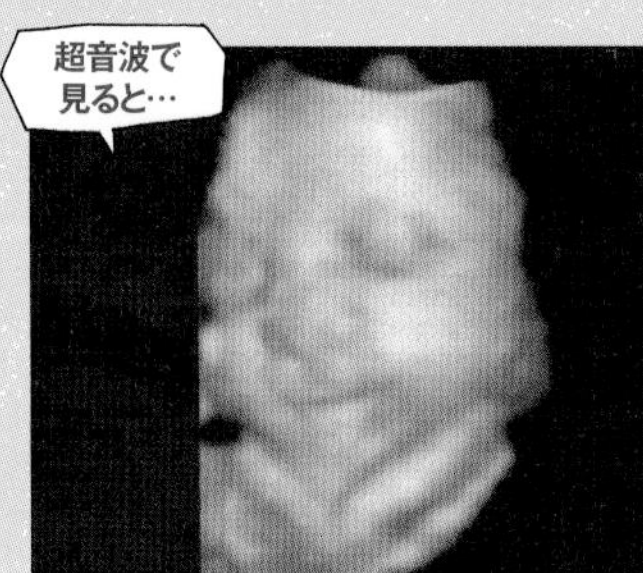

手にあごをあてて、ニッコリ笑顔。この笑った顔から、おなかの中の居心地のよさがわかりますね。

妊娠 **9カ月**

入院準備はばっちり？

いつお産が始まってもいいように

刻一刻と近づくお産のために、入院グッズを用意し始めましょう。お産のときにすぐに持っていくもの、産後から使うものに分けて考えて。

お産まであと1カ月！ 病院には持っていくものは？

妊娠37週を過ぎたら、いつお産が始まってもおかしくありません。早めに始まる場合に備えて、9カ月にはお産入院の準備を完了しましょう。ポイントは、陣痛からお産、入院中、退院当日と時期別に必要なものを考えること。陣痛中はどんなことが起こって、産後はこうで……とシミュレーションして、そのときに使うグッズを考えてみましょう。

また入院中にあると便利な円座や母乳クッションは、病院で借りられる場合もあるので、確認しておけば荷物を減らせます。退院時に使うものはあとから持ってきてもらう、足りないものは買いに行ってもらう、と入院中に助けてもらえる人がいるなら頼りましょう。

入院中に必要なものは大バッグ、陣痛中に使うものは小バッグ、と分けておくと、使いやすくて便利。

お産入院を乗り切る全グッズリスト

陣痛～出産

- ☐ ストローキャップ
- ☐ ボール
- ☐ ハンドタオル
- ☐ カメラ&ビデオカメラ
- ☐ うちわ
- ☐ ゼリー飲料
- ☐ リップクリーム
- ☐ ソックス
- ☐ メモ&ペン
- ☐ お守り
- ☐ ヘアゴムやターバン
- ☐ カイロ&湯たんぽ
- ☐ お気に入りのミュージック
- ☐ アロマオイル
- ☐ 軽食

入院生活

- ☐ 円座クッション
- ☐ 授乳クッション
- ☐ 簡単メイクグッズ
- ☐ スキンケア
- ☐ サブバッグ
- ☐ 汗ふきシート
- ☐ ビニール袋
- ☐ カーディガン
- ☐ ハーブティー
- ☐ 鏡
- ☐ マスク
- ☐ パックの飲み物
- ☐ 紙コップ
- ☐ 名づけ本や雑誌など
- ☐ 育児日記
- ☐ ベビー用つめ切り
- ☐ ハンドタオル
- ☐ バスタオル
- ☐ 耳栓&アイマスク
- ☐ 着圧ソックス
- ☐ S字フック

退院当日

- ☐ おくるみ
- ☐ チャイルドシート
- ☐ ママの退院着
- ☐ サンキューカード
- ☐ だっこひも
- ☐ ベビーの予備の着替え

これはみんな必ず！

- ☐ 母子健康手帳
- ☐ 健康保険証
- ☐ 診察券
- ☐ 携帯電話
- ☐ 印鑑
- ☐ 現金
- ☐ 産前産後兼用パジャマ（前あき）
- ☐ 授乳兼用ブラジャー
- ☐ 身だしなみグッズ
- ☐ 眼鏡やコンタクトレンズ
- ☐ ベビーの肌着&セレモニードレス
- ☐ 母乳パッド
- ☐ 産褥ショーツ（病院でもらえることも）
- ☐ スリッパ
- ☐ 会社に出すお金の申請書類

【陣痛タクシーの手配も忘れずに！】

出産予定の病院や予定日などを事前登録しておくと、陣痛が始まったときに優先的に配車してくれるタクシーのサービス。たいてい登録料無料で運賃も通常と同じ。登録するとカードが送られてくる場合も。里帰りでないママは登録しておくと安心。

入院準備はばっちり?

留守宅にする自宅の準備

夫に引き継ぐこと

日用品のありかを明確に

ゴミ袋やトイレットペーパーなど、日用品の収納は妻まかせという夫は多いもの。何がどこにあるかわかるようにメモをまとめておきましょう。ラベルをはっておくのもグッド。

月々の支払いを確認

家賃や電気代、ガス代など月々通帳から引き落とされる家計費は、残高が残っているかどうか確認しておきましょう。口座を分散させていたら、この機会に1つにまとめておくと産後も便利。

ゴミ出しの回収日や場所を伝える

ゴミの分別方法はもちろん、分別したゴミごとの回収曜日や場所をいっしょに確認しておきましょう。生ゴミなどもあるので、こまめに出してもらうように伝えておきましょう。

自分でしておくこと

ご近所にあいさつ

「赤ちゃんが生まれるので、うるさくなるかもしれませんが、よろしくお願いします」とご近所にあいさつしておくと、産後も近所づき合いがスムーズ。里帰りの場合は、その予定も伝えておいて。

冷凍保存で食事の作りおき

カレーやシチューなどホームフリージングできるメニューをストックしておけば、夫はあたためるだけで食べられて便利。日付を明記して、早めに食べるように声をかけておきましょう。

冷蔵庫の整理

夫が料理をしないなら、買いおきしていたものはどんどん使い、なるべく冷蔵庫をからにするようにしましょう。ずっと入ったままになっている食品がある場合は、この機会に処分を。

夫といっしょにしておくこと

ベビースペースを確保しておく

自宅に帰ってきたら、すぐに赤ちゃんを寝かせる場所が必要になります。ベビーベッドを組み立てておく、必要なら模様替えをしておくなど、産後にあわてないように早めに準備しておきましょう。

基本的な家事を伝授

洗濯や掃除の仕方、道具の置き場所や使い方について、一通り説明しておきます。家事をいっさいしたことのない夫なら、これからのためにも覚えてもらうよい機会かもしれません。

諸手続きについて確認

出産すると出生届をはじめ、児童手当や健康保険の申請など、さまざまな手続きを夫に頼むことになります。どこでどんな手続きをするのか、あらかじめ一覧にしておくと、もれが防げるでしょう。

夫との連帯感を大切にしましょう

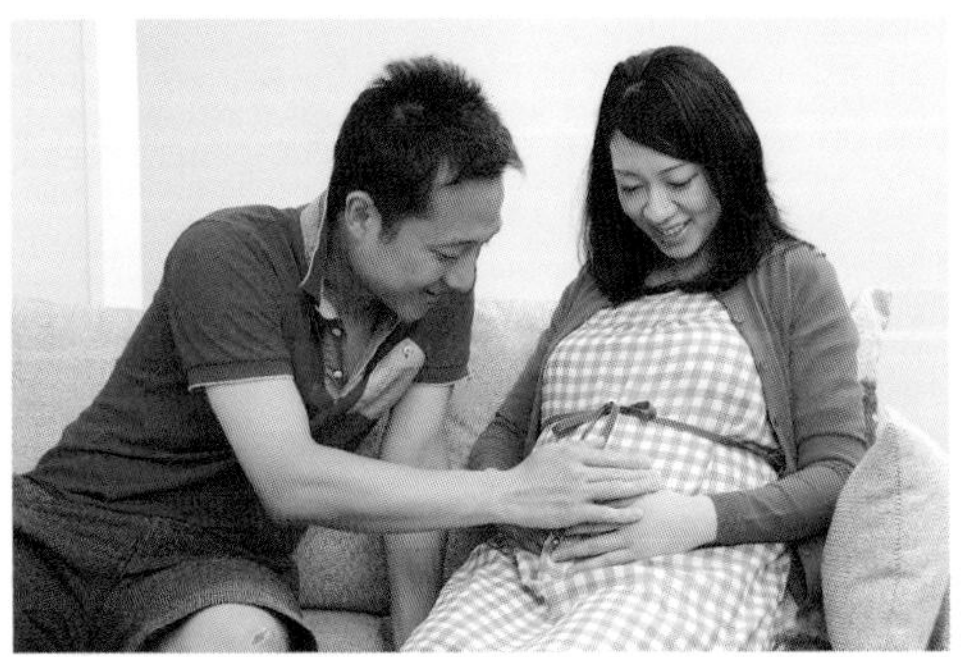

「もうすぐ会えるね」「安心して出ておいで」。パパも積極的におなかの赤ちゃんに話しかけてあげましょう。

お産はママと赤ちゃんが主役ですが、夫とも「自分たちの子どもを出産する」という意識を共有するようにしましょう。里帰り先で出産する場合も、まめに連絡をとり合い、出産のときもできるだけ仕事の都合をつけて里帰り先に来てもらいましょう。お産の感動を夫婦で分かち合うことで、夫婦としての連帯感が強まり、父親としての自覚も生まれるはず。産後は赤ちゃんのお世話で忙しくなりますが、メールで赤ちゃんの写真を送るなどして、日々の変化をこまめに報告すると、夫もわが子のかわいさを実感できるでしょう。

妊娠中

電話やメールで互いの生活を報告

里帰りの場合、おなかの大きさの変化や健診で医師から言われたことなどをメールや電話で夫に伝えましょう。夫の生活の様子も聞いてみて。

出産

立ち会わなくても来てもらって

予定日前後は仕事のダンドリをつけて里帰り先に来てもらいましょう。立ち会わなくても、その存在がママの励みになり、夫婦の絆を強くするはず。

産後

ベビーの様子をこまめに伝えて

赤ちゃんのかわいらしい様子や日々の成長を夫にこまめに伝えましょう。写真はもちろん動画を送るなど、夫がわが子を身近に感じられる工夫を。

↑自宅を留守にする前の買い出しはふたりで行きましょう。
→上の子のお世話や家事は、夫に上手にお願いして。

妊娠 9カ月

大きなおなかのラクラク日常動作

体が重い……でもこうすればスムーズにこなせる！

おなかが大きくなるとなんでもない動作が大変に。ラクな体の使い方やポーズを身につけられれば、断然動きやすくなります。

おなかが大きくなると動きづらい！ことの連続

臨月が近くなるといよいよおなかが大きくなり、普段何気なくしていた動作もしづらくなるでしょう。だからといってゴロゴロしすぎて動かないのはダメ。安全にラクに動けるコツを知って、今までどおり体を動かしましょう。

動作1 くつ下をはく&つめを切る → いすを使う

おなかが大きくなると片足で立つ姿勢は不安定なので×。いすにすわるとおなかを圧迫せずにラクに手が足元に届きます。ひざを大きく開いたあぐらも、おすすめのポーズです。

いすにすわることでおなかの圧迫を防ぎ、股関節のストレッチにも。

つめ切りもいすにすわるとしやすくなります。夫に切ってもらっても。

動作2 落ちたものを拾う → ひざを曲げ腰を落として

あわてて前かがみにしゃがむと、おなかを圧迫してしまうので、ひざを曲げ、腰を落としてから、しゃがみましょう。両ひざを開き、かかとを床につけてしゃがむ、スクワットの姿勢が理想的。

動作3 階段の上り下り → 手すりや壁を使う

上がるときは手すりや壁に手を添えて、ゆっくりと踏み込みながら。おりるときはおなかで足元が見えなくなるので、おなかの横から足元をのぞき、下の段を確認しながら1歩1歩おりて。

上がるとき　おりるとき

動作4 寝ている姿勢から起き上がる → 両手で上半身を支える

まず両手をしっかりと床につき、両腕の力で上半身を起こします。体が起きたら横ずわりになり正座へ。正座から片足を立て、立てたひざに両手を添えてゆっくりと起き上がります。

動作5 すわる

→ テーブルにつかまる

最初に台になるものに体重をかけ、ひざを曲げてから腰をおろします。床にすわるときは両手を床につけ、背筋をまっすぐに伸ばして。

動作6 掃除をする

→ ぞうきんがけは安産のポーズ

ぞうきんがけの姿勢は、腰に負担をかけずに骨盤底筋群や腹筋が鍛えられる安産ポーズ。後期に入ったら、まめにトライしてみましょう。

動作7 料理をする

→ 横向きに立つ

正面を向くとおなかがつかえて前かがみになりがち。シンクに対して少し横向きに立ちましょう。すわってできる作業はいすに腰かけて。

動作8 湯ぶねに入る

→ へりにつかまり、滑らないように

両手で浴槽のへりにつかまり、片足ずつ湯ぶねに入ります。湯ぶねに入ったら、へりを握ったまま、ゆっくりと腰をおろしましょう。

動作9 髪を洗う

→ 高めのいすを使う

大きなおなかで前かがみになるシャンプーのときは、高いいすにすわるとラク。産後、赤ちゃんをだっこして入浴するときにも便利。

動作10 くしゃみをする

→ 出そうになったら何かにつかまる

腹圧のかかるくしゃみは、出そうになったら何かにつかまり、ほんの少し体全体を前に傾けて。つかまった手で衝撃を受け止めます。

待機児童にならないために……

産休に入ったら保育園を下調べ

少子化政策にもかかわらず、保育園不足は深刻。産後、産休中の保育園リサーチは必須です。

※法令では「保育所」が正式名称ですが、ここでは「保育園」と「保育所」を同じ意味で使っています。

比較的入りやすいのは0才&4月入園

出産後も働くママは、赤ちゃんを保育園などに預けることになります。しかし都市部ではO才児、1才児の入園はむずかしく、いわゆる「待機児童」になる可能性も。比較的入りやすいのは0才児クラス&4月入園。希望の園に必ず入れるとも限らないので、産休中の今から保育園を何カ所か見学し、確実に入園するための対策を練っておきましょう。まずは認可保育園を目指し、むずかしければ認可外保育園に、という流れが一般的。

保育園4月入園までのスケジュール

妊娠中～産後9月

Step 1 情報収集スタート&下見

自治体のHPをチェックし、園ごとの募集状況などをチェック。役所の窓口にも足を運び情報収集しましょう。気になる保育園は、直接アポを入れて見学へ。

産後10～11月

Step 2 保育園見学&説明会

引き続き見学を進めながら、自治体による保育園の説明会があれば参加しましょう。認可がすべてダメだったときのために認可外にも早めにエントリーを。

産後12月

Step 3 保育園申し込み

指定された書類をそろえ、市区町村に申請書を提出。早く提出したからといって優先的に入れるわけでありませんが、書類の不備に備えて早めに出して。

産後翌2月

Step 4 結果発表

自治体から「入園承諾通知」が届いたら晴れて合格。その後、入園説明会や面接、健康診断などがあります。ダメだった場合は認可外など別の園をあたりましょう。

保育園見学のPoint

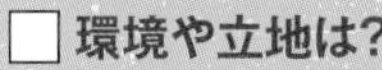

□ **園の雰囲気は？**

保育士の態度や子どもの表情を見れば、その園の雰囲気がわかります。0才よりも3才以上のクラスを見るとより明確。ここにわが子が通うなら、と考えて納得できる園ならOK。

□ **環境や立地は？**

教室そのものや園庭の広さ、園の周辺の環境、防犯性、耐震対策についてチェックしましょう。車で送迎するなら、車を停める場所があるかどうかも大事なチェックポイント。

□ **保育内容は？**

普段どんな遊びをしているのか、散歩の行き先や回数など、見学時に対応してくれた園長先生や保育士に聞いてみましょう。園庭が狭くても、散歩でカバーしているという園もあります。

【 保育園ってどんな種類があるの？ 】

	施設の概要	保育料	保育時間	選考基準	窓口
認可保育園	施設の広さや保育者の資格・人数、設備など国の基準を満たした園。公設公営、公設民営、民設民営など設置運営はさまざま。	国が決めた所得に応じた保育料。一般的に年齢が上がるほど安くなります。	地域によって異なりますが、標準の開所時間は11時間。	各自治体が定めた入園選考要件(就労時間やきょうだいの有無など)の点数しだい。	申請から入園手続きまですべて市区町村役所の保育担当窓口。見学の申し込みは直接園へ。
認可外保育園	株式会社や個人が運営。東京都の認証保育所など自治体の助成施設や事業所内託児所のほか、無認可のベビーホテルを含みます。	所得に関係なく一律。助成金が出る自治体もあり、認可より安くなる可能性も。	認可よりも長め。東京都の認証保育所は13時間開園が義務づけられています。	先着順や事情を考慮されることが多いようです。	園との直接やりとりになるので、見学も申し込みも園へ。
その他の施設	自治体や国が助成する「保育ママ」や各自治体で運営されている「認定こども園」など。預かり保育のある幼稚園もふえています。	自治体運営は所得によることが多く、幼稚園は一律。助成金で調整する自治体も。	地域によっては長めで、土曜日も運営しているところも。夏休みなど長期休みがある施設も。	自治体運営の場合、審査があります。ほかの場合は、たいてい審査は不要。	自治体運営なら認可保育園と同じ窓口で手続き。その他は直接やりとりすることに。

妊娠10カ月
36～39週

お産が間近に迫り おなかが張ります。流れをおさらい！

ママの体の変化

こんな変化が起こるかも

- 胃もたれや動悸、息切れが軽くなります
- 膀胱や直腸が圧迫され、頻尿や便秘がひどくなり、足のつけ根や恥骨が痛みます
- おりものがふえたり、前駆陣痛が起きたりします

子宮底長
32～35cm

体重増加の目安
妊娠前の体重＋
8～9.5kg

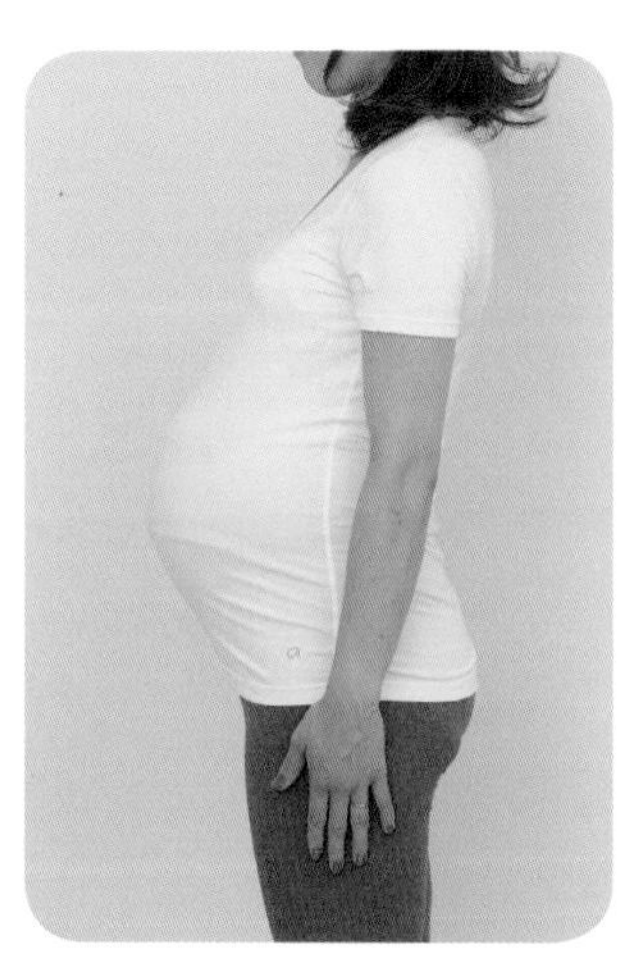

胃もたれが解消される一方、頻尿や足のつけ根の痛みが

いよいよお産本番へカウントダウン。子宮が下がるため、胃もたれや動悸は解消されますが、膀胱や直腸が圧迫されて頻尿や便秘がひどくなったり、足のつけ根あたりが突っ張るような感じがします。また、お産が近づくとおりものの量がふえたり、本格的な陣痛の前ぶれとして「前駆陣痛」(不規則なおなかの張り)を感じることも。規則的なおなかの張りを感じたら、間隔を計ってみましょう。張りの間隔が短くなったら陣痛がスタートする合図。病院に連絡を！

妊娠10カ月でしておくことList

【マストなこと】

- □ おっぱいケアをしておく ➡ 詳しくはP101
- □ 内祝いについて調べる ➡ 詳しくはP103
- □ 入院準備グッズの最終確認 ➡ 詳しくはP92
- □ タクシー会社や病院など、緊急時の連絡先リストを作る ➡ 詳しくはP92
- □ 出産に必要なお金を用意
- □ ベビーの名前の候補をしぼり込んでおく ➡ 詳しくはP84
- □ お産の兆候に注意する ➡ 詳しくはP164

【なるべくしたい】

- □ 病院までの移動手段をシミュレーション
- □ 出産本番のダンドリをパパと確認 ➡ 詳しくはP93
- □ ママになる心の準備を
- □ ビデオやデジカメの用意
- □ 「生まれました」報告の一斉アップの準備

妊娠10カ月ごろの赤ちゃん

身長　約47～50cm

体重　約2500～3000g

重さの目安　すいか1個

おなかの赤ちゃんの成長

こんな変化が起こります

- 体の機能は新生児並みに成熟します
- 産毛や胎脂はなくなり肌は赤色に
- 四頭身になり顔つきもふっくら
- 歯ぐきが盛り上がってきます
- 内臓や神経系統が発達し、呼吸や体温調整、母乳を飲む準備がととのいます
- 頭が骨盤に入り込み、たいてい大きく動かなくなります

赤ちゃんは下がり始め外界に飛び出ていく準備は完了！

体の機能は新生児とほとんど変わらない、いつ生まれてもOKな状態に。体をおおっていた体毛や体脂ははがれ、皮膚はきれいな肌色になります。生まれてすぐから呼吸したり、おっぱいを飲んだりできるように、すべての器官も準備完了。

お産が近づくと、赤ちゃんの体は子宮の出口に向かって下がり始めます。頭を下にして骨盤内に固定されるため、たいてい胎動は少なくなりますが、生まれる直前まで元気に動いている赤ちゃんもいるようです。

この月のパパへのメッセージ

仕事の予定は出産に合わせて調整しましょう

もう少しでわが子とご対面！でも出産日はたいてい予定日ぴったりにはなりませんし、急に入院するなどお産は何が起こるかわかりません。臨月に入ったら、いつ出産が始まっても対応できるように仕事の予定を調整できるといいですね。

ママへのメッセージ

もうすぐ赤ちゃんに会える！お産のイメトレで準備万端に

お産が近づき不安感を抱いているかもしれませんが、お産の流れをあらためて復習して、イメージトレーニングを。「ひとりのときに陣痛が始まったら」「夜中に破水したら」など、さまざまなケースを想定しておくと不安は消えていきます。

ライフAdvice

妊娠36週

予定日まで28日

Mama お産が近づくと、赤ちゃんの頭は骨盤の下のほうにぐっと入ります。そうすると、これまで大きな子宮に圧迫されていた胃に少し余裕ができて、おなかがすきやすくなることも。食べすぎないように注意しましょう。また、赤ちゃんの頭に押されて、恥骨が痛くなることもあります。

いつお産が始まっても大丈夫なように入院準備は完了させて

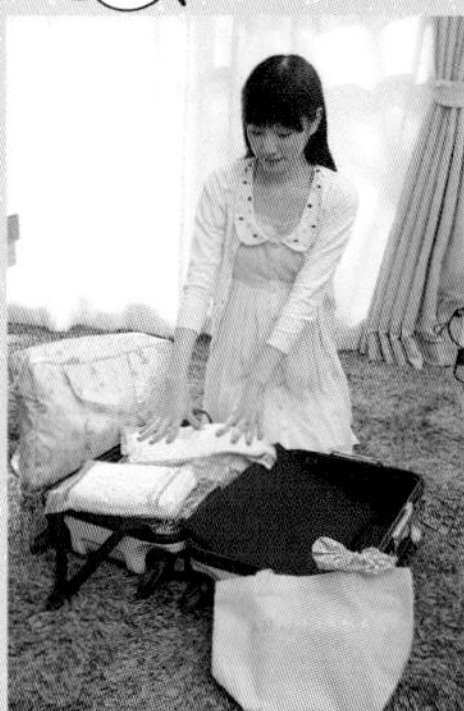

いよいよ臨月に突入。いつ陣痛がきても大丈夫なように、トランクやバッグに荷物を詰めてわかる場所に置いておきましょう。おっぱいマッサージなど母乳の準備もスタート。

トランクには入院中と産後に使うものを入れて。

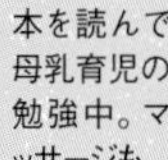

本を読んで母乳育児の勉強中。マッサージも。

Baby このころの赤ちゃんの様子

体の機能はすべてととのい、いつ生まれてもOKに

内臓器官や神経系統など体の機能がすべてととのい、いつ生まれてきても問題ない状態に。超音波でもほっぺや唇のふくらみなどはっきりと顔立ちがわかり、早く会いたいという思いも強くなるでしょう。生まれてきた赤ちゃんの顔が超音波で見た顔と同じで驚くかも。3Dや4Dの場合は、この時期ははっきりと見えない可能性があります。

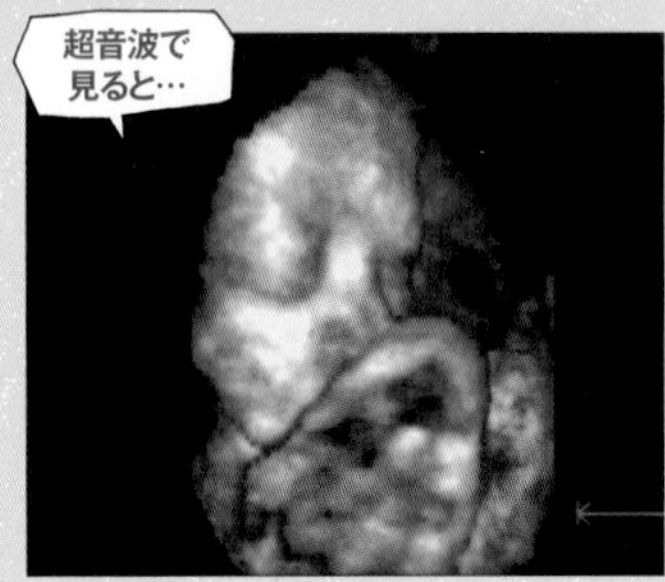

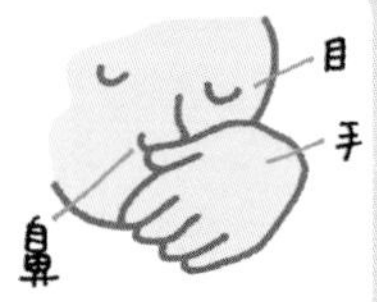

手で顔を隠しているものの、目や鼻が鮮明にわかります。誕生後の姿が想像できますね。

妊娠37週

予定日まで21日

Mama いよいよ37週、正期産の時期に入りました。もう、いつ生まれても大丈夫です。お産入院バッグの中身を再点検して、お産の流れも夫婦で復習して、準備万端に。いつでも病院に移動できるように、遠出は控えておきましょう。健康保険証、診察券、母子健康手帳は、近所に出かけるときも必携です!

ベビーを思いながら手を動かしていると心が落ち着きます

おなかのベビーを思いながらの手作りは、出産直前の心安らぐ時間。未完成のベビーグッズがあれば仕上げを。退院時に手作りおくるみでベビーをくるめば喜びもひとしお。

ベビーシューズや帽子、ガラガラを手作り。

産後の申請書類は、書けるところまで書いておいて。

Baby このころの赤ちゃんの様子

きれいな赤色は、まさに赤ちゃん! もうすぐ誕生

赤ちゃんの体はかなり大きくなり、今にもはちきれそう。出産に備え、赤ちゃんの頭はママの骨盤にすっぽりとはまり込み、これまでのように活発に動かなくなります。全身をおおっていた産毛や胎脂もとれ、皮膚はきれいな赤色に。まさに赤ちゃんの誕生はもう間もなく! ママは赤ちゃんが下がることで胃がスッキリします。

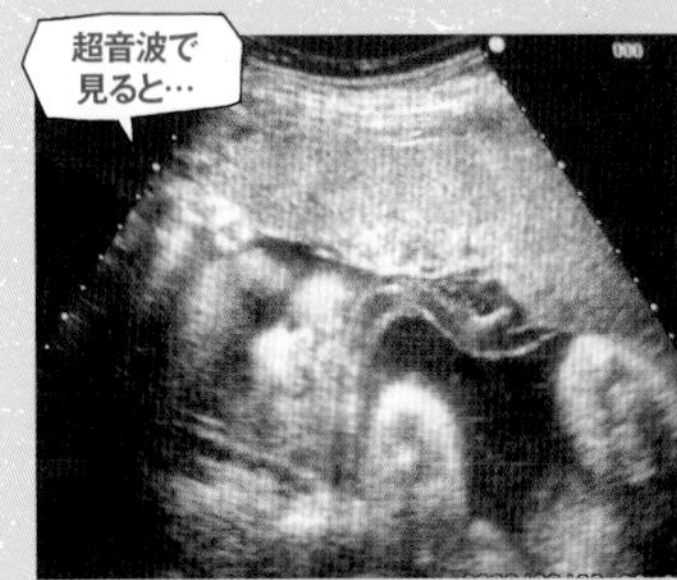

へその緒がくっきり見えて、ベビーとのつながりを感じさせてくれます。

週数別・マタニティ

妊娠39週

予定日まで7日

Mama お産間近になると、数時間周期で目が覚めることがあります。これはおなかの赤ちゃんの睡眠リズムとシンクロしているため。産後はこのリズムで授乳するので、短時間でも深く眠るためのレッスンだと思って過ごしましょう。胎動を感じるのもあと少しです。残りわずかな妊娠生活を楽しんで!!

「生まれました!」連絡の準備をしておくと産後にラク♪

出産までの時間を思い思いに過ごしているでしょう。でも体重管理と適度な運動は最後まで！ 今のうちに誕生のお知らせメールを用意するなど、産後に備えましょう。

骨盤回りが痛むときは、こまめにストレッチを。

口の中をさっぱりさせたいときは氷をガリガリ。

Baby このころの赤ちゃんの様子

生まれる準備は完了。出ていくときを待っています！

陣痛の波に乗って外に出ていく瞬間を、今か今かと待っている赤ちゃん。恥骨や足のつけ根に痛みを感じる、頻尿、不規則なおなかの張りなどの兆候があれば、お産が近づいているサイン。張りや痛みが規則的になったら陣痛です。時間の間隔を計り、病院に向かう準備を。破水した場合はすぐ病院へ。いよいよご対面！

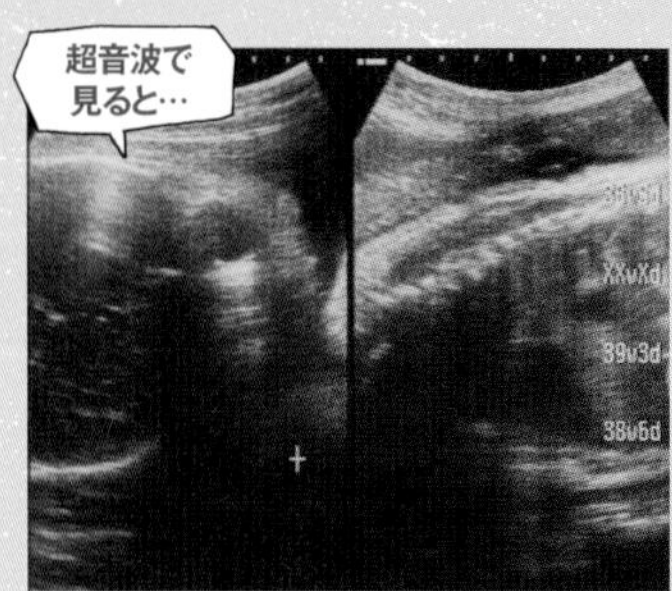

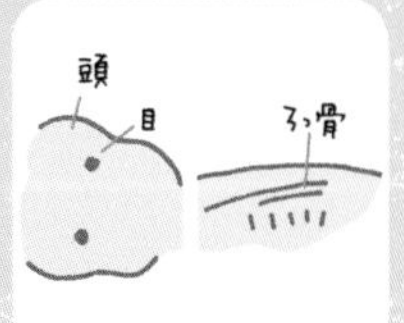

左に頭や目、右はろっ骨が映し出された1枚。推定体重は2908gと、どうりで重いはず。早く出てきて〜。

妊娠38週

予定日まで14日

Mama 周期的なおなかの張りや腰痛があったら、それは陣痛のスタートサインかもしれません。「前駆陣痛」といって、不規則で10分間隔にならずに消えてしまうこともありますが、とにかくお産はもう数日のうちにくる証拠。リラックスして赤ちゃんを迎えられるように過ごしましょう。

あわてずに自分らしくそのときを待ちましょう

つわりで苦しんだり、胎動に喜んだり、悲喜こもごもの妊婦生活もあと少し。落ち着かない日々ですが、ツボ押しなどを適度にとり入れて、出産まで前向きに過ごしましょう。

安産のツボといわれる三陰交を押しています。

妊娠中に続けてきた英語の勉強。胎教にも!?

Baby このころの赤ちゃんの様子

いつ出てもいいよ！ 最後の超音波にまた感動

妊娠判明からずっと撮ってきた超音波写真も、おそらく最後。あのお豆がこんなに大きくなるなんて……と感慨深くなります。いよいよ出産は間近。ぷくぷくの赤ちゃんをだっこできるのも、もうすぐです。医師は胎児が大きい場合、おなかの赤ちゃんの頭の幅とママの骨盤の広さを測り、うまく通れるかどうかチェックします。

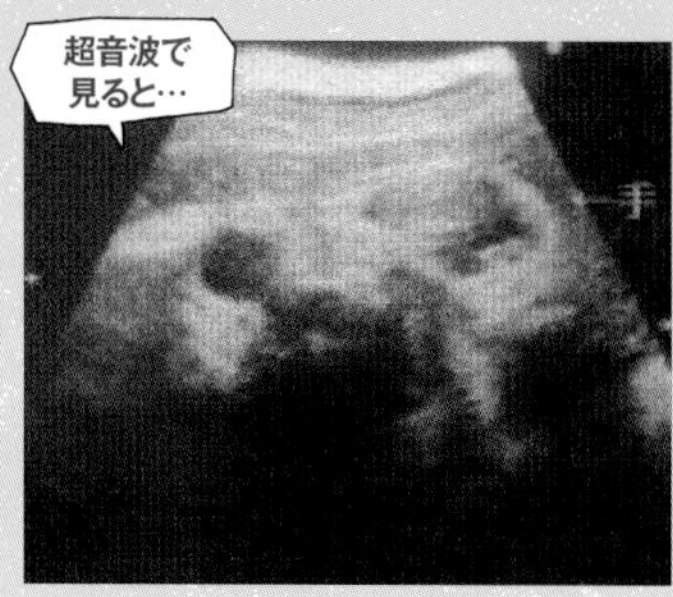

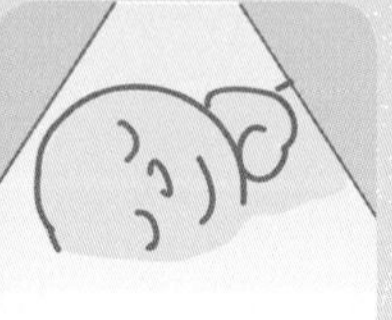

顔が大きくなっていて、一人前の赤ちゃんに。「早く外に出たい！」って言っているみたい!?

妊娠 10カ月

お産直前の過ごし方

安産のために、今からできることって何？

さあ、いよいよ出産です。お産への不安感を払拭するには、お産の流れの予習や安産のイメージトレーニングが有効です。

お産は体力勝負。心身のコンディションをととのえて

赤ちゃんとの対面を待ち望む一方、陣痛や分娩への不安がふくらむ時期。その瞬間に備えて、身体面もメンタル面もととのえておきましょう。お産は初産で平均15～16時間、経産婦でも5～6時間はかかる長丁場。とにかく体力勝負なので、これまで同様バランスのよい食事をとり、早寝・早起きの生活リズムをキープする意識が大切です。「お産は痛い」といわれますが、未知の痛みに対する恐怖心は不安感をあおります。お産の経過を知っておけば乗り越え方も考えられるので、あらためてお産の流れを予習して不安を解消するように努めましょう（詳しくは162ページ）。

臨月に入っても、ウォーキングや散歩を続けることが安産力アップのヒケツ。

安産力を高める方法

メンタル面

お産に前向きなイメージをもつ
陣痛が1回きたら、その分赤ちゃんに会う瞬間に近づいたということ。陣痛をよいものとしてとらえましょう。

リラックスする方法を探す
陣痛の痛さはリラックスで乗り越えられます。アロマや音楽、手浴など自分なりの方法を見つけ本番に備えて。

携帯・PC電源OFFの日をつくる
不安感から情報を集めると混乱のもと。情報源をシャットアウトし、屋外で自然にふれると落ち着きます。

不安な気持ちを人に話す
「話す」ことは「放す」こと。家族や友だちと自分の気持ちをたくさん話して、不安をパワーに変えていきましょう。

実家の親にマッサージしてもらいながらおしゃべり。不安感も薄れます。

身体面

股関節をやわらかくするストレッチ
お産のときは足を開くので、ストレッチで股関節をやわらかくしておきましょう。少しずつ毎日することが大切。

スクワットで太ももの筋力アップ
お産のときは足に力を入れるので、スクワットで太ももの筋肉を鍛えておきましょう。血流もアップ。

体重管理の手を抜かない
臨月は体重がふえ、血圧も上がりやすくなるので、最後まで注意を。里帰り出産の人は甘えすぎず体を動かして。

早寝・早起きのリズムをつくる
激しい胎動で眠りが浅くても、夜は目を閉じて体を休めましょう。朝は早めに起きて、眠くなったら昼寝をしても。

お産ギリギリまでウォーキング
破水さえしていなければ陣痛が始まっていてもOK。足に合った靴をはいて、姿勢を意識しながら歩きましょう。

しゃがむポーズでストレッチ
和式トイレやぞうきんがけのポーズは、自然に骨の間隔が伸ばされて腰痛対策になります。

波をふわりと乗り越えるように陣痛を乗り越える、そんなイメージトレーニングも効果大。

予定日を過ぎたら…

落ち着かない気持ちが続きますが、あせらずリラックスして待ちましょう。

1 こまめに体を動かす
ただ安静にして待つのではなく、散歩やウォーキング、ストレッチなどで1日1時間は体を動かしましょう。

2 リラックスして待つ
あせりは禁物。予定日ぴったりに出産することはめったにありません。健診で異常がなければ大丈夫です。

3 健診は欠かさず受ける
予定日を過ぎると健診の回数がふえ、胎盤の機能や赤ちゃんの状態をチェックします。きちんと受ければ安心。

マッサージで赤ちゃんが吸いやすい乳首に

母乳のためにおっぱいケアをしておこう

母乳育児の第一歩は乳首のケアから。母乳の出をよくし、赤ちゃんに毎日吸われても傷つきにくい強い乳首にしておきましょう。

栄養たっぷりの母乳は産後すぐから飲ませたい！

母乳は赤ちゃんの成長に必要な栄養素がたっぷり含まれているうえ、授乳というコミュニケーションを通して母子間の信頼関係が育つなどさまざまなメリットがあります。けれども、お産が終わったらすぐにおっぱいが出て、赤ちゃんがうまく吸ってくれるわけではありません。乳汁を分泌する乳腺を発達させ、赤ちゃんがくわえやすい乳首にするために、臨月に入り異常がなければ、お手入れを始めましょう。

ケアする前に、まずは乳頭のチェック。扁平乳頭や陥没乳頭など乳首の形にトラブルのある場合は、より入念なマッサージが必要になります。

乳頭の形をチェック！

正常な乳頭

赤ちゃんがおっぱいを吸うときは乳首を舌にからませて飲むので、乳首は1㎝以上の長さが必要。

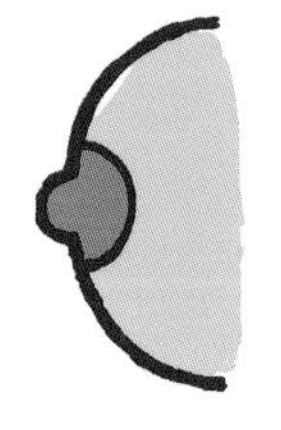

扁平乳頭

乳首が平たいと、うまく吸いつけません。指でしっかりとつまめるかどうか確認。つまめなければケアを。

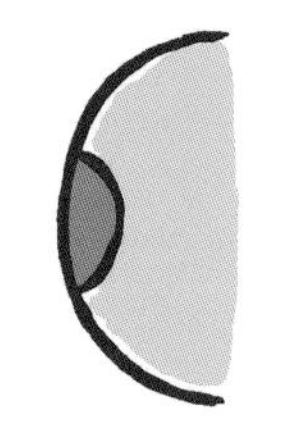

陥没乳頭

乳首が引っ込んでいても、赤ちゃんはうまく吸いつけません。お手入れで乳首をつまめるようにしましょう。

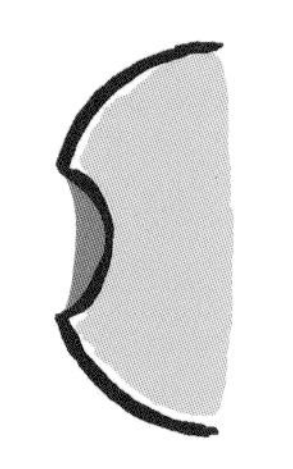

母乳のメリット

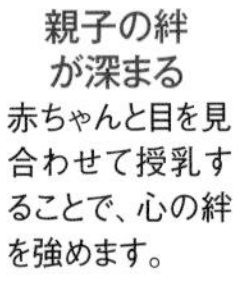

ママの体を守る
乳首を吸われると分泌されるオキシトシンが子宮収縮を助けます。

親子の絆が深まる
赤ちゃんと目を見合わせて授乳することで、心の絆を強めます。

栄養たっぷり
良質のタンパク質、脂肪、ビタミン類がバランスよく含まれています。

消化しやすい
消化酵素が入っているので、赤ちゃんの体にやさしいのです。

免疫がもらえる
赤ちゃんを病気から守る免疫成分を含有。特に初乳にはたっぷり!

\ ATTENTION! /

こんなときは注意!

乳首の刺激で子宮の収縮が起こることもあるので、36週未満で切迫早産ぎみの人は絶対にNG。お手入れの途中でおなかが張ってきたら、しばらく休みましょう。ブラジャーは乳房を締めつけないように、大きめ&ノンワイヤーを使いましょう。

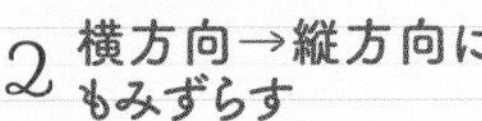

【乳頭マッサージ】

1日1回、3分ずつぐらいお手入れしましょう。マッサージをしたときに乳汁が出ることがありますが、心配ありません。

基本のかまえ

片方の手でおっぱいを保護しながら、もう片方の手の指を使って、マッサージします。

1 乳首をゆっくり圧迫

1、2、3で3秒ほど圧迫し、4で力を抜きます。乳頭、乳輪部の位置を変えながら行います。

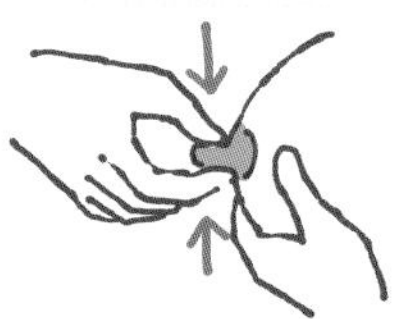

2 横方向→縦方向にもみずらす

乳頭、乳輪部に指の腹を添えて横方向にずらしてもみ、縦方向にずらしてもみます。

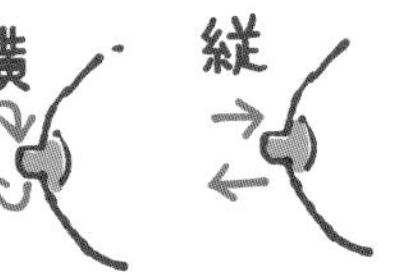

生まれてすぐからめじろ押し！赤ちゃんの行事を予習

赤ちゃんのすこやかな成長を願うベビーイベントは自分たちらしさを大切に。でも正式な方法もしっかり押さえておきましょう。

産後7日目 お七夜
赤ちゃんの名前をお披露目

いつ？

赤ちゃんが生まれた日から7日目。7日にこだわらず、家族の都合のよい日でも。


どんなことをするの？

赤ちゃんの誕生と名前が決まったことを祝い、お披露目する行事。正式には赤ちゃんの名前を書いた命名書を神棚や床の間に飾り、家族で赤飯や尾頭つきの魚などの祝い膳を囲みます。神棚がなければ命名書は高い場所にはってもOK。

正式には奉書紙の中央に赤ちゃんの名前と生年月日、左側にお七夜の日付と両親の名前を書き、三方にのせて神棚か床の間へ。命名紙に名前と生年月日のみの略式も。

命名紙は名づけ親が書くのが正式なスタイルですが、今は誰が書いてもよいとされています。

産後30日目 お宮参り
氏神様にすこやかな成長を祈願

いつ？

一般的には男の子は生後31日目、女の子は生後33日目。地域により異なります。


どんなことをするの？

氏神様をまつる地元の神社に無事に赤ちゃんが生まれたことの感謝を伝え、今後のすこやかな成長を祈願します。神主にお祓いをしていただいたのち、祝詞奏上をしていただくのが正式なお参りの仕方。当日は記念撮影や食事会をする家が多いよう。


お宮参りのダンドリ！

1. 日時を決めて神社に予約
生後30日前後で都合のいい日をチェック。お祓いに予約が必要な神社は、早めに連絡を。
2. 神社でお祓い
当日申し込み、お祓いしてもらいます。ママに代わり、お姑さんが赤ちゃんを抱くのがならわし。
3. 祝い膳を囲む
終わったら記念撮影し、身内の人と祝い膳を囲むことが多いようです。レストランですませても。

赤ちゃんはベビードレスや着物、大人もスーツやワンピースなど、あらたまった服装で出かけましょう。

産後100～120日目 お食い初め
一生食べ物に困りませんように

いつ？

生後100日目か110日目、120日目など地域によって異なります。


どんなことをするの？

赤ちゃんが一生食べ物に困らないことを願い、赤飯や尾頭つきの祝い膳を用意して、赤ちゃんに食べさせるまねをする儀式です。

3月3日・5月5日 初節句
雛人形や五月人形を飾り厄除け

いつ？

誕生後初めての節句。女の子は3月3日の桃の節句、男の子は5月5日の端午の節句。


どんなことをするの？

雛人形や五月人形を飾り、厄除けとすこやかな成長を願ってお祝いします。人形が身代わりになり、災難を防ぐという意味も。

感謝の気持ちを品物に託して

内祝いについて調べよう

出産祝いをいただいたら、なるべく早めに内祝いを贈りましょう。母ならではの視点で選んだ品物は、きっと喜ばれるはず。

産後はじっくり選べません。今のうちに目星をつけて

赤ちゃんが生まれると、いろいろな方から出産祝いをいただきます。お祝いをいただいた方へ感謝の気持ちを伝えるのが「内祝い」。いただいたら、なるべく早めに贈るのがマナーです。金額の目安は、いただいたものの1／3から半額といわれますが、高価なものへのお返しは1万円台まででよいでしょう。

産後は慣れない育児で、じっくりと選ぶ余裕がないので、時間のあるうちにネットやカタログなどに目を通して品物の目星をつけておいて。また基本的なマナーも知っておきましょう。

内祝いのカタログやネットのサイトをチェック。経験者の意見も参考になります。

贈る相手の好みや家族構成を考えてセレクトしましょう

出産祝いをいただく相手は、目上の方から子どものいる友人、独身の同僚までさまざま。内祝いを選ぶ際は、第一に先方のことを考えましょう。ひとり暮らしの人にファミリー用の食品の詰め合わせ、コーヒーを飲まない方にコーヒーなどはかえって困らせてしまいます。相手の好みはもちろん、年齢や家族構成、生活なども考慮したいですね。

早めに調べておけば「さすが！」と喜んでもらえるセンスの光るギフトが見つかるでしょう。

内祝いの基本マナー

1 いつ贈る?

なるべく早めに贈りたいものですが、いただいてから3週間から1カ月前後、お宮参りの時期を目安にすれば問題なし。

2 何を贈る?

高級なタオルや話題のお菓子など「自分で買うのは少しためらう」贈り物が喜ばれるようです。先方の好みを考慮するのは大前提。

3 贈ってはいけないものは?

タブーとされるのは弔事で使われる日本茶と「(縁を)断つ」から縁起が悪いとされる刃物。避けたほうがよいと知っておいて。

4 連名でいただいたときは?

1人あたり3000円以上と思われる場合は、一人ひとりにお礼するのが礼儀。それより少額の場合は小分けのお菓子やハンカチでも。

5 商品券だと失礼にあたる?

商品券やギフトカタログも内祝いとして定着してきました、お礼状にひと言添えれば、失礼にはなりません。

相手別 贈ったものBest3

for 子どものいる友人

1. タオルセット
2. 食品
3. 子ども用品

定番ですがタオルセットは、お子さんがいる家庭こそ喜ばれるギフト。家族が多いと食品もうれしいもの。子どものおもちゃをプレゼントしても。

for 会社の同僚ほか

1. カタログギフト
2. 食品
3. タオルセット

はっきりと好みがわからない場合はカタログギフトがおすすめ。お礼を書いたカードを添えて贈りましょう。

for 親類

1. 名前入り食品
2. タオルセット
3. カタログギフト

生まれた赤ちゃんのお披露目を兼ねて、名前を入れたお菓子や出生体重と同じ重さのお米などが人気です。

for 独身の子どものいない友人

1. 食品
2. タオルセット
3. 石けんセット

一度は食べてみたい高級なお菓子やホテルの味を差し上げるチャンス。残らないので味けないと思われがちですが「自分では買わないからこそうれしい」と人気。

COLUMN

バースプランを立ててみよう

あなたはどんなお産をしたいですか？
バースプランとは、お産の希望を紙に書いて、産院に提出するもの。そのポイントと、ヒントとなる例文をご紹介します。

自分の理想のお産を思い描き紙に書き出してみましょう

バースプランを立てる際に大事なのは、自分はどんなお産をしたいのか頭に思い描くこと。率直な思いがつづられたバースプランは、介助する医師や助産師と信頼感を強めるツールとなるでしょう。ただしバースプランはあくまでも希望。赤ちゃんとママの安全が第一優先ですから、必ずしも希望どおりにいくわけでないと理解しておくことも大事です。バースプランは事前に提出を求められる病院もありますが、そうでない病院もあります。その場合は自分なりにまとめて提出してもよいでしょう。

バースプランのヒント

赤ちゃんが生まれたら

ついに赤ちゃんとのご対面の瞬間。生まれたわが子を最初にだっこしたいなら、その旨をしっかりと書いておきましょう。新生児室に連れて行かれたあとで、だっこしたかったのに……と後悔してもあとの祭り。

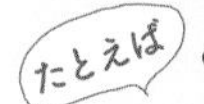

- 生まれた赤ちゃんは、すぐにおなかにのせて授乳したい
- いちばん最初に夫にだっこさせてあげてほしい

陣痛中にしたいこと

最初にして最大の山場を乗り越えるために、お願いしたいことを書きましょう。お産までの経過を把握していれば、陣痛中に自分がどんなふうにサポートしてもらいたいか見えてくるかもしれません。

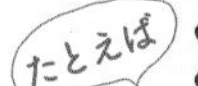

- 好きな音楽をかけたい
- なるべく動きたい
- シャワーを浴びたり、おふろにつかりたい
- アロマオイルでリラックスしたい

お産入院中は…

待ったなしで赤ちゃんとの生活が始まります。入院中のママの体ケアとベビーのお世話について、望むサポートをリストアップしましょう。夫の育児参加をさりげなく促してもらうプランもあり。

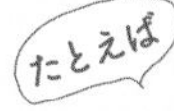

- 沐浴指導は夫をメインでお願いしたい
- 産後2日目から母子同室にしたい
- できるだけ母乳育児で育てたい
- 仕事の都合があるので、ミルクをメインに授乳したい

出産時にしたいこと

いよいよお産本番。夫の立ち会い、会陰切開や促進剤など医療のこと、気になっている体のことについて書き出していきましょう。筆を進めるうちに、お産に対するイメージもだんだんとわいてくるはず。

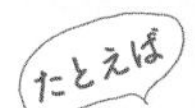

- 夫には最後まで立ち会ってほしい
- なるべく会陰切開をしないでほしい
- 無痛分娩をしたい
- 痔がひどいので、これ以上ひどくならないように配慮を

私たちもバースプラン、書きました！

バースプランがそのまま実現して満足度100%のお産に

臨月に入ってから病院に提出。「生まれたら初乳をあげて家族にだっこしてもらいたい」と書いたことがそのまま実現できました。とてもうれしく、赤ちゃんをいとおしく感じました。

岩田由香里さん（28才）（産後1カ月）

陣痛中にリラックスできる方法をプランに書いて大満足！

陣痛中はとにかくリラックスしたかったので、「音楽を流す」「夫と呼吸法」といった内容を盛り込みました。結果、そのとおりにしてもらえて、自分でもいいお産だったなと大満足。

小嶋亜友美さん（31才）　産後3カ月

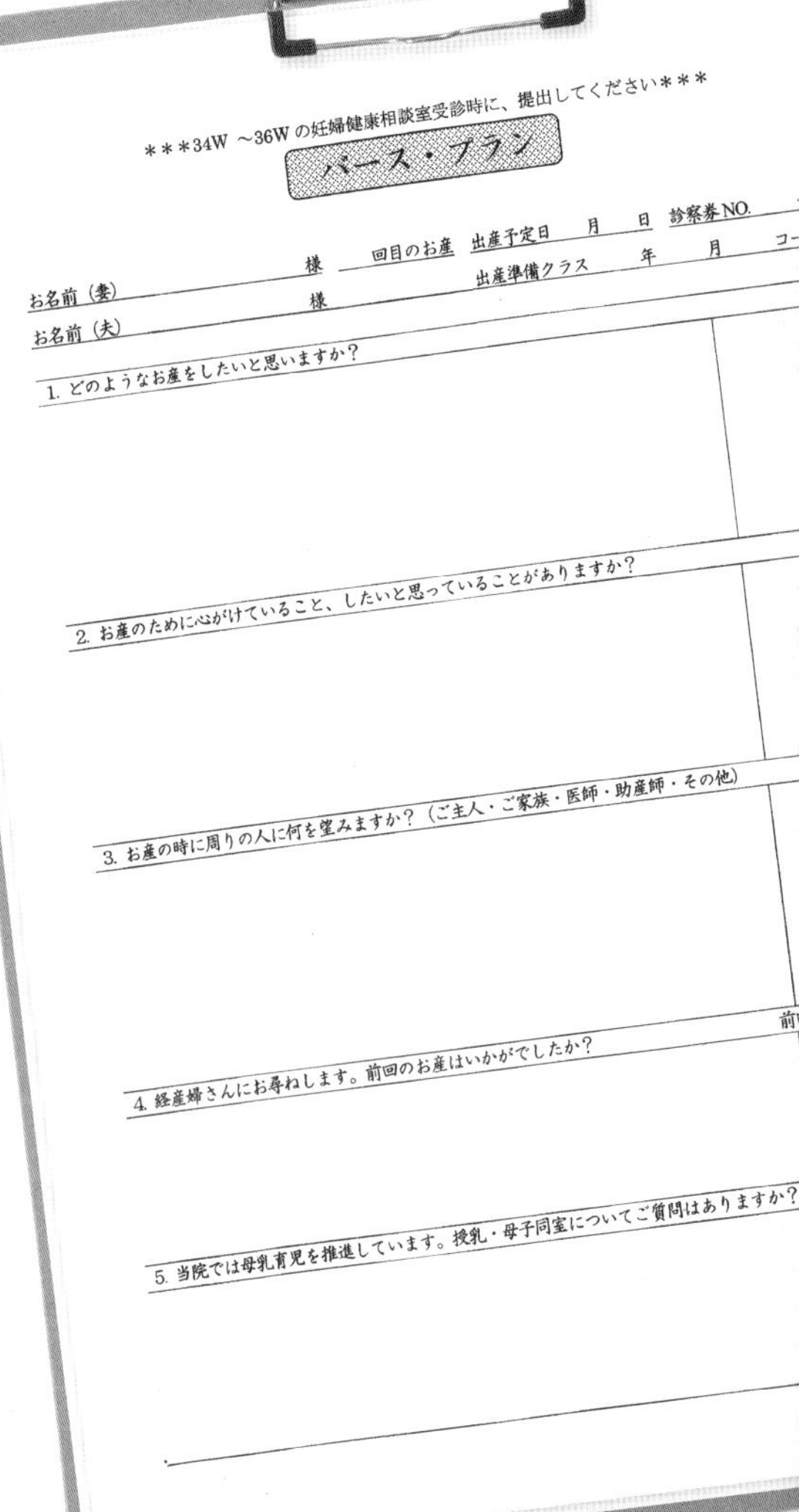

＊＊＊34W ～36W の妊婦健康相談室受診時に、提出してください＊＊＊

バース・プラン

回目のお産　出産予定日　月　日　診察券NO.

お名前（妻）　様　出産準備クラス　年　月

お名前（夫）　様

1. どのようなお産をしたいと思いますか？

2. お産のために心がけていること、したいと思っていることがありますか？

3. お産の時に周りの人に何を望みますか？（ご主人・ご家族・医師・助産師・その他）

4. 経産婦さんにお尋ねします。前回のお産はいかがでしたか？

5. 当院では母乳育児を推進しています。授乳・母子同室についてご質問はありますか？

PART

3

スルッと産むために、妊娠中にできることは？

安産＆きれいなママになる生活

赤ちゃんのすこやかな体をつくるために
そして安産するためにも
日々の食事や運動、生活習慣の見直しはとても大切。
心も体もスッキリととのえて
妊娠中も産後も「元気できれいなママ」でいるために
気をつけたいポイントもまとめました。

お産に向けて
今から体を
ととのえよう！

「安産するための生活」ってどういうこと？

安産は妊婦さんみんなの願い。その日に向けて体と心をととのえていくことが、きっと安産を引き寄せる力になるでしょう。

満足できるお産のために生活をととのえていきましょう

「安産」というと、「短い時間でするっと産むこと」と思う人も多いでしょう。でも、いちばん大切なことは、出産後に「満足できるお産だった」と思えるかどうかです。お産は、ママと赤ちゃんの初めての共同作業ともいえるもの。赤ちゃんが生まれようとするときを、「できることはすべてがんばった！」と万全の体調で迎えられたら、きっと「いいお産」として記憶に残るはず。出産も産後の育児も、体力勝負です！

そのためにも、妊娠中の今から体力をつけましょう。基本は規則正しい生活をすること。バランスのよい食事とたっぷりの睡眠、適度な運動で、体がととのってくるのはもちろん、安産できる自信もつくでしょう。

安産するための3つの柱

-1-
食事

-2-
生活リズム（睡眠）

-3-
運動

どれが欠けてもダメなんだ！

-1- 食事
鉄分やカルシウムが不足しないようバランスよく

適正な体重を保つために大事なのは、食事の量と質です。おなかの赤ちゃんの体をつくるためにも、妊婦さん自身が健康でいるためにも、栄養バランスのよい食事を心がけましょう。

栄養バランスをよくするには、なるべく多くの食材をとり入れることが基本。主食に主菜、副菜がそろった和食がおすすめです。妊娠中に必要量がふえるタンパク質や葉酸、鉄分をはじめ、不足しやすいカルシウムを意識してとり入れましょう。

「安産するための生活」ってどういうこと？

-2- 生活リズム（睡眠）

「夜ふかし」「朝食抜き」は厳禁

夫婦ふたりの生活だと、どうしても夜型に傾きがちという妊婦さんも多いかもしれません。でも、就寝時間が遅くなると、睡眠不足で疲れが残りますし、しだいに朝起きられなくなって、どんどん生活リズムが乱れることもあります。食欲がなくて朝食を抜いてしまうことも多く、脳へのエネルギーが不足してイライラしたり、昼食で一気に食べすぎてしまうことも。

産後は、赤ちゃんの生活リズムをととのえることも必要になるので、今のうちから「早寝・早起き・朝ごはん」を心がけましょう。

こんなときは？

Q 夫の帰宅が遅いので、つい生活リズムが乱れがち…どうすればいい？

A 妊娠中の心身の変化を夫に話して協力してもらって

妊娠すると心身ともに大きく変化するので、生活リズムの乱れでよりいっそう疲れやすくなったり、イライラしたりしがち。夫に話して、先に食事をすませたり、帰りを待たずに寝られるように協力してもらいましょう。

生活リズムをととのえる3カ条

1. 早寝
2. 早起き
3. 朝ごはん

朝の光を浴びると分泌されるホルモン「セロトニン」には、心を安定させる働きがあります。睡眠を促す「メラトニン」は、セロトニンを材料につくられるので、早起きが早寝への近道。朝ごはんを食べることは脳を活性化させ、しっかりかんで食べることでセロトニンもふえます。

-3- 運動

無理せず、楽しく、気持ちよく！

「運動」といっても、妊娠前にしていなかったスポーツをいきなり始めるのはおすすめできません。でも、これまで事務系の仕事で1日じゅうすわっていたような場合は、妊娠中も同じような生活をすると足がむくみやすかったり、静脈血栓症になりやすかったりするので、体に負担のない範囲で適度に体を動かして。スイミングやウォーキングなどがおすすめです。ただ、妊娠中はあくまで体調優先。無理してまで「しなくてはいけないこと」ではないので、体調を見ながら楽しくやりましょう。

A 胎盤が完成する15～16週以降に

個人差はありますが、妊娠4カ月の終わりごろ～妊娠5カ月の初めごろになると、胎盤が完成し、いわゆる安定期に入ります。マタニティスイミングやマタニティヨガなどのマタニティスポーツは、医師の許可をもらってこれ以降に。

マタニティスポーツをするときの基本3

1 自分に合った無理のないものを選んで

「あまり好きではないけれど赤ちゃんのため」というのでは、楽しくできません。自分が気持ちよくできるものを！

2 「無理！」と思ったら即中止

妊娠中は日々体調が変わります。自分の体調と相談して、「おかしいな」と思ったら迷わずやめておきましょう。

3 運動後の水分補給は水がおすすめ

運動すると汗をかいて水分が失われます。水分補給は必要ですが、甘いドリンクなどは避けて。水かカフェインの少ないお茶を。

適度な体重増加と栄養バランスに気をつけよう

安産のための体重管理&食生活

体重のふえすぎ、ふえなさすぎは赤ちゃんにもママの体にもトラブルを招きます。必要な栄養素が不足しないよう、適正な体重を目指して。

まずはBMIで目標体重を決めましょう

妊娠すると、赤ちゃんや胎盤、羊水のほか、血液量や水分なども合わせて約6～7kgふえます。これに、赤ちゃんを守るクッションの役割をしたり、お産のときに必要なエネルギーとなる皮下脂肪を加えたものが、適正な体重増加量です。

適正な体重増加量は、妊娠前の体重によって異なるので、BMI（ボディ・マス・インデックス）という、肥満度をあらわす指数を使って調べましょう。下の式に、自分の身長と妊娠前の体重をあてはめてBMIを出し、表の該当する欄を見てください。いちばん右に書いてある数字が、あなたの適正体重増加量です。

適正な体重増加がわかるBMIをチェック！

妊娠前の体重 □kg ÷（身長 □m × 身長 □m）＝ BMI □

身長はmで計算します。例えば、身長150cmで45kgの場合は、45÷（1.5×1.5）＝20.0、身長165cmで50kgの場合は、50÷（1.65×1.65）＝18.3となります。

BMI		適正体重増加量
18.5未満	**やせ**	**＋9～12kg**
18.5～25未満	**普通**	**＋7～12kg**
25以上	**肥満**	**＋個別対応**（BMI25で＋5kg）

同じ体重でも、身長が違えばBMIは違うのね～

体重が50kgの場合、身長が158cmの人はBMIが20.0となり、「普通」体型なので適正体重増加量は＋7～12kgです。168cmの人は17.7となり、「やせ」体型になるので、＋9～12kgが目標体重となります。

妊娠でふえる適正な体重の内訳

赤ちゃんの重さ	約3kg
胎盤や羊水	約1kg
母体の血液量や水分など	約1.7～2.5kg

＝

約6～7kg

＋

お産や育児に必要なエネルギーとしての脂肪

（妊娠前の体重によってここが違います）

太りすぎ&やせすぎで起こりやすいトラブル

ふえすぎで

妊娠高血圧症候群 ➜P134

妊娠20週以降、産後12週まで高血圧が見られる場合、もしくは高血圧にタンパク尿を伴う場合です。胎盤に十分な血液が届かなくなり、赤ちゃんの発育が悪くなったり、母体が危険になる可能性もあります。

妊娠糖尿病 ➜P136

妊娠をきっかけに糖の代謝異常が起こり、血糖値が高くなった状態です。もともと肥満ぎみの人や糖尿病の家族がいる人がなりやすく、赤ちゃんが大きくなりすぎて難産になるほか、母体にもトラブルが。

微弱陣痛

陣痛が弱く、子宮口が十分開かないため、お産がスムーズに進まない状態です。お産が始まってもなかなかよい陣痛が起こらない場合と、途中から陣痛が弱くなってしまう場合とがあります。

その他

骨盤の内側や産道の周りに脂肪がついて微弱陣痛になったり、出血量がふえたりなどのトラブルが起こることがあります。

ふえなさすぎで

子宮内胎児発育遅延

おなかの赤ちゃんが妊娠週数に応じた大きさに育っていないことをいいます。赤ちゃん自身の障害のほか、妊娠高血圧症候群や食事量が極端に少ないことが原因のことも。赤ちゃんの様子によっては、入院や予定日前に帝王切開になる場合もあります。

低出生体重児

おなかの中での発育が十分でなく、出生時の体重が2500g未満の赤ちゃんのことをいいます。NICU（新生児集中治療室）の保育器などでのサポートが必要になる場合もあり、ママが先に退院して母乳を届けるようになることも。

必要な栄養素をきちんととり入れて

胎盤が完成すると、ママがとった栄養がおなかの赤ちゃんに届くようになります。でも、「おなかの赤ちゃんのために2人分食べる」というのは過去の話。大切なのは量だけではなく、赤ちゃんの体をつくるために必要な栄養バランスのよい食事なのです。

タンパク質や鉄分、葉酸など特に必要になる栄養素を、妊娠前の食事にプラスしていき、また不足しがちなカルシウムもしっかりとりましょう。妊娠前の食事が偏っていた人は、食生活を見直すチャンス！　下の「妊娠中にとりたい栄養　1日分の目安」を参考にして、毎日の食事を組み立ててみて。

妊娠中の食生活のポイント

主食（ごはん・パン・めんなど）

ごはんなら小さめの茶わんに軽く2杯（200g）、食パンなら2枚が1食分の目安。玄米や胚芽米、全粒粉パンやライ麦パンなど精白度が低いものにすると、食物繊維やビタミン、ミネラルなどもとれます。

汁物

塩分が心配なみそ汁やスープは、だしをしっかりとり、調味料を少なくして。ビタミンが多い野菜や、食物繊維が豊富な根菜類やきのこ、ミネラルいっぱいの海藻など、具だくさんにすると、栄養バランスも満腹感もアップ。

副菜（野菜のおかず）

ビタミンやミネラルを多く含む野菜や海藻、きのこ類はたっぷりとりたいもの。野菜は1日350g以上が理想。1/3は葉酸や鉄分、カルシウム、カロテン、ビタミンCなどが豊富な緑黄色野菜からとりましょう。

主菜（メインのおかず）

脂肪の少ない赤身肉や、赤ちゃんの脳を育てるDHAが豊富な青背魚、栄養豊富な卵、カルシウムが多い乳製品、大豆や大豆製品など良質なタンパク質を中心に。蒸したり、グリルしたりすると、カロリーを抑えたメニューにできます。

“一汁三菜”がバランスのいい献立なんだ！

妊娠中にとりたい栄養　1日分の目安

エネルギー　1800〜2200kcal

活動量が低い場合、妊娠前の食事（1750kcal）に初期は50kcal、中期は250kcal、末期は450kcalプラスするのが目安です。とりすぎも少なすぎも、おなかの赤ちゃんが将来、生活習慣病にかかる可能性が上がるといわれているので、適量食べることが大切。

塩分　7g未満

とりすぎると「むくみ」や「高血圧」の原因にもなります。食事は薄味を心がけましょう。加工食品やうどん、パン類などに含まれている塩分にも注意して。

カルシウム　650mg

日本人の若い女性は必要な量のカルシウムをとれていない人が多く、意識してとらないと不足してしまいがちです。乳製品、小魚類、大豆製品、海藻類、青菜類からとれます。

鉄分　21〜21.5mg

妊娠前に比べて、かなり多く必要です。鉄分は赤血球の中のヘモグロビンの成分となり、酸素を運ぶのに役立ちます。不足すると貧血になるので、妊娠中は意識してとり入れましょう。赤身肉や大豆製品、あさり、青菜類に含まれます。

葉酸　480μg

妊娠中は妊娠前に比べて推奨量が2倍になります。赤ちゃんの各器官がつくられる妊娠のごく初期に最も必要なので、実は妊娠前から食べておくことが大切な栄養素です。緑黄色野菜や果物、豆類などに多く、熱や水に弱いという性質をもっています。

妊娠中にとりたい栄養素その1

葉酸

1日にとりたい量

480μg

赤ちゃんの先天異常や流産などのリスクを減らす働きが

葉酸はビタミンB群の一種で、新しい細胞や赤血球をつくるのを助ける働きがあります。おなかの赤ちゃんの体の器官がつくられる妊娠初期に不足すると、二分脊椎症などの先天異常が起こる可能性があるだけでなく、流産や胎児発育不全などを起こすことがあるといわれています。妊娠期の推奨量は480μgなので、毎日積極的にとりましょう。特に妊娠12週までは、食事のほかにサプリメントから400μgの摂取が推奨されています。

小松菜などの葉物野菜、サニーレタス、にら、オクラ、さつまいも、そらまめ、厚揚げ、ひじき、桜えびなどに多く含まれています。

葉酸を多く含む食材

- 枝豆(80g)……141μg
- ほうれんそう(2株・60g)……126μg
- アスパラガス(3本・60g)……114μg
- 春菊(3株・60g)……114μg
- ブロッコリー(2房・50g)……105μg
- アボカド(½個・100g)……84μg
- いちご(5粒・75g)……68μg
- 大豆もやし(1カップ・60g)……51μg
- チンゲン菜(1株・70g)……46μg
- キャベツ(大½枚・50g)……39μg
- わかめ(乾燥・5g)……22μg
- 桜えび(素干し・5g)……12μg

※野菜はすべて生、乾物は水でもどす前の重さ。目安の株数や個数は野菜のサイズにより異なります。

葉酸をとるときのポイント3

1 加熱は最小限に

葉酸は熱や水に弱く、加熱すると半分はこわれてしまったり、汁にとけ出してしまうので、水でさっと洗い、なるべく生で食べるのがおすすめ。加熱するときは、いためる程度が理想的です。

2 なるべく汁ごと食べる

加熱すると汁にとけ出す性質を利用して、いためてあんかけにしたり、みそ汁やスープ、煮びたしなどの汁ごと食べられるメニューにすると、ムダなくとることができます。

3 フルーツからも!

いちごやかんきつ類などのフルーツなら、加熱によって葉酸がこわれることがなく、まるごととり入れることができます。調理の必要もなく、手軽な点も◎。

葉酸 157μg

＼下ゆでなしでOK! 冷めてもおいしい!／

ブロッコリーの粉チーズソテー

材料(2人分)

ブロッコリー…150g
オリーブ油…小さじ1
塩、あらびき黒こしょう…各少々
粉チーズ…大さじ1

作り方

❶ ブロッコリーは小房に分ける。
❷ フライパンにオリーブ油を入れて中火で熱し、①を加えていためる。全体に油が回ったら塩を振り、水大さじ1を加え、ふたをして2分ほど弱火で蒸し煮にする。
❸ 火が通ったら、ふたをとって水分をとばす。粉チーズを加えて絡め、こしょうを振る。

葉酸 31μg

＼冷蔵庫で3～4日保存できる!／

パプリカとごぼうのピクルス

材料(2人分)

ごぼう…150g
パプリカ…¼個
A
- りんご酢…大さじ2強
- 水…大さじ2
- 砂糖…大さじ1強
- 塩…小さじ⅓
- ローリエ…1枚
- あらびき白こしょう…少々

作り方

❶ ごぼうはささがきにする。パプリカは縦に細切りにする。
❷ Aを鍋に入れて中火で煮立て、①を加えて3～4分、汁けがなくなるまで煮る。

葉酸 219μg

＼いつもの納豆にあえるだけの手軽さ／

春菊の納豆あえ

材料(2人分)

春菊…200g
ひき割り納豆…40g
長ねぎ(あらみじん切り)…10㎝分
A しょうゆ…小さじ1
　ごま油…小さじ¼

作り方

❶ 鍋に湯を沸かし、春菊をゆでて冷水にとる。水けをしぼって7〜8㎜幅に刻む。
❷ 納豆にAを入れてよくまぜ、①と長ねぎを加えてあえる。

葉酸 65μg

＼桜えびから出るだしにうまみがじんわり／

キャベツと桜えびの煮びたし

材料(2人分)

キャベツ…150g
だし…1カップ
桜えび…大さじ1
A しょうゆ、みりん、酒
　…各小さじ1

作り方

❶ キャベツはざく切りにする。
❷ 鍋にだしとAを入れて中火で熱し、①と桜えびを加えてさっと煮る。

葉酸 44μg

＼葉酸をまるごととれるフルーツを使って／

せん切りかぼちゃとキウイのサラダ

材料(2人分)

かぼちゃ…100g
キウイ(せん切り)…1個分
レーズン…大さじ1
A ヨーグルト…大さじ1
　オリーブ油…小さじ1
　にんにく(すりおろし)…少々
　塩…小さじ¼
　こしょう…少々

作り方

❶ かぼちゃはわたをとって耐熱皿にのせ、ラップをふんわりかけて電子レンジで1分ほど加熱する。せん切りにして、さらに電子レンジで1分ほど加熱。
❷ レーズンは湯でもどし、水けをきる。
❸ ボウルにAをまぜ合わせ、①と②、キウイを加えてさっとまぜる。

葉酸 158μg

＼あと1品欲しいときにコンロを使わずできる／

アスパラガスの磯辺あえ

材料(2人分)

アスパラガス…150g
塩…小さじ⅕
ごま油…小さじ½
のり…全形大½枚

作り方

❶ アスパラガスは根元のかたい部分とはかまをとり、1㎝厚さの斜め切りにする。
❷ ①をオーブンシートにのせ、オーブントースターで7〜8分焼く。塩、ごま油を振ってなじませ、のりをちぎってあえる。

妊娠中にとりたい栄養素その2

鉄

1日にとりたい量
21〜21.5mg

赤ちゃんに酸素と栄養を運ぶために必要

妊娠中は体重がふえるのに伴って血液の量もふえますが、赤血球に比べて血漿の量のほうがふえるので、血液が薄まって貧血が起こりやすくなります。赤血球はおなかの赤ちゃんに酸素や栄養を運ぶ大切な役割をしているので、貧血になると動悸や息切れ、疲れやすいなどの症状が出るだけでなく、赤ちゃんの発育にも影響が出ることも。お産のときにも、出血時にショックを起こすなどのトラブルが心配です。

鉄分には、肉や魚などに多い動物性のヘム鉄と大豆製品や野菜などに多い植物性の非ヘム鉄とがあり、効率よく吸収するには、ヘム鉄を毎日とることがポイントです。

鉄分を多く含む食材

- ひじき(乾燥・10g)……5.5mg
- あさり(正味100g)……3.8mg
- ツナ缶(味つけ・フレーク／小1缶80g)……3.2mg
- がんもどき(中1個・70g)……2.5mg
- 牛ひき肉(100g)……2.3mg
- かつお(100g)……1.9mg
- きくらげ(10個・5g)……1.8mg
- 高野豆腐(1個・20g)……1.4mg
- 切り干し大根(10g)……1.0mg
- まいわし(中1尾・100g)……0.9mg
- きな粉(大さじ1)……0.5mg
- しじみ(10個・30g)……0.4mg

※野菜はすべて生、乾物は水でもどす前の重さ。目安の株数や個数は野菜のサイズにより異なります。

鉄分をとるときのポイント3

1 ビタミンCといっしょにとる
鉄の吸収率をより高めてくれるビタミンCが多い食品といっしょにとりましょう。ブロッコリーや赤ピーマン、キャベツなどに多く含まれています。

2 鉄鍋で調理する
鉄鍋など鉄製の調理器具を使うと、鉄がとけ出して、微量ながら鉄分アップに。鉄のフライパンや鉄鍋などで酢やケチャップを使って調理すると溶出量はふえます。

3 動物性タンパク質を意識的に
動物性タンパク質に多いヘム鉄は、ほうれんそう、大豆など植物性の非ヘム鉄に比べて吸収率がよいので、積極的に食べましょう。非ヘム鉄は、動物性タンパク質やビタミンCと組み合わせて。

鉄分 2.4mg

＼ ミキサーにかけて蒸すだけの手間いらず ／

ほうれんそうの茶わん蒸し

材料(3個分)

卵…1個
牛乳…1カップ
塩…小さじ¼
ほうれんそう…100g
鶏ひき肉…50g
A 酒…小さじ2
　しょうが(みじん切り)…小さじ2
　みそ、はちみつ…各小さじ2
だし…½カップ
水どきかたくり粉(かたくり粉小さじ1を水大さじ1でといたもの)

作り方

1. ほうれんそうと牛乳、塩をなめらかになるまでミキサーにかけ、耐熱ボウルに入れてラップをかけずに500Wの電子レンジで2分ほど加熱する。
2. 卵をとき、①に加えてまぜ、器に分けて入れる。
3. クッキングペーパー1枚と水2cmほどを入れた鍋に②を入れて中火で熱する。沸騰したら少しふたをずらして弱火にし、15分蒸す。竹串を刺してすんだ汁が出たらOK。
4. 別の鍋にひき肉とAを入れてよくまぜてから中火で熱する。ひき肉がパラパラになったらだしを加えて煮立て、水どきかたくり粉でとろみをつけて③にかける。

鉄分 2.6mg

＼ 彩りの鮮やかさにごま油で香りをプラス ／

パプリカと牛肉のしゃぶしゃぶサラダ

材料(2人分)

赤・黄パプリカ(5mm幅の薄切り)…各½個
牛しゃぶしゃぶ用肉(肩ロース赤身肉)…150g
たれ カシューナッツ(ローストしてみじん切り)、鶏がらスープ、米酢…各大さじ2
　減塩しょうゆ、砂糖…各小さじ1
　豆板醤…小さじ½
　にんにく(すりおろし)…少々
酒…大さじ1
塩…ひとつまみ
こしょう…少々
ごま油…小さじ1

作り方

1. ボウルにたれの材料を合わせておく。
2. 鍋に湯を沸かし、酒と塩を加える。パプリカ、牛肉の順にさっと湯に通し、氷水にとって水けをしっかりきる。
3. ②にごま油とこしょうをまぶして器に盛り、①をかける。

鉄分 2.2mg

＼ごま油の香りで食べやすい／

なまり節とにらのごまあえ

材料(2人分)

なまり節…60g
にら…100g
A ┌ だし…大さじ2
　│ しょうゆ…小さじ1
　└ すりごま…5g
ごま油…小さじ1

作り方

❶ フライパンにごま油を中火で熱し、なまり節の両面をこんがりと焼き、冷めたらほぐす。
❷ 鍋に湯を沸かし、にらをゆでて冷水にとる。水けをしぼって3cm長さに切る。
❸ ボウルにAを合わせ、①と②を加えてよくあえる。

鉄分 2.1mg

＼甘辛いたれを絡めてお弁当にも大活躍／

ごぼうのつくね焼き

材料(2人分)

豚上ひき肉…150g
ごぼう…150g
A ┌ 砂糖、みそ…各小さじ1
　│ 酒…大さじ1
　│ しょうが…1かけ
　└ かたくり粉…大さじ1
黒ごま…大さじ1
サラダ油…小さじ1
万能ねぎ(小口切り)…適量
B ┌ しょうゆ…小さじ2
　└ みりん…大さじ2

作り方

❶ ごぼうはピーラーでささがきにする。
❷ ボウルにひき肉を入れてAをまぜ合わせ、ごまと①を加えてさらにまぜ、一口大のだ円形にまとめる。
❸ フライパンにサラダ油を入れて中火で熱し、②を入れて両面をゆっくり焼く。焼き色がついたら、Bを入れて煮絡める。
❹ 皿に盛って、万能ねぎを散らす。

鉄分 2.6mg

＼しみじみとしたおいしさが口に広がる／

ひじきと油揚げと大豆の煮物

材料(2人分)

ひじき(乾燥)…5g
油揚げ(細切り)…½枚
大豆水煮缶…1缶(80g)
ごま油…小さじ1
A ┌ みりん、酒…各大さじ1
　└ 砂糖…小さじ1
B ┌ 減塩しょうゆ…大さじ1
　└ だし…¼カップ

作り方

❶ ひじきはたっぷりの水に10分ほど浸してもどす。
❷ 鍋にごま油を中火で熱し、水けをきったひじき、油揚げ、大豆をいためる。
❸ Aを加えてひと煮立ちさせ、Bを加えて落としぶたをする。弱火で20分ほど煮て味を含ませ、そのまま冷ます。

鉄分 2.7mg

＼えびと豆板醤で中華風に！／

高野豆腐とえびのトマト煮

材料(2人分)

高野豆腐(乾燥)…2個
むきえび…150g
トマトの水煮缶…½缶
にんにくのみじん切り・しょうがのみじん切り…各1かけ分
だし…½カップ
豆板醤、こしょう…各少々
砂糖、オリーブ油…各小さじ1
減塩しょうゆ…小さじ2

作り方

❶ 高野豆腐はたっぷりの水でもどし、水けをしぼって一口大にちぎる。
❷ フライパンにオリーブ油を中火で熱し、豆板醤とにんにく、しょうがをいため、①とえびを加えてさらにいためる。
❸ トマト、だしを加え、砂糖、しょうゆ、こしょうで味をととのえ、ふたをして弱めの中火で20分ほど煮る。

妊娠中にとりたい栄養素その3

カルシウム

1日にとりたい量

650mg

赤ちゃんの丈夫な骨や歯をつくり、ママの骨粗しょう症を防ぐ

カルシウムは、赤ちゃんの丈夫な骨や歯をつくるのに欠かせない栄養素です。妊娠中に不足すると、母体に蓄積された分から優先的に赤ちゃんに供給されるので発育には問題ありませんが、ママの体の骨量が少なくなります。産後の授乳期にはさらに母乳でカルシウムが使われ、ますます不足しがちになり、将来的に骨粗しょう症を招く可能性も。情緒を安定させる働きもあるので、妊娠中のイライラにも効果的です。

乳製品や大豆製品、桜えび、春菊などに多く含まれていますが、干物や小魚の加工品・チーズには塩分が多いので、注意しましょう。

カルシウムを多く含む食材

- 生揚げ(1枚・150g)……………360mg
- 木綿豆腐(1丁・300g)………360mg
- プレーンヨーグルト(200mℓ)…252mg
- 水菜(⅙束・120g)………………214mg
- プロセスチーズ(1個・20g)……126mg
- 小松菜(1株・50g)………………73mg
- 調整豆乳(200mℓ)………………65mg
- ししゃも(生干し・国産/1尾20g)……59mg
- 卵黄(Mサイズ・1個・20g)……30mg
- しらす干し(半乾燥/大さじ1.5g)‥26mg
- まあじ(中1尾・150g)……………18mg
- オクラ(2本・16g)………………12mg

※野菜はすべて生の重さ。目安の株数や個数は野菜のサイズにより異なります。

カルシウムをとるときのポイント2

1 ビタミンDをいっしょに!

ビタミンDは、カルシウムが骨になるのを助ける働きをします。鮭やかつお、干ししいたけやきのこ類などに多く含まれているので、組み合わせて。

2 酢やレモンなどで吸収率をアップ!

酢やレモン、りんごなどに含まれるクエン酸も、カルシウムの吸収を助けます。カルシウムが吸収されにくい小魚や青菜の料理にいっしょに使うと効果的です。

カルシウム 539mg

＼ チーズとトマトでイタリアン風♪ ／

わかさぎのチーズ焼き

材料(2人分)

わかさぎ…12尾
ミニトマト…3個
パルメザンチーズ(ピザ用チーズ)…20g
あらびき黒こしょう…少々

作り方

1. わかさぎはさっと水洗いして水けをふく。
2. ミニトマトはへたをとり、縦に3~4mmの輪切りにする。
3. トレイにオーブンシートを敷き、①を並べ、②とチーズをのせてこしょうを振る。チーズがとけるまでオーブントースターで7~8分焼く。

カルシウム 274mg

＼ 大根おろしでさっぱりと! ／

豆腐と小松菜のおろし煮

材料(2人分)

小松菜…150g
大根…200g
木綿豆腐…200g
A ┌ だし…¾カップ
  │ しょうゆ、みりん
  └ …各大さじ½

作り方

1. 小松菜は5cm長さに切る。
2. 大根は皮をむいてすりおろし、ざるに入れて10分おき、水きりする。
3. 鍋にAを入れて中火で熱し、豆腐を大きめの一口大に手で割り入れる。煮立ったら①を加え、まぜながらしんなりするまで煮る。
4. ②を全体に広げてのせ、2分煮てから、煮汁ごと器に盛る。

カルシウムたっぷりレシピ

カルシウム 107mg

＼ヨーグルトのまろやかさにじゃこの食感をプラス／

かぼちゃのサラダ

材料(2人分)

プレーンヨーグルト…100g
かぼちゃ…200g(正味)
玉ねぎのみじん切り…50g
ちりめんじゃこ…10g
塩…小さじ1/12
こしょう…少々

作り方

❶ ヨーグルトはペーパータオルを敷いたざるに入れて15分おき、水きりする。
❷ かぼちゃはラップで包み、電子レンジで5分加熱する。あら熱がとれたら、フォークであらくつぶし、玉ねぎ、塩、こしょうを加えてまぜ、冷ます。
❸ じゃこはざるに入れて熱湯をかけて塩抜きし、フライパンでからいりする。
❹ ②に①と、③の3/4量を入れてまぜ、器に盛って残りの③を散らす。

＼刻みとうがらしがピリリとアクセントに／

桜えびと水菜のエスニックまぜごはん

材料(2人分)

桜えび…10g
水菜…50g
ピーナッツ(空いりしたもの)…10g
A ［レモン汁…大さじ2
　 刻みとうがらし、塩…各少々
ごはん…300g

作り方

❶ 桜えびはからいりする。水菜は2cm長さに切る。
❷ ピーナッツは薄皮をむいてあらく刻む。
❸ ごはんをボウルに入れ、Aを順に加えてよくまぜ、①と②を加えてさっとまぜ合わせる。

＼わさびをきかせたあんが新鮮／

豆腐ハンバーグのモロヘイヤあんかけ

材料(4個分)

木綿豆腐、鶏ひき肉…各150g
ひじき(乾燥)…3g　とき卵…大さじ1
パン粉…大さじ2
玉ねぎのみじん切り、紫玉ねぎの薄切り…各1/4個分
モロヘイヤの葉のみじん切り…大さじ3
塩…小さじ1/6　こしょう…少々
だし…1/2カップ
減塩しょうゆ、みりん、米酢…各大さじ1
水どきかたくり粉(かたくり粉小さじ1を水小さじ2でといたもの)
わさび、サラダ油…各小さじ1

作り方

❶ 豆腐はペーパータオルに包んで電子レンジで2分加熱し、ひじきはたっぷりの水で10分ほどもどして、それぞれ水きりする。
❷ ボウルにひき肉と①、卵、パン粉、玉ねぎを入れてよく練り、塩、こしょうを振って4等分し、小判形にととのえる。
❸ フライパンにサラダ油を中火で熱し、②を入れて強火で焼き色をつけ、弱火にしてふたをして3分焼く。裏返して同様に焼き、火を通す。
❹ 鍋にモロヘイヤ、だし、しょうゆ、みりんを入れて煮立たせ、酢、水どきかたくり粉を加え、わさびを入れてとかす。
❺ 器に③を盛り、④をかけて紫玉ねぎをのせる。

＼卵のまろやかさとねぎの香味で食べやすく！／

ししゃもの卵ねぎ焼き

材料(2人分)

ししゃも…4尾
卵…2個
万能ねぎ(小口切り)…大さじ2
だし…大さじ1
かたくり粉…小さじ1
サラダ油…適量

作り方

❶ ししゃもはまるごとグリルで焼く。
❷ ボウルに卵、万能ねぎ、だし、かたくり粉をまぜ合わせる。
❸ 卵焼き用フライパンに薄くサラダ油を引き、②の1/4量を流し入れて、表面がプツプツしてきたら①をのせて巻き上げる。残りも同様にして卵焼きを作る。

安定期に入ったら
無理のない範囲で
体を動かそう

マタニティスポーツにトライ！

適度な運動はお産のための体力づくりにも、便秘、むくみなどの不快症状の予防にも、ストレス解消にも効果的。体調に合わせて。

安定期は体を自由に動かせる時期

妊娠初期は眠けやイライラ、つわりなど、体や心が大きく変化する時期。流産の心配もありますが、妊娠15～16週を過ぎるころになると、胎盤が完成して安定期に入ります。まだおなかもそれほど大きくならないこの時期は、体を動かすチャンス。医師に許可をもらったら、マタニティスポーツにトライしてみましょう。

体を動かすと体重管理がしやすいだけでなく、安産のための体力づくりにもなります。血行もよくなるので、むくみや腰痛、便秘など妊娠中の不快なトラブルの解消も期待できるなど、メリットがいっぱいです。

医師の許可をもらって体調に合わせて

運動がいいといっても、妊娠中は体調が第一。始める前に医師の許可をもらい、妊娠中に適したスポーツを選びましょう。

専門の施設で行うマタニティスイミングやマタニティヨガなどは、妊婦さん仲間ができて楽しく通えます。選ぶ際は、衛生面などの管理が行き届いていることはもちろん、運動前に健康チェックなどの配慮があるかどうかがポイント。

自分でウォーキングやストレッチなどをするときは、おなかが張ったり、気分が悪かったりしたら、無理せず休みましょう。途中で違和感を感じたら、すぐに中止して。

マタニティスポーツのメリットって？

- 体重管理がスムーズになる
- 気分がリフレッシュできる
- 妊婦仲間ができる

おすすめのマタニティスポーツはこれ！

ウォーキング ➔ P117へ **マタニティヨガ** ➔ P118へ

マタニティビクス
妊婦さんのために考えられたエアロビクス。全身運動なので腰痛がやわらいだり、筋肉が鍛えられるなどの効果があります。

ストレッチ
おなかが大きくなることで起こる腰痛を予防する効果のほか、股関節をやわらかくしてお産のときに必要なポーズがラクにとれる効果も。

マタニティフラ
リラックスできる雰囲気で人気です。ゆったりした動きですが、意外に足腰の筋肉を使うので、インストラクターの指導に従って。

避けたほうがよいスポーツ

球技・バレエ・ダンス・ジョギング・エアロバイク・自転車

これらのスポーツは、走ったり、ジャンプしたりすることで体に負担がかかったり、ボールが当たったり、転倒したりする危険があるので、妊娠中は避けましょう。

マタニティスポーツQ＆A

Q してはいけないのはどんなとき？

A 体調が悪いときは控えましょう

妊娠中は、妊娠前とは体が変化して、普通にしていても体に負荷がかかっている状態です。おなかが張っている、体がだるい、気分がすぐれない、頭が痛い、頭が重くてボーッとするなど、「いつもの自分と違う」と感じた場合は、無理して運動せず、体を休めましょう。おなかが痛かったり、出血があるときなどは、すぐに医師の診断を受けてください。

マタニティウォーキング

マタニティスポーツにトライ！

動きやすい服装で1日20～30分を目安に

ウォーキングは全身を動かして脂肪を燃焼させる有酸素運動。体重管理が必要な妊娠中にもぴったりで、特に専門的な指導も必要なく、手軽にできるのも魅力です。

安定期に入って医師の許可が出たら、1日20～30分を目安に歩きましょう。ただし、妊娠前にあまり体を動かしていなかった場合は、最初は5～10分程度から始めて、少しずつ時間をふやして。

服装は体を締めつけない動きやすいもの、靴ははきなれたスニーカーなどを選び、空腹時や満腹時を避けて、平坦な道を歩きましょう。緑の多い公園や遊歩道などは気分もリフレッシュできるのでおすすめです。

効果的な歩き方

目線
顔は正面に向けて、まっすぐ10mぐらい先を見て。段差がないかどうかなどもチェックしながら歩きましょう。

腕
ひじは90度ぐらいに曲げ、わきを締めて、大きく前後に振りましょう。肩は力を抜いてリラックスして。

姿勢
背筋をまっすぐ伸ばして、あごを引いて。あごを上げるとそり返った姿勢になり、腰に負担がかかります。猫背もNG。

足の運び
いつもより広く大きい歩幅で、つま先を上に向けてかかとから着地するように歩きます。少し汗をかく程度に、速度も速めに。

マタニティウォーキングの基本4カ条

1 安定期に入ってから医師の許可を得て

始める前に、健診で医師に許可をもらいましょう。妊娠中の外出時には、母子健康手帳や健康保険証、病院の診察券などを持って行きますが、ウォーキングのときにも忘れずに。

2 体調を最優先する

医師からの許可があっても、それは体調がよいときに限ります。普段から体調の変化に気を配って、少しでもおかしいと思ったら、中止しましょう。

3 前後にストレッチで体をほぐして

いきなり歩き始めるのはトラブルのもとです。歩く前に太ももや足首、ふくらはぎなどのストレッチを十分行い、歩いたあとにもストレッチでクールダウンを。

4 こまめに水分補給

汗をかいて体から水分が失われるので、水やお茶を持って行って、こまめに補給しましょう。汗をふくタオルや、紫外線対策&熱中症対策のためにつばのある帽子も用意して。

深い呼吸で
赤ちゃんといっしょに
リラックス

マタニティヨガでリラックス&体づくり

マタニティヨガならママになるための体づくりをしながら心もリラックス。おなかの赤ちゃんとしっかり向き合うことができます。

体を柔軟にして気持ちもリラックス

マタニティヨガはゆっくりとした動作で、呼吸を意識しながら行います。練習するうちに深い呼吸が身につき、心と体のバランスがととのってリラックスできるので、強い陣痛に負けそうなときにも、落ち着きをとり戻すのに役立ちます。

骨盤回りを調整したり、出産時に必要な筋肉を鍛えたりすることで、柔軟性も増し、体づくりができます。また、腰痛やむくみなど、妊娠中の不快な症状にも効果的。

安定期に入れば始められますが、念のため医師に確認してからが安心です。無理のない範囲で体を動かしましょう。

まずは
呼吸法を
マスター
肩の力を抜いて
腕を下げます
あごは
軽く引いて
背骨を
まっすぐに
おへそのあたりに
軽く力を入れて
胸を引き上げます

慣れてきたら鼻呼吸を

あぐらの姿勢ですわり、手のひらを下にしてひざの上にのせて、口からハーッと息を吐き、鼻から吸う呼吸を数回繰り返します。次に、鼻から息を吐いて鼻から吸う呼吸を繰り返しながら、自然で心地よく感じるペースを探します。ヨガの練習中も鼻呼吸が基本。

猫のポーズ

ココに効く!
- 骨盤の調整
- いきむ感覚の練習
- 腰痛の緩和

ひじが
伸びきらないように
軽くゆるめて

1 四つんばいになる

四つんばいの姿勢で、手首が肩の真下にくるようにし、腰を伸ばします。おなかを引き入れて、背中と腰が一直線になるように。視線は両手の間に向けて、首の後ろを伸ばしましょう。

背中全体を
しっかり伸ばす
手のひらで
床を
押すように
おなかを軽く
引き入れる

2 背中を丸める

息を吐きながら背中を丸め、おなかをのぞき込みます。

3 胸をそらせる

息を吸いながら、胸をそらせて正面を見ます。2→3の動きを3〜5回繰り返します。

Hard 余裕がある場合は、視線を天井に向けて腰をそらせます。

Easy 腰や背中が痛い場合は、前のほうを見て。

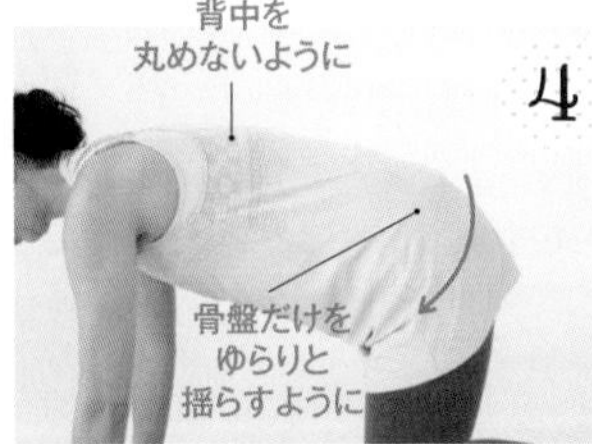
背中を
丸めないように
骨盤だけを
ゆらりと
揺らすように

4 ほんの少しおしりを引き入れる

背中を動かさずに骨盤回りだけが動くように、骨盤を揺らしていきます。自然な呼吸をしながら、少しだけおしりを引き込み、おなかに力を入れます。

5 ほんの少しおしりを突き出す

自然な呼吸を続け、少しだけおしりを突き出して腰をそらせます。4→5の動きを5回繰り返します。

子どものポーズ

ココに効く！
- 心身のリラックス
- 腰痛の緩和
- つわり・胃もたれの緩和

1 正座でひざを開く

正座の姿勢で両足の親指を合わせ、ひざを肩幅に開きます。

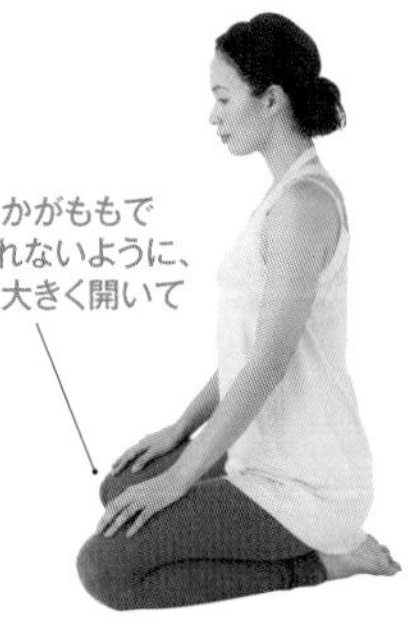
おなかがももで
圧迫されないように、
ひざを大きく開いて

2 腕におでこをのせる

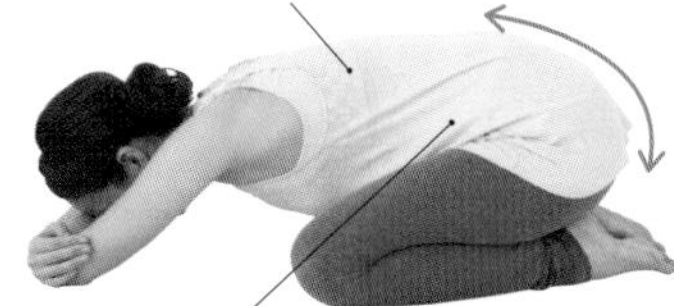
背中側にも肺をふくらませる
イメージで深く呼吸
おなかをゆるめて

手を前につき、ひじ同士をつかんだ上に額をのせて10呼吸キープします。腰がつらい場合はひじの位置をひざに近づけ、余裕があればひじをさらに遠ざけて。

Hard

おなかがまだ大きくない場合は、両手を伸ばしておでこを床につけます。

Easy

腰が痛かったり、息が苦しい場合はブランケットやクッションを使って。

最後は心と体を休めて

ラクな姿勢で5〜10分リラックス

ラクな姿勢で横になり、自然な呼吸をしながら全身の力をゆるめ、5〜10分リラックスします。体が冷えそうならブランケットをかけて。胎動が気になるときや寝つけないときなどにもこの姿勢で休むとよいでしょう。

おなかが苦しくなければ、あおむけでもOK。起き上がるときは両ひざを立てて左右どちらか心地よく感じるほうへ体を倒し両手で床を押して立ち上がります。

Point

おなかが苦しい場合は、ブランケットかクッションをひざの間にはさみます。

合(がっ)せきのバランス

ココに効く！
- むくみの緩和
- 下半身の筋力アップ
- 足のつりの予防

1 右足のかかとを押し出す

かかとを後ろに押し出す

四つんばいの状態から、右足を大きく後ろに引き、つま先を床におろします。息を吸ってつま先を床に押しつけ、吐いてかかとを後ろに押し出します。3呼吸キープして、反対側も同様に行います。

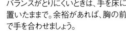

2 つま先立ちでひざを開いてすわる

おなかを軽く引き入れる

体重をゆっくりとつま先にのせていく

四つんばいに戻り、つま先を立ててひざを大きく開きます。両手をひざに近づけていき、上体を起こしてひざを持ち上げ、両手をももの上にのせます。この姿勢で5〜10呼吸、キープします。

バランスがとりにくいときは、手を床に置いたままで。余裕があれば、胸の前で手を合わせましょう。

Hard

Easy

骨盤底筋のトレーニング

ココに効く！
- 尿もれの予防
- 会陰部を柔軟に
- いきみの練習

奥歯の
かみ合わせを
ゆるめて表情を
やわらかく

1 ひざを開いてしゃがみ、両手を胸の前で合わせる

両足を腰幅に開いてしゃがみ、両手を胸の前で合わせてももの内側に両ひじを押し当てます。

Easy
Easy

逆子だったり、おなかが張るときはおしりの下にクッションやブランケットを敷いて。

かかとが床につかなかったり、足首がつらい場合は、かかとの下にブランケットやクッションを。

おしっこを
がまんしたり、
肛門を締める
イメージで

2 吸って膣を引き上げ吐いてゆるめる

息を吸いながら膣を引き上げ、骨盤底筋に力を入れ、吐くときにゆるめるのを5呼吸繰り返します。

＊『DVD安産マタニティ・ヨガ』（ママのがっこう主宰・森脇じゅん／主婦の友社刊）より。

プラス思考とリラックス体質が安産へのパスポート

「心の準備」でお産への不安を解消！

お産への不安は誰にでもあるもの。でもポジティブに考えて、不安を自信に変えて。ゆったりした心でお産に臨めるよう、準備をしておきましょう。

-1-
Image Training

安産のイメージトレーニングをする

前向きなイメージをもって安産を引き寄せて

お産が近づくにつれて、「陣痛ってどれくらい痛いの？」「お産にどれくらい時間がかかるの？」など、不安がいっぱい出てくるもの。少しでも解消するために、お産の流れを確認しておきましょう。

何よりも大切なのは、陣痛をよいイメージでとらえること。だんだん強くなる陣痛に対して、「赤ちゃんに会えるときが近づいてきている」「赤ちゃんもいっしょにがんばっている」と思えれば、痛みに負けてしまうこともなくなるはず。結果として、リラックスできて子宮口も開きやすくなり、お産も進みやすくなるのです。

安産イメトレ 6つのポイント

ポイント 1　お産の流れを知っておく

初めてのことやよくわからないことは、誰でも不安です。お産の進み方を予習しておくと、予想できる分、不安も少なくなるでしょう。ただ、一人ひとり、お産にかかる時間も痛みの感じ方も違い、一般的な進み方どおりに進まないこともあるので、そのことも頭に入れておいて。万一のときにも、あわてずにすむはず（詳しくは162ページ）。

ポイント 2　分娩台を見ておく

知らない場所では、なかなかリラックスすることができません。産む施設の分娩室や分娩台を見ておくと、リアルにイメージすることができ、お産本番にも安心して臨めます。医師や助産師とも、コミュニケーションをとっておきましょう。よい関係を築いておくことが、お産本番での安心につながります。

ポイント 3　マタニティクラスに参加する

病院や住んでいる地域の自治体が開催するマタニティクラスでは、妊娠・出産の正しい知識や赤ちゃんのお世話について教えてもらえます。不安を分かち合える妊婦さん友だちができることも。「両親学級」として、夫がいっしょに参加する場合もあり、お産のサポーターになってもらうチャンスです。

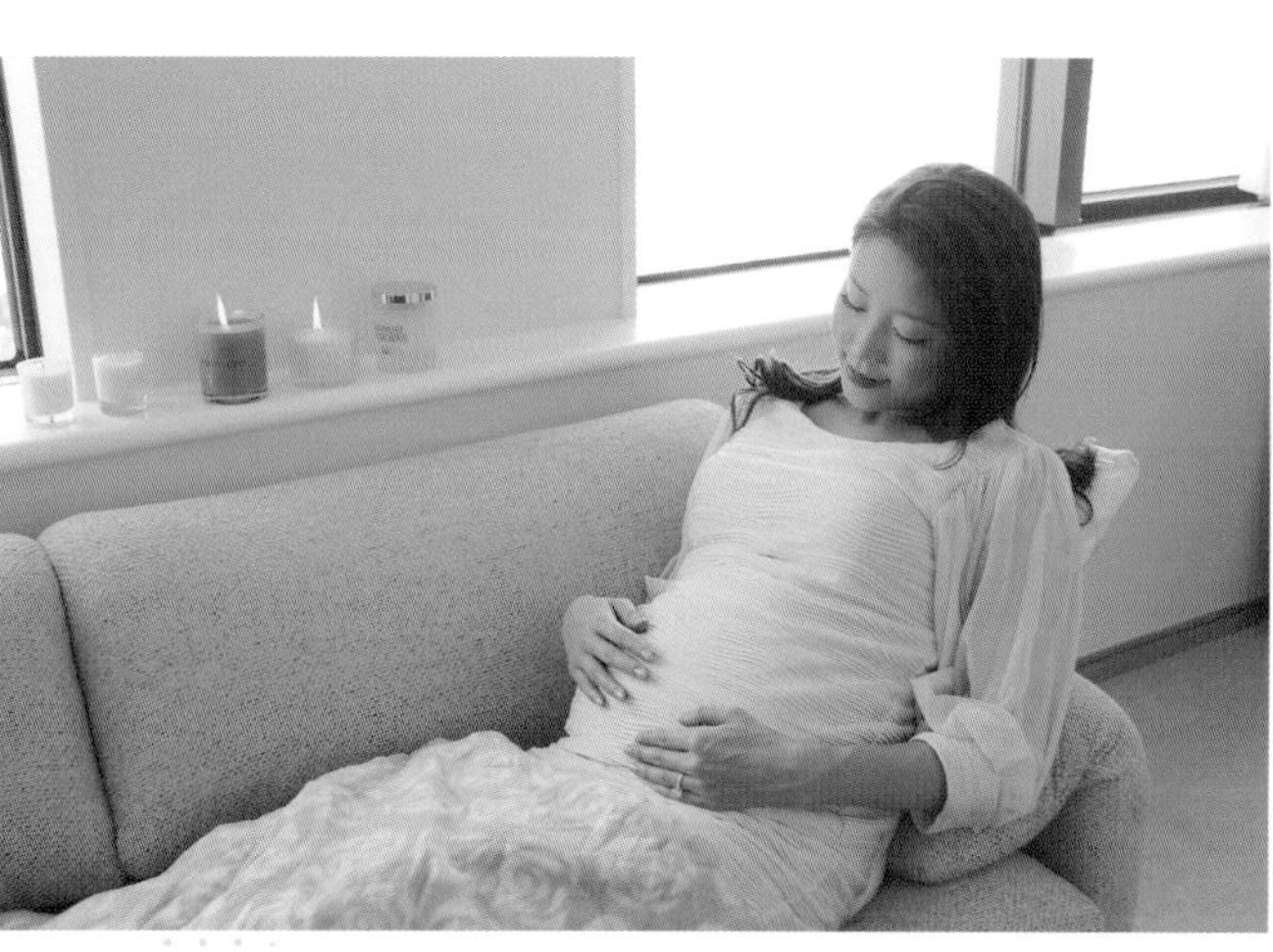

ポイント 4　産むことをイメージしてみる

お産の流れに合わせてどんな呼吸をするか、陣痛でおなかが痛いときはどんな体勢をとったらラクかなどを実際に試してみましょう。ただし、いきむのはおなかに力が入ってしまうので、力を入れやすい体勢をイメージする程度に（詳しくは170ページ）。

ポイント 5　赤ちゃんに話しかける

おなかの赤ちゃんにはママの声が聞こえています。生まれて何日目かの赤ちゃんでも、ママの声を聞き分けるといわれます。「いっしょにがんばろう」「ママもがんばるね」と話しかけると、「お産を赤ちゃんといっしょに乗り切る！」という気持ちに。

ポイント 6　先輩ママの話を聞く

先輩ママの話を聞くと「お産は一人ひとり違う」と実感できます。実際に先輩ママに会う機会がなくても、ブログやSNSなどで交流してみては？　お産に対して、イメージがよりしやすくなるでしょう。

-2- Relax
リラックスできる方法を身につける

陣痛の痛みを乗り切るリラックス法を日ごろから

陣痛の痛みを乗り切るには、体の力を抜いてリラックスすることが大切。体の緊張が解けると、その分お産も進みやすくなります。何をしたら気持ちが落ち着くか、妊娠中からいろいろ試してみて。状況が許せばお産本番でもトライしてみましょう。

お産当日は、夫にそばにいてもらうのも、リラックス法の一つ。腰をマッサージしてもらったり、手を握ったりしてもらうと心強いものです。

おすすめリラックス法 7

リラックス法 1 超音波写真にパワーをもらう

超音波写真で赤ちゃんの姿を見ると、ほんわかした気持ちになるとともに、お産への勇気もわくはず。おなかの赤ちゃんのとっておきポーズや笑える超音波写真なら、体の力もうまく抜けること間違いなし！

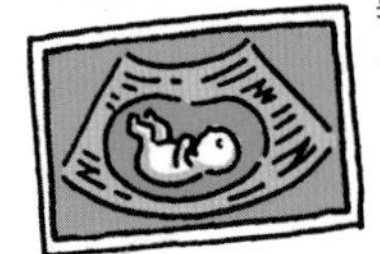

リラックス法 2 ぐっすり眠る方法を見つける

おなかが大きくなってくると、苦しくてなかなか眠れないことも。ぐっすり眠る方法を見つけることは、ラクな体勢を見つけることにつながるので、お産のときにもきっと役立ちます。自分が気持ちよくいられる体勢を探してみましょう。

おなかと床との間にクッションをはさむと安定します。

腰がラクな体勢。陣痛で腰が痛いときにもおすすめ。

腰から背中にあてて。この体勢も腰がラクです。

リラックス法 3 好きな音楽を聴く

クラシックやヒーリングミュージックは気持ちが落ち着きますが、それ以外でも自分の好きな音楽ならリラックスできるもの。お産に向けて、自分だけのリラックス音楽を編集しておくのもいいかも。

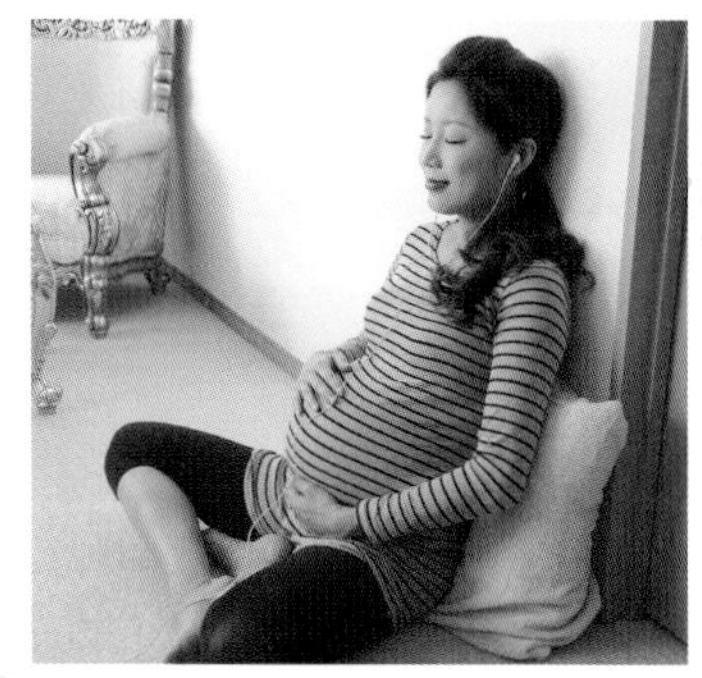

リラックス法 4 三陰交のツボを押す

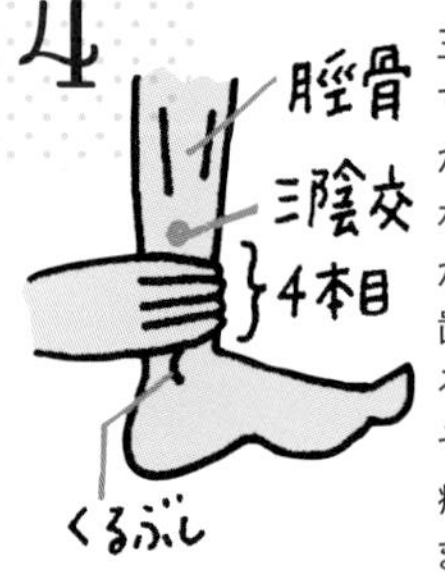

三陰交は、子宮に作用するため、安産に効果があるといわれるツボ。足の内側のくるぶしから指4本ほど上に位置します。太い骨の後ろにくぼみがあるので、そこを押して。冷えや腰痛などにも効果があります。

リラックス法 5 アロマの香りで癒やされる

大好きな香りには、気持ちがリフレッシュしたり、気持ちよくなったりする効果があります。ただ、妊娠中は使えないものもあるので、専門家に相談してから使いましょう。

リラックス法 6 おふろや手浴・足浴をする

お湯につかると筋肉がゆるむだけでなく、気持ちもホッとします。好きな香りのバスソルトなどを使えば、さらにリラックス。手浴や足浴は血流がよくなり、実際のお産でもよい陣痛がついてくる効果が。

リラックス法 7 緊張とリラックスの違いを覚える

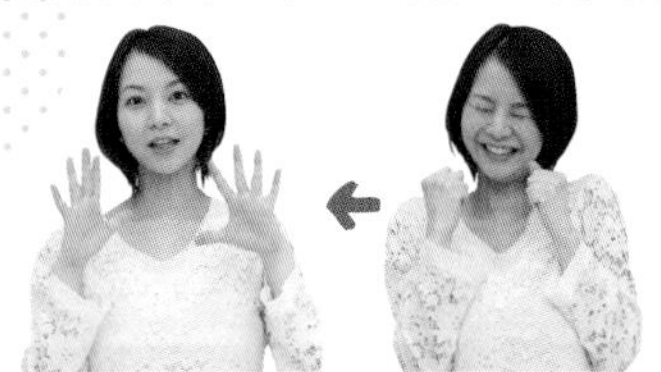

緊張しているときの自分がわかっていないと、リラックスしているときの自分もわかりません。ギューッと体に力を入れた状態と、パッと力を抜いた状態を試してみて。違いを実感として知っておきましょう。

産後も
きれいな肌を
キープしたい

妊娠線をつくらないためには?

妊娠線は、一度できてしまうと消えません。できる前に保湿することが、最大の防御策。しっかりケアして、産後もきれいな肌をキープしましょう。

おなかやバストが急に大きくなることが原因

皮膚は、表面から「表皮」「真皮」「皮下組織」という3層になっています。表皮がのびやすいのに比べて真皮や皮下組織はのびにくく、妊娠しておなかが大きくなると、表皮はのびていきますが、真皮や皮下組織はそれほどのびません。そののびのズレが大きくなると裂け目が生じます。真皮にすき間ができると溝が生じ、そこに表皮が引っ張り込まれてへこんだようになります。これが「妊娠線」です。

さらに、妊娠中は肌の弾力を失わせる働きがあるホルモンの分泌がふえ、ハリのない肌になりやすいため、よけいに亀裂ができやすくなります。

予防するためには早めのケアが大切

妊娠線ができるピークは妊娠28週ごろですが、妊娠20週ごろからできやすくなります。できやすいのは、大きくなるおなかを中心に、バストや太もも、ヒップ、二の腕など、皮下脂肪がふえるところ。油断していると、自分では見えない場所にいつの間にかできていることも。一度できてしまった妊娠線は薄くはなっても消えないので、つわりが落ち着いたら、少しでも早くこまめな保湿ケアを始めましょう。

皮膚がかたいと
妊娠線が
できやすいんだって!

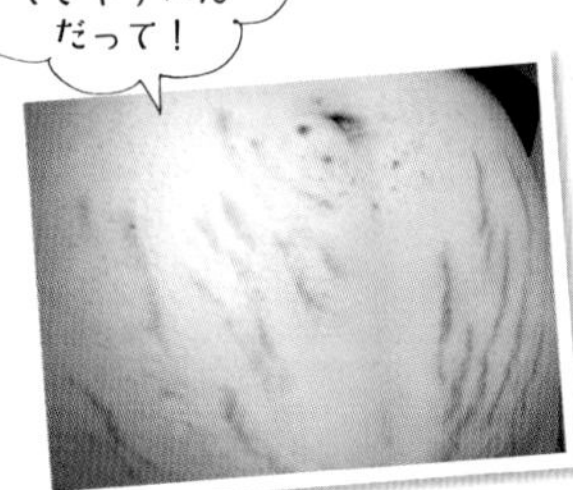

妊娠線はこうしてできる!

表皮
真皮
皮下組織

正常な皮膚

皮膚は「表皮」「真皮」「皮下組織」の3層になっています。皮下脂肪がふえると皮下組織が厚くなり、さらにのびにくく、裂けやすくなります。

表皮はのびる

きれつが入り妊娠線に

妊娠線ができた皮膚

真皮や皮下組織に裂け目ができると、皮膚の表面から毛細血管が透けるので、妊娠線は赤や紫に見えます。

妊娠線ができやすいのはこのころ!

★急に体重がふえるころ ➜ 妊娠5カ月ごろ

★おなかの赤ちゃんがぐんと成長するころ ➜ 妊娠8カ月ごろ

妊娠線ができやすい人

★皮膚が乾燥している人

★皮下組織が厚い人

皮膚が乾燥しているとのびにくくなります。皮下脂肪がふえて皮下組織が厚くなることも、皮膚がのびにくい原因に。

妊娠線ができるサインは? かゆみが出てきたら要注意!

真皮や皮下組織に裂け目ができて表皮が引っ張られると、かゆみを感じることがあります。すぐに妊娠線ができるわけではないので、かゆいと思ったら、即、保湿を始めましょう。

妊娠線をつくらないためには？

妊娠線はここに注意！

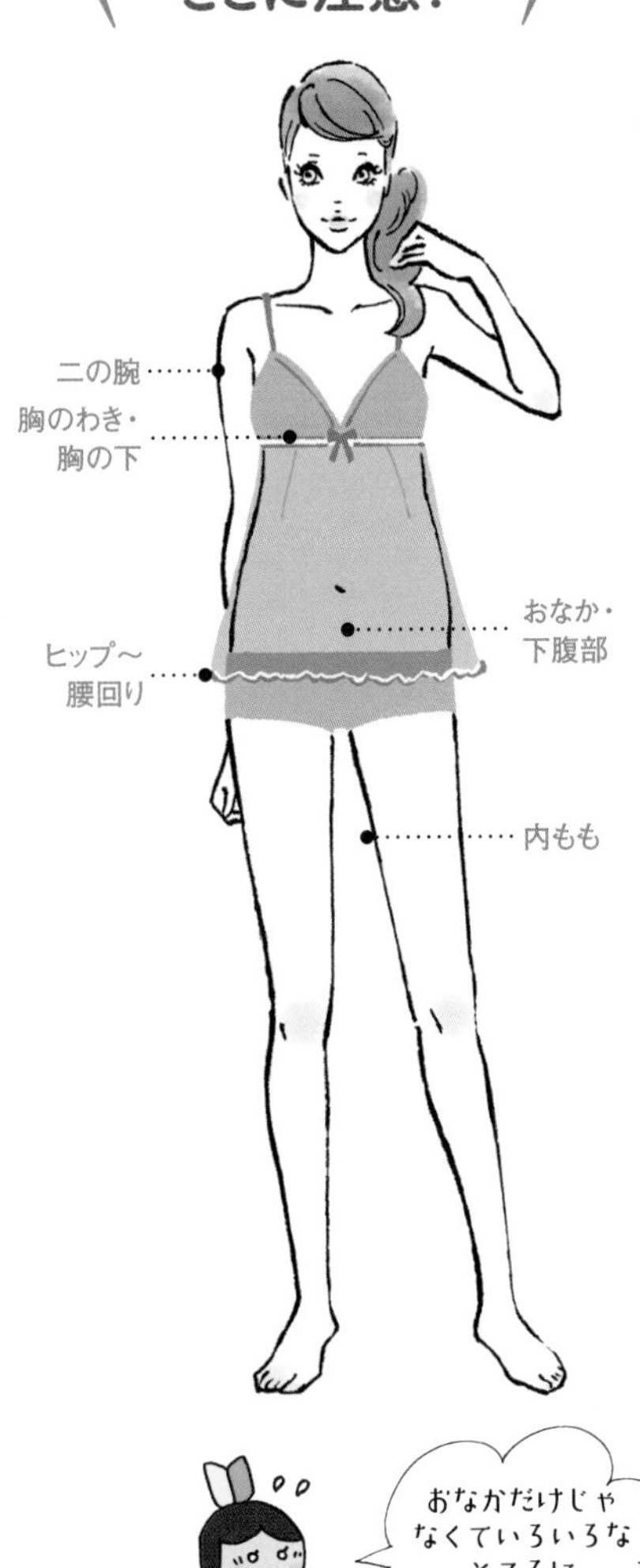

ケアの基本

✳ 毎日ケアする
✳ 入浴後のケアが効果的
✳ 見えにくい場所も注意！

妊娠線予防の3カ条

これで予防！1 徹底的な保湿で肌の弾力をアップ！

皮膚がやわらかければ、のびても裂けにくいので妊娠線ができにくくなります。出産時に下腹部にできることもあるので、油断は禁物。ローション、クリーム、オイルなどで最後まで徹底的に保湿ケアしましょう。

これで予防！2 体重コントロールで皮膚ののびをゆるやかに

急に体重がふえておなかが大きくなると、急にのびる表皮に真皮や皮下組織ののびが追いつかず、妊娠線ができてしまいます。安産だけでなく、美のためにも体重コントロールは大切なのです。

これで予防！3 むくみを防いで皮膚の負担をやわらげる

妊娠中は女性ホルモンの働きで皮下組織に水分をため込みやすくなるため、むくみやすくなります。むくみでも皮膚がのび、妊娠線の原因になるので、ストレッチなどで予防を。

むくみとりストレッチ

両足を前に伸ばしてすわり、つま先を立てたり、伸ばしたりを10回繰り返します。その後、片足ずつ自分のほうへ引き寄せたり、伸ばしたりを10回ずつ繰り返します。

トラブルが
起こりやすい妊娠中は
きめこまかいケアを

産後に差がつく美肌・美髪ケア

妊娠中は、ホルモンバランスが変わって肌や髪にトラブルがふえます。ていねいなケアで、ダメージを最小限に抑えましょう。

Beautyful Skin
美肌のためのケア
今すぐ始めなきゃ!

ホルモンの変化でシミができやすくなります

妊娠すると、さまざまなホルモンの分泌が変化して、妊娠を継続させるように働きます。妊娠するとふえる女性ホルモンのエストロゲンやプロゲステロンは、メラニン色素をつくり出すメラノサイトを活性化させるため、色素沈着が起こりやすくなり、シミができやすくなります。産後はホルモンの状態が戻り、色素沈着も落ち着いてきますが、シミは薄くなってもそのまま残ることも。

妊娠中は肌が乾燥しやすくバリア機能も低下しているので、かゆみや湿疹など、シミ以外の肌トラブルが起こりやすい時期でもあります。清潔さを保ち、こまめな保湿とUVケアを忘れないようにしましょう。

シミ・シワ予防の4カ条

これで予防! 1 野菜や果物を中心に美肌ビタミンをしっかりとる

肌のターンオーバーを促すビタミンB_1や、シミの原因となる活性酸素を抑えるビタミンC、肌の老化を防ぐビタミンEが効果的。野菜や果物に多く含まれているので、食事はもちろん、スムージーなどにして飲むのもおすすめです。

NG こんな習慣にご用心!

カミソリでムダ毛の処理

ゴシゴシ顔を洗う

デニムなどかたい素材の服や体型に合わない服は、肌がこすれて刺激に。

これで予防! 2 摩擦を防いで肌への負担を最小限に

妊娠中はメラノサイトが活性化しているので、ちょっとした刺激でもメラニン色素がつくられます。妊娠前と同じようにしていてもシミができやすいので、注意しましょう。

これで予防! 3 負担の少ない日焼け止めでUVカット

紫外線を浴びるとメラニン色素がつくられてシミができ、肌が乾燥してシワもできやすくなるので、妊娠中はしっかりUVケアを。日常生活ではSPF20～30、PA++程度の日焼け止めでOK。帽子や日傘でも防ぎましょう。

これで予防! 4 笑顔で! ストレスをためない

ストレスがあると、肌の状態が悪くなります。妊娠中も産後も美肌を保つには、上手にストレスを発散してため込まないことが大切です。笑顔をつくれば、気分もついてきます!

産後に差がつく美肌・美髪ケア

美髪&抜け毛予防の3カ条

1 地肌をしっかりしめらせる

42〜43度ぐらいの少し熱めのお湯で、2〜3分、髪と頭皮をしっかり濡らして。

2 1分間シャンプーをつけずにこすり洗いする

シャンプーをつけずに、頭全体をマッサージするように、指の腹を使って1分ほど洗うと、皮脂汚れの大半を落とすことができます。

3 シャンプーをつけて洗う

シャンプーをつけて髪全体になじませ、指の腹を使ってていねいに頭皮を洗います。ゴシゴシ洗ったり、つめを立てたりするのはNG。

4 洗い残しがないよう、よく洗い流す

シャンプーの成分が残らないよう、よく洗い流しましょう。洗い残しは、髪が傷むなどトラブルのもとです。

これで予防! 1

正しい洗髪をマスターして頭皮を清潔に

「洗髪」とはいいますが、実は髪を洗うのではなく、地肌を洗うのが正しい方法です。頭皮は毛穴が大きく、皮脂の分泌も盛んで汚れが蓄積しやすいので、正しい洗髪方法を身につけ、毎日しっかり汚れを落とすようにして。

Beautiful Hair
美髪のためのケア
きれいな髪は地肌からなんだね!

頭皮の状態をベストにして産後の抜け毛に備える

抜け毛が多くなるのは、産後3カ月〜半年ごろ。産後は、妊娠中に分泌が多くなったホルモンがまた元の状態に戻りますが、変化が急激なため、ホルモンバランスが乱れてしまい、抜け毛などが起こるのです。産後は赤ちゃん中心の生活になり、睡眠不足や慣れない育児などでストレスがたまることも、実は髪にとってはよくありません。

産後半年過ぎ〜1年ほどの間にはおさまってきますが、できるだけダメージを少なくするためにも、妊娠中からのケアが大切です。毛穴に古い角質や汚れなどが詰まって、髪の成長を妨げることがないように気をつけましょう。

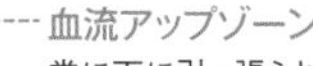

血流アップゾーン

常に下に引っ張られる頭頂部はかたくなりやすく、血流も滞りがちです。普段も、シャンプーのときも、意識してマッサージを。

ホルモンバランス調整ゾーン

おでこの上には、脳につながる抹梢神経が集中しています。ここをマッサージすると、ホルモンの分泌が促され、ホルモンバランスをととのえる効果があります。

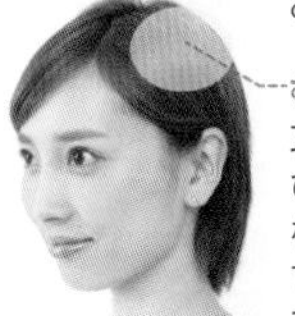

むくみ解消ゾーン

耳の上のあたりを押して痛い人は、むくみがひどい証拠。むくみは血流を滞らせる原因になるので、すぐに解消しましょう。手をグーにして、人さし指と中指の第二関節をあて、押してみましょう。

これで予防! 3

頭皮マッサージで地肌をすこやかに!

妊娠中はホルモンバランスの乱れから、血流も悪くなりがち。本来、体のすみずみに運ばれるべき栄養も滞りやすくなります。頭皮マッサージをすることで血流をよくし、髪に栄養を与えましょう。

ホルモンバランスをととのえ、血流をアップさせる効果があるマッサージです。5本の指を前髪の生え際にあて、そのまま中央に寄せます。指の位置を少しずつ上にずらしていき、頭頂部まで続けます。

これで予防! 2

ケミカル成分が極力少ないシャンプーを

石油系の合成界面活性剤が入ったシャンプーは洗浄力が強すぎるため、頭皮や髪の皮脂をとりすぎてしまったり、頭皮に残りやすかったりと、髪が傷む原因になります。刺激が少なく、マイルドな洗浄成分が入ったものを選びましょう。

COLUMN

妊娠中は歯と歯ぐきのケアが大事です!

妊娠中はさまざまな体の変化が起こりますが、口の中も同じ。むし歯や歯周病になりやすいので、いつも以上にケアしましょう。

妊娠すると歯にトラブルがふえがちです

人間の口の中にはたくさんの菌がいますが、妊娠中はホルモンの変化や免疫力の低下によって、歯や歯ぐきにトラブルを起こす「歯周病菌」や「むし歯菌」がふえやすくなります。唾液が少なくなる人も多く、口に残った食べかすや雑菌を洗い流す機能も衰えるので、歯周病やむし歯になる危険も増大。つわりや、おなかが大きくなって胃が圧迫される時期に少しずつ食べることも、原因の一つになります。

口の中の細菌は血液にのって運ばれるため全身に悪い影響があり、妊娠中は早産のリスクが高まる可能性も。むし歯に比べて自覚症状がない歯周病はいつの間にか進行するので、日ごろからケアを。

むし歯

むし歯の原因はミュータンス菌です。歯の表面について酸をつくり出すことによって、表面のエナメル質からカルシウムやリンがとかされていきます。歯と歯の間や重なったところなどがむし歯になりやすいところです。

歯肉炎

歯周病の初期段階で、歯ぐきのいちばん外側である歯肉に炎症が起きている状態です。歯と歯肉の間にプラークがたまり始めて出血しやすいなどの症状があらわれますが、まだ歯を支える歯周組織までは破壊されていません。

歯周炎

歯周病菌は、酸素にふれるのが嫌いなので、歯と歯ぐきの間の境目のすき間（歯周ポケット）に入り込みます。歯と骨の間でクッションの役割をしている部分や、歯を支える骨まで歯周病が進行した状態が歯周炎です。

歯と歯ぐきのケア Q&A

Q なぜ歯と歯ぐきのケアが大切なの？

A 早産・低体重児が生まれる可能性が高まるからです

妊娠中に歯周病になると、胎児の順調な成長を妨げたり、早産になるリスクが高まることがわかっています。原因ははっきりわかっていませんが、歯周病菌が出す毒素が、子宮を収縮させるホルモンとよく似ているためと考えられています。歯ぐきから出血したり、口臭が気になったりしたら、すぐに歯科を受診しましょう。

Q 妊娠中でも歯科で治療したほうがいい？

A 産後は育児で忙しくなるので今のうちに！

産後は赤ちゃんのお世話で忙しく、自分のために時間を使うことはむずかしいもの。一度は歯科健診を受けましょう。赤ちゃんがいても通える歯科を探しておくと、産後あわてずにすみます。

Q 麻酔や薬、赤ちゃんへの影響はない？

A 「妊娠中」と最初に伝えれば大丈夫です

妊娠中であることを伝えれば、薬の処方が必要な場合も、妊娠中でも問題ないものにしてもらえます。麻酔は局所用なので胎児に影響はありませんが、過去にアレルギー反応が出たことがある場合は、忘れずに伝えましょう。

歯と歯ぐきのトラブルがふえる理由

1 歯周病菌は女性ホルモンが大好き!

妊娠中はエストロゲンやプロゲステロンなどの女性ホルモンがふえます。歯周病菌の中には女性ホルモンが好きな菌がいるため、歯周病菌も増加。妊娠前の何倍も歯周病にかかりやすくなるのです。

2 免疫力の低下で菌がふえやすくなる

妊娠中は、赤ちゃんを「異物」として攻撃しないようにするため、体に侵入してくる菌やウイルスに対抗する免疫力も低下します。歯周病菌やむし歯菌と闘う力も弱くなるので、体や心の変化が大きく、疲れやすい妊娠中は、歯周病菌やむし歯菌がふえやすいといえます。

3 つわりなどで歯磨きがおろそかになる

妊娠中は、つわりで歯磨きができなかったり、ちょこちょこ食べたりすることもあるため、プラーク（歯垢）をなかなかとり除くことができず、増殖してしまいます。

PART

4

なりがちなトラブルや症状はどんなこと？

妊娠中の気がかりを解消しよう

妊娠中はちょっとした体の変化でも
とても心配になりますよね。
かかりつけのドクターに相談するのが基本ですが、
トラブルのサインやその対応の仕方、
起こりがちな不快症状について
対策や予防法などを知っておきましょう。

自分でわかる危険サインは見のがさないで

おなかの張りと痛み・出血

妊娠中のトラブルをチェックするいちばんの目安は、この「おなかの張り・痛み」と「性器からの出血」。原因と対処法を知っておきましょう。

軽いおなかの張りは心配ないことがほとんど

妊娠中、誰もが経験するおなかの張り。妊娠20週ごろから感じやすくなり、「おなか全体がかたくなった感じ」「風船みたいにふくれた感じ」「子宮がキュキュッと縮む感じ」など、張ったときの感じ方は人それぞれのようです。

おなかが張っていると「赤ちゃんは苦しくない？」と心配になりますが、子宮の中は羊水で満たされているので心配ありません。

「長時間歩いたあと」「体が冷えたとき」「疲れたとき」「セックスのあと」などに感じるおなかの張りは生理的なものがほとんどで、心配ありません。横になって安静にしていればおさまってきます。妊娠初期から中期にかけては、子宮は急に大きくなるとき、おなかがキュッと突っ張るような感じがあるかもしれませんが、痛みがなければ心配ありません。37週にならないうちは、張ったら安静にして様子を見ましょう。

ただし、どの時期でも、張りの強さや痛みが周期的に起こるなら、流産・早産になりかかっている可能性があります。特に強い痛みが持続したり、性器からの出血を伴う場合は、常位胎盤早期剥離という怖い状態のこともあります。この場合はすぐに病院に連絡してください。

おなかの張りを防ぐコツ

体を動かしすぎない
適度な運動はおすすめですが、おなかが張ったらストップ。「適度」を超えたというサインです。

ストレスをためない
ストレスがあると、筋肉はかたく収縮します。子宮も同じこと。ストレス解消を心がけて。

体を冷やさない
特に下半身が冷えると、血行が悪くなりおなかが張ります。おなかや足は冷やさないで。

疲れたら横になる
横になることが、おなかの張り対策のいちばんの方法。血流が子宮に送られやすくなります。

重いものを持たない
重いものを持つとおなかに力が入り、子宮の筋肉も張ることになります。

夏でも汗が蒸発するときに冷えます。腹巻きやソックスでガードして。腹帯はおなかを守る知恵。

おなかの張り 【これって受診したほうがいい？】

張りを感じたら、30分～1時間、横になって様子を見ます。

心配ありません	張りの間隔がしだいに遠のく
病院へ連絡	張りの間隔が短くなってくる
	10～20分間隔の張りが続く
早めに病院へ	張り＋粘液まじりの少量の出血
すぐに病院へ	5～10分、張りっぱなし
	張り＋出血
	張り＋痛み

こんな張りもあります

靭帯（じんたい）が引っ張られる 初期に多い
子宮を支えている靭帯が引っ張られ、つれるような感覚を「張り」と感じることも。

皮膚の突っ張り感 初期・中期に多い
妊娠週数が進んでおなかが大きくなると、おなかの皮膚の突っ張り感を「張り」と感じることも。

子宮の収縮 中期・後期に多い
子宮は筋肉でできていて、おなかが大きくなるにつれてときどき収縮するようになります。

性器からの出血は量や色などをしっかりチェック

性器からの出血は、何かが起こっているというサインではありますが、出血のすべてが危険なものというわけではありません。妊娠中の子宮は血液が豊富になっているので、ちょっとした刺激で出血することもあります。

ただし、自分自身では何が原因の出血かは判断できないもの。たとえ少量でも自己判断せず、落ち着いて出血の量や色などを確認して。特におなかの痛みや強い張りを伴うときは、必ず病院に連絡して、指示に従って受診しましょう。

次にあげる出血は異常サインではないものです。

●妊娠のごく初期の出血

妊娠がわかるころ、受精卵が子宮内膜に着床するころに出血することがあります。量は少ないことが多いですが、まれに月経くらいの出血があることも。

●びらんやポリープからの出血

膣にびらんやポリープがあると、妊娠することで充血し、そこに刺激があった場合などに出血することがあります。痛みはありません。

●おしるし

正期産（妊娠37週から）に入り、いつ生まれてもいい時期に、子宮の出口付近の卵膜が子宮壁からはがれたときに起こる、粘液にまじった出血。量も月経2日目ほどの場合もありますが、痛みを伴う場合やいつまでも止まらない場合は、病院に連絡しましょう。

出血【これって受診したほうがいい？】

出血したら、色、量、様子をまずチェックしましょう。

色でチェック

妊娠中全期間を通して 2～3日様子を見て出血が続くときは受診	おりものに血が少しまじったような ピンク色	妊娠中はおりものの量がふえますが、そこにごく少量の血がまじるとピンク色のおりものが出ることがあります。
妊娠中全期間を通して 2～3日様子を見て出血が続くときは受診	月経の始まりか終わりごろのような 茶褐色	少し前に出血した血が出てきたもの。血液は少し時間がたつと、茶褐色に見えます。
すぐに病院へ	フレッシュな 鮮血	鮮やかな色の血が出てきたら、出血が今も続いていると考えられます。異常が起きているサイン。
妊娠37週未満 病院に連絡 / 妊娠37週以上 陣痛や破水があったら病院へ	血がまじったような粘りけのある おりもの状	出産が近づくと、血がまじったような粘りけのあるおりものが出てくることがあります。いわゆる「おしるし」。2～3日中にお産が始まる可能性大。

続き方でチェック

出血は1回だけ	セックスや妊娠後期の内診後など、原因が考えられる	妊娠中全期間を通して 2～3日様子を見て出血が続くときは受診
忘れたころにときどき	「びらん」や「ポリープ」があるといわれている	妊娠中全期間を通して 2～3日様子を見て出血が続くときは受診
ダラダラ出血が続く		すぐに病院へ

体験談 おなかの張りと痛み・出血

初めて感じる痛みで不安に。でも夫が帰宅したら消えました

妊娠9カ月のとき、夜におなかがズキーッと痛くなりました。初めて感じた痛みのうえに、ひとりだったので不安……予定日までまだあるので「どうしよう」と思っていたら、夫が帰宅。ホッと安心したらおさまりました。原因は結局わかりませんでしたが、赤ちゃんが「心の準備をしてね」と伝えてくれたのかもしれません。

草谷志穂さん（29才） 涼菜（すずな）ちゃん

7カ月のとき、強い張りで受診。でも赤ちゃんは元気でした！

妊娠7カ月のある日、それまでになかったような強い張りが朝から不定期にありました。ギューッとした強い張りで、横になって休んでもおさまらないので受診し、内診もしてもらいましたが、子宮口は閉じていて、「妊娠中にはよくある張り」とのこと。赤ちゃんも元気だったのでホッとしました。

深沢綾子さん（29才） 倖輝（こうき）くん

心配した出血、受診後1週間でおさまりました

妊娠判定薬で陽性反応が出てすぐのころ出血し、あわてて産婦人科を受診。一度、流産経験があったので、「また流産してしまうの？」と落ち込みました。病院で、自宅で安静にと言われました。出血は1週間ほど続き、本当に不安でしたが、無事に乗り越えることができました。

竹田菜穂さん（31才） 岳（がく）くん

切迫流産と流産

切迫流産は、流産になりかかっている状態。対策をとれば、流産を防げるケースもあるので、サインを見のがさないで。

切迫流産になっても7割くらいは無事に出産

「切迫流産」と文字で見るとなんだか怖い印象ですが、流産ではありません。あくまで、状態が流産に「切迫」している、ということです。

切迫流産や流産のサインになるのは、出血と下腹部の痛みです。出血の多くは胎盤になる組織の周囲からのもので、赤ちゃんの心拍が確認されていればひと安心ですが、それでも妊娠12週までは慎重に。妊娠13週を過ぎていれば、切迫流産と診断された場合でも出産まで無事に妊娠を継続できることも多いでしょう。

治療の基本は「安静」を守ること

胎児の心拍が確認されていて、切迫流産と診断されたときは、「安静」に過ごすのが治療の基本です。症状や仕事、家庭の状況などによって、自宅安静から入院まで、安静の度合いは異なります。どのくらいの安静が必要なのかは、医師に具体的に確認しましょう。仕事は、可能であれば休んだほうがよいでしょう。出血量が多い、上の子が家にいて安静にできない場合などは、体を休めるために入院をすすめられることもあります。

薬は、初期は積極的に使いませんが、12週以降は子宮収縮抑制剤、いわゆる張り止めの薬を使うこともあります。クラミジアや細菌による子宮頸管炎などからおなかが張ってくるようなときは、感染症の治療もします。母体側に切迫流産の原因があるときは、サインに早めに気づくことで、ある程度は流産を防ぐことができます。なるべく横になり、体をあたためため、リラックスしておなかにたくさんの血液を送ってあげましょう。

こんなサインに要注意

出血

ダラダラと出血が続く、量が多い、鮮血が続く、痛みを伴うとき。

おなかの痛み

おなかが単に突っ張るような感じではなく、痛みを感じるときや出血を伴うとき。

異常妊娠で出血が起こることも

異所性妊娠（いしょせい にんしん）

受精卵が卵管の中など、子宮内膜以外の場所に着床してしまうのが子宮外妊娠。卵管が破裂すると母体が危険なので、卵管切除などの処置が必要になります。産婦人科で診察を受けていれば大事に至ることはありませんが、下腹部の激痛や出血などの症状があれば受診を。

異所性妊娠の種類

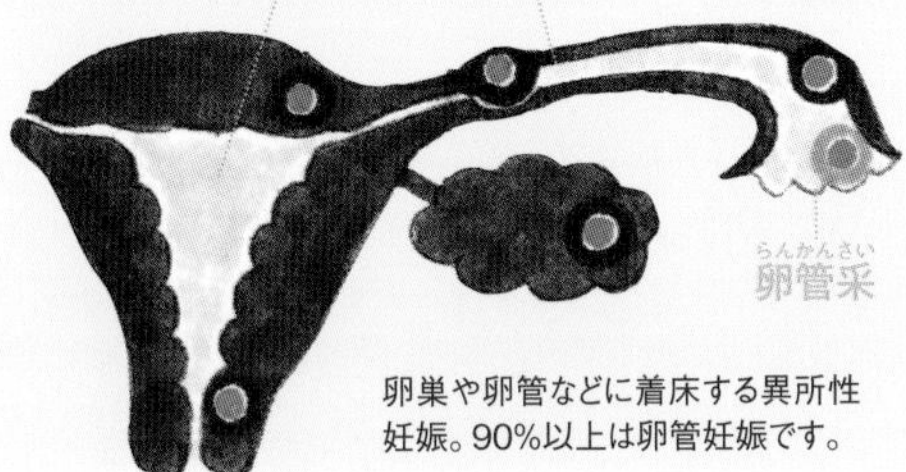

卵巣や卵管などに着床する異所性妊娠。90%以上は卵管妊娠です。

胞状奇胎（ほうじょう きたい）

子宮の中で胎盤をつくっていくはずの絨毛組織の一部が、異常に繁殖するのが胞状奇胎。胎盤がぶどうの粒状の腫瘍になって発育し、胎児は育ちません。症状としては妊娠8週くらいから少量の茶色っぽい出血が見られ、7〜8週になっても胎児心拍が確認されません。

流産の原因のほとんどは赤ちゃんの側にあります

赤ちゃんがおなかの中から出て、生存できるギリギリのラインは、妊娠22週とされています。このため、妊娠22週までに胎児が母体から外に出てしまうことを「流産」といいます。

流産が起こるのは妊娠全体の約10～15%程度。そのうちの8割以上が、妊娠12週までの初期に起こっています。初期流産の主な原因は赤ちゃんの染色体異常です。つまり、流産の大半は、もともと育つことがむずかしい受精卵だったということが多いのです。年齢的には35才以上の妊娠になると、胎児の染色体異常がふえるというデータがあり、40才以上では流産率が40%といわれています。

それ以外の母体の側の原因としては、子宮の奇形や子宮筋腫など、子宮のトラブルによるものや免疫的な因子、血液の凝固障害などがあります。

妊娠したすべての人のうち、6～7人に1人は流産するといわれるほど、流産は意外によく起こることです。もし流産しても「たまたま」ということがほとんどですが、2回以上流産を繰り返した場合は不育症の検査を受けてみましょう。

切迫流産と流産 Q & A

Q 薬やタバコ、アルコールによって流産する？

A 流産するほどのアルコールやニコチン、薬をとっていたとしたら、おそらく受精もしないでしょう。できれば妊娠判明前からやめておきたいところですが、気づかず妊娠した場合は、わかった時点でストップすれば、それだけが原因で流産することはありません。

Q つわりが急にストップ。もしかして流産？

A つわりが終わるときは、だんだんラクになるというよりも、ある日急にスッキリするという人も多いようです。心拍も確認されていて、妊娠4カ月前後になっていたら、必ずしもつわりの終わり＝流産ではありません。おなかの痛みや出血がなければ、次の健診まで様子を見てもいいでしょう。

Q 胎盤が完成したら、もう安心？　何をしても大丈夫？

A たとえ胎盤が完成しても、何が起こるかわからないのが妊娠中の体です。妊娠前までできたことでも70%くらいに抑えて、おなかの赤ちゃん優先で過ごしましょう。今まで行ったことのない場所に旅行したり、医師との連絡がとりにくい状況になることはおすすめできません。

体験談 切迫流産を乗り越えて

1カ月半閉じこもって生活。すべては赤ちゃんのためでした！

妊娠判明後すぐに下腹部痛と出血があり、切迫流産と診断。自宅安静と言われ、1カ月半ほど家に閉じこもっていました。冬だったので、トイレからいちばん近い部屋にこたつを置いて、トイレ以外は1日じゅうこたつの中。つらかったけれど赤ちゃんのためだと思い、がまん。報われてよかったです！

五十嵐裕美さん（37才）　ひなたちゃん

「切迫流産は流産とは違う」と自分で自分を励ましました

妊娠判明と同時に切迫流産と診断されました。内診で褐色のおりものが出て、超音波検査でも子宮の中で出血が……。自宅安静中に、また出血したので入院。一度退院したあと、またすぐに出血して再入院。無事に育つか心配でしたが、「切迫流産は流産とは違う」と自分に言い聞かせて、乗り切りました。

沢田美佳さん（32才）　瑛太（えいた）くん

上の子のお世話などで自宅安静ができず、入院安静に

妊娠12週のときに、生理痛のような痛みと出血があり、「これはまずい！」と思ってすぐに病院へ。自宅安静を指示されましたが、上の子の世話もあってなかなか安静にできず、先生にも夫にもしかられました。結局、その後も自宅安静は無理ということで、入院安静に。でも、そのかいあって無事出産しました。

木村朋子さん（28才）　楓（かえで）くん

妊娠37週までは
できるだけママの
おなかにいてね

切迫早産と早産

赤ちゃんが元気に成長するためには、1日でも長くおなかの中で過ごすのがベスト。無理をしない、おなかにやさしい生活を心がけて。

切迫早産の危険信号を見のがさないで

切迫早産とは、妊娠22週から36週の終わりまでの間に、赤ちゃんが生まれそうになる状態のことをいいます。流産は赤ちゃん側に原因があることが多いのですが、早産は母体側の原因が多いのが特徴です。

出血やおなかの張り、下腹部や腰の痛み、おりものの増加など、体のサインに早めに気づけば、早産になるのを防げるケースも多いもの。そのためには危険信号をよく知っておくことが大切です。

また、危険な兆候がなくても、腟炎が見られる場合は要注意。細菌や病原体が子宮頸管内に達して炎症を起こすと、子宮の収縮や破水の原因になります。おりものの様子がおかしい、かゆいなどの症状がある場合は、次の健診を待たずに、病院に相談しましょう。早めに炎症を食い止めれば、大事に至らずにすむのです。

安静や張り止めの薬で治療します

切迫早産と言われたときの基本は、安静にして過ごすこと。これは切迫流産と同じです。安静の度合いによって過ごし方が違うので、130ページを参考にしてください。

子宮収縮を抑える薬（リトドリンなど）が処方されることもあります。動悸が激しくなるなどの副作用があった場合は、医師とよく相談して使用していきます。

こんなサインに要注意

おなかの痛み
おなかの強い張りで痛い場合は受診を。ただ、便秘から起こる腸の痛みの場合も。

おなかの張り
痛みを伴わない張りなら問題ありませんが、強く周期的に張るなら要注意。

出血
出血は卵膜が子宮壁からはがれつつあるサイン。大量出血や鮮血の場合は、常位胎盤早期剥離や前置胎盤による出血の可能性があるのですぐに受診を。

破水
それまで兆候がなくても、突然破水する場合も。尿と見分けにくいので、異変を感じたら病院に連絡を。

切迫早産と早産 Q&A

Q 早産しても何週くらいからなら赤ちゃんは助かりますか？

A 現代の医学では22週以降とされていますが、赤ちゃんの状態にもよります。30週くらい、体重が1500g以上あると、後遺症のリスクは比較的少なくなるとされます。ただし赤ちゃんの呼吸機能が完成するのはもっとあと。自力で呼吸ができるまでは、保育器の中での酸素投与や、人工呼吸器の使用が必要になります。

Q 少しくらい早産でも、小さく産めばラク？

A 妊娠36週以降なら、赤ちゃんが子宮の外に出て生きていける準備は、ほぼととのっています。ただし、やはり妊娠37週以降の「正期産」の赤ちゃんに比べて呼吸機能などが未熟です。誕生後の育てやすさにもつながるので、37週まではおなかの中にいられるようにしてあげたいものです。

Q 早産とは逆に、予定日を大幅に過ぎてしまった場合どうなる？

A 予定日から2週間過ぎると、「過期産」といい、早産とは逆ですが、赤ちゃんの状態が心配になります。これは、だんだん胎盤の機能が落ちて酸素がいかなくなるからです。状態にもよりますが、ほとんどの場合、予定日から1週間を過ぎたころから、陣痛誘発などの処置をすることになります。

今の医療でも「人工子宮」はありません。できるかぎり子宮で育てることが大切

妊娠22週以降37週未満に赤ちゃんが生まれる「早産」は、全妊娠の6～7%。切迫早産から早産になる可能性は、約30%といわれています。早産の原因のうち多いのが、細菌やウイルスによる感染症。このほか母体のストレス、子宮頸管無力症、前置胎盤、大きな子宮筋腫などでも早産が起こりやすくなります。子宮頸管無力症と診断された場合は、左の図のように子宮頸管を縛る手術をする場合もあります。

実際に早い時期にお産になった場合は、週数や母子の状態にもよりますが、NICU（新生児集中治療室）のある病院へ移ることが多く、緊急の場合は救急車で搬送されることもあります。経腟分娩が可能なこともありますが、赤ちゃんの安全のため、帝王切開になることが多いでしょう。

NICUなどの進歩により、一般に1500gあればリスクは比較的少なく、2000gあれば通常の赤ちゃんとほぼ変わらずに育つ場合も多くなりました。とはいえ、さまざまな臓器が未熟な状態で、早く生まれるほど後遺症が残る可能性が高いのは事実です。これだけ医学が発達しても、ママの子宮にかわることができる人工子宮はありません。子宮に最後までいることが、赤ちゃんにとって最良の環境なのです。

【早産の原因として考えられること】

赤ちゃん側

- 子宮内胎児発育不全（おなかの赤ちゃんの発育が悪いこと）
- 多胎
- 羊水過多・過少
- 先天的な病気

ママ側

- 子宮頸管無力症
- 妊娠高血圧症候群
- 前置胎盤
- 常位胎盤早期剥離
- 子宮筋腫、子宮奇形など
- 感染症
- 体質・加齢
- ストレスや無理な生活

子宮頸管を縛る手術をすることもあります

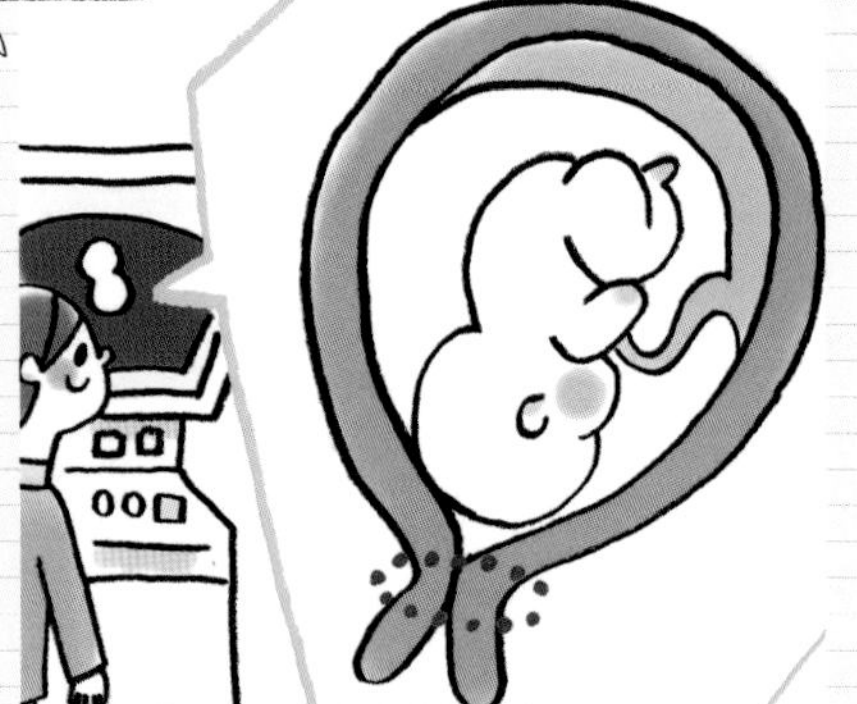

子宮頸管無力症とは、本来はかたく閉じているはずの子宮頸管や子宮口が開いてきてしまうこと。原因は、初期の子宮頸がん手術（子宮頸管円錐切除術）後ということもありますがわからないことが多いです。手術そのものは20分ほどですが、前後10日ほど入院することになります。

体験談 切迫早産を乗り越えて

助産師さんのあたたかい言葉に救われました

妊娠31週ごろ、長時間にわたっておなかに痛みを感じました。切迫早産と診断されましたが、軽度だったので薬を処方してもらい、自宅で安静に。「神経質にならずに、気持ちをゆったりもってね」と助産師さんに言葉をかけてもらったら、なんだかホッとしました。

佐藤 環さん（26才） 奏（かなで）ちゃん

ベビーグッズを作って不安を紛らわせました

妊娠22週のときにおなかの張りと少量の出血があり、切迫早産で自宅安静に。赤ちゃんのことが心配でしたが、なるべく気持ちを前向きにしようと思い、手縫いのベビーグッズをたくさん作りました。赤ちゃんのことを考えると楽しいし、グッズもたくさんできて一石二鳥！

あやりんママさん（36才） 彩佳（あやか）ちゃん

先生に指摘されるまでおなかの張りに気づかなかった！

妊娠8カ月の健診で、切迫早産と診断されました。前からおなかがよく張っていたようなのですが「張る」感覚がよくわからず、健診で指摘されるまではそれが普通だと思っていました。自宅安静でしたが、夫は切迫早産をたいしたこととは思っていなくて、何も手伝ってくれず、家事は普通にしていました。

望月理絵さん（24才） 結人（ゆいと）くん

妊娠高血圧症候群

発症すると出産直後まで治らず、母体にも赤ちゃんにも影響するのが妊娠高血圧症候群。まずは予防が大切。生活習慣を見直しましょう。

高血圧とタンパク尿が2大症状

妊娠中は、生理的に血圧は下がるものですが、血圧が上昇してしまうのが妊娠高血圧症候群です。妊娠前は正常な血圧だった人が、妊娠20週以降、初めて高血圧（基準値は下記参照）になった場合に診断されます。

高血圧になるということは、血圧を高くしていないと血液が流れにくいということです。また、タンパク尿は、腎臓機能が低下しているというサイン。こうなると心臓や血管に負担がかかって母体のトラブルが出やすくなり、胎盤に十分な血液が届かずに、赤ちゃんの発育が悪くなります。胎盤もはがれやすくなり、早産のリスクは、平常な血圧の妊婦さんに比べて2倍と高く、母体や胎児の状態が悪くなって人工的に早産させることもあります。さらに重症になると子癇発作（けいれんと意識障害）や脳出血を起こすこともあります。

妊娠高血圧症候群は、妊婦さんの3～4%に起こり、なりやすい人の傾向はあるものの、誰にでも起こる可能性があります。また、ずっと順調に見えても、妊娠末期に高血圧になることもあるので油断は禁物です。

自覚症状がないので健診でしっかり血圧チェックを

怖いのは、初期段階では自覚症状がないこと。できることは、とにかくきちんと妊婦健診を受けて、血圧をチェックすることです。高血圧はかなり進んでから、頭痛、耳鳴り、目がチカチカするといった自覚症状が出ますが、こうなってからでは命に関わるようなトラブルもすぐそこです。

また、生活習慣の見直しをすることも大切です。特に妊娠高血圧症候群になりやすい条件のある人は、ならないような生活を心がけましょう。

【「妊娠高血圧症候群」って？】

妊娠20週以降、産後12週まで高血圧が見られる場合

高血圧でタンパク尿が出た場合

いずれかが見られる場合

高血圧とは…
収縮期血圧（最高血圧）140mmHg 以上
または
拡張期血圧（最低血圧）90mmHg 以上

妊娠高血圧症候群になりやすい人

- 多胎妊娠
- もともと血圧が高い
- 肥満傾向の人 妊娠中の体重増加が著しい人
- 持病がある人
- ヘマトクリット値（血液の濃さ）が高い人
- 高年初産

重症化した場合は入院になることも

妊娠高血圧症候群のいちばんの原因は、妊娠していることそのもの。お産が終わらないことには完治せず、産後12週まで注意が必要です。

妊娠高血圧症候群になった場合、血圧が上がらないように、食事や日常生活をコントロールしていくことになります。コントロールがうまくいかない場合は、入院してさらに徹底した食事管理と安静、降圧剤によって血圧が上がらないようにします。コントロールが無理だったり重症化した場合、37週未満でも人工早産にして赤ちゃんを出してあげることもあります。

母子ともに元気で軽症なら経腟分娩も可能

妊娠中のコントロールがうまくいって血圧が正常値に近づき、赤ちゃんも元気に発育してれば、経腟分娩が可能です。ただし陣痛中は血圧が上がりやすいので、予定帝王切開または緊急帝王切開になることもあります。

血圧が高い場合は、脳出血を起こすなど母体が危険になる可能性が高いため、降圧剤や抗けいれん剤を使いながらの出産となります。血圧が異常に高くなったら、麻酔分娩に切り替えることも。重症の場合は、早期に帝王切開するケースが多いでしょう。

妊娠高血圧症候群にならない生活習慣

疲れをためない、生活リズムをととのえる

生活リズムが乱れると、睡眠が浅くなったり、消化器官に負担がかかったりして、体が疲れます。体が疲れると血圧が上がりやすくなるため、早寝・早起き、きちんと3食食べるなど生活リズムをととのえて。

体を冷やすなど、血行が悪くなることを避ける

冷えたり、長時間同じ姿勢を続けたりして血行が悪くなると、血圧が上がりやすくなります。おなかや下半身は冷やさないようにする、適度に体を動かす、疲れたら横になるなど、血行をよくするよう心がけましょう。

体重が急激にふえないようにコントロール

妊娠中の適正な体重増加の目安は、妊娠前の体重によりますが(108ページ)、それはトータルの数値。少しずつふえることが理想で、1カ月に2kgなど急激にふやさないことが大事。臨月に入ってからも気をゆるめないように注意を。

ストレスをなるべくためない

ストレスを感じると血管が収縮し、血圧が上昇します。思いあたるストレスはなるべく減らしたり、うまく解消するよう心がけて。心身ともに緊張がやわらぐと血行がよくなり血圧も下がります。

塩分のとりすぎに注意して、薄味の食事を

塩分をとりすぎると血圧が上がるのは、血液内の塩分濃度を一定に保とうとするため血液中の水分量がふえ、心臓や腎臓に負担をかけるためといわれています。薄味でおいしく食べる工夫をしましょう。

- 減塩しょうゆにかえる
- 調味料はしっかり計算する
- だしをきちんととる
- 麺類は汁を残す
- 酢やレモン、スパイスで味を補う

赤ちゃんへの影響、
ママ自身のリスクを
知っておきたい

妊娠糖尿病と消化器官の病気

妊娠中は、ホルモンの作用で誰でも血糖値が上がりやすい状態に。高血糖は早期発見と管理でコントロールしましょう。

妊娠中は誰でも高血糖になりやすい状態

妊娠糖尿病とは、妊娠中に初めて見つかった「糖尿病には至らないものの、糖の代謝に異常がある」状態をいいます。妊娠すると、食事の量もふえ、血糖値が上がりやすくなります。

妊娠するとインスリン分解酵素が出ますが、胎盤が完成すると胎盤からつくられる物質の影響を受けてインスリンの作用が不十分になり、血糖値が下がりにくくなります。妊娠中は誰でも高血糖になりやすく、もともと肥満ぎみの人、糖尿病の家族がいる人、高齢出産の人などは、妊娠糖尿病になりやすく、特に注意が必要です。

発症すると、妊娠高血圧症候群や尿路感染症、羊水過多症、早産などが起こりやすくなります。また、巨大児になる、生後に低血糖を起こしやすいなど、赤ちゃんに影響が及ぶことも。ママと赤ちゃんを守るために、早期発見と管理が重要です。

治療は、食事療法と運動が基本。高タンパク、低カロリーな食事を。一度にたくさん食べると血糖値が上がりやすいため、少量ずつ回数をふやして食べるようにします。ほかに心配な症状がなければ、適度な運動を続けることも大切です。

将来、糖尿病になる可能性大。産後も注意が必要に

妊娠糖尿病の多くは、産後には治りますが、次の妊娠で再び妊娠糖尿病になる確率が36～70%あるというデータがあります。さらに、妊娠糖尿病から糖尿病に移行することもあり、産後3～6カ月後に移行する人は全体の約5%といわれています。

そのため、妊娠糖尿病になったら、産後6～12週および1年後くらいに血糖値の検査(糖負荷試験)をします。

食事の注意や運動の習慣も続けることが望ましいでしょう。

妊娠糖尿病にならないための生活アドバイス

適度な運動を

「適度」とは、「ちょっと脈が速くなる程度」と考えて。ウォーキングや水泳など、十分に呼吸しながら全身の筋肉を使う有酸素運動で、エネルギーを代謝できる体を目指しましょう。

高タンパク・低カロリーの食事

赤ちゃんの発育に必要な栄養はとりつつ、エネルギーはとりすぎないよう注意します。血糖値が上がりにくい食材や、空腹感を抑える作用のある食物繊維を含む食材を活用し、バランスよく食べましょう。

妊娠中はホルモンの作用で胃腸の機能が落ちやすいもの

妊娠するとホルモンの作用で胃腸の働きが悪くなるため、消化不良など、胃腸の病気が起こりやすくなります。

妊娠初期にはつわりによるおう吐などで、また妊娠中・後期には大きくなった子宮に胃が圧迫されることで、「逆流性食道炎」が起こりやすくなります。逆流性食道炎とは、胃の中にあるものが頻繁に食道に逆流することで、胸やけや胃酸が上がってくることなどが起こる病気。予防のためには、消化のよいものを少量ずつ、よくかんで食べるといいといわれます。

ホルモンの影響で免疫力も低下するため、感染性の胃腸炎などにもかかりやすくなります。吐きけやおう吐、下痢、腹痛などが主症状の急性胃腸炎は、ウイルス性のものと、細菌性のものに分けられます。原因によって治療法がやや異なるため、症状が見られたら早めに受診することが必要です。

妊娠中におなかが痛くなると、「赤ちゃんは大丈夫?」と心配になりますが、多少の腹痛や下痢が、赤ちゃんに悪影響を及ぼすことはありません。ただし、脱水症状を起こすほどおう吐や下痢がひどいと危険です。症状が強い間は無理して食事をとることはありませんが、水分だけはこまめにとりましょう。吸収のよい経口補水液などがおすすめです。

【妊娠中にかかりやすい消化器官の病気】

逆流性食道炎

つわりでおう吐を繰り返したり、大きくなった子宮に胃が圧迫されたりすることで、胃の内容物や胃液が食道に逆流して起こります。胸やけ、のどの違和感、ゲップ、おなかの張りなどが主な症状。横になるときは、上体を少し起こして寝ると、症状が緩和されることも。

細菌性胃腸炎

O-157やサルモネラ菌など、細菌によって起こる胃腸炎です。腹痛、下痢、おう吐、血便、発熱などの症状が見られ、治療には抗生物質と整腸剤が処方されます。細菌性胃腸炎では下痢止めの薬を使うことで症状が悪化することがあるので要注意。水分補給が重要です。

ウイルス性胃腸炎

ノロウイルスやロタウイルスなど、ウイルスが原因で起こる胃腸炎です。胃腸炎に効く抗ウイルス薬はなく、治療には対症療法として整腸剤が処方されます。脱水症予防のため、こまめに水分補給をし、脱水症状を起こした場合は点滴で補給することもあります。

消化不良

ホルモンの作用で胃腸の働きが弱くなるため、胃もたれや胃の不快感、腹痛などが起こりやすくなります。脂っこいものや刺激物のとりすぎ、食べすぎ、早食いなどは避け、なるべく消化のよいものを、少しずつ食べるようにするといいでしょう。

虫垂炎

本来、虫垂炎(盲腸)は右側の下腹部が痛むのが特徴ですが、妊娠中は子宮が大きくなるため、痛む位置が上のほうや外側に移動するため、診断がむずかしくなります。発見が遅れると腹膜炎を起こし、命に関わる事態になることもあるため、早期に正しく診断することが必要です。

下痢すると流産・早産しやすくなる?

心配しすぎなくても大丈夫

ひどい下痢で、強い腹圧がかかることは妊婦さんにとってよくありません。腸を動かす筋肉と子宮を収縮させる筋肉は、同じ自律神経がコントロールしているため、影響し合う可能性もあります。ただし、下痢やおう吐だけが原因で、流産・早産にまで至る強い子宮収縮につながることは考えにくいので、あまり心配することはないでしょう。

鉄分を補給して出産までに改善しておきましょう

貧血にならないために

妊娠中に多く見られるのは、鉄分の不足による「鉄欠乏性貧血」。ひどくなるとお産に影響することもあるため、早めの改善を心がけましょう。

妊娠中、貧血になるのは血液量がふえるから

妊娠初期と末期には、血液検査で貧血の有無をチェックします。妊娠前は貧血ではなかったのに、妊娠が進むにつれ貧血になる人も少なくないようです。なぜなのでしょうか?

赤ちゃんや子宮が大きくなると、体内の血液の量が急激にふえます。これは、子宮にたくさんの血液を届けるためです。そのとき、血漿成分（水分）が急激にふえるのに対し、赤血球の増加が追いつかないため、「血液が薄い状態」になります。もちろん、おなかの赤ちゃんの体をつくるためにも鉄分が必要となります。これが、妊娠中の鉄欠乏性貧血の主な原因です。

鉄分は、普段でも不足しがちなミネラルですが、妊娠中は赤ちゃんの血液を造るためもあって、いつも以上に鉄分が必要になります。成人女性の1日に必要な鉄分量は10～11㎎ですが、妊娠中期以降では2倍以上の21・5㎎が必要量とされています。

そのため、毎日の食事で鉄分補給を心がけることが大切です。体内で吸収されやすいのは、魚介類や赤身の肉、豚や鶏のレバーなど動物性食品に含まれる「ヘム鉄」。一方、青菜やひじきなど植物性の食品に含まれる「非ヘム鉄」は、吸収率は低いものの、各種ビタミンなどの栄養素もとれるのが魅力です。

ヘム鉄と非ヘム鉄、どちらも吸収されにくいミネラルですが、ビタミンCや酢といっしょにとると吸収されやすくなる特徴があるので、さまざまな食材を組み合わせてバランスよくとりましょう。

「貧血」と診断される基準

	ヘモグロビン濃度	ヘマトクリット値
妊娠中の女性	11g/dℓ未満	33%未満
非妊娠時の女性	12g/dℓ未満	35%未満
	ヘモグロビン濃度とは、血液1dℓあたりの赤血球の色素成分であるヘモグロビンの重さ。	ヘマトクリット値とは、血液中の赤血球の容積の割合。

どうして妊娠すると貧血になりやすいの？

赤ちゃんを育てるには子宮・胎盤へ血液を送る必要があるため、体内の血液量は最高時で通常の1.4倍に。ただし、血漿（水分）が大幅にふえるわりに、赤血球・白血球などはそれほどふえないので、薄い血に。

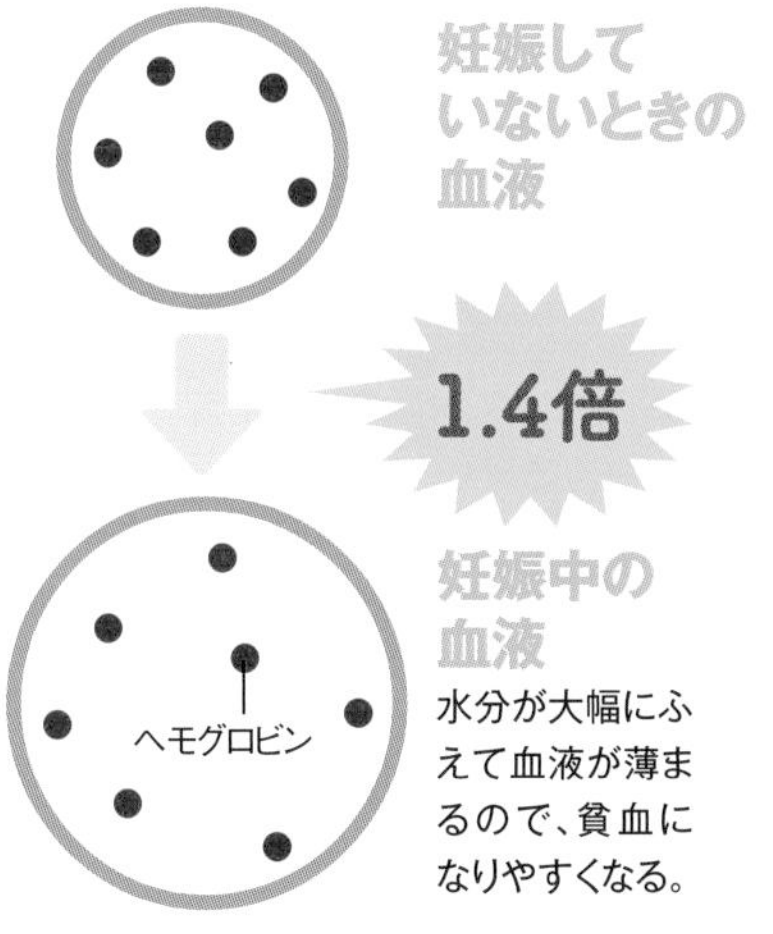

水分が大幅にふえて血液が薄まるので、貧血になりやすくなる。

貧血にならないために

重度の貧血になると出産時の出血量がふえることも

急激に貧血が進んだ場合は、息切れ、めまい、動悸、立ちくらみなどの症状が見られることがあります。ただし、徐々に貧血になった場合や、妊娠前から月経のときの出血量が多くて貧血だった人などは、体が貧血の状態に慣れてしまい、特に自覚症状を感じないこともあります。

体内の鉄は、血液中のほかに、肝臓に貯蔵されているものがあります。赤血球の鉄が不足すると、体じゅうに十分な酸素が行き渡らなくなり、血液中や肝臓に貯蔵されている鉄から補充されます。その結果、妊娠が進むにつれ、どんどん貧血が悪化します。

ママが貧血でも、よほど重症でなければおなかの赤ちゃんには影響ありません。しかし、母体にはさまざまな影響があります。貧血がひどいと、出産のときの出血量がふえたり、産後の回復が遅れることがあります。また、母乳の出が悪くなるなどのトラブルにつながることも。できれば出産前に、貧血を改善しておきましょう。

食事だけで貧血の状態が改善されない場合は、鉄剤が処方されることがあります。鉄剤を飲むと便が黒くなりますが、これは吸収されなかった鉄が排出されているためなので、心配はありません。貧血を改善するために必要な薬なので、処方されたらきちんと飲みましょう。

ただし、鉄剤を飲むと、胃のむかつきや便秘などの症状があらわれる人もいます。つらい場合は、自分の判断で飲むことをやめるのではなく、必ず医師に相談しましょう。副作用がつらい場合や、重度の貧血の場合などは、鉄剤の注射をすることもあります。

鉄分を上手にとるには

○ 動物性タンパク質＋ビタミンC

動物性タンパク質の、特に赤身にはヘム鉄がいっぱい。ヘム鉄の吸収率を上げるにはビタミンCをいっしょにとりましょう。

× タンニンは吸収率ダウン

鉄はタンニンと結合すると、腸で消化されにくくなります。緑茶や紅茶などは食後すぐ飲まないようにしましょう。

鉄剤が処方されたときに、気をつけることは?

合わないときは医師に相談して合う薬や方法を探しましょう

鉄剤は必ず水で飲みましょう。いっしょにお茶を飲むと、お茶に含まれるタンニンが鉄と結びつき、体への吸収が悪くなってしまいます。鉄剤を飲む前後1時間はお茶を控えて。鉄剤を飲むことで、胃のむかつきや便秘など、つらい症状があらわれた場合は、薬の種類をかえたり、飲み薬ではなく注射にするなど、投与方法を変更できることもあるため、早めに医師に相談しましょう。

貧血Q&A

Q ときどき立ちくらみします。貧血のせいでしょうか?

A 貧血のせいかもしれませんが、ほとんどは起立性低血圧です。妊娠中はホルモンや自律神経のバランスが乱れ、低血圧になることがあります。妊娠中は子宮に多くの血液が流れ込んでいるため、低血圧の人は、急に立ち上がったりすると脳に十分な血液が送られず、立ちくらみ（脳貧血）が起こることがあります。貧血かどうかは、血液検査をすればわかります。

Q 妊婦用のサプリメントで鉄分をとっていれば十分ですか?

A 妊婦さん向けのサプリメントは、妊娠中に必要な栄養を手軽に摂取できるというメリットがありますが、含まれている鉄分の量はそれほど多くありません。サプリメントのとりすぎで肝機能障害を起こすケースもあるので、医師から処方される鉄剤のほうが安心です。貧血の状態も含めて、医師に確認してみましょう。

Q 鉄分補給には、苦手でもレバーとほうれんそうを食べなきゃダメ?

A 鉄分が含まれるのはレバーやほうれんそうだけではありません。あさりやカキなどの貝類、かつおなどの魚類、高野豆腐や油揚げ、納豆などの大豆製品、ひじきやのりなどの海藻類にも鉄分が多く含まれています（112ページ参照）。

インフルエンザや風邪などの感染症どうしたらいい?

妊娠中にかかると困る病気

妊婦さんが病気になったら、赤ちゃんにどんな影響があるのでしょうか? 妊娠中にかかる可能性のある病気と対処法を知っておきましょう。

風邪とインフルエンザ

妊娠中は免疫力が落ち風邪などにかかりやすいもの

妊娠すると、ホルモンの作用で免疫力が低下します。そのため、風邪やインフルエンザなどにかかりやすくなります。

ウイルスによる風邪の場合、鼻水や鼻づまり、くしゃみなどが主な症状。発熱があっても37度台で、安静にすれば2〜3日で治ります。ただし、細菌感染が加わると症状が長引き、重症化することもあります。高熱やのどの痛み、咳などの症状が加わったら早めに受診しましょう。

インフルエンザは、突然の高熱や頭痛、関節痛など全身症状を伴い、風邪よりもずっと重症で、肺炎になりやすい疾患です。インフルエンザウイルスそのものが、胎盤を通じて赤ちゃんに悪影響を及ぼす心配はありませんが、ときには命に関わることもあるので、早めに受診を。

風邪もインフルエンザも、いちばん大切なのは「かからないように予防する」こと。手洗い・うがいをする、人混みを避ける、ストレスをためない、バランスのよい食事と十分な睡眠、室内の加湿を心がけましょう。インフルエンザワクチンは、インフルエンザにかかることよりもずっとリスクが低いことから、妊娠中いつでも接種できます。

もしかかってしまった場合は早めに産婦人科を受診し、十分な水分補給をしながら安静にして過ごしましょう。

妊婦のインフルエンザ&風邪予防

家族みんなの予防法

- [ ] 帰宅したら手洗い・うがいを徹底
- [ ] 人混みはなるべく避ける

ママの予防法

- [ ] バランスのとれた食事と水分補給
- [ ] 睡眠時間をたっぷりとる
- [ ] 加湿器は湿度50〜60%が目安

かかってしまったら…

家族がすること

- [ ] 家の中でもマスクを
- [ ] 感染した人は部屋を別に

ママがすること

- [ ] 早めに医師の診察を受ける
- [ ] 食欲がなくても、できるかぎり水分補給
- [ ] 十分な睡眠をとって体力キープ

風疹（ふうしん）

妊娠初期に感染すると赤ちゃんにも影響が

風疹ウイルスによって起こる病気。発熱や発疹、関節炎、リンパ腺のはれなどが主症状ですが、症状がなくても感染していることも。妊娠中にママが感染すると、おなかの赤ちゃんにうつり、「先天性風疹症候群」になることがあります。妊娠初期ほど影響が大きく、赤ちゃんに心臓の病気や難聴、白内障などが起こることも。妊娠初期に、必ず風疹抗体価検査で免疫があるか調べます。抗体がない場合は、妊娠20週までは人混みを避けるなど、感染を防ぐ注意が必要です。

妊娠中にかかると困る病気

水ぼうそう

多くの人には免疫があり妊娠中の感染はまれ

水痘帯状疱疹（すいとうたいじょうほうしん）ウイルスによる病気で、かゆみを伴う発疹が主な症状です。妊娠初期に感染すると、赤ちゃんが先天性水痘症候群になる可能性があります。お産直前に感染した場合、生後に新生児水痘症になることがあり、重症化することも。ただし、この病気は一度感染すると二度とかかることはなく、成人の95%は免疫をもっているため、妊娠中に感染することはきわめてまれ。心配な場合は血液検査で免疫があるかどうか調べることができます。

りんご病

おなかの赤ちゃんに貧血や水腫が起こることが

りんご病は「伝染性紅斑（でんせんせいこうはん）」といい、パルボウイルスによって起こります。発症すると発熱、関節痛、手足の紅斑などの症状が見られ、ほおがりんごのように赤くなります。治療しなくても自然に治りますが、妊娠20週未満に初めて感染すると、おなかの赤ちゃんに重度の貧血や水腫が起こったり、流産・早産の原因となる可能性があります。予防接種はなく、子どもがかかりやすい病気のため、子どもの多い場所や小児科の外来、人混みなどに行くことは避けたほうが安心です。

B群溶連菌感染症

産道で赤ちゃんに感染すると重い病気になることが

B群溶連菌（GBS）は、普段から腟や外陰部にいる常在菌で、感染しても自覚症状や妊娠への影響はありません。ただし、産道を通るときに赤ちゃんが感染すると、新生児GBS感染症になり、呼吸困難や髄膜炎、肺炎などを起こす可能性があります。処置が遅れると命に関わることもあるため、妊娠中期、末期には必ず検査を行います。GBSがあるとわかったら、陣痛や破水が起きたときから出産が終わるまで、抗生物質を定期的に点滴で投与します。

トキソプラズマ

胎児への影響はまれですがペットの世話には注意を

トキソプラズマとは、猫などの寄生虫で、ふんなどを介して感染することがあります。また最近では生肉を食べることによる感染も。妊娠初期・中期に初めて感染すると、流産・早産を引き起こしたり、おなかの赤ちゃんの脳や目に障害が起こる可能性があります。ただし確率はとても低く、非常にまれなので、心配しすぎる必要はないでしょう。また、妊娠前から飼っているペットから感染することはありません。念のため、妊娠中は生肉を食べないようにしましょう。

おなかの赤ちゃんの心配事

おなかの赤ちゃん、ちゃんと元気にしてるのかな?

姿の見えない赤ちゃん、ちゃんと元気に育っているのか、気になりますよね。赤ちゃんが元気かどうかを知る簡単なサインが「胎動」です。

胎動は、おなかの赤ちゃんの元気度を知るサイン

おなかの赤ちゃんが元気かどうか、ちゃんと育っているかを知る方法は主に2つあります。1つは、赤ちゃんの動きを確認する「胎動」。もう1つは、赤ちゃんの推定体重からわかる「大きさ」です。

妊婦さんがおなかの赤ちゃんの動きを「胎動」として感じとれるのは、早い人で妊娠16週くらいから。18～20週になると大半の人が感じるようになり、遅くとも22週になればほとんどの人が胎動に気づきます。胎動を感じ始める時期は個人差が大きいもの。あまり神経質にならずに、胎動を感じる日を楽しみに待っていてください。

妊娠30週ごろになると、赤ちゃんは昼も夜も、周期的に眠ったり起きたりを繰り返すようになります。ただし、ママ自身が忙しく動き回る日中は胎動を感じにくく、夜、静かに過ごしている時間には胎動を感じやすいようです。そのため、妊娠30週を過ぎたら毎日時間を決めて、リラックスして赤ちゃんの胎動を確かめてみましょう。

赤ちゃんにも個性があって、動き方にも性格があらわれます。激しく動く子もいれば、おとなしくゆっくり動く子もいます。胎動が強くても弱くても、動きを感じられれば心配ありません。

おなかのベビーQ&A

Q 胎動が急に弱くなった気がするのですが

A 一概には言えませんが、合併症で胎盤の機能が低下するなど、なんらかの原因で赤ちゃんの元気がなくなったときに、胎動がそれまでと比べて弱くなることはあるかもしれません。胎動の変化の原因を妊婦さん自身が判断することはむずかしいため、気になるときは早めに医師に相談しましょう。

Q 動く位置が変わった! 逆子になったということ?

A 妊娠30週ぐらいまでは自由にグルグルとおなかの中を動き回っているため、一時的に動く位置が変わることもあります。妊娠31週を過ぎるころから位置が定まってくるため、それ以降に動く位置が変わった場合は、逆子になった可能性も。逆子かどうかは超音波検査でわかります。

Q 眠れないほど暴れています。どこか具合が悪いの?

A 赤ちゃんが大きくなるほど胎動は強くなります。あまりに強いとママは痛かったり、眠れなかったりと大変ですね。「もしかして苦しいの?」と心配になることもあるかもしれません。でも、胎動は赤ちゃんが元気な証拠です。激しくても具合が悪いわけではないので心配しないで。

Q 臨月になると動かなくなるってほんと?

A 妊娠38週を過ぎると、赤ちゃんが下がって骨盤の中に入ってくるため、動きが鈍くなったと感じることもあるかもしれません。ただし、生まれる直前まで活発に動く赤ちゃんもいます。胎動をまったく感じられなくなった場合はトラブルの可能性もあるため、すぐに受診を。

【10カウント法で赤ちゃんの元気度チェック!】

- 動きが極端に鈍いとき
- 静かにしていても動きが感じられないとき

↓

すぐに医師に相談を

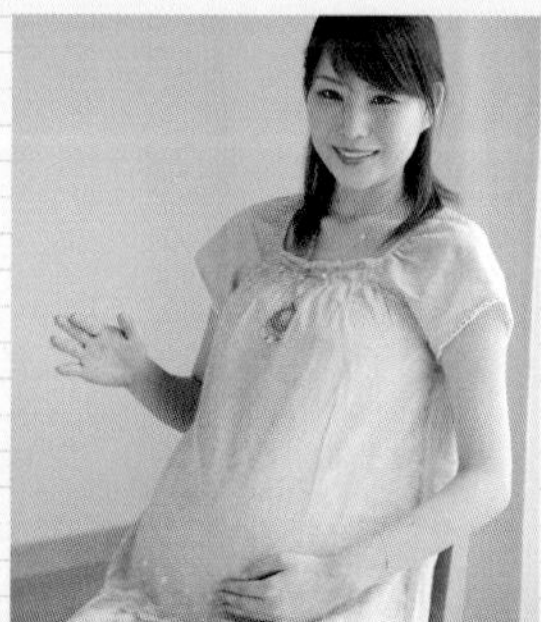

胎動を10回感じるまでの時間を記録します

妊娠30週以降に、毎日時間を決めて横になり、リラックスした状態で行います。胎動を数え、10回感じるのに何分かかったかを記入します。続けて動くときは、止まるまでを1回と数えます。10回数えるのに30分以上かかるときは、1日に2～3回測ります。それでも30分以上かかるときは医師に相談しましょう。

赤ちゃんが大きい・小さいは多くは体格の個人差

赤ちゃんの大きさは、超音波で赤ちゃんの頭や体の長さなどを測り、その数値から算出する「推定体重」で判断します。妊娠週数ごとに「標準体重」が定められてますが、特に問題がなければ妊娠中に2~3回しか測定しないことも。推定体重が標準範囲を上回ったり、下回ったりすると「大きめ」「小さめ」と言われることがあります。ただ、推定体重は、あくまで「推定」なので、実際の体重とは15%ぐらいの誤差が出ることも。大人にも背が高い人もいれば小柄な人もいるように、赤ちゃんにも大きい子、小さい子がいることは自然なこと。体重がふえているなら、あまり心配することはありません。

赤ちゃんが小さすぎると心配なのは発育

赤ちゃんが小さい場合、ごくまれに、赤ちゃんの心臓や脳神経の障害、染色体異常などによって発育不全を起こしていることもあります。また、妊婦さんが妊娠高血圧症候群で血圧が高くなると、子宮への血液の流れが悪くなり、赤ちゃんに栄養や酸素が十分に届かなくなるために発育が悪くなることがあります。母体から赤ちゃんに栄養を運ぶ役割をもつ胎盤の機能が悪くなった場合も、赤ちゃんが順調に育つことができなくなります。標準範囲を大きく下回って小さい場合や、妊娠週数が進むにつれ標準値との差が開いていく場合は、入院や精密検査が必要です。

赤ちゃんが大きすぎると心配なのはお産

赤ちゃんが大きい場合は、妊婦さんのカロリーのとりすぎや糖尿病などの病気のほか、遺伝が原因のこともあります。大柄なパパやママの遺伝子を受け継いだ赤ちゃんが大きくなるのは自然なこと。推定体重には誤差が生じることもあり、標準体重＋2週間ほどなら正常の範囲内と考えられます。また、2人目以降は子宮が伸びやすく、赤ちゃんが大きくなりやすいことも。赤ちゃんが大きすぎると難産になりやすい傾向があるので、骨盤の形や大きさの評価と赤ちゃんの大きさから経腟分娩が安全にできるかどうかを判断します。推定体重が4kgを超える場合は帝王切開になるでしょう。

【おなかの赤ちゃんの成長はここで見ます】

赤ちゃんの推定体重は、超音波で赤ちゃんの頭の横幅（BPD）や頭の周り、おなか回りの長さ（AC）、太ももの骨の長さ（FL）などを測り、その数値から算出します。

大腿骨長（だいたいこっちょう）　FL

腹部周囲長（ふくぶしゅういちょう）　AC

児頭周囲長（じとうしゅういちょう）　HC

児頭大横径（じとうだいおうけい）　BPD

おなかのベビーQ＆A

Q 赤ちゃんが大きすぎたら食事を減らしたほうがいい？

A 大きくなった原因がママの病気やトラブルによる場合は、治療や対応が必要となります。しかし医師から特に指示がなければ、問題ありません。妊娠中のダイエットは厳禁。食事の量だけにとらわれず、質のよい栄養をとることを心がけてください。

Q 赤ちゃんが小さいほうがお産はラクですか？

A 正期産（37週以降）で、週数に比べて赤ちゃんが小さい場合は、胎盤機能が悪いというケースも考えられます。陣痛に耐えられず帝王切開になる可能性もあるので、小さければラクとは限りません。

Q 赤ちゃんが小さいときにはいっぱい食べればいい？

A 心配なほど小さい場合は、ママがすべきことがあれば医師から指示があるはず。そうでないなら、栄養バランスのよい食事と十分な睡眠をとり、なるべくリラックスして過ごすこと。ママにとってストレスのないことがいちばんです。

赤ちゃんが元気に育つために、なくてはならない名わき役

胎盤・臍帯・羊水の働き

フィルターの役割を果たす胎盤。赤ちゃんの命綱となる臍帯。赤ちゃんを守る羊水。それぞれの役割について知っておきましょう。

赤ちゃんに栄養を送り守る働きをします

胎盤、臍帯、羊水は、おなかの中で赤ちゃんが成長するために欠かせないものです。

「胎盤」は、ママの血液にのって運ばれてきた酸素や栄養を、へその緒を通して赤ちゃんに送ります。また、赤ちゃん側の静脈からは二酸化炭素や老廃物などが、胎盤を通してママの体側に戻されます。このように、胎盤は必要なものと不要なものを通すフィルターの役割を果たします。

「臍帯」（へその緒）は、胎盤と赤ちゃんの体をつなぐパイプライン。臍帯の中には、2本の臍帯動脈と1本の臍帯静脈が通っています。この血管を通る血液が赤ちゃんに酸素や栄養を運び、二酸化炭素や老廃物をママの体に戻します。

「羊水」は、20週以降は主に胎児の尿、一部羊膜からにじみ出た水分からなる液体で、羊膜の中を満たし外からの衝撃から赤ちゃんを守ります。

なんらかの原因で、胎盤や臍帯、羊水にトラブルが起こることもあります。いずれも赤ちゃんを守る重要な働きをするものなので、何かあれば早急な対処が必要になります。それぞれに起こる可能性のあるトラブルについて知っておきましょう。

胎盤・臍帯・羊水は、おなかの赤ちゃんを守り、栄養を供給します

子宮壁

卵膜

赤ちゃん側から見て「羊膜」「絨毛膜」「脱落膜」の3つに分かれています。

「脱落膜」は子宮内膜がホルモンの変化によってフワフワに変化したもの。産後は悪露のもとに。

羊水

赤ちゃんを外側からの衝撃から守ってくれる羊水。

妊娠32週で800㎖と量のピーク。その後だんだん減少。

胎盤

血管がびっしり詰まってママから届く酸素と栄養を供給する場所。

お産のときには、約500gに。

臍帯

胎盤を通じて届く酸素と栄養を赤ちゃんに届ける、まさに「命綱」。太い血管が通っています。

太さ・長さに個人差があり、最長時で30〜60㎝。

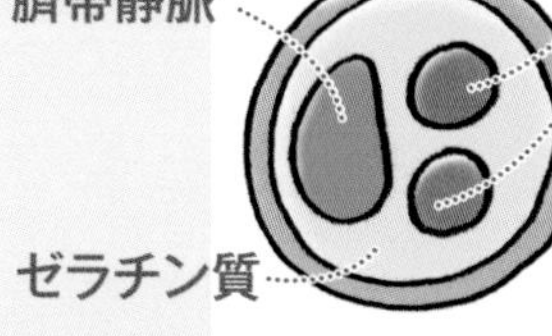

臍帯の断面図

臍帯の中には2本の血管が通っていて、周りをゼラチン質の物質がおおって保護しています。

胎盤の心配事

出産前に胎盤がはがれた場合は一刻も早い対応が必要

胎盤が内子宮口の一部、または全部をふさいでいるのが「前置胎盤」。胎盤が内子宮口近くのきわめて低い場所にあるのが「低置胎盤」。いずれも妊娠中にわかることが多いものです。お産が近づくと胎盤の一部がはがれて大出血することがあるので、37週に入ったら帝王切開となることが多いでしょう。

また、普通の位置にある胎盤が、出産前にはがれてしまうことを「常位胎盤早期剥離」といいます。妊娠8カ月以降に多く、妊娠高血圧症候群の人に多く見られますが、原因は不明です。胎盤がはがれると赤ちゃんに酸素が送られなくなり、子宮の中で大出血が起こるため、母子ともに危険な状態に。突然の激しい腹痛などの症状が見られたら、がまんせずすぐに病院へ。

へその緒の心配事

へその緒がはさまったり先に出てしまうと危険

赤ちゃんが元気に動いたときに、へその緒が赤ちゃんの首や胴体などに巻きつくことがあります（臍帯巻絡）。これは3割くらいにあり、それほど珍しいことではなく、巻きついたままでも多くは無事に生まれてきます。ただし、出産時に臍帯が赤ちゃんと子宮壁にはさまって、赤ちゃんが一時的に苦しくなった場合（臍帯下垂）は、早く出すために吸引・鉗子分娩や緊急帝王切開が必要になることも。

まれに、出産時に赤ちゃんのあとに出てくるはずのへその緒が先に出てしまう「臍帯脱出」があります。逆子や羊水過多、児頭骨盤不均衡、狭骨盤などで前期破水した場合に起こりやすく、緊急の対応が必要です。

羊水の心配事

羊水の量や、破水する時期によってトラブルになることも

赤ちゃんは自分で羊水の量を調整していて、現在では超音波検査で羊水の量を計測しています。羊水の量には個人差があり、一般的に30週前後で最も多いといわれます。

「羊水過多」の場合は赤ちゃんの消化管の閉鎖や筋疾患が、「羊水過少」の場合は腎臓・泌尿器系や胎盤に問題がある可能性がありますが、比較的まれなケースなのであまり心配しなくていいでしょう。

羊膜が破れ、羊水が流れ出ることを「破水」といいます。本来は、お産が進み、子宮口が全開大になるころに起こりますが、陣痛が始まる前に起こることも（前期破水）。前期破水すると、子宮内に細菌が入って感染したり、へその緒が圧迫される危険があります。破水したら、すぐに病院に行きましょう。

胎盤・臍帯・羊水の働き

胎盤・臍帯・羊水Q&A

Q へその緒が首に巻いているとおなかの赤ちゃんは苦しい？

A へその緒は、血管の外側をゼラチン質の物質がおおっていて、弾力があります。首に巻きついても苦しくないことがほとんどなので、あまり心配しなくていいでしょう。ただし、何重も巻いている場合や、強く引っ張られてしまう場合などは苦しくなる可能性も。赤ちゃんの心拍をモニタリングして元気度を確認します。

Q へその緒が短いとお産が大変になってしまうの？

A へその緒が短いと、赤ちゃんがなかなかおりてこられずお産が長引いたり、引っ張られて血管が細くなり苦しくなることがあります。長さが15～20cm以下だと、まず経腟分娩はできません。もし出産できたとしても、胎盤ごと引っ張られ、子宮内反を起こして大出血することがあります。

Q 「羊水が多め」と言われたのですが多いとどうなるの？

A 妊娠糖尿病、多胎妊娠、胎児の消化管閉鎖があると、羊水量が多くなりすぎることがあります。羊水が多すぎると、赤ちゃんは逆子になりやすく、ママはおなかがパンパンに張る、子宮収縮が起こるなどの症状があらわれ、早産の原因にも。でも「多め」というだけなら、心配ありません。

Q 前置胎盤は自然に治ることはありますか？

A 前置胎盤にもいくつか種類があり、すべてのタイプが内子宮口を完全にふさぐ状態ではありません。前置胎盤の中でも、胎盤の縁が内子宮口に少しだけかかっている「辺縁前置胎盤」や、胎盤が内子宮口の一部をおおっている「部分前置胎盤」では、子宮が大きくなるにつれ、胎盤の位置が変わり、経腟分娩が可能になることもあります。

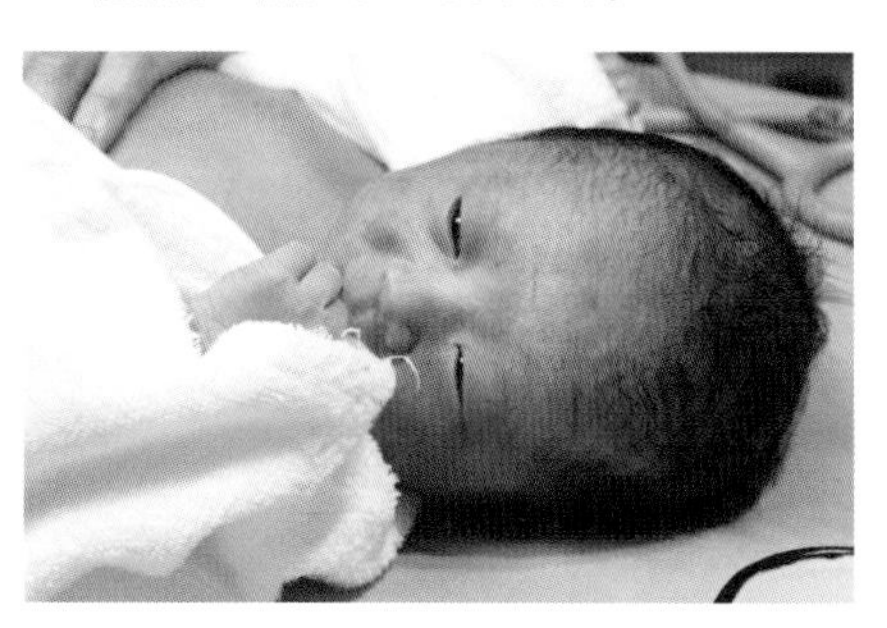

逆子になったらどうする？

頭が下なのが、正しい方向。お産までに直るかな？

「逆子」と言われると不安になりますが、ほとんどが出産までに直ります。直らない場合は安全に出産する方法を検討するので心配しないで。

妊娠8カ月までは約7割が逆子。経過を見守って

赤ちゃんは頭が大きくて重いため、普通は羊水の中で頭を下に向けた状態でいます（頭位）。ところが、何かの原因で頭を上にした姿勢でいることを「逆子」といいます。

逆子には、いくつかのタイプがあります。主なポーズには、おしりが下にあり両足を持ち上げた状態の「単殿位」、両ひざを曲げ、おしりと足が下にある「複殿位」、両ひざが下にある「膝位」、両足が下にある「足位」などがあり、最も多いのはおしりを下にしている単殿位と複殿位といわれます。横や斜めになっている「横位」「斜位」もあります。

逆子の状態でも、赤ちゃんが苦しいとか発育が悪くなるということはないので、心配することはありません。

妊娠8カ月ぐらいまでは、赤ちゃんもまだ小さく、羊水の中を自由にクルクルと動き回っているため、逆子になることも多いもの。50～70％の赤ちゃんが逆子といわれます。でも、そのほとんどは自然に直るため、あまり心配せず様子を見ましょう。

赤ちゃんが大きくなり、子宮の中のスペース的にだんだん余裕がなくなってくると、子宮の中で向きを変えることがむずかしくなり、姿勢が定まってきます。

逆子になる原因はさまざま。赤ちゃんの居心地がよいのかも

逆子になる原因はさまざまです。前置胎盤や子宮筋腫、子宮の奇形など、胎盤の位置や子宮の形、骨盤の形などによって逆子になることもあります。おさまりがよく、赤ちゃんにとって居心地のいい姿勢なのでしょう。

双子や三つ子など、多胎のときもスペースの事情で逆子になることが。また、赤ちゃんの頭が小さめ、臍帯が短いといった理由で下を向きにくい、羊水が多くて赤ちゃんが動きやすいなどの理由で逆子になることもあるようです。

【逆子になりやすいケース】

多胎
双子や三つ子など、多胎の場合は、狭いスペースを共有することになるため、居心地のよい状態を探して逆子になることが。

前置胎盤
胎盤が子宮の下のほうに位置し、子宮口をふさぐようについている場合、頭が下側におさまりにくくなることが考えられます。

子宮筋腫がある
子宮筋腫、卵巣嚢腫など、骨盤内に腫瘍がある場合、子宮内の形が変わることで赤ちゃんの姿勢に影響することがあります。

子宮の奇形
双角子宮など、生まれつき子宮に奇形がある場合、頭を上に向けたほうがおさまりがよいなどの理由で逆子になることがあります。

逆子が直りやすい時期はいつ？

妊娠25～26週まで ＜＜＜ 妊娠27～28週ごろ ＜＜＜ 妊娠29～34週ごろ ＜＜＜ 妊娠35週以降

胎位はまだ不確定
妊娠初期は赤ちゃんも小さく、羊水の中でよく動き回っています。20週に入ると赤ちゃんの動きもより激しくなり、胎児の姿勢はクルクル変化。

逆子と診断される時期
妊娠27～28週ごろになると、あまり大きく胎勢を変えなくなりますが、「逆子です」と言われても、まだ自然に直ることが多いので心配しないで。

逆子直しのチャンス
28週を過ぎても逆子が直っていなければ、逆子体操などにチャレンジすることも。無理せず、医師の指示に従って。

直りにくい時期
羊水が減り、胎児が動きにくくなる35週以降は直りにくくなります。

逆子になったらどうする？

お産直前でも逆子のままならほとんどは帝王切開に

逆子の多くは、出産までに自然に直ります。ただ、なかには直らず、逆子のまま出産を迎えるケースもあり、最終的に逆子のまま出産する割合は3～5%といわれます。

逆子の場合の出産方法は、逆子のタイプや赤ちゃんの大きさ、妊婦さんの骨盤の広さ、初産か経産かなどによって異なりますが、38週ごろに帝王切開になることが多いといえるでしょう。

逆子で経腟分娩をしようとすると、子宮口が十分に開く前に破水してしまう早期破水が起こったり、最後にいちばん大きな頭がひっかかってしまったりする危険があります。特に、足が先に出てくる「足位」の場合は、赤ちゃんの体より先にへその緒が出てしまう臍帯脱出が起こりやすく、きわめてリスクが高くなります。

一方、経産婦で赤ちゃんのおしりが下にある場合は、経腟分娩をすることもあります。赤ちゃんと母体の状態を見て、主治医とよく相談しましょう。

逆子直しは無理をしないで

妊娠28週以降に逆子と診断された場合、逆子体操などの「逆子直し」にトライしてもいいでしょう。ただし、医師の指示を守り、無理はしないこと。おなかが張ったらやめましょう。切迫早産や妊娠高血圧症候群などで安静を指示されている人はしないでください。

直るといわれる方法

逆子直し体操

いくつか方法があるので、かかりつけ医に相談して指導を受けましょう。おなかが張ったら中止を。

シムズの体位

寝る姿勢を変えることで、子宮の中に少し余裕ができて、赤ちゃんの向きが変わることも。

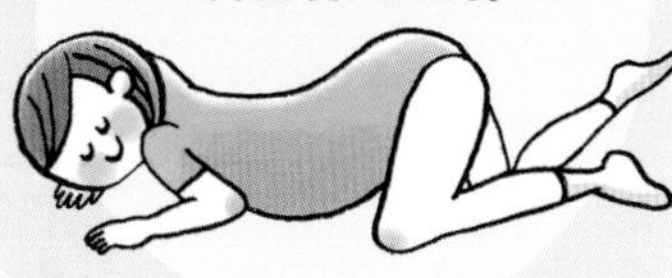

お灸や鍼

昔からされているお灸や鍼。効果があったという報告もありますが、赤ちゃんが急激に動いて臍帯が絡むなどのリスクも。

至陰

足の小指の外側、つめの生えぎわのところ。

三陰交

足の内側、くるぶしよりも指4本分上がったところ。

外回転術

医師がおなかに手をあてて、赤ちゃんの向きを変える方法。熟練した技術が必要です。足位や羊水過少の場合はできません。

体験談 逆子を経験したお産はどうだった？

赤ちゃんの背中が上になるように横向き寝で

25週で逆子と言われたのですが、先生の指示どおり、赤ちゃんの背中が上になるように右側を下（私の場合はこっちでした）にして寝ていたら、29週には頭位になりました。抱き枕を両ひざではさみ込むようにして寝ると、おなかの重みが分散されるようで、とってもラクでした。

谷本江美さん（36才） 愛美ちゃん

赤ちゃんのことを考えて予定帝王切開で出産

逆子直し体操も外回転術も試しましたが、なかなか逆子は直りませんでした。先生からも「へその緒が首に巻きついていて戻れないのかも」と言われ、予定帝王切開での出産に。周りに帝王切開経験者がいなくて不安でしたが、トラブルもなく無事に出産できて、ホッとしました。

大橋かおりさん（28才） 夏海ちゃん

予定帝王切開のはずが手術直前に直って経腟分娩に

逆子直し体操にもチャレンジしましたが、逆子のまま妊娠9カ月に。予定帝王切開の入院予約をする直前、「やっぱり下から産みたいなぁ」と思っていたら、35週で逆子が直っていました。「直前に直る人もいる」と聞いてはいましたが、まさか自分がそうなるとは！ その3週間後、無事に出産しました。

坂井夕香さん（30才） 智香ちゃん

妊娠中によく起こる体の不快症状

病院を受診するほどじゃないけれど「具合が悪い」症状を、マイナートラブルといいます。原因を知ることで解決策の糸口を探ってみましょう。

大きくなった子宮に内臓が圧迫されることが大きな原因

妊娠中に起こる不快な症状、いわゆるマイナートラブルの原因は、ホルモンバランスの変化や大きくなった子宮によるもの。妊娠初期はホルモンバランスの変化による症状が多く、妊娠中期以降は大きくなった子宮に内臓が圧迫されることが原因になることが多いでしょう。特に胃腸や膀胱は、狭いおなかの中で、お産が終わるまで圧迫されます。下半身の血流も悪くなりがちです。

妊娠・出産に影響はなくてもつらいときは病院に相談を

妊娠や出産に直接は影響がなくても、不快な症状はつらいもの。出産するまでどうしようもないこともありますが、体を動かしたり、食事や睡眠などに気をつけることで症状をやわらげられることもあります。

ただ、あまりにつらいときは、妊婦健診で相談を。助産師外来がある病院や助産院では、助産師の知恵を活用しましょう。

便秘と痔

大きな子宮に圧迫されて腸の活動が妨げられて便秘に

もともと便秘は女性に多いといわれていますが、妊娠するとさらに便秘しやすくなります。その理由は2つ。1つは、妊娠によって黄体ホルモンの分泌が活発になること。このホルモンには、筋肉をゆるめて腸の動きを鈍らせる作用があるのです。もう1つは子宮がだんだん大きくなって骨盤の中に入り込み、腸を圧迫すること。圧迫された腸の動きが鈍くなり、便通が悪くなるのです。

妊娠中の便秘対策の基本は、

●食物繊維の多い食事を心がける
●適度な運動をして血行をよくする
●毎日決まった時間にトイレに行く
●1日約2ℓの水分をこまめにとる

こうした対処をしても改善しないときは、健診で相談するとおなかの赤ちゃんに影響のない下剤を処方してもらえます。

また、便秘すると肛門が圧迫されて痔になることが。解決策は清潔にすることと、肛門周辺をあたためて血行をよくすること。妊娠中に多いトラブルなので、恥ずかしがらずに健診で相談を。外用薬が処方されます。

便秘と痔 Q & A

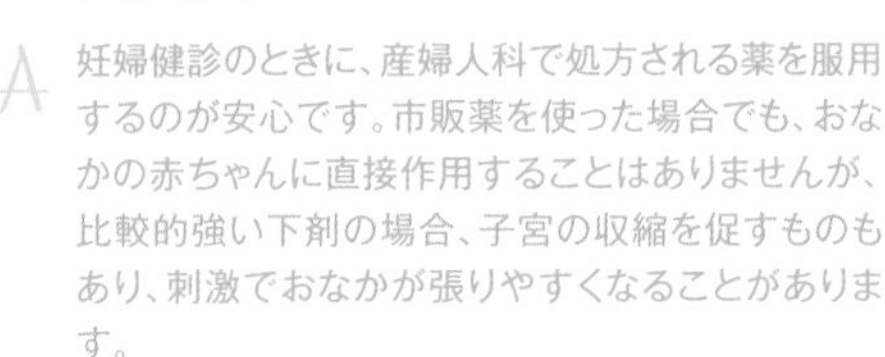

Q 便秘薬を使っても大丈夫?

A 妊婦健診のときに、産婦人科で処方される薬を服用するのが安心です。市販薬を使った場合でも、おなかの赤ちゃんに直接作用することはありませんが、比較的強い下剤の場合、子宮の収縮を促すものもあり、刺激でおなかが張りやすくなることがあります。

Q 2日に1回しか出ないのですが…

A 排便リズムは個人差があるもの。2日に1回のペースでも、おなかや肛門が痛くならずスムーズに出て、スッキリ排便できた感覚があれば、その人のペースかもしれません。ただ、腸にガスがたまって苦しかったり、痛みがあるとき、あるいは3～4日出ない場合は医師に相談しましょう。

Q 痔になってしまったら、どんなケアをしたら?

A 妊娠中の痔は「いぼ痔」と「切れ痔」が多いでしょう。いずれにしても、まずは便秘しないこと。そして患部をまめに洗浄して清潔にすること。シャワー式洗浄便座なら簡単に清浄できます。また、肛門周辺をあたためて血行を促進し、うっ血しないようにします。暑い季節も湯ぶねなどであたためて。

妊娠中によく起こる体の不快症状

全身症状

妊娠すると全身にさまざまな影響が

妊娠した体は、ホルモンバランスだけではなく、血流量や血圧なども変化して、全身にさまざまなトラブルを引き起こすことがあります。いずれも体を休めたり、ちょっとしたケアをするだけで症状が緩和されることがありますが、どうしてもつらい場合は健診で医師に相談しましょう。

むくみ

すねを押して戻りが悪ければむくみ。手指がむくむことも

妊婦健診でのチェック項目の一つでもあるむくみ。しかし、血圧が高かったり尿タンパクの数値に異常がなければ、妊娠中の生理的なものであまり心配はありません。大きなおなかに静脈が圧迫されることが原因なので、横になるときには足を少し高くして。足のむくみには着圧ソックスや弾性ストッキングも効果的。

着圧ソックスをはくと、ふくらはぎから足先の静脈の血行をサポートしてくれます。

立ちくらみ（脳貧血）

おなかに血液が集中するために起こる立ちくらみ

急に立ち上がったときなど、頭がクラクラする脳貧血。これは鉄欠乏性貧血とは違い、子宮にたくさんの血液を送り込むため、頭への血流が不足することが原因です。一時的な立ちくらみ自体は心配ありませんが、バランスをくずして転倒することが心配。妊娠中はゆっくり立ち上がるようにして、急激な動作をしないように心がけて。

動悸

血流量がふえる妊娠末期。動悸がしたらひと休みして

妊娠末期には、血流量が妊娠前の1・4倍になります。心臓にも負担がかかり、動悸がしやすくなるのです。動悸がしたら、おさまるまで安静にしていましょう。しばらく安静にしておさまるなら心配ありません。貧血が強い人やおなかの張り止めの薬を飲んでいる人は、健診でよく相談をして対策をとりましょう。あまりにも動悸がひどい場合は甲状腺の病気が隠れているかもしれないので、検査を受けましょう。

のぼせる

自律神経の乱れが原因。血行をよくして解消を

ホルモンバランスの変化やストレスにより、自律神経が乱れ、血管の拡張・収縮がうまくいかず、のぼせることがあります。下半身をあたためて全身の血流をよくし、できるだけリラックスして過ごしましょう。

だるい

妊娠初期と末期に起こりやすい症状。「体を休めて」のサインと思って

妊娠初期は体内の環境が急激に変わるため、疲れやすいもの。末期も体への負荷でだるくなりやすいようです。おなかの赤ちゃんから、「休んで」というサインが出されていると思って、チャンスがあれば横になって休みましょう。目を閉じてリラックスするとスッキリします。体調がよいときは、適度に体を動かしてリフレッシュすることも大切です。

気持ちが不安定

ホルモン変化はメンタルに影響。産後への不安も解消しましょう

妊娠初期は急激なホルモン変化によって気持ちも不安定になりがちですが、中期以降は安定してくるはずです。それでもイライラしたり不安感がある場合は、お産や産後のことに不安があるせいかもしれません。夫婦でよく話し合い、何が不安なのかをはっきりさせて解決することが第一歩。元気な産後のためにも、妊娠中からストレスをなくしておきましょう。

眠れない

寝る姿勢やアロマなどでリラックス。末期は短時間で深く眠る練習を

おなかが大きくなると、あおむけで寝るのも苦しくなります。抱き枕やクッションで腰回りを支え、寝やすい姿勢を探して（121ページ）。出産が近くなると、赤ちゃんの睡眠リズムに合わせてママも夜中に何度も目が覚めたりします。リラックスできる香りなどを活用して、短時間でも深く眠ることに慣れていきましょう。

部分的な症状

体のバランスが変わり姿勢の変化で起こる症状も

大きくなった子宮は、骨格にも影響を与えて、あちこち痛くなることがあります。姿勢をよくすること、また急激に体重がふえすぎないように注意することも大切です。

妊娠中でもOKな整体やリラクセーションサロンもあります。自分でできるストレッチなども組み合わせて、不調をため込まないようにしましょう。働いている妊婦さんは、立ち仕事でもデスクワークでも、同じ姿勢を続けることがとても負担になります。職場に相談して、すわりっぱなし、立ちっぱなしにできるだけならないように。仕事の合間にストレッチなど体を動かすようにしましょう。

腰痛

おなかを突き出さない姿勢を心がけて予防

妊娠中の腰痛は、大きなおなかを支えようとして、姿勢がそり返ってしまうことが大きな原因。おなかを前に突き出さず、骨盤をまっすぐに立たせて、頭や背骨を上に引っ張るようなイメージで姿勢をキープしましょう（86ページ参照）。

腰の血行をよくするために、あたためることも大切。また、急激な体重増加も腰の負担の原因になるので要注意です。

足がつる

夜中に起こることが多い症状。冷えやカルシウム不足が原因

足がつる（こむらがえり）原因は冷えて血行が悪いせいともカルシウム不足ともいわれ、疲れたときになりやすい症状です。夜中に起こりやすいので、寝る前にふくらはぎを伸ばすようなストレッチを。つったときは、ゆっくりとつま先を上のほうに向け、ふくらはぎをできるだけ伸ばすようにします。また水分不足でも起こりやすいので十分な水分補給を。

頭痛

妊娠中は疲れやすいと自覚して。目の使いすぎにも注意

妊娠中は、普通に生活しているだけでも体に負担がかかっています。疲労が原因で頭痛がするのかもしれません。また睡眠が浅いことも頭痛の原因に。寝る数時間前からスマホやPCを見ないようにして目や脳を休め、熟睡するようにしましょう。血圧が高い場合の頭痛は要注意なので、健診で必ず医師に相談してください。

肩こり

乳房も重く大きくなるために起こる肩こりの場合も

肩こりの原因は、猫背や目の使いすぎも考えられますが、妊婦さんの場合、乳房が大きくなって肩がこることも多いようです。妊娠初期～中期には、おなかよりも先におっぱいがぐっと大きくなる人もいます。締めつけずにきちんと乳房をホールドしてくれる、マタニティブラを身につけましょう。

耳鳴り・音がこもる感じ

自律神経失調のせいで音の聞こえ方に変調が

飛行機の離着陸のときのように、音がこもったような感じになったり、キーンと耳鳴りがしたり。これは耳管開放症といって、妊娠中のホルモンバランスの変化や自律神経失調によって起こります。体に負担がかからないようにし、気持ちの面でもストレスをなくすようにして過ごして。また、首筋をあたためるなど、血行をよくしてみましょう。

尾てい骨・恥骨が痛い

お産が近づくと、骨盤の下のほうに痛みが出ることもあります

臨月が近づき、赤ちゃんの頭がだんだん下がってくると、腰痛も背中の下のほうではなく、骨盤を押し広げられるような痛みが出ることもあります。特に恥骨は左右から引っ張られるような痛みが出ることも。冷やさないようにしたり、ストレッチなどで血行をよくして、お産が終わるまで乗り切りましょう。

尿もれ・頻尿

膀胱は子宮のすぐ前。圧迫されてトイレが近くなります

子宮と膀胱は隣り合っているので、子宮が大きくなると膀胱が圧迫されて、特に妊娠末期に赤ちゃんの頭が下がってくるとトイレが近くなります。でも、トイレに行くのがめんどうだからと水分を控えるのはNG。体内の老廃物を出すためにも、水分はきちんととりましょう。尿もれする場合は、生理用ナプキンや尿もれパッドをあてて乗り切って。

皮膚などの変化

赤ちゃんを守るために皮膚や毛も変化していきます

妊娠線だけが、妊婦さんの皮膚の変化ではありません。胎盤はお産に備えて大量のホルモンを出し、特にエストロゲンなどの女性ホルモンがメラニン色素の沈着を引き起こすと考えられています。乳首、乳輪、外陰部が黒ずむ人が多いですが、色素が沈着しやすくなるという現象が起こります。こうした変化は個人差が大きく、産後は解消するので、あまり悩まないようにしましょう。

乳首が大きく黒くなる

ホルモンの影響で変化していきます

妊娠中はホルモンの変化で乳首や乳輪の色が濃くなりますが、産後は徐々に薄くなります。また、妊娠中から乳房の乳管が発達するので、乳首も大きくなっていきます。

かゆみ・じんましん

新陳代謝が活発になるため あちこちにかゆみが

妊娠線ができる前兆の場合もありますが、妊娠中は新陳代謝が活発になるため、体のあちこちがかゆくなることが。皮膚が乾燥するとよりいっそうかゆくなるので、こまめな保湿が大切です。また、原因がよくわからないじんましんが出ることも。自己判断で薬を使わず、かかりつけ医に相談して、妊娠中でも使える薬でかゆみを抑えましょう。

シミ・黒ずみ

ママになる体を紫外線から守るためのメラニン色素

妊娠中、胎盤から大量に出ているホルモンの刺激で、メラニン色素がたくさんつくられるため、シミができやすくなります。産後は薄くなりますが、完全に消えるとは限りません。紫外線対策は、くもりの日や室内でも窓辺にいるときは怠りなく。洗濯物を干すなど短時間でも、日焼け止めや帽子でガードしましょう（124ページ）。

正中線の変化

体の中心線が黒ずんだり毛が生えたり…

正中線とは、おへそを中心としたおなか側の上半身の縦の線のこと。普段はあまり意識しないものですが、妊娠してメラニン色素が活性化すると、黒い線がくっきりとあらわれてくることがあります。正中線に沿った体毛が濃くなることもあります。産後は薄くなってくるので、安心して。

髪・つめの変化

ホルモンバランスの影響で質がよくなることも悪くなることも

妊娠してから、髪が細くなったり薄くなったり、つめも薄く割れやすくなったりする人もいます。これはホルモンバランスの影響によるもので、個人差が大きいものです。逆に、これまで不摂生だった人が妊娠を機に栄養バランスや生活をあらためたことで、髪やつめが丈夫になるケースも。

出べそになる

おなかが大きくなったせい。産後は戻るので安心して

特におなかが前に突き出ている人は、皮膚が引っ張られて、臨月になるころにはおへそが平らになったり、出べそになることが。おへその掃除をするチャンスかもしれませんが、おへその奥の皮膚は弱いのであまり強くさわらないようにしましょう。産後、おなかがへこんだら元に戻ります。

静脈瘤

こぶのような盛り上がったものが足や外陰部にできることも

子宮が大きくなると、下肢の静脈に負担がかかり、静脈が蛇行してふくらんだり、こぶのように盛り上がる「静脈瘤」ができることも。静脈瘤は、足や外陰部、肛門の内部にできやすく、痛みを伴うこともありますが、特別な治療をする必要はありません。通常は産後に治るので、妊娠中は弾性ストッキングなどでケアを。ただし、外陰部にできた静脈瘤は、出産時に破けて出血するおそれがあるので、下半身をあたためて血液循環をよくすることが大切。長時間同じ姿勢をとらないようにしましょう。

毛深くなる

ホルモンバランスの変化で髪質同様、体毛も変化

体毛や皮膚は、ホルモンバランスの影響を受けやすいパーツ。このため、背中や手足の毛が妊娠中濃くなることが。逆に毛深かった人が、薄くなることもあります。産後はだんだんに元の状態に戻ります。

ケース別妊娠生活の注意点

ひと口に「妊婦」といっても、年齢も環境もさまざまです。どんな点に注意が必要か、知っておきましょう。

高年初産

妊娠したということは産む体力もあるということ

35才以上の高年初産では、赤ちゃんの染色体異常や奇形が起こりやすいといわれます。また、妊娠高血圧症候群や妊娠糖尿病になりやすい、子宮筋腫など子宮の病気を合併しやすい、産道の伸びが悪いなどの理由でお産に時間がかかる、ということもあります。しかし、高血圧や難産にはさまざまな要因があり、高齢でなくても起こるものです。

高齢でも、妊娠できたということは、出産できる力もあるということ。合併症の予防や体力づくりなど、備えをすることは大切ですが、あまり心配しすぎないようにしましょう。年齢を重ね、さまざまな経験を積んでからの出産には、精神的な余裕をもって育児に臨めるメリットもあります。自信をもって妊娠生活を楽しめるといいですね。

気をつけること

- 血圧の管理
- 体力をキープする
- 頼れる人を探す

高年初産Q&A

Q 高年初産の場合、出生前診断は受けるべき？

A 超音波検査をしたり、血液や羊水を採取すると、おなかの赤ちゃんに染色体異常があるか調べることができます。ただし、どの検査でもすべての異常がわかるわけではありません。また羊水検査は子宮に針を刺すため、まれに破水や感染を起こすことも。年齢とともに明らかにリスクは高くなります。万一異常があるとわかったらどうするのか、夫婦でよく相談したうえで受診を決めましょう。

Q 産後に気をつけたほうがいいことは？

A 順調でも体力が回復するまでは十分に休養し、お産の疲れをしっかり癒やしましょう。妊娠中に、産後に協力してくれる人を探しておけると安心。妊娠高血圧症候群や妊娠糖尿病になった人は、産後も血圧や血糖値をチェックし、経過を観察する必要があります。

Q 出産年齢が高いと帝王切開になりやすい？

A 高齢初産の場合は一般的に、難産になりやすい要素をもっています。帝王切開になる確率が高いのも事実。ただし、体は人それぞれ。生活に気をつけて問題なく出産した人もいっぱいいるので、前向きに健康管理にとり組みましょう。

【不妊治療からの妊娠、気をつけることは？】

不妊治療からの妊娠・出産でも、不妊治療が原因で妊娠経過や赤ちゃんに影響が出ることは少ないとされています。自然妊娠の妊婦さんと比べて、生活面で気をつけなければならないことなどは特にありません。

ただし、不妊治療をしていた人は比較的高齢なことが多いもの。子宮筋腫や子宮奇形など、女性の子宮に不妊の原因があった場合は、筋腫の大きさや位置、子宮の形などによっては、流産や逆子などのリスクが高かったり、お産への影響が心配されるケースがあるかもしれません。いずれにしても不安はひとりでかかえ込まず、主治医とよく話をして解消しましょう。

多胎妊娠

母体の負担が大きくなるため管理入院になることも

双子などの多胎の場合、妊娠6～7週以降に超音波検査でわかります。妊娠初期は、1人の場合と特に変わりませんが、妊娠6カ月ごろから急におなかが大きくなります。そのため貧血やおなかの張り、むくみ、腰痛などが起こりやすくなります。母体の負担が大きくなることで、切迫流産・早産や妊娠糖尿病、妊娠高血圧症候群などのリスクも高くなります。ですから、経過によっては妊娠28～30週ぐらいから管理入院をすすめられることもあるでしょう。

出産は、母子の状態が良好で、先に生まれる赤ちゃんが頭を下にしている状態であれば、経腟分娩が可能なこともありますが、帝王切開になるケースがほとんどです。

一卵性と二卵性はどう違う？

一卵性

1つの受精卵が2つに分かれたタイプ。胎盤の数、同じ卵膜の中に入るか別になるかなどにより、いくつかの種類に分かれます。

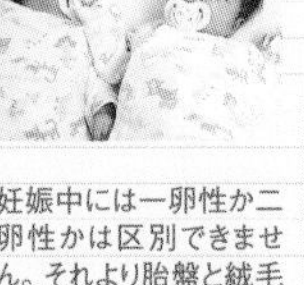

二卵性

2つの卵子がそれぞれ別の精子と受精したタイプ。顔は一卵性のように「そっくり」ではなく、性別や血液型、性格が違うことも。

妊娠中には一卵性か二卵性かは区別できません。それより胎盤と絨毛膜・羊膜の数が重要で、胎児の成長に影響します。「一絨毛膜性」の場合は早くから管理入院が必要になることも。

気をつけること

- とにかく無理をしない
- 合併症（妊娠高血圧症候群・妊娠糖尿病）
- 帝王切開のことをよく知っておく

多胎妊娠Q&A

Q 体重管理はどう考えたらいい？

A 多胎妊娠では1人の妊娠より、ママがとるべきエネルギー量も多くなります。個人差もあるため、一概に「何kgまで」と定めるのはむずかしいですが、ふえすぎるのもよくありません。「1人の場合の適正な体重増加量（108ページ）＋赤ちゃん1人分（2～3kg）」とし、13～15kgを目安と考えましょう。

Q 「双胎間輸血症候群」とはなんですか？

A 2人の赤ちゃんが1つの胎盤を共有している場合、どちらか1人にばかり血液が送られてしまうことがあり、その状態を「双胎間輸血症候群」といいます。血流が少ない赤ちゃんの発育が悪くなったり、血流量が多い赤ちゃんの心臓に負担がかかることがあるため、このタイプの双子では、慎重に経過を観察します。

Q 双子だと産後の回復は遅くなる？

A 多胎の場合、子宮が通常より大きくなるため、産後は子宮の収縮が悪く、出血量がふえる傾向があります。また、妊娠中もお産も、母体により大きな負担がかかるため、回復に時間がかかることも。産後はしっかり体を休めましょう。

2人目以降の妊娠

慣れているからと油断せず早めの準備も大切

2人目以降のお産は、「1回経験しているから」と、不安が少なく過ごせるメリットもあるでしょう。しかし、1人目で問題がなかったからといって、2人目以降も同じとは限りません。また、前回より年齢が上がっていることで起こりやすいトラブルや、上の子の育児でつい無理をしてしまう傾向もあるようです。「これぐらい大丈夫」と油断せず、妊婦健診は毎回必ず受けましょう。

また、一般的には初産よりも経産のほうが、お産の進みは早くなります。1人目の出産のときに安産だった人は、2人目はあっという間に生まれてしまうことも。陣痛が始まったら早めに病院に向かうよう、心がけておきましょう。

気をつけること

- 前回の妊娠よりも、年齢が高いことを自覚
- 自分の体を過信しないで、健診をきちんと受ける
- 前回「安産」だった人は、陣痛がきたら早めの行動を

各科の医師とよく連携して注意深く過ごしましょう

持病がある人の妊娠生活

病気をもちながら妊娠生活を送る場合は、主治医と産婦人科医との連携のもと、無理をしないように注意して過ごしましょう。

持病の主治医と産婦人科医両方とよく相談して連携を

医療の進歩により、現在では病気をもっている人でも妊娠を継続し、元気な赤ちゃんを産むことが可能になっています。本来、妊娠中は赤ちゃんと会うための幸せな期間ですが、健康な女性にとってもその体と心にはたくさんの負担がかかります。持病のある人にとっては、さまざまなリスクを伴うこともあり、よりいっそう注意が必要になります。

おなかの赤ちゃんを守ることも必要ですが、ママの病状が悪化しないように治療を続けることも大切です。そのためには、病気をみてもらっている主治医と、産婦人科医の連携が欠かせません。妊娠がわかったら、両方の医師から、どのような治療を行うのか、薬の服用はどうするのか、治療によって妊娠や赤ちゃんに影響を及ぼすことはあるのか、妊娠生活ではどのようなことに注意すればいいのかなどについて十分に説明を受け、治療と妊娠の両立を図りましょう。

また、病気によっては、低出生体重児になりやすかったり、赤ちゃんがなんらかのトラブルを抱えやすい傾向があるため、新生児集中治療室（NICU）など設備がととのった病院での出産が望ましいといえます。

腎臓の病気

定期的に検査を受け、安静と食事療法を続けて

妊娠すると、普段よりも腎臓にかかる負担が大きくなります。そのため、慢性腎炎などの腎臓病のある人は、事前に検査を受けて、妊娠・出産にどれくらいリスクがあるのか確認し、妊娠するかどうかを判断する必要があります。

妊娠中に腎臓の機能が低下すると、高血圧になって妊娠高血圧症候群を合併したり、胎盤の機能が悪くなったりすることがあり、赤ちゃんの発育に影響が及ぶこともあります。そのため、定期的に検査と医師の指導を受け、なるべく安静に過ごしましょう。減塩など、食事の注意も必要です。

妊婦は膀胱炎・腎盂炎に要注意

健康な人でも妊娠中は抵抗力が落ちやすく、ホルモンの作用で尿道を締める筋肉がゆるみやすくなって細菌が膀胱に入り込み、膀胱炎を起こしやすくなります。大きくなった子宮によって膀胱が圧迫されることも一因に。膀胱炎が悪化すると、細菌が尿管から腎臓に進み、腎盂炎を起こすこともあります。トイレはがまんせず、排尿痛を感じたら早めに病院を受診しましょう。

心疾患

いざというときに迅速な対応が可能な病院を選んで

妊娠・出産は心臓への負担を大きくします。特に妊娠中期～末期は体内の血液量がふえ、大きくなった子宮による影響もあり、健康な妊婦さんでも動悸や息切れが起こりやすくなります。心臓病にはいくつか種類があり、病気の重さも人それぞれのため、心疾患のある人は妊娠前に専門医とよく相談し、妊娠・出産が可能かどうかを確認してもらうことが重要です。

妊娠した場合、定期的に心臓専門医の診察を受けると同時に、万一のときに迅速な対応ができる医師と設備の整った病院を選びましょう。妊娠中は過労や睡眠不足にならないよう注意が必要です。出産は、無痛分娩、鉗子・吸引分娩など、なるべく心臓に負担がかからない方法を検討します。出産後の状態にもよく注意する必要があります。

SLE（膠原病）

症状が落ち着いているなら妊娠・出産も可能です

膠原病にはいくつかの種類がありますが、20～30代の女性に多く発症するといわれる全身性エリテマトーデス（SLE）は、発熱や関節痛、皮膚症状など全身にさまざまな炎症が起こる病気です。治療によって病状が安定していれば妊娠・出産も可能ですが、流産・早産のリスクが高くなります。また、SLEに高血圧や腎症などを合併すると赤ちゃんへの影響がより大きくなるため、主治医と産婦人科医による連携と管理が重要です。

甲状腺の病気

定期的に甲状腺ホルモンを確認し、経過観察を

のどにある甲状腺から分泌される甲状腺ホルモンが過剰になったり、反対に少なくなったりする甲状腺機能異常がある場合、流産・早産の可能性が高くなります。甲状腺の病気の種類や治療薬によっては、おなかの赤ちゃんの発育に影響を及ぼすこともあります。妊娠中は定期的に血液検査をして甲状腺ホルモン濃度をチェックし、薬でコントロールすると同時に、おなかの赤ちゃんとママの状態を慎重に観察していくことが必要です。

子宮と卵巣の病気

子宮や卵巣の病気には、子宮筋腫や卵巣嚢腫、子宮の奇形など、いくつかの種類があります。妊娠・出産と関わりの深い器官だけに心配も大きくなりがちですが、必要な治療を受け、きちんと経過を見ていけば無事に出産できることも多いもの。あまり心配せず、医師の指示に従いましょう。

子宮筋腫

位置によってはお産に影響することも

子宮の筋肉にできる良性のこぶが「子宮筋腫」です。できた部位や大きさによって流産や早産の原因になることもありますが、大きな筋腫がいくつもある場合を除いて、赤ちゃんの発育に影響することはあまりないでしょう。できた部位によっては赤ちゃんが逆子になったり、筋腫が変性を起こして痛みが生じることも。経腟分娩が可能なこともありますが、子宮の出口近くにできた場合は、赤ちゃんが通る妨げになるため、帝王切開の可能性が高くなります。

卵巣嚢腫

嚢腫が大きい場合、妊娠中でも手術

卵巣嚢腫とは、卵巣に水などがたまってはれている状態の腫瘍です。妊娠初期にも卵巣がはれることがありますが、妊娠によるホルモン分泌の影響で一時的にはれただけ（黄体嚢腫）で、妊娠13～14週ごろには自然に小さくなります。それ以降も大きい場合は、嚢腫のつけ根がねじれて強い痛みを起こしたり、嚢腫が破裂することがあるため、手術を選択することも。

子宮奇形

形によっては、早産する可能性も

先天的な子宮の奇形には、子宮部が角のように分かれている「双角子宮」、子宮と腟が2つずつある「重複子宮」など、いくつかのタイプがあります。子宮内部が狭いため流産や早産になりやすく、赤ちゃんの向きや発育に影響することもあるので、安静と経過観察が重要です。出血やおなかの張りがあったらすぐ受診を。

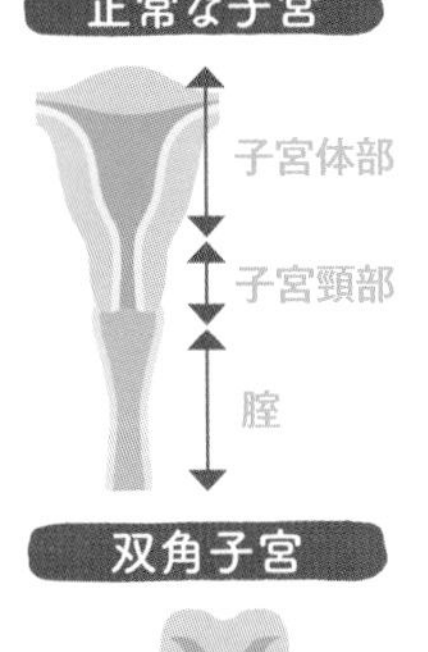

子宮内膜症

産後、改善することが多い

子宮の内側にある粘膜（子宮内膜）と同じ組織が、子宮以外の場所に増殖していく病気です。子宮内膜症は軽くても不妊の原因になることがあります。妊娠すれば妊娠経過はおおむね順調ですが、卵巣チョコレート嚢胞や癒着がある場合は、妊娠・出産時のリスクがあります。妊娠中は月経がないため、子宮内膜症は改善します。

子宮頸がん

妊娠とともに見つかることも

子宮頸がんは、子宮の出口近くにできるがんで、HPVというウイルスに感染して起こります。妊娠初期に検査を行うため、そこで初めて発見されることもあります。初期のがんなら、妊娠中は赤ちゃんを守るために治療はせず経過観察し、出産は帝王切開に。産後に本格的な治療方針を立てます。

アレルギー体質

赤ちゃんのためにも必要な治療は続けましょう

妊娠してアレルギー症状が悪化することもあります。妊娠中は薬の使用に不安を感じる妊婦さんも多いですが、治療をやめて症状が悪化することで、かえって赤ちゃんに悪影響を及ぼすことも。妊娠7週までは赤ちゃんの器官が形成される重要な時期で、薬の使用には注意が必要ですが、妊娠中に使用しても問題ない薬もあります。自己判断はしないで、必要な治療は続けましょう。

ぜんそく

妊娠中に強いぜんそく発作が起こると、赤ちゃんに十分な酸素が送られず、発育に悪影響を及ぼすことも。ぜんそくの治療に使用される吸入ステロイド薬は、妊娠中でも安全に使用できることがわかっています。きちんと薬を使い、症状をコントロールしましょう。

アトピー性皮膚炎

アトピー性皮膚炎の治療に使われる外用ステロイド薬は、妊娠中に使ってもおなかの赤ちゃんや妊娠の継続に悪い影響を及ぼすことはありません。薬を使わず、皮膚の症状が悪化することのほうがママや赤ちゃんにとってはよくないといえるでしょう。

花粉症

花粉症がつらいという人は、産婦人科医に相談するか、耳鼻科医に妊娠していることを伝えたうえで、妊娠中にも安全に使用できる薬を処方してもらいましょう。一般的に、妊娠中は点眼薬や点鼻薬を用いた治療が中心になります。赤ちゃんが薬の影響を受けにくくなる妊娠中期以降は、どうしてもつらいときには飲み薬を併用することもあります。

また、マスクや帽子を着用する、外出から戻ったら着替える、洗顔やうがいをまめにする、洗濯物は室内に干すなど、日常生活における予防策やセルフケアも忘れないようにしましょう。疲れや睡眠不足、ストレスなどがあると症状が悪化することがあるため、十分な睡眠や休養をとり、リフレッシュするなど体調をととのえることも大切です。

アレルギーQ&A

Q 自分がアトピー性皮膚炎だと赤ちゃんもアトピーになる？

A ママがアレルギー体質の場合、赤ちゃんにその「体質」が遺伝することはあります。ただし、必ず遺伝するとは限りませんし、遺伝しても発症するとは限りません。さらに、発症するとしても、アレルギー性疾患はアトピー性皮膚炎だけではないので、今から心配しなくていいでしょう。

Q 出産のときに、ぜんそくの発作が起こったりしない？

A ぜんそくの発作はいつ起こるかわからないので、出産時にリスクがないとはいえません。出産方法は主治医と相談したうえで、ぜんそくや母子の状態によって決められますが、いざというときに迅速な対応ができるよう、アレルギー科や呼吸器科のある病院で出産できると安心です。子どものころぜんそくだったなどぜんそくの素因のある人は、必ず主治医に伝えて。

Q 妊娠中は、卵と牛乳を控えたほうがいい？

A 赤ちゃんのアレルギーを心配するあまり、妊娠中に卵や牛乳をとらない人もいるようですが、それが赤ちゃんのアレルギーを予防するとは限りません。いずれにしても何かの食品を極端に食べすぎ(飲みすぎ)ることはよくないので、バランスよくさまざまなものを食べるようにしましょう。

PART

5

知っておけば怖くない！

お産本番と陣痛を乗り切るコツ

赤ちゃんに会う瞬間は神秘的で感動的。
お産は十人十色で、事前にどうなるか予測することはできません。
でも、どんなふうにお産が進むのか
基本的な知識を頭に入れておけば怖さも半分になります。
さあ、次はあなたの番!
待望の赤ちゃんに会えるのは、もう間近です。

先輩ママたちの出産ドキュメント

待ちに待った赤ちゃんとの感動の対面。先輩ママたちはどんなお産だったのでしょうか。5人の体験を見てみましょう。

DOCUMENT 01
寺内広子さん

破水からのスタート TOTAL：13時間半

なかなか進まなくて不安になったけれど無事に生まれてみんなで涙！

AM8:00

破水、病院へ

トイレで「おしっこをもらした!?」と思ったら、破水！ そのあともダラダラ水が出ていたのですぐに病院に連絡して入院。でも陣痛はまだ。先生の指示で院内を歩き回ります。

AM11:50

昼食でパワーをつける

今のうちに腹ごしらえ。「食欲はあまりないけど、食べないと力が出ないから」と昼食を。立ち会う夫・聡さんと笑顔で食事する余裕があります。お産の前の食事は、消化のいいものを軽めで。

PM1:00

子宮口の開きは3cm、陣痛促進剤を点滴

子宮口 3〜4cm

破水から5時間経過。ときどきおなかは張るものの、お産の進み具合が遅いので陣痛促進剤を点滴。しばらくすると不定期ながら、強い陣痛に。リラックスするために足湯&助産師のマッサージ。

予想外に時間がかかったお産。家族に励まされて乗り越えました

結婚11年目で待望の赤ちゃんを迎える寺内広子さん。妊娠経過は順調で、予定日を2日過ぎた朝、破水から始まりました。入院したもののなかなかお産が進まず、陣痛促進剤を使ったところ、本格的な陣痛が。さらに院内を歩いたりスクワットをするなどお産を進める努力をして、ようやく分娩台に上がったのは、夕方でした。

でも、いきんでもいきんでも、なかなか赤ちゃんは出てきません。長い道のりを経て、破水から13時間半後にベビー誕生！ 立ち会った夫の聡さんも、感動の涙でした。

赤ちゃんにへその緒が絡まっていたためお産は1日がかりでしたが、産後の経過は母子ともに順調、いいお産となりました。

出産までの体調

8日前	健診。赤ちゃんは約3000gに。「お産はまだ先」と先生。
6日前	のんびりと1時間の散歩&朝ぶろでリラックス。
5日前	マタニティヨガの教室へ。体調は変化なし。
3日前	1日じゅう趣味のパン作り。おなかの張りを頻繁に感じる。
2日前	散歩1時間。朝方に足がつるのが続いている。
1日前	健診。子宮口1cm開大。寝る前にうっすら出血。

先輩ママたちの出産ドキュメント

PM4:00 お産を進めるために体を動かします

陣痛促進剤を使い始めてから、かなり強い陣痛になってきましたが、「なるべく歩いて」という指示のもと、聡さんに付き添われ廊下を何度も往復。スクワットや腰回しも。

PM5:30 つらい陣痛の合間になぜか眠けが

子宮口 4～5cm

かなり体力を消耗し、1分半おきの陣痛の、その短い合間にウトウト。助産師は「それは赤ちゃんが与えてくれた休息。眠っても進みが止まることはないから、眠っていいよ」と。

PM6:00 分娩台に移動

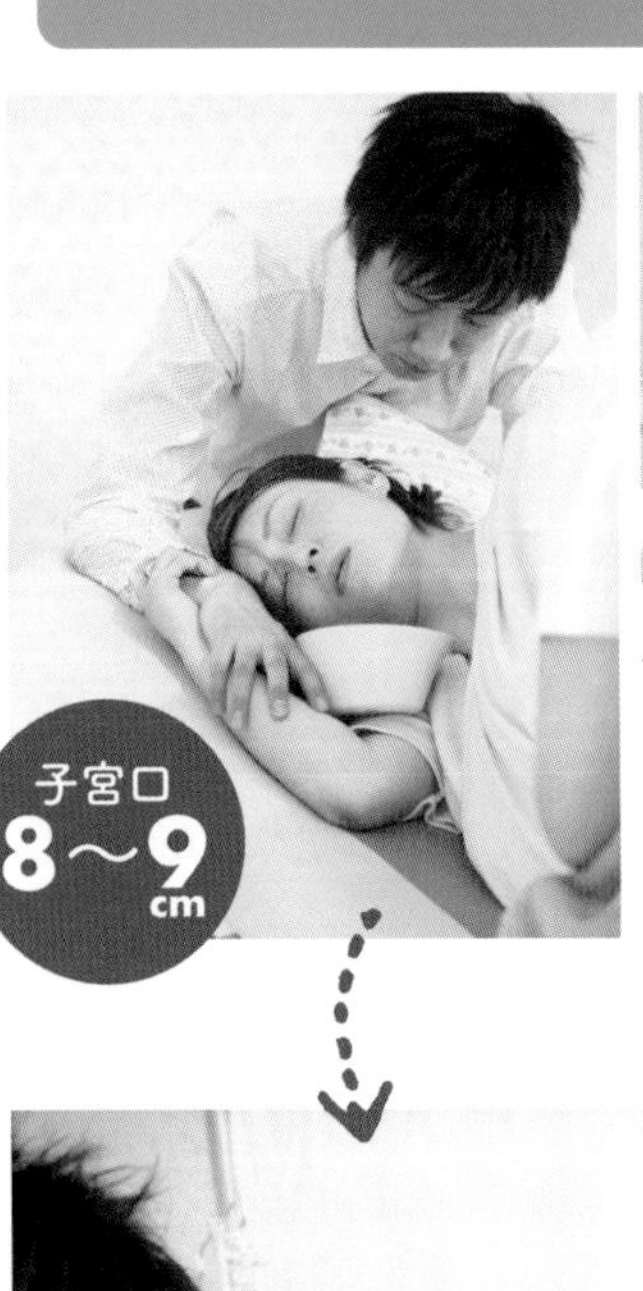

子宮口 8～9cm

子宮口はまだ8cmだけど分娩台に。痛みがかなり強く吐いてしまうほど。つらそうな広子さんを心配そうに見守る聡さんは、手を握ったり腰をさすったりずっと付き添います。あと少し！のつらい時間。

PM7:30 全力でいきみます

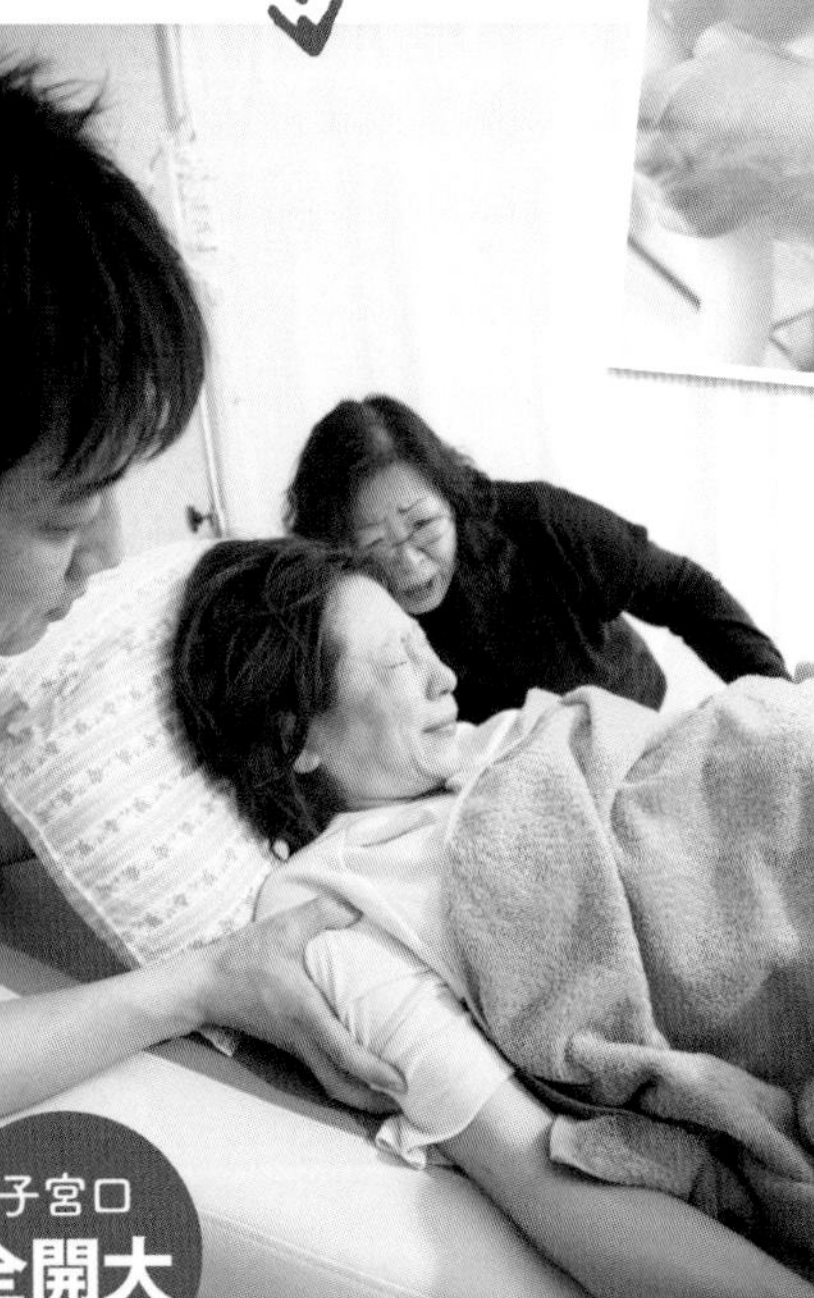

子宮口 全開大

分娩台に移ってから1時間半。子宮口は全開大となり、いきみを開始。陣痛の波に合わせ、助産師の声に従って全力でいきみます。でもなかなか赤ちゃんは出てきません。

PM9:30 誕生！

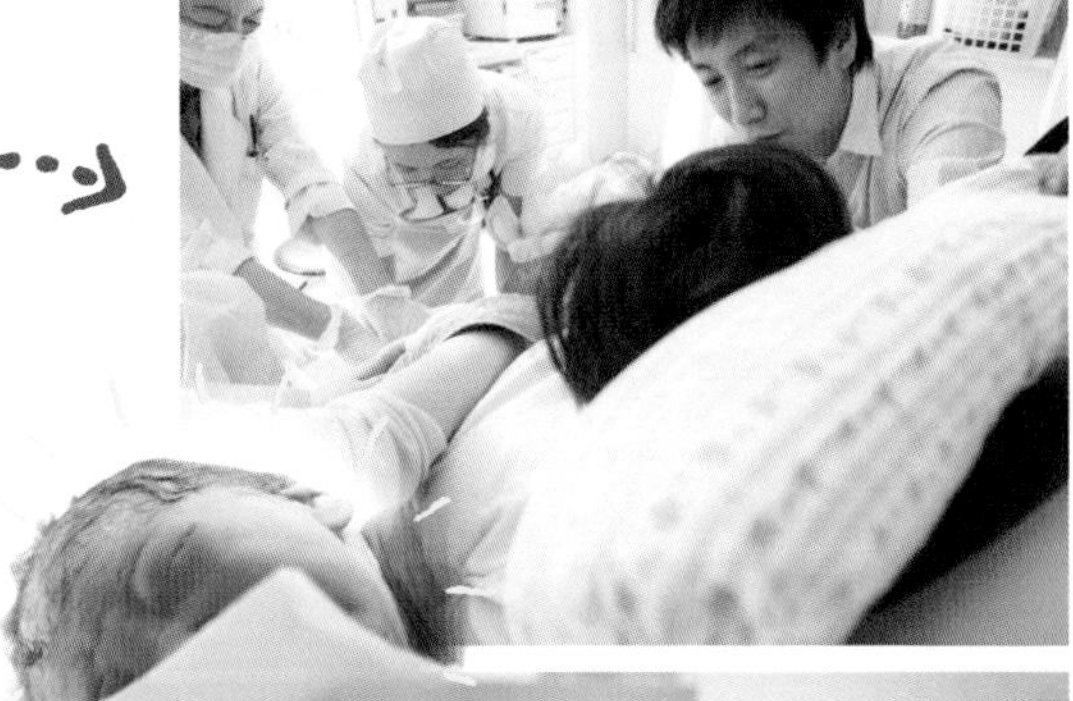

いきむこと2時間。かわいい女の子が誕生！　最後は体力勝負のいきみで苦しかったけど、みんなで感動。ずっと付き添った聡さんの目からは、思わず涙が。

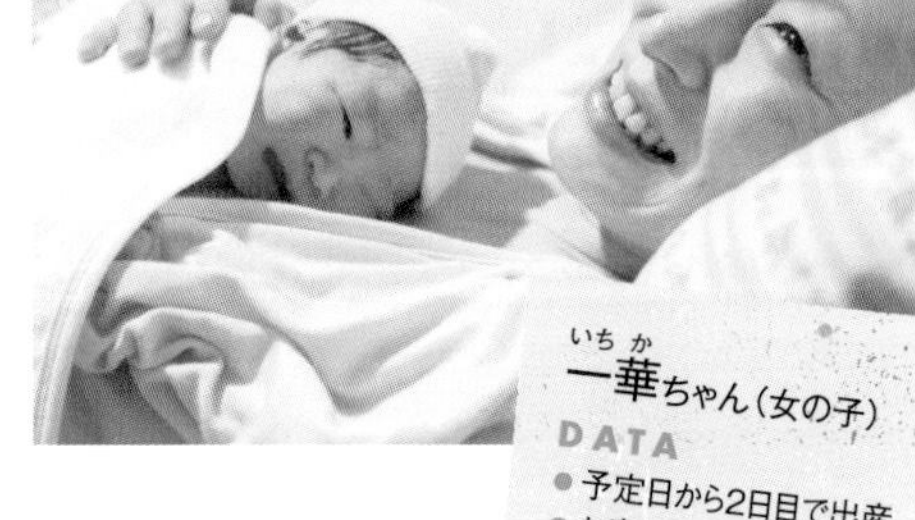

一華（いちか）ちゃん（女の子）

DATA
- 予定日から2日目で出産
- お産にかかった時間…約13時間半
- 赤ちゃんの体重…2924g
- 赤ちゃんの身長…48cm

がんばったからこその感動の涙

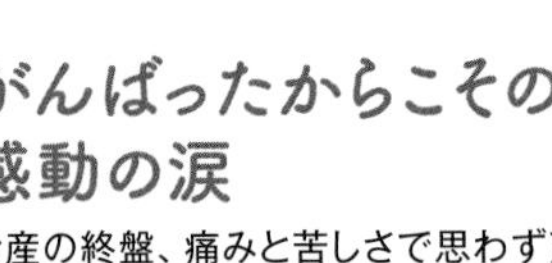

お産の終盤、痛みと苦しさで思わず声が出た広子さん。そんな姿に「途中で出てもいいよ、と言われていたけど、そんな気持ちにはとてもなれなかった」と聡さん。広子さんのお母さんも必死で応援、みんなで新しい命を迎えました。

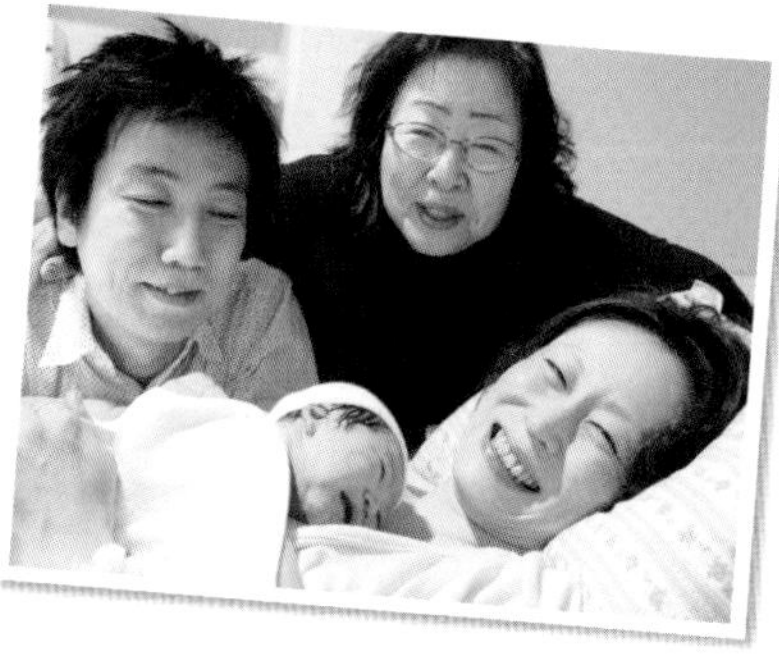

DOCUMENT 02
吉田千尋さん

早かった! TOTAL: 4時間

産院に着いて1時間。先生も間に合わない早さで出産

想菜（そな）ちゃん（女の子）

DATA
- 予定日から3日目に出産
- 赤ちゃんの体重…2475g
- 初めての出産

それまでと違う痛みが10分間隔になった時点で、実は子宮口7cm!

予定日の翌日から重い生理痛のような痛みがありましたが、まだ陣痛ではないかも、と思って自宅で様子を見ていました。さらに2日たったころから、今度はそれまでとは明らかに違う痛みが、10分間隔でくるように。連絡して病院に行くと、子宮口はすでに7cm開大でした。

20分ほど病室で待機している間にも、陣痛の間隔はどんどん短くなり、痛みも強くなってきたため、そのまま分娩室へ。分娩台にのってから約30分で誕生しました。パパはギリギリわが子の誕生に間に合いましたが、日曜日のために間に合わなかった当直の先生からは、「早すぎるよ～」と言われたほどでした!

ひとこと

がまんできない痛みではなかったです

お産の痛みは、あまりはっきりと覚えていませんが、そんなにがまんできないほどではなかった気がします。それより、早くいきみたくて困りました。

DOCUMENT 03
宮野有香さん

長かった! TOTAL: 31時間

5分間隔の陣痛が10時間以上! 途中で不安に…

結人（ゆいと）くん（男の子）

DATA
- 予定日から2日目の出産
- 赤ちゃんの体重…3275g
- 初めての出産

分娩台に上がってから2時間半。ようやく赤ちゃんが誕生

妊娠中はつわりもなく順調でした。でもお産は、かなり時間がかかりました。

10分間隔の陣痛が始まって入院しましたが、子宮口は1cmでそのまま進まず、いったん帰宅。その後、8分間隔になったところで再入院しました。そのときも子宮口は1cmのまま変わらず、それでも陣痛は5分間隔になっていました。

そこからまた10時間以上たっても、子宮口はようやく3cm。だんだん不安な気持ちにもなっていきました。

その後、1分間隔の陣痛が3時間続き、再入院から15時間後にやっと全開大。分娩台では、疲れていたせいかなかなかうまくいきめず、2時間半かかってようやく赤ちゃんが誕生しました。

ひとこと

痛みより「いきみのがし」がつらかったです!

陣痛の痛みよりも、いきみたいのをがまんするのがとにかくつらかったです。子宮口がなかなか開かない中、「いきませて!」と心の中で叫んでいました!

あんじゅ
杏樹ちゃん（女の子）

DATA
- 予定日の9日前の出産
- 赤ちゃんの体重…3264g
- 初めての出産

DOCUMENT 04
白井彩可さん

陣痛弱かった TOTAL: 3日間

微弱陣痛でなかなか進まず…3日がかりのお産に

子宮口2cmから一晩たっても進まなくて、いったん帰宅

出産の5日前から、おなかがよく張るようになったな、と思って過ごしていました。4日前、朝から5～10分間隔の張りがあって、夕方受診すると子宮口が2cm。入院しましたが、そのまま一晩たっても進まないのでいったん帰宅。よく動いて、と言われたので、ひたすら歩き回って過ごしました。

また帰されたらいやだと思って、だいぶ張りが強くなってきたけれど、がまんして自宅で過ごしていました。間隔は相変わらずまちまちでしたが、夜10時ごろそろそろ寝ようかな、と思ったところに破水。そして再び入院してからは、どんどん陣痛が強くなってきて、破水から3時間で子宮口は全開大になりました。分娩台に上がってからは順調で、1時間後に出産しました。

ひとこと

陣痛の間隔は順調に短くなると思ったら…

「陣痛が10分間隔になったらお産の始まり」といわれますが、そのあとすんなりと陣痛の間隔が短くなっていくとは限らないものなんですね。

DOCUMENT 05
佐々木紗千子さん

帝王切開 手術は20分

逆子で帝王切開でしたが、お産の喜びはしっかり満喫!

ゆうや
悠哉くん（男の子）

DATA
- 予定日の2日目に手術
- 赤ちゃんの体重…2784g
- 初めての出産

生まれてすぐに赤ちゃんの顔をしっかり見られました

逆子になったまま臨月に入ったので、予定日2週間前には帝王切開にしましょうと言われていました。おなかを切ること自体に不安はありましたが、緊急事態になっての手術ではないこと、赤ちゃんのためにも必要であることを理解して、心配しすぎないようにしました。

下半身だけの麻酔だったので、手術の経過もわかり、息子の産声も聞くことができてうれしかった！　生まれてすぐに、私の顔の横に連れてきてくれて、対面させてもらえたんです。お産の喜びや感動を、しっかり味わえましたよ。

麻酔が切れたあとは傷口が痛みましたが、帝王切開で無事に出産できてよかったと思います。

ひとこと

出産するときの様子ははっきりわかります！

手術の最中も頭ははっきりしていて、わけがわからないうちに終わっているということはありませんでした。先生も状況を説明してくれて、生まれてくる様子がよくわかりました。

これから進む道の「地図」を理解することから始めよう！

お産のスタートからゴールまで

陣痛がどんな痛みか、どれだけ続いて、どんなふうに変化するのか。それがわかっているだけで、落ち着いてお産に立ち向かえます！

お産はこんなふうに進みます

陣痛のグラフは、上に行くほど痛みが強くなることを示しています。グラフの線がいちばん下にある時間帯は、まったく痛みを感じません。

分娩第1期

子宮口が徐々に開き全開大になるまでの時期

時間の目安	初産婦10～12時間 経産婦4～6時間	
赤ちゃんの様子	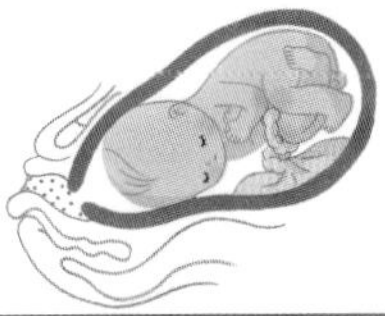	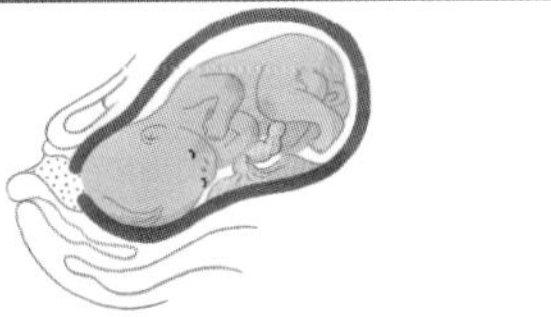
ママの体と過ごし方	**お産のスタートは陣痛から** ・**陣痛の始まり**は月経痛くらいの痛みから。10分間隔になったらスタートです。まずは病院へ連絡を。 ・**破水でスタート**した場合も、まずは病院に連絡。12～24時間以内に陣痛がなければ、陣痛促進剤を使うことも。 ・**休みなく続く腹痛**や、**大出血**を伴う場合は危険サインと考えて。	**子宮口が4㎝開いたら、道のり半分越え** ・強い月経痛のような痛みや腰痛が3～5分おきにやってくる。**間欠期は痛みがない。** ・子宮口の開き始めは時間がかかるが、**4～5㎝以降はスピードが早くなる**ことが多い。 ・**陣痛間欠期にはリラックス**して、酸素をたっぷり赤ちゃんに送ろう。
陣痛のイメージ	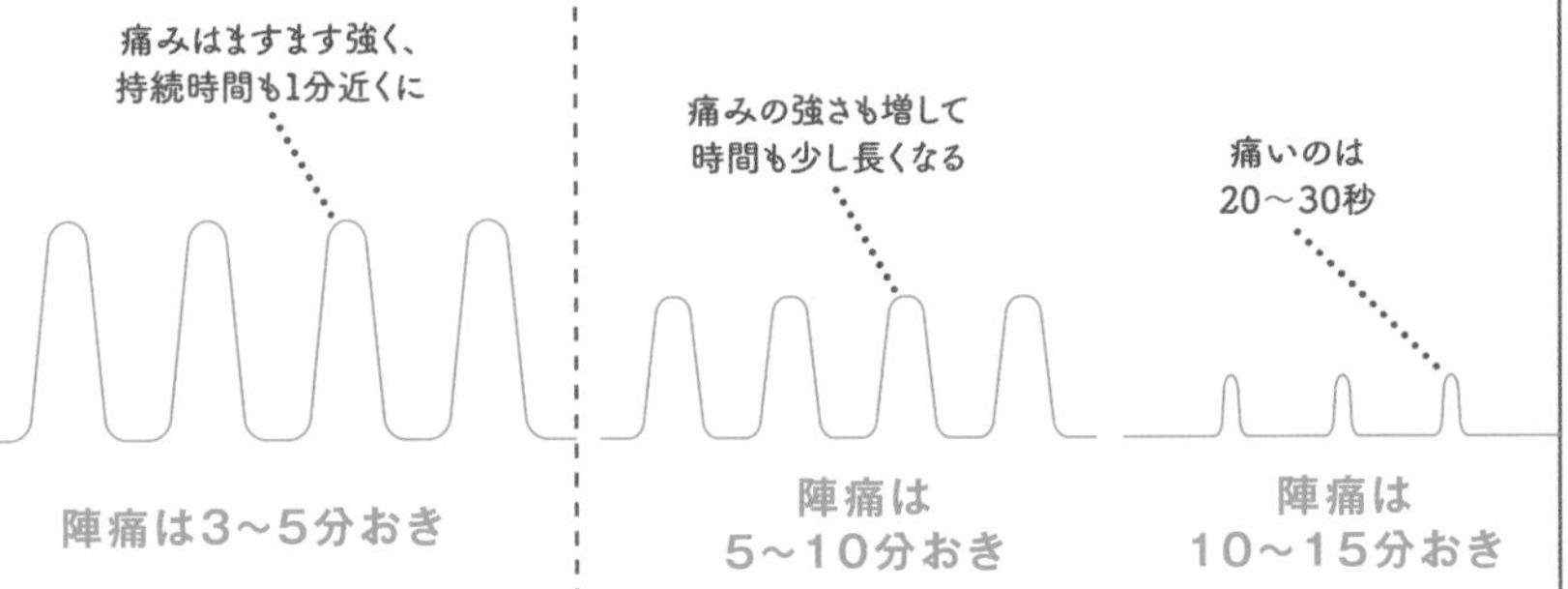 痛いのは20～30秒 陣痛は10～15分おき 痛みの強さも増して時間も少し長くなる 陣痛は5～10分おき	痛みはますます強く、持続時間も1分近くに 陣痛は3～5分おき

お産はステージごとに痛みも変化していくドラマ

陣痛は、ただずっと痛いだけではありません。持続時間も間隔も徐々に変化しながら、いくつかのステージを通ります。

お産のスタートは、10分間隔の陣痛か、破水。破水の場合は、陣痛が起こるのを待つか、陣痛誘発をして進めます。月経痛くらいの痛みから始まります。

子宮口「4㎝開大」は、数字的にはゴール・「10㎝開大」の半分以下ですが、実際にはお産の半分以上が経過した地点。ある程度まで子宮口が開くと、一気にスピードアップ。ただ、体力不足や緊張から、そのあと微弱陣痛になって長引くこともあります。

子宮口7～8㎝のころは、いきみたくなるけれど、いきんではいけない時期。いきんでも赤ちゃんが苦しいだけで、産道にも負担がかかるため、がまんのときです。

さらに進んで子宮口が全開大になったら、いよいよいきみます。痛さのピークのように見えるかもしれませんが、産み出すときには「これで産める!」という喜びのほうが勝っているでしょう。そして赤ちゃん誕生、産声が上がったら一安心。2回目以降のお産は、それぞれの時間がぐっと短くなります。

分娩第3期 胎盤が出るまで	分娩第2期 子宮口が全開して赤ちゃんが出る		
初産婦 15〜30分 経産婦 10〜20分	初産婦 2〜3時間 経産婦 1〜1.5時間		
再び陣痛が起こり、胎盤が出る ・赤ちゃんがすっかり出たあと、胎盤を娩出する**後陣痛が起こる**。 ・胎盤が出たら卵膜などの遺残がないかチェック、**会陰や産道の裂傷を縫合**。 ・母体が急変する可能性があるため、**2時間は分娩台で過ごす**。血圧や出血をチェック。	**赤ちゃんの頭が出たら、力を抜いて** ・頭が出たあとは、呼吸も切り替えて、**もう力を込めなくてOK**。 ・体は頭よりも小さいことが多いので、いきまなくても出てくる。 ・赤ちゃんを出すために腹圧をかけることも。	**全身の力を込めて、いきんで産み出す!** ・子宮口が全開したら、**いきみを開始してもよい**。血管確保をする。 ・下腹部にしっかり力を込めて、体をそらさないでいきむのがコツ。 ・短い間欠期に、**しっかり呼吸して**赤ちゃんに酸素を。	**いきみをのがす、いちばんつらい時間** ・子宮口7〜8cmごろは、**まだいきんではいけない時期**。ここがつらい。 ・陣痛は2〜3分間隔。**陣痛持続時間も1分前後と長く**なる。 ・腰をさすったり肛門を押さえたり、**立ち会う人がいちばん活躍**する時期。

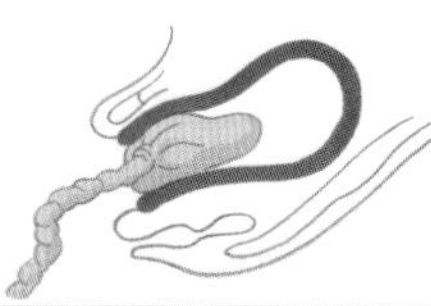

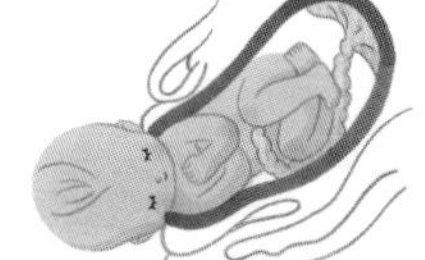

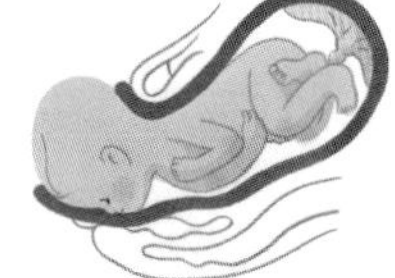

子宮口 全開大 10cm

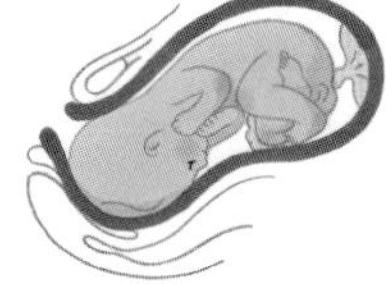

胎盤が出る

胎盤を出すときに軽い陣痛

陣痛が強くなったピークでいきむ

分娩台へ

いきみたくてもがまん!

陣痛間隔は2〜3分おき

このころ、破水が起こる

お産Q&A

Q 予定帝王切開は産む痛みがない分、負担は少ない?

A ママが身を呈してがんばる出産方法です

予定帝王切開は陣痛が起こる前に行われるため、たしかに陣痛の痛みはなく、手術そのものは1時間以内で終わります。でも、母体への負担は、経腟分娩よりはるかに大きなもの。子宮とおなかそのものを大きく傷つけることも含めて、おなかの赤ちゃんのためにママが身を呈してがんばる出産方法といえます。

Q 陣痛に耐えられなかったらどうなりますか?

A ポジティブな痛みで必ず乗り越えられます

陣痛は、ほかの痛みとはまったく異なります。外側から攻撃される痛みではありません。「赤ちゃんを産み出す」というポジティブな痛みです。陣痛が強くなるほど、ゴールに近づいている証拠と考えて。少しずつ強くなっていく痛みなので、きっと乗り越えられます。どうしても痛みが不安なら、最初から麻酔分娩(無痛分娩)を選択しても。ただし痛みがゼロになるわけではありません。

Q お産の途中で休むことはできますか?

A 陣痛の合間には短い休憩があります

一度お産がスタートしたら、何十分も続けて休むような休憩時間はありません。でも、陣痛と陣痛の間の間欠期は、数分とはいえ本当にまったく痛みがない時間。ここでしっかり呼吸をととのえたり、一瞬でも深く眠ったりできると、体力が回復して、また次の陣痛を乗り切ることができます。お産は体力勝負、妊娠中から体力をキープしましょう。

Q お産は時間が短いほうがラクですか?

A 体力的にはラクといえるでしょう

短時間で産むほうが、最終的に体力を消耗しないという意味ではラクでしょう。ただ、陣痛の乗り切り方に慣れる間もなく、どんどん痛みが強くなっていくので、気持ち的な大変さは十数時間かかる場合とトータルでは同じかもしれません。早すぎるお産は産道の裂傷や出血を引き起こすことも。また分娩施設に着く前に生まれてしまう場合は危険が伴うので、「安産」とはいえません。

お産の始まりと呼吸の基本

お産のスタートは「10分間隔の陣痛」か「破水」から

妊娠37週に入ったら、もういつお産がスタートしてもいい時期。赤ちゃんと会う儀式の始まり、楽しみに待ちましょう。

お産の始まりは「陣痛」か「破水」のどちらかです

お産は、規則的なおなかの張り・痛み、もしくは破水から始まります。その前に、卵膜がはがれて「おしるし」といわれる出血がある人もいますが、必ずあるわけではなく、スタートサインとはいえません。

初めて出産する妊婦さんからよく聞かれるのが「陣痛と気づかなかったらどうしよう」という声。でも、気づかないような痛みのうちは、陣痛ではないので大丈夫。

破水は、少量の場合は尿との見分け方がむずかしいですが、尿ではなさそうな液体が出たら、必ず病院に連絡を。いずれにしても、スタートから1時間で生まれることはまずありません。落ち着いて行動しましょう。

「おしるし」はお産の始まりではありません

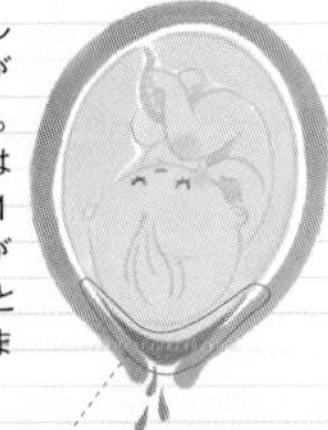

出産間近になると、「おしるし」と呼ばれる出血が起こることがあります。「お産が近い証拠」ではありますが、おしるしから1週間以上たって陣痛がきたり、おしるしがないこともあります。痛みは伴いません。

このゾーンがこすれて出血を起こす

子宮口が広がってくると、卵膜と子宮壁の間がこすれて出血。量が月経のように多いことも。病院には出血があったら連絡を。

破水かも!?と思ったら

1 まず自分で手当て

ナプキンか清潔なタオルをあてる

流れ出る羊水をキャッチするため、夜用など大きくて吸収力のある生理用ナプキンをあてて。ナプキンがないときや、量が多くてナプキンでは間に合わないときは、清潔なハンドタオルなどを使っても。

バスタオルを腰に巻く

量が多いときは、体を動かすと羊水はどんどんもれてくるので、移動のときはナプキンに加えてさらにバスタオルを腰に巻いて。

2 産院に連絡をする

×してはいけないこと

- **おふろに入ってはいけない**
破水でいちばん怖いのが、赤ちゃんへの細菌感染。入浴すると感染の危険があるので、入浴は厳禁。

- **できるだけ歩かない**
体を動かすとどんどん羊水が出るので、産院へ向かうときもできるだけ歩かないこと。たとえ産院が近くても、車で横になって移動しましょう。

破水した羊水の種類

正常

無色透明 / 薄いピンクまたは血液が少々まじる

危険

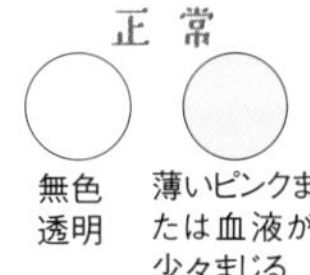

緑っぽく濁っている

陣痛かも!?と思ったら

1 陣痛の間隔を計ってみる

START

痛みがきた!	0分0秒
痛みがやむ（陣痛持続時間）	0分40秒
再び痛みがきた!	10分0秒

次の陣痛がくるまでを計る

痛みがきた瞬間から、次の痛みまでの間隔を計ります。この間隔が規則的で10分以内になったら、お産スタートです。前駆陣痛のうちは、間隔がバラバラで10分以上です。

「○分間隔」というのは、収縮が始まった時間から次の収縮が始まるまでのこと。「陣痛持続時間」は収縮がおさまるまでのこと。

2 10分間隔になったら産院に連絡をする

余裕があればしたいこと

- ゆっくり入浴（破水していたらNG）
- 最後の片づけをする
- 消化のいいものを食べておく
- お産の流れをもう一度おさらい

指示に従って入院

お産の始まりと呼吸の基本

陣痛を乗り切る呼吸法は「吐くこと」を基本に

だんだん強くなる陣痛を乗り切っていく方法はいろいろありますが(170ページ)、いちばん基本になるのは呼吸です。体は、息を吐くときにリラックスしてゆるみます。リラックスすると子宮口も開きやすくなり、お産も順調に進みます。また、体が緊張して力が入っていると、痛みによけいに敏感になるので、陣痛がきたら息を吐くことに集中するといいでしょう。

呼吸は、吐くと自然に次は吸うことになります。赤ちゃんに新鮮な酸素を送るというと、吸うほうが大事なように思えますが、しっかり息を吐き出すほうが呼吸が深くなり、吸える酸素量も豊富になるのです。このことを覚えておくと、陣痛がピークになったときも、呼吸が浅くなって起こる過呼吸も防ぐことができます。

上手な呼吸のコツ

1 長くゆっくりと息を吐き出す

なるべく背筋を伸ばして、肋骨を閉じるイメージで、肺の中の空気をすべて吐き出すようにします。一気に吐かず、ゆっくり「ふー」と言いながら。

2 おなかに力を入れない

おなかに力を入れると筋肉が緊張してリラックス状態から遠ざかってしまいます。肋骨を広げたり閉じたりするイメージで。

お産の始まり、こんなときどうする?

ひとりで外出中

病院に連絡して、直行するか、一度帰宅するか判断してもらいます。その後家族に連絡して移動を。

ひとりで自宅にいるとき

家族に連絡をとり、入院が決まったら、落ち着いて移動を。出発前に、火の始末、戸締まりを忘れずに。

夜中

お産は夜中や明け方に始まることが多いもの。まず病院に連絡を。「陣痛タクシー」など夜中でも連絡がつくタクシーなどあらかじめ手配すると安心。

救急車を呼んでもいいケース

まずは出産予定の病院に電話して、痛み・出血の様子などを伝えて相談を。自己判断で救急車を呼ぶのはNGです。

ケース1 陣痛の休みがない

ごく強い陣痛が間隔を置かずに続いたり、出血している場合は、常位胎盤早期剥離の可能性が。胎盤がはがれるということは赤ちゃんに酸素が届かなくなることなので非常に危険。病院に連絡して一刻も早く入院を。

ケース2 大出血している

原因がわからなくても、出血が止まらない場合や大量出血、痛みを伴う出血は異常事態。救急車での搬送ということになるでしょう。ただ、「おしるし」の量が多い場合もあるので、まずは病院に連絡を。

ケース3 前置胎盤と診断されたことがある

胎盤が子宮口にかかっている状態なので、子宮口が開いて胎盤がはがれると大出血して非常に危険。予定帝王切開の前に陣痛、破水が起こった場合は救急車での搬送も。

病院に電話して伝えること

- 氏名&妊娠週数
- お産が始まるということ
- 陣痛の有無、間隔
- 出血、破水など

その他

病院へ電話するときは、いつ、どのような症状があったかを、正確に伝えて。「こんなことで電話したら怒られるかな」という心配は無用。スタッフの指示を聞くと安心することもあります。

うまく乗り切れば
ゴールに赤ちゃんが
待っている!

陣痛っていったいどんな痛み？

これまでに経験したことのない痛み、「陣痛」。ほかの痛みとまったく違うのは、ゴールに赤ちゃんが生まれてくるという幸せがある痛みだということです！

陣痛は赤ちゃんを押し出す子宮の収縮の力です

赤ちゃんが生まれるためには、赤ちゃんを押し出す力＝子宮収縮が不可欠です。陣痛という言葉のとおり、人間を1人産み出すということは、それなりの痛みを伴います。ただ、赤ちゃんに会うためのものと思えば、その痛みは怖いものではないはず。痛みを「苦しみ」ではなく「産むための力」と考え、よい陣痛を起こすために、自分ができることをしてみましょう。じっと横になっているだけでは、お産は進みません。動いたほうが進みやすく、陣痛のときにラクな姿勢をとることが、お産を進めることにつながります。

陣痛に必ずある「休憩時間」にリラックスして休んで

お産が進むにつれて陣痛は強くなりますが、必ず「休み」があるもの。長く感じてもせいぜい30秒～1分です。痛みがきたら「ゆっくり30まで数える」「陣痛を波とイメージして、波にのる」など、自分なりの過ごし方を探してみて。そして陣痛の合間にはリラックスして休むこと。お産は長丁場なので、「休み」を上手に使って、体力をキープしましょう。

陣痛の特徴を知って乗り切る！

1 必ず「休み」がある

陣痛は必ず休みの時間があります。初めは10分おき、最終的には約2分おき。間欠期には痛みはまったく感じないので、その間に呼吸をととのえたりエネルギーを補給して体力回復しましょう。

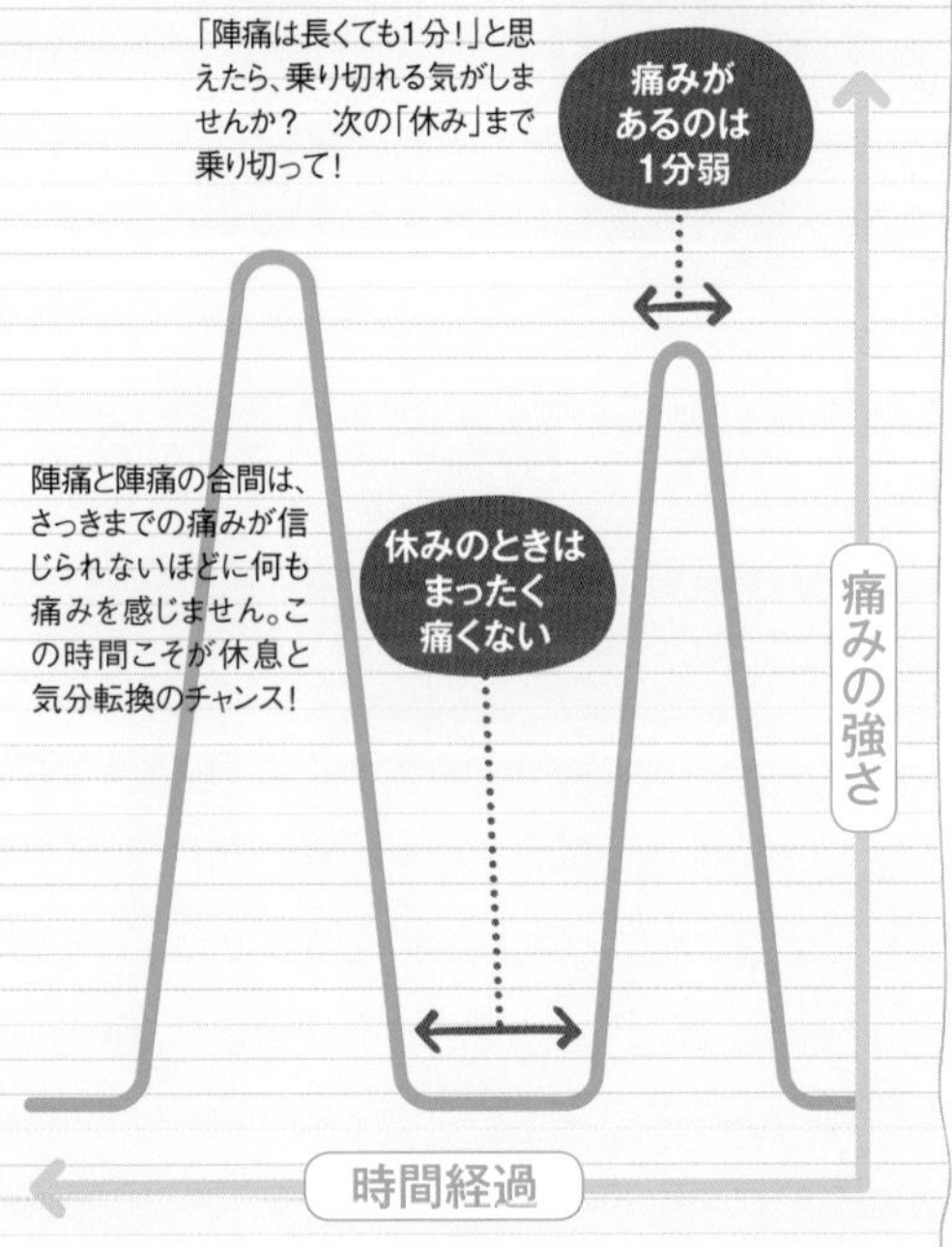
「陣痛は長くても1分！」と思えたら、乗り切れる気がしませんか？　次の「休み」まで乗り切って！
痛みがあるのは1分弱
陣痛と陣痛の合間は、さっきまでの痛みが信じられないほどに何も痛みを感じません。この時間こそが休息と気分転換のチャンス！
休みのときはまったく痛くない
痛みの強さ
時間経過

2 痛いのはおなかだけじゃない

骨盤が内側から広げられていく痛みもあるため、背中の下のほうや腰、仙骨回り、恥骨も痛みを感じます。陣痛の始まりは、おなかよりも腰が痛かったという人もいるくらいです。

3 体力とリラックスでお産は進む

疲れて体力が落ちると子宮収縮が弱くなり、お産は進みません。また、体が緊張していると子宮口が開きません。リラックスするために香りや音、照明なども工夫しましょう。

4 痛いときは赤ちゃんもがんばっている

子宮が収縮するとき、赤ちゃんの心拍は少し落ちます。これは収縮すると臍帯の血流量が減るためです。痛みを感じたら、いっしょにがんばっている赤ちゃんに酸素を送るつもりで深呼吸しましょう。

陣痛っていったいどんな痛み？

子宮口は全開大の10㎝まで、だんだん開いていく

妊娠中ぴったりと閉じていた子宮口は、陣痛が始まるころには1～2㎝開いた状態になります。お産が始まると少しずつ開いていき、最後には子宮口は全開大の10㎝に。ただし、10㎝に到達するまで、一定のスピードで進むわけではありません。子宮口の開き方、お産の進み方には個人差がありますが、「初めはゆっくり、後半はスピードアップ」が一般的。特に8㎝～全開大は短時間で進むことが多いようです。

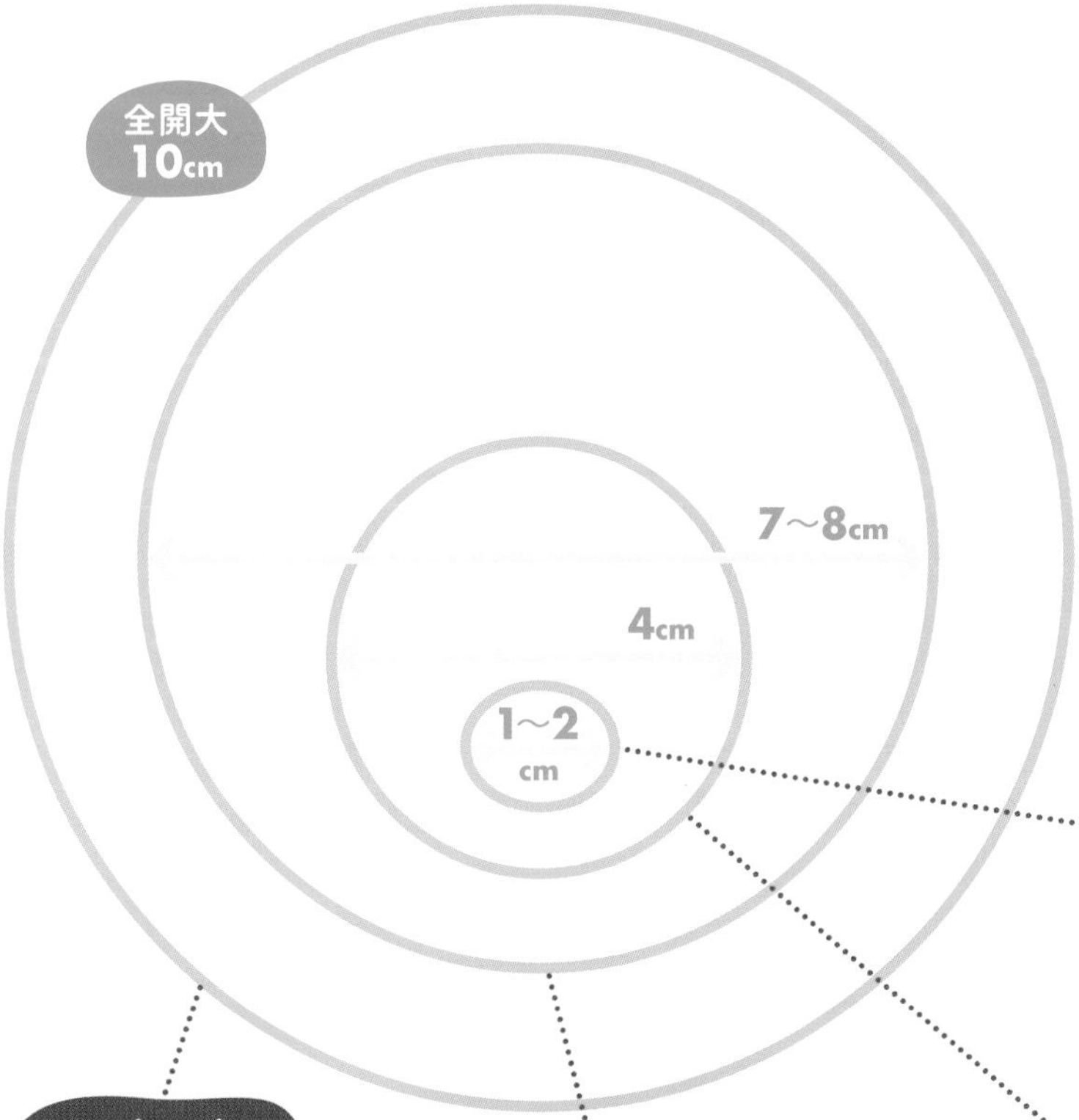

全開大 10cm

7～8cm

4cm

1～2 cm

お産が始まったころ

約10～5分間隔の陣痛

痛みというより、おなかが強く張るくらいのことも。規則的な子宮の収縮に合わせ、子宮口が少しずつ開き始めようとします。

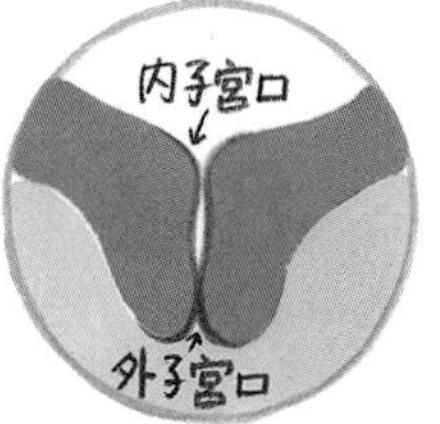

ここまでくるのに時間がかかる

約3～5分間隔の陣痛

子宮の収縮を「痛み」として強く感じるように。最も時間がかかる時期で、ここまで開けば子宮口の開くスピードにもはずみがつきます。

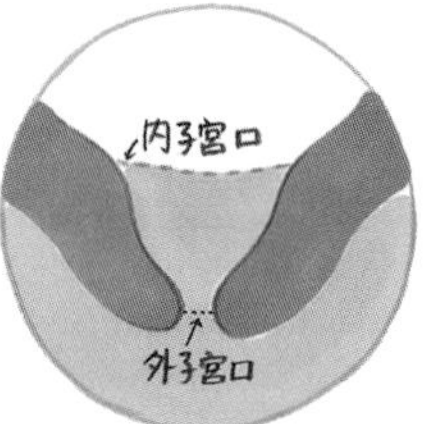

いきみたいのにいきめないころ

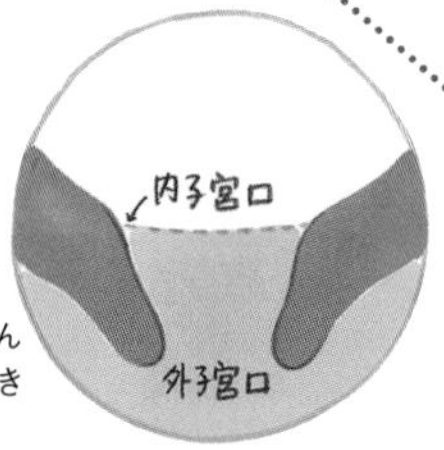

約2～3分間隔の陣痛

痛みはさらに強くなり、いきみたいのにがまんしなければならないつらい時期。なんとかいきみをのがす工夫を！

内子宮口

外子宮口

いよいよ生まれる！

約2分間隔の陣痛

子宮口が全開大になり、いきみたい気持ちもピークを迎え、いよいよ分娩台へ。

無痛分娩って本当に痛くないの？

「まったく痛みがない」わけではありませんが体力をキープできます

無痛分娩とは一般的には、硬膜外麻酔を使ってお産の痛みを軽くする方法。高血圧など医学的な理由で医師がすすめるケースと、本人が希望するケースがあります。硬膜外麻酔は麻酔科医が行うことが多く、可能な施設は限られます。

局所麻酔なので意識はあり、自分でいきんで赤ちゃんの生まれる瞬間を体験できるよう調節することもできます。まったくの「無痛」ではないことが多いですが、体力を消耗せずに産めるのがメリットです。

無痛分娩での一般的なお産の流れ

1. 背中の皮下に部分麻酔して専用の針を刺し、硬膜外腔というすき間にカテーテル（麻酔薬を通す細い管）を留置。
2. 自分の陣痛がなければ陣痛誘発・促進剤でお産を促す。
3. 子宮口が開き、陣痛が強くなってきたら、カテーテルに麻酔薬を入れる。
4. 子宮口が全開大になったらいきむ。ここから普通のお産と同じ。
5. 赤ちゃん誕生

産道を通るために
たくさんの工夫をして
生まれてきます

赤ちゃんが出てくるメカニズム

産道は、とても狭くて複雑な道。赤ちゃんは、誰からも教えてもらわないのに、そんな道の通り方を知っているのです！

赤ちゃんは「回旋」しながら生まれてきます

お産には、産道（骨盤の大きさや形）、陣痛の強さ、赤ちゃん（大きさや回旋の仕方）の3つのバランスが必要です。骨盤の中まで下がってきた赤ちゃんは、ただ子宮収縮で押し出されてくるのではなく、頭をねじ込むようにして産道を突き進みます。

産道は、骨盤の骨の間が複雑に入り組んだ形。まっすぐな円筒状ではありません。その通り道の形に少しでも合わせるように、体を何回かひねって突き進むのです。

さらに、やわらかい頭蓋骨を重ね合わせたりと、体の中でいちばん大きい頭をできるかぎり小さくする工夫を、赤ちゃんはしています。ママだけが陣痛に耐えているのではなく、赤ちゃんもいっしょに生まれようとがんばっているのです。

このときに、なんらかの理由でうまく回旋ができないと、お産は進まなくなります。その原因は、陣痛が弱い、骨盤の形がよくない、赤ちゃんが大きすぎる、臍帯が短いなど、さまざまです。その経過を観察し、あまりに進まなければ帝王切開して赤ちゃんを出してあげる場合もあります。

赤ちゃんの回旋の様子

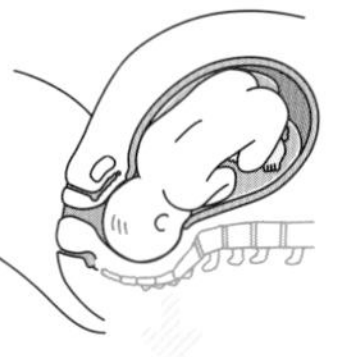

1 あごを引いて胸につけ、体を丸めるようにして骨盤の中に入っていきます（第1回旋）。

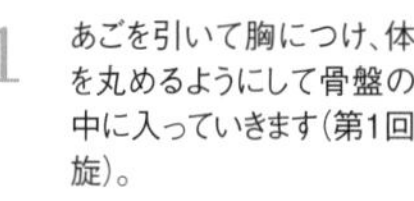

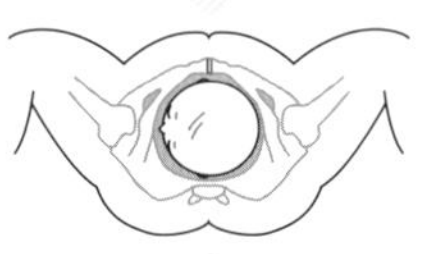

2 骨盤の入り口は、横長。最初は、母体に対して頭の向きが横向きになるように入っていきます。

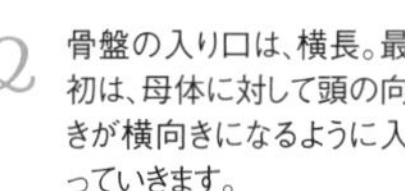

3 骨盤の中に入ると、今度は縦長の形に合わせるために、顔を母体の背中側に向けます（第2回旋）。

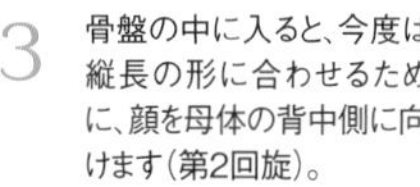

4 頭が産道を抜けると、産道のカーブに合わせるためにあごを胸から離し、いよいよ外に出る態勢に。

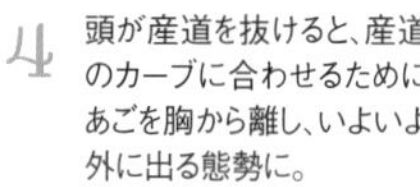

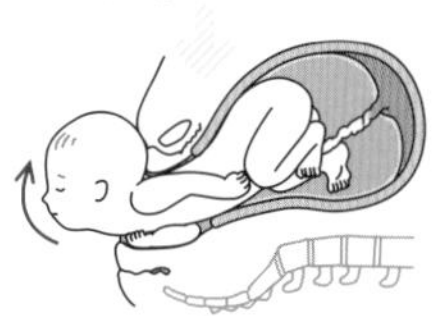

5 頭が産道から出ると、ぐいっと首をそらすようにして、出てきます（第3回旋）。

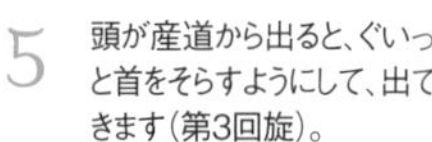

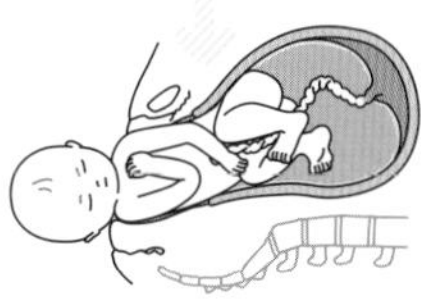

6 さらに90度回転。再び頭を横向きにして、肩を片方ずつ出します（第4回旋）。このあと、もう一度軽い陣痛があり、胎盤が出ます。

赤ちゃんの頭の骨はやわらかく、重なり合って出てくる！

頭蓋骨は、丸みを帯びた皿のような骨が数枚、合わさったもの。赤ちゃんの頭蓋骨はやわらかく、少しすき間があります。狭い産道を通るとき、このすき間をなくし、さらに少し重ねるようにして大きさをコンパクトにします。

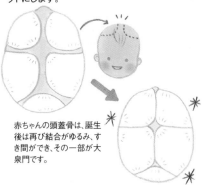

赤ちゃんの頭蓋骨は、誕生後は再び結合がゆるみ、すき間ができ、その一部が大泉門です。

体の大きい赤ちゃんは肩がひっかかることも

特に妊娠糖尿病などでは、おなかの中で赤ちゃんが大きく育ち、難産になることがあります。赤ちゃんに皮下脂肪が大量について肩回りが頭より大きくなるなど、頭は通っても肩が通れないことがあるからです。初めての出産で、赤ちゃんが4kg以上と予想される場合には、予定帝王切開をすすめられることも。ただ、産道になる骨盤腔の形と赤ちゃんの体の相性がよければ、大きくてもすんなり生まれることもあります。

Q 赤ちゃんが回旋しないのはどんなときですか？

A 赤ちゃんの頭の形と母体の骨盤腔の形の相性が合わなくて、赤ちゃんの顔がママのおしり側を向けず、おなかのほうを向いてしまうような場合や、臍帯が短かったり、体に巻きついている場合、回旋異常となってお産が進まなくなります。ほか、子宮筋腫があり形がいびつな場合、陣痛が弱い場合にも起こることが。ママの姿勢をさまざまに変えてみて、骨盤腔の状態を変えると、赤ちゃんの向きを変えられることもあります。

Q 「排臨（はいりん）」とか「発露（はつろ）」とはなんのことですか？

A 赤ちゃんが生まれる最終段階の専門用語で、「排臨」はいきんだときに、腟口に赤ちゃんの頭が見える状態、「発露」はいきまないときでも頭が引っ込まなくなる状態。その後、赤ちゃんの頭が出て、肩が出てしまえば、体も足もつるりと抜けて、ついに赤ちゃんが誕生です。

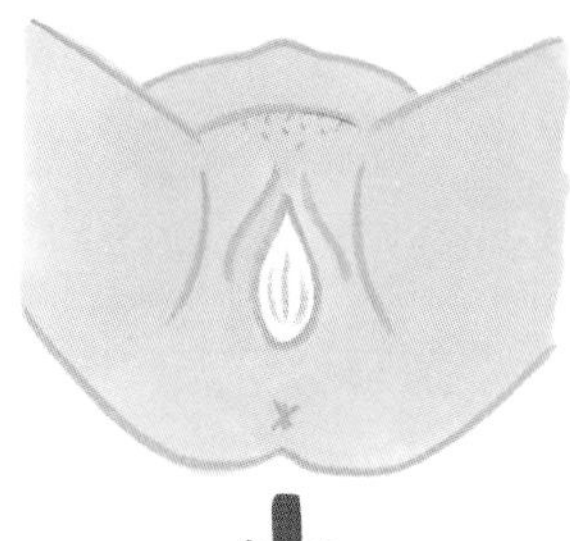

排臨（はいりん）

ママがいきんだときに、産道の出口から赤ちゃんの頭が見え始める状態。助産師に「頭が見えてきましたよ」と言われることが多いでしょう。

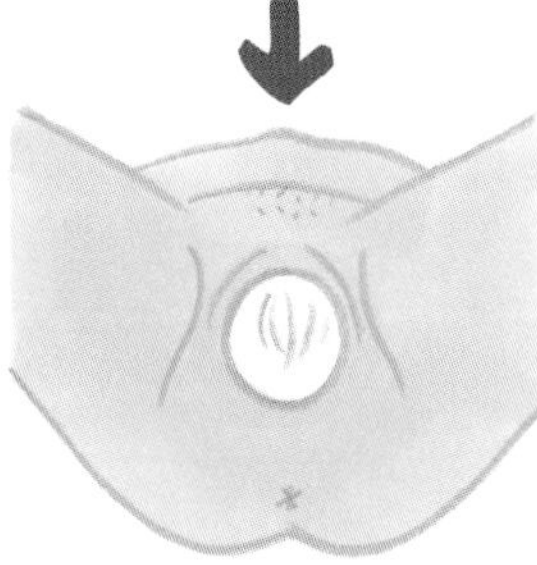

発露（はつろ）

陣痛の波がきていないときでも赤ちゃんの頭が見え、引っ込まないようになった状態。ママには恥骨にはまったような感覚があるでしょう。あと数回いきんだら頭が出ます。

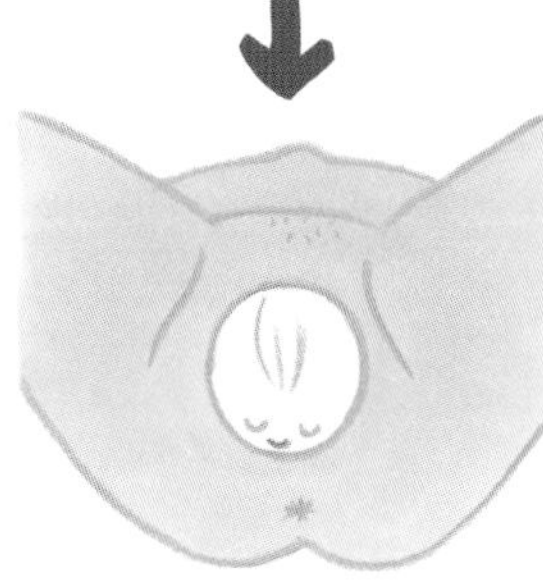

頭が出る

発露のあと、間もなく頭全体が出ます。このときは顔はまだママのおしり側を向いていますが、このあと再び体を回して、片方ずつ肩を抜くようにして出てきます。

お産Q&A

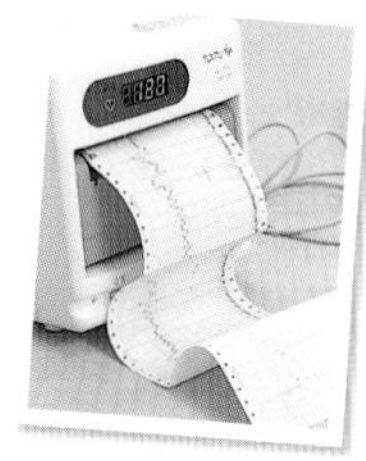

Q 「分娩監視装置」とはどんなものですか？

A 赤ちゃんの心拍と母体の子宮収縮を同時に観察して、数値をグラフ化してわかるようにしたものが分娩監視装置（NST）。2つのセンサーをベルトでママのおなかに固定して計測します。子宮収縮の強さと継続時間、収縮時に赤ちゃんへの酸素量が減って苦しくなっていないかなどを、客観的にグラフで見ることができます。

Q 陣痛で圧迫されて、赤ちゃんは苦しくありませんか？

A 陣痛が起こっても、羊水が外界からの衝撃から赤ちゃんを守っています。破水してもまだ羊水は残っていて、赤ちゃんは最後まで羊水に守られているため、子宮収縮で直接体が圧迫されるようなことはありません。

Q へその緒が赤ちゃんに絡まっているとお産はどうなりますか？

A 赤ちゃんが外に出て最初の呼吸を始める瞬間までは、臍帯からの酸素供給が命綱。このため、臍帯が体と子宮壁の間にはさまったり引っ張られると、苦しくなることが。逆に、首に巻きついていても、引っ張られることがなければ苦しくはなりません。頭が出たあとに、医師や助産師が巻きついている臍帯をはずしたり、器具を使ったりして介助します。

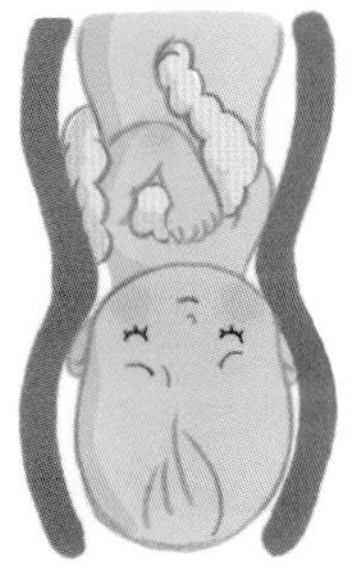

臍帯が赤ちゃんの肩など体と子宮の間にはさまれていると、血管が圧迫されて血流が止まり、苦しくなることが。

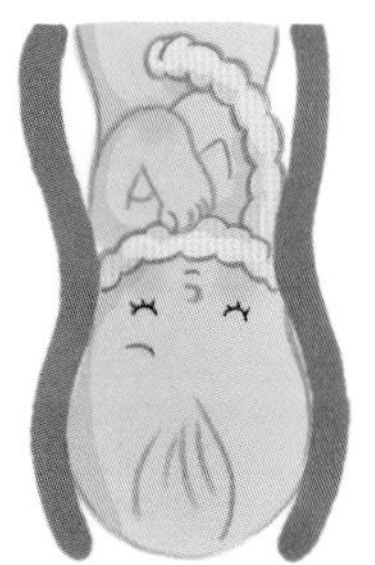

臍帯が首に巻いていても、窒息するようなことはありません。

やってくる大きな波を
1つずつ
乗り切ろう!

強い陣痛を乗り切る!コツ

子宮口が開き、お産が進むごとに、陣痛は強く、継続時間も長くなります。1回1回波乗りのように、呼吸をととのえながら、乗り越えて!

強い陣痛=お産が進むこと。痛いけど前向きにとらえて!

痛みは、体が緊張しているとよけいに強く感じます。陣痛も同じで、体がリラックスしてゆるんでいると、痛みを軽くすることができます。そのために、まず大事なのは呼吸。息を吐くと体はゆるんでリラックスします（165ページ）。

もう1つ、血行をよくすることも大事。血行が悪いと痛みを強く感じるので、マッサージをしたり、体をあたためましょう。陣痛は子宮が収縮して起こる痛みと、赤ちゃんの頭が骨盤を内側から押し広げて進む痛みが合わさったものです。このため、おなかだけではなく、腰が激痛だったという声も。腰のマッサージが効くのは、このためです。

また、気持ちがリラックスしていないと、いくら呼吸をととのえ体をあたためても、体はリラックスできません。脳に働きかけるアロマの香りの作用を使ったり、好きな音楽を聴いたりしてメンタル面もリラックス。いちばんいいのは、安心できる好きな人とのおしゃべりです。しゃべることは息を吐くことにもつながります。どうしたらいいかわからなくなったときは、助産師にたくさんアドバイスしてもらいましょう。

陣痛が強いときの乗り切りワザ

1 姿勢を変える

陣痛を乗り切るには、重力を活用しましょう。上半身を起こした姿勢は陣痛を招き、逆に横になると赤ちゃんがゆっくりおりてきます。ラクと感じる姿勢を試してみましょう。

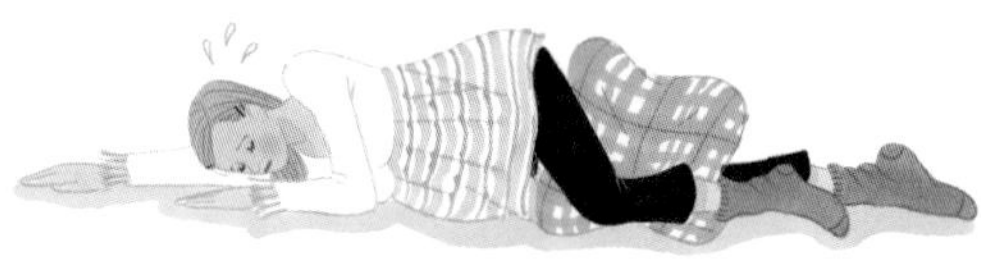

横向きに寝る

陣痛が強くてきついときは、横向きに寝てひざの間にクッションをはさむと腰がラク。体の力を抜きやすいポーズ。

四つんばいになる

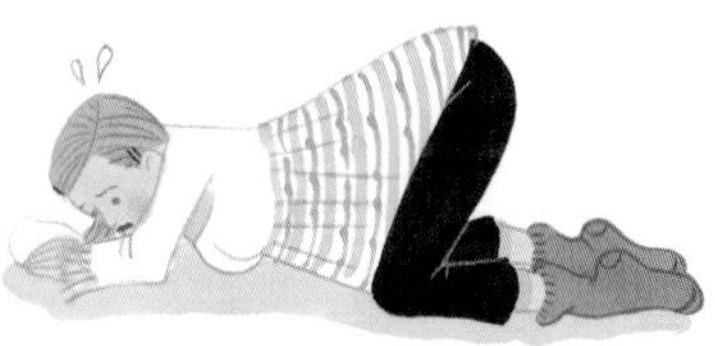

両ひざを開いて床につき、クッションなどを置いて上体を倒します。痛みをやわらげ、赤ちゃんがゆっくりおりてくる効果が。

何かにもたれかかる

体力を温存するためにも、陣痛の合間の「休憩時間」には何かにもたれて休んで。

2 マッサージする

マッサージには痛みをやわらげる効果があります。「手当て」という言葉どおり、手を当てることだけでも癒やしになります。

腰から背中

痛い部分を集中して押してもらうのもいいですが、腰から背中全体をさすってもらって。

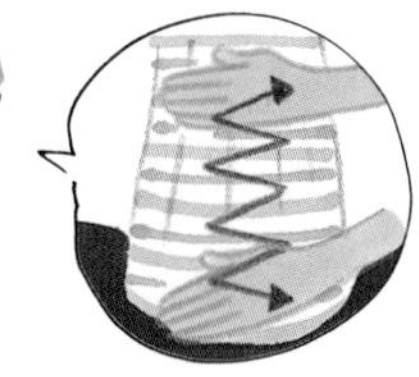

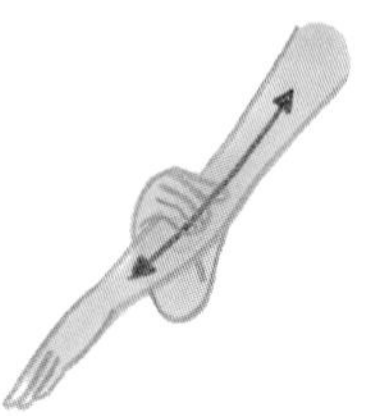

肩・腕

意外と力が入ってこわばりがちなのが、肩から腕。やさしくもむことで、緊張をほぐす効果も。

もも

体の中で最大の筋肉が太もも。ここが緊張すると体も硬直するのでゆるめるようにさすって。

つらいのは、いきみのがしの時間。おしりを押して、呼吸でのがして

陣痛が進むと、下腹に思わず力が入り、いきみたい感じが強くなっていきます。でも子宮口はまだ7～8㎝開大くらいで、いきんでも赤ちゃんは出られず、会陰や産道に大きく負荷がかかり、切れたり裂けたりしやすくなってしまいます。感覚的には排便したくてもがまんしているときとよく似ていて、非常につらい時期です。

この「いきみのがし」のいちばん有効な方法は、肛門の部分をぐっと押して圧迫すること。息を吐いて体の力を抜いたり、重力の力を逆手にとって横向きや四つんばいになる（170ページ）のも有効です。

いきみをのがすテクニック

肛門周辺を強く押す

会陰部から肛門のあたりを強く押すとラクに。助産師でも夫でも、介助する人がいれば、げんこつやテニスボールを使って押してもらいます。テニスボールをおしりの下に敷いてすわる方法も。赤ちゃんの頭を押し返すような気持ちで押しましょう。

テニスボールで押す

押してくれる人がいなければ、テニスボールをおしりの下に置き、ぐっと押さえるように正座して。おしりが強く圧迫されることで安心でき、いきみをのがしやすくなります。

誰かに強く押してもらう

助産師やパートナーなどに頼めれば、ボールや手を使って押してもらいましょう。手を使うなら、げんこつか、手のひらの下のほうを使って押すと、力が入れやすく疲れません。

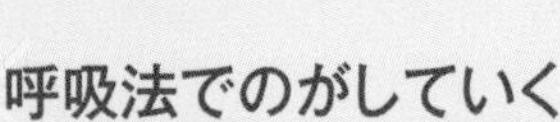

呼吸法でのがしていく

いきみのがしには「フー・ウン」の呼吸がおすすめ。「フー」で息を吐き、「ウン」でおなかに軽く力を入れます。この一瞬の「ウン」によって、いきみをのがすことができるのです。

気を紛らわせる

そばにいる人となるべく笑えるような楽しい話をしてみましょう。しゃべって息を吐くこと自体も、いきみのがしになります。「楽しい想像をして気を紛らわせた」という人も。

3 心も体も冷静に

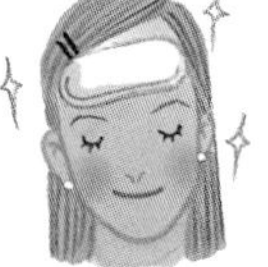

痛みでパニック状態になると、ますます痛みを強く感じるもの。頭を冷やして、冷静になりましょう。また、目はつぶるよりもあけたほうが、気が紛れます。

リラックスする

産道はリラックスすることで開きます。基本は「息を吐く」ことですが、夫の手やタオルを握り締めたり、水を飲んだり、手足をあたためることも効果があります。

おしゃべりする

話すことは、息を吐くことにつながります。赤ちゃん誕生が楽しみになる話をして。

アロマでリフレッシュ

好きなアロマオイルを用意しておき、タオルに1～2滴たらしてかぐのが簡単。

音楽を聴く

クラシックに限らず、自分の気分がよくなる音楽で。声を出して歌うのも◎。

陣痛、こう乗り切った!

「いきんじゃいけない」。その時間帯がつらかった!

出産するまでは「産み出す瞬間」が強烈に痛いんじゃないかと、恐怖でした。でも実際につらかったのは、いきんじゃいけない時間帯。パパに肛門をこぶしでぐーっと押さえてもらい、出てきそうな感じを乗り越えました。「いきんでいい」と言われたときは、本当にうれしくて、思いっ切りがんばれました!

佐藤佳織さん（30才） 千夏ちゃん

シャワーであたたまったら陣痛が少しラクに

「本格的な陣痛」というのがわからず自宅でがまんしていたら、病院に着いてからは2時間で出産! 四つんばいやいろいろな姿勢になったり、痛いときは布団やタオルをギュッと握ったりして痛みを乗り越えました。シャワーを浴びてあたたまったら、少しラクになりました。

M. Yさん（27才） 幸四郎くん

つらかった腰の痛みはあたためて乗り越えました

もともと腰痛もちなので、腰の痛み用に湯たんぽやカイロなどあたためグッズも持参していましたが、とにかく腰が痛かったです。母が腰をさすってくれたり、熱いお湯にひたしてしぼったタオルで体をふいてくれたり、助産師さん顔負けに活躍してくれました! とにかくおなかよりも腰回りが痛かったです。

まゆママさん（31才） 真由佳ちゃん

痛みが弱くなると
それだけゴールも
遠くなる…

お産が進まないときにできること

陣痛が弱いのは、赤ちゃんを産み出すパワーが落ちているということ。うまくエネルギーをチャージして、ゴールに向かいましょう。

「微弱陣痛」になったら体力回復＆体を動かして

強い陣痛がどんどんやってくるのも大変ですが、実は体力を消耗するのは、お産が長引いた場合。「微弱陣痛」といって、子宮収縮が弱まり、子宮口もなかなか開かない状態です。微弱とはいっても、子宮口が開くのに有効な強さがないというだけで、決して痛みがないわけではありません。陣痛を再び強くしてゴールに向かうには、まず体力。エネルギーを補給し、体を休ませて、体力を回復させることが大切です。

そして、赤ちゃんがスムーズに下がってくるために、重力を味方にしましょう。ベッドの上でじっとしているよりも、立つ、いすにすわる、しゃがむなど、上体を起こした姿勢で。歩く、スクワットをする、腰を回すなど、動くことができればなおベター。じっとしているより気が紛れます。体をあたためて血行をよくすることも効果があります。

また、気持ちの面から陣痛が強くならないこともあります。「いい陣痛がくれば赤ちゃんに会える！」と、ポジティブにとらえるようにしましょう。気持ちが陣痛に対して前向きになったときに、お産がぐっと進むこともあります。

陣痛が弱くなったときにお産を進める方法

方法1 立つ・歩く

重力で赤ちゃんがおりてくるように、体を起こすことが大事。病院の廊下を歩いたり、しっかり手すりをつかんで階段の上り下りなどをしましょう。

方法2 しゃがむ

ゆっくりと立ったりしゃがんだりを繰り返すスクワットは、赤ちゃんがおりてきやすく、よい陣痛を呼び込みます。何かにつかまってトライを。両足を開くことで股関節が開きやすくなる効果が。

方法3 エネルギー補給

水分補給とともに、ゼリー飲料やバナナ、おにぎり、ヨーグルトなど消化がよく、のどごしのいいものを食べてエネルギーを補給して。食欲がなければ一口だけでもOKです。

方法4 体をあたためる

体をあたためると血行がよくなり、体のこわばりがほぐれてリラックスしてお産が進みます。特に足を冷やすと体全体の冷えにつながるので、ソックスをはく、足浴をするなどしてあたためて。

方法5 眠る

眠ることは体力回復の近道。数分ずつのこまぎれ睡眠でも体力は回復していきます。ウトウトしたら、そのまま眠ってしまってOKです。

方法6 子宮口を刺激してもらう

陣痛の間の内診で陣痛が進むこともよくあります。医師や助産師に相談して、指で子宮口を刺激してもらうという方法も。

陣痛促進剤を使って お産を進めることも

体力や気持ちの問題だけではなく、お産が進まないケースもあります。初産で30時間、経産婦で15時間以上かかるようなケースを「遷延分娩」といい、こうした場合は、陣痛促進剤を使う場合があります。ほか、人工的に破水を起こすこともあります。

遷延分娩になると、ママの体力が落ちて酸素が赤ちゃんに届かなくなる、破水後時間がたった場合には感染症を起こしやすいなどの危険性があります。その危険を避けるために、最終的に帝王切開になることもあります。

陣痛促進剤って怖くない?

陣痛促進は慎重に管理しながら進める処置です

陣痛促進剤を使うときは、必ず分娩監視装置で子宮収縮の様子と胎児の元気さを観察しながら、点滴の量も非常にこまかくコントロールして陣痛促進します。安心して受けられる処置ですが、医師は必ずなぜ陣痛促進をするのか説明しますから、それをしっかり聞いて、必要性をよく理解して受けるようにしましょう。

ちょっと気になる

陣痛中の医療処置

お産を安全にスムーズに進めるため、またママの体を守るために行われる医療処置があります。すべてを必ずするわけではありませんが、必要性を覚えておきましょう。

-1- 導尿

陣痛が強くなり、トイレに行けなくなったころに、導尿カテーテルという管を尿道に入れておしっこを出します。違和感はありますが、痛みはあまり感じません。膀胱を空にして膀胱麻痺を防ぐ効果があります。

-2- 浣腸

浣腸すると腸の動きが活発になり、お産が進みやすくなる効果もあります。このため入院時に浣腸を行う病院もあり、細いチューブを肛門に入れて浣腸液を注入します。産道を広げる処置として行う場合も。

-3- 剃毛

会陰切開の際の感染症を予防するために、陰毛をそる処置。全部そるわけではなく、会陰部周辺だけなので、あとから自分で見てもよくわからないでしょう。最近は剃毛しない病院のほうが多いようです。

-4- 血管確保

万一、緊急帝王切開など一刻を争う事態が起きたときに点滴するため血管を確保しておくことが。特に問題がなければ、糖水を入れておくだけ。急に輸血が必要になった場合にも役立ちます。

体験談

微弱陣痛だったお産

眠っていたら陣痛が遠のいて、助産師さんに「起きて！」と

陣痛スタートが明け方3時で、寝不足のまま入院。子宮口が5～6cmくらいのころ、陣痛も弱くなり、5分間隔だったのが6～7分間隔に遠のき、間欠期には吸い込まれるようにウトウト。助産師さんに「どんどん遠のくから起きて！」と言われ、おにぎりを1つ食べさせられたら、そのあとは進みました。

K.Sさん（37才） 智也くん

陣痛がきたものの、いったん帰宅。22時間の陣痛でした

お産直前の体調はとてもよく、家事に散歩にと元気に過ごしました。陣痛が始まって一度病院に行ったものの、陣痛が弱く子宮口も開いてこなかったので、いったん帰宅。陣痛が5分間隔になって再入院したら子宮口は4cm、その後も進み方は遅かったけど、陣痛スタートから約22時間で無事出産。長かった～！

天野光恵さん（38才） 遼太郎くん

3日がかりのお産。陣痛が遠のいていくのを経験！

子宮口3cm開大で入院。その後も陣痛間隔は7～10分と短くならず、その状態が延々と続きました。入院から20時間後には破水もしたのに、陣痛は遠のいてしまい、なかなか進まず……。最終的には陣痛促進剤を使い、陣痛スタートから3日がかりで出産！　切迫早産で薬も飲んでいたのに、予想外でした。

M・Sさん（28才） 健くん

分娩台では、
体を丸めるようにして
力を最大限に発揮!

上手ないきみ方のコツ

いよいよ「いきんでもいい」と言われたら、最後のがんばりどころ。赤ちゃんが出てくる力を、ママのいきみでサポートしてあげましょう。

呼吸をととのえながら陣痛の波に合わせていきみます

陣痛を繰り返し、長い時間をかけて子宮口が10㎝、最大限まで開いたら、いよいよいきみます。このいきむときがいちばん痛くてつらそうなイメージがあるかもしれませんが、いきみたい感じをがまんし続けたあと「いきんでいい」と言われてからは、かえって力がわいてくるものです。

大切なのは、タイミングと力を込める方向

いきむときは、両足を大きく広げ、あごは引いて、おしりと腰は背もたれにぴったりとくっつけます。子宮収縮に合わせることがとても大事で、陣痛のピークがきたときに力を込めていきみます。いきむ瞬間は息を止めて、ぐっと下腹に力を込めます。

力を込める方向は、赤ちゃんの頭を出口のほうに押し出す感じです。体をよじったり、腰が浮いてしまうと、力の方向がそれてしまい、せっかくいきんでも赤ちゃんをうまく押し出すことができません。

最初はいきむタイミングがわからなくても大丈夫。助産師のリードに合わせればきっとうまくいきます。

分娩台でいきむときのポイント

ポイント 1
背中をそらせない
頭は起こしておへそを見るイメージで体を丸める。力の方向がそれてしまうので、のけぞらないで。

ポイント 2
目を閉じないで
周りが見えないと、パニックになりやすい。

ポイント 3
腹式呼吸をしっかりと
深い呼吸で赤ちゃんに酸素を送り込む!

ポイント 4
ひざは大きく開く
産道を広くするため、ひざから大きく開いて。

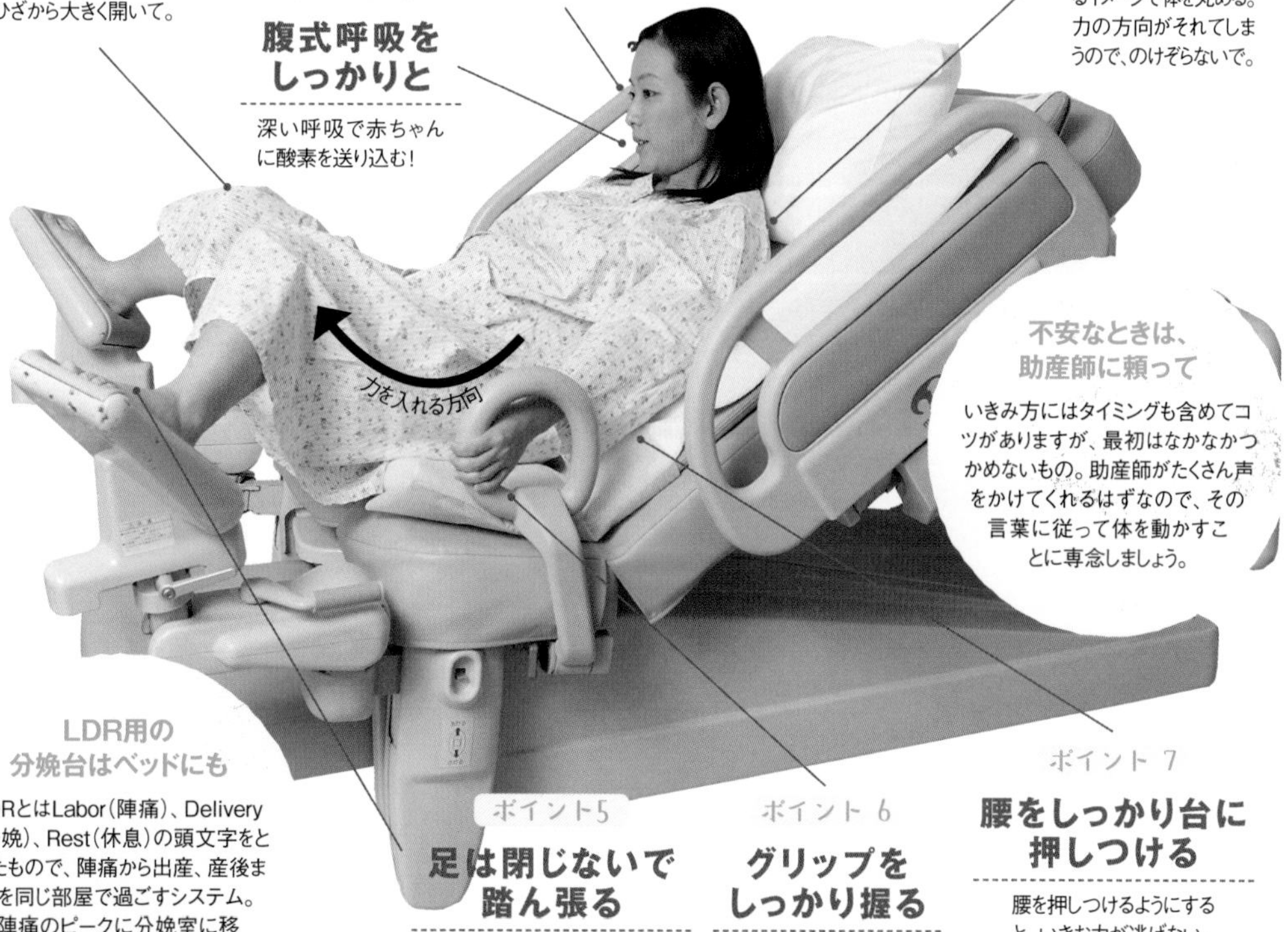

ポイント5
足は閉じないで踏ん張る
足を踏ん張ることで、下腹部にしっかり力が入る。

ポイント 6
グリップをしっかり握る
上半身が逃げないように、ぐっと引っ張り上げるように握る。

ポイント 7
腰をしっかり台に押しつける
腰を押しつけるようにすると、いきむ力が逃げない。

力を入れる方向

不安なときは、助産師に頼って
いきみ方にはタイミングも含めてコツがありますが、最初はなかなかつかめないもの。助産師がたくさん声をかけてくれるはずなので、その言葉に従って体を動かすことに専念しましょう。

LDR用の分娩台はベッドにも
LDRとはLabor(陣痛)、Delivery(分娩)、Rest(休息)の頭文字をとったもので、陣痛から出産、産後までを同じ部屋で過ごすシステム。陣痛のピークに分娩室に移動せずにすみます。

上手ないきみ方のコツ

赤ちゃんが出る瞬間にはもういきまないで

助産師に「もういきまなくてOK」と言われたら、体に入れていた力を抜いて、呼吸も止めることなく「ハッハッ」と短く息を吐くようにします。すると間もなく、産道にはさまった大きなものが抜け落ちるような感触とともに、赤ちゃんの頭が出てきます。さらに肩から体にかけてもするりと出て、赤ちゃんの誕生です。

全身が出たあとは数分〜30分以内に再び軽い陣痛が起きて、胎盤が出ます。これでお産は完了です。

いきむ姿勢のいろいろ

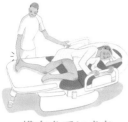

横向きでいきむ
子宮の下にある大動脈が圧迫されにくく、赤ちゃんに酸素が届きやすい側臥位。会陰部の裂傷を防ぎやすく、あおむけより呼吸がラクというメリットも。

ひざ立ち
両ひざを立て、股を広げた体位で出産すると、生まれた直後の赤ちゃんを抱き上げることもできます。夫に抱きつくか、背後からかかえてもらうようにすると安定感があり、精神的にも安心感が。

しゃがむ
太ももでおなかを圧迫するので産み出す力が強く、赤ちゃんがおりてくるのを促進します。足が疲れやすいのと、出てくる勢いが強すぎると会陰裂傷のおそれがあるというデメリットも。

出産時に行われる処置、知っておこう

鉗子分娩・吸引分娩

赤ちゃんがなかなか出ないとき引っ張り出す方法

もう少しで出てきそうというくらい赤ちゃんの頭が下がっても、お産が長時間進まなかったり、赤ちゃんの状態が悪くなった場面で、頭を少し引っ張ってあげて赤ちゃんを助けます。吸引分娩も鉗子分娩も、産道の出口の抵抗を減らすため、会陰切開を行うのが普通です。引っ張るタイミングは、陣痛のピークに合わせます。赤ちゃんの頭蓋骨はやわらかいため、引っ張る力で頭が長く伸びたり、こぶができることがありますが、生後しばらくすると自然に直るので心配いりません。

吸引分娩
赤ちゃんの頭にシリコンのカップをあて、カップ内を真空にして密着させて引っ張り出します。

鉗子分娩
大きなさじのような器具（鉗子）を左右に1つずつ入れて頭をはさみ、引っ張り出す方法。高度な技術が必要です。

おなかを押す

陣痛のタイミングに合わせて押します

赤ちゃんの大きな頭が出る瞬間、突破口を開くための腹圧が足りないとき、医師か助産師がおなかを押すことがあります。子宮収縮のピークの瞬間に合わせて、いきむのと同時にタイミングよく押すもので、「クリステレル法」と呼ばれます。鉗子・吸引分娩のときにいっしょに行うことも。

会陰切開

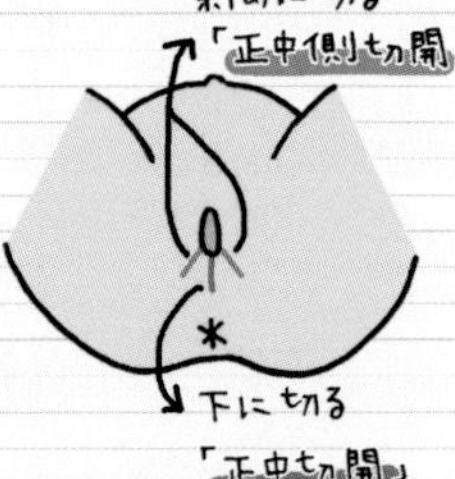

自然にまかせて裂けるより切ったほうがよい場合も

会陰（腟の出口と肛門の間）はホルモンの働きにより、お産の瞬間にはうんと薄くやわらかくのびる部分。しかし、会陰ののびが悪いときや、赤ちゃんの心拍数が低下しているときなどは、会陰切開をする必要があります。切開しないと自然の裂傷ができ、軽度ならば問題なく縫合できますが、度合いがひどいと肛門や直腸まで裂けてしまい、あとが大変です。初産では会陰切開をすることが多くなりますが、経産婦さんはしない場合が多いでしょう。

医療用のはさみで3〜5㎝切ります

切ると決まったら、局所麻酔をします。切開するときは医師が手で赤ちゃんの頭をガードするので、赤ちゃんが傷つく心配はありません。切開方法で一般的なのは腟口の真下から斜めに切る「正中側切開」という方法。麻酔をしているので、痛みは感じません。

お産が終わったら、縫合

赤ちゃんが生まれて胎盤が出たら、切開した部分や自然に裂けた傷を縫います。とける糸で縫うことが多く、その場合は抜糸しません。麻酔をするので通常は痛くないのですが、痛みを感じたら医師に伝えて。

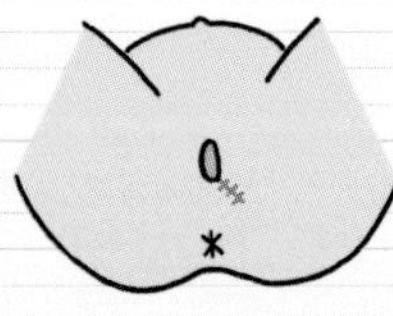

ベビーが生まれても
まだもう少し
お産は続く

出産後すぐのママと赤ちゃん

赤ちゃんが無事に産声を上げたら、お産は完了！と思うかもしれませんが、実はまだ体が激変する時間は続いています。

分娩台で2時間は休んで、体が急変しないか見守ります

赤ちゃんが無事生まれて、大きな産声も聞こえたら一安心。その後しばらくして、再び軽い陣痛が起こって胎盤が出たら、お産は終了です。

でも、出産から2時間ほどは、まだまだ母体が急変する可能性が高い時期。すぐに病室に移らず、そのまま背もたれを倒した分娩台（LDRの場合はベッド状に変形）に横たわって過ごすのは、単に体を休めることだけが目的ではありません。急な大出血、血圧の急上昇・急降下など、何かが起きたときにすぐに対処するためでもあります。

一方、臍帯を切ってもらった赤ちゃんは、血や体液などをぬぐわれ、肺に残っている羊水を吸い出されます。その後、インファントウォーマー（保温のためのベッド）の上で、呼吸の状態や皮膚の色、心拍に雑音がないかなどの確認が行われます。

こうして赤ちゃんも元気であることがわかったら、寝ているママが胸元に赤ちゃんを抱くカンガルーケアをしたり、初めての授乳を試みたりと、母子の絆づくりがあらためて分娩台の上で始まります。

お産直後に受けるケアと検査

Baby

ママのあたたかい胎内から、体温調節も未発達なまま、15度近く気温の低い外界に出たばかり。とにかく体を冷やさないことがとても大事。呼吸状態、心拍数などのチェックは手早く、あたたかいインファントウォーマーの上でされていきます。

へその緒を切る

赤ちゃんの体が完全に外に出て、臍帯の拍動がおさまったら、臍帯をクリップ留めして止血し、はさみで切ります。

羊水を吸い出す

肺の中に満たされていた羊水は、初めての呼吸とともに吐き出されますが、残っている羊水を口からカテーテルで吸引します。

体をふく

体についたママの血液や体液をタオルでぬぐいます。体脂が多い場合はぬぐわれますが、皮膚を守るために必要なので残すことも。

身長・体重測定

赤ちゃんの身長や体重を量っておき、あとでどれくらい成長しているかの目安にします。出生体重の平均は3.02kg（平成21年）。

Q 「アプガースコア」って何？

A 新生児の元気度を客観的に計る指数です。皮膚の色、心拍数、刺激による反射、筋緊張、呼吸数それぞれに0〜2点をつけ満点は10点。この5つの判断基準で問題があれば、すぐに治療やケアなどが始まります。

Mama

胎盤が出たら、会陰切開した場合は縫合し、大きな変化がないかどうかを分娩台の上で経過観察されます。母子ともに元気なら、初めてのだっこ、初の授乳など、感動の「初」のシーンも分娩台で。

体をチェック

・出血の具合　・会陰の傷の様子
・子宮の収縮具合 など

初乳を与える

赤ちゃんの口をママの乳首の近くに寄せてあげるだけで「吸てつ反射」によって赤ちゃんは本能で乳首を吸います。

体をふいて、着替えをする

お産で汗だくになり、血や体液がついた分娩着を寝たまま脱がせてもらい、体をタオルでふいてから、パジャマや入院着に着替えます。

Q 「アイスノンケア」って何？

A 子宮がなかなか収縮しないときに、おなかの上にアイスノンをのせて収縮を促すことがあります。子宮が収縮することは、止血のために非常に大事だからです（P177）。低体温にならないように、実施しない方針の施設も。

病室へ移ったらママとしての新しい生活へ

出産が終わって2時間は、分娩室で安静に過ごします。子宮収縮が不十分だと異常出血を起こすこともあるので、子宮収縮剤が使われることも。その間に異常が起きなければ、ストレッチャーか車いすに乗って、または自力で歩いて病室に移ります。

部屋に帰ってからも、疲れをとるためにゆっくり休みましょう。人によっては興奮して眠れなかったり、後産の痛みが強くてつらいこともあります。そんなときは遠慮なく産院スタッフに相談しましょう。

お産から6～8時間たったら、血圧、脈拍、体温をもう一度チェック。その後は体力の回復を図りながら、授乳など育児も少しずつ始まり、ママとしての生活が始まっていきます。

出産後すぐのママと赤ちゃん

産後すぐQ&A

Q 新生児黄疸とはなんですか？

A 肌が黄色くなる新生児黄疸は、生後2～3日であらわれることが多く、1週間～10日程度で肌色に落ち着きます。そのほとんどが生理的で心配のいらないものですが、黄疸が強い場合は、入院中に人工的に紫外線を当てる光線療法が行われます。

Q 後陣痛ってどんなもの？

A 赤ちゃんが出たあとにも子宮収縮は続き、「後陣痛」と呼ばれます。胎盤を出すために起こり、その後も子宮が元の大きさに戻るために収縮します。一般的に経産婦のほうが後陣痛は強く、帝王切開の場合は子宮に傷があるために強い痛みとなります。だんだん弱くなりますが、産後しばらくは授乳のたびに感じることもあります。

Q もし未熟児で生まれたらどうなるの？

A 赤ちゃんが未熟児だった場合は、体温調節がうまくできないため低体温になりやすいもの。呼吸運動も弱く、細菌感染を起こしやすいので、生まれたらすぐに保育器に入ります。生まれてもすぐにはだっこできないことが多いでしょう。許可が出たらだっこしたり、語りかけたりして、たっぷり愛情を注いでコミュニケーションをとりましょう。

カンガルーケアって何?

ママと赤ちゃんの肌がふれ合い絆を強めます

産後、ママのはだかの胸に赤ちゃんを抱き、肌を密着させるカンガルーケア。もともとは生後すぐの赤ちゃんの体を冷やさないため、保育器が不足している医療後進国でスタートしたもの。だっこしたら赤ちゃんの体をやさしくなでて、乳首を含ませます。初乳はたくさん出なくてOK。ママのにおいをかぎ、乳首をなめて、おっぱいの味を覚えていくのです。

体験談 お産と産後、私の場合

「悪露ってこんなもの」と思っているうちに倒れて救急車に！

産後は母に来てもらい、家事など手伝ってもらっていましたが、がんばらなくちゃと気が張っていたようです。悪露が多い気がしていましたが、赤ちゃん優先で受診もしないでいたら、ある日トイレで気を失い、救急車で搬送されてしまいました。産後は無理は禁物。自分の体も大事にしなくちゃと痛感しました。

青山美香さん（28才） 奏太郎（そうたろう）くん

ひどい貧血になり、体を支えてもらわないと立てず…

陣痛に気づかないほど夫と夢中でおしゃべりしていて、気づいたときには即入院！のタイミング。入院してから4時間のスピード安産でした。産後は貧血で動けなくて、布団から起き上がるときも母に体を支えてもらったほど。おっぱい以外はすべて母にお願いして、助けてもらっていました。

H・Tさん（26才） けいちゃん

3日目にはラクになった傷の痛み。「案ずるより産むがやすし」です！

会陰切開はできればしたくないと思っていました。だからお産のときに先生から「出てきにくそうなので、切りますね」と言われたときはショックでしたが、麻酔をしたのでその瞬間の痛みはなし。翌日まで円座を使い、3日目からは痛みもほぼ引いて、出産前はあんなに恐怖だったのがうそみたいでした！

伊藤茉緒さん（31才） 桃子（とうこ）ちゃん

約5人に1人は帝王切開で出産しています

帝王切開になるケース、知っておこう

妊娠中に問題がなくても、お産本番で帝王切開になることもあります。いざというときのために手術の流れなどを知っておくと安心です。

赤ちゃんとママの安全を最優先して行う手術

自然なお産の経過では、赤ちゃんは陣痛の波にのってママの子宮口から腟を通り、外の世界に出てきます。ところが、何かの理由で赤ちゃんが出てこられない場合は、ママのおなかを切開し、赤ちゃんをとり出す手術を行います。この手術が「帝王切開」です。

お産では、いつ、何が起こるかわかりません。妊娠中に何も問題がなくても、お産本番になって予期せぬトラブルが起こることもあります。お産のときに最も大切なことは、ママと赤ちゃんの命を守ること。帝王切開は、赤ちゃんを安全に生み出すための1つの出産方法で、現在の日本では約20%が帝王切開による出産です。

帝王切開には、妊娠中に帝王切開することが決まり、計画的に行う「予定帝王切開」と、お産の途中で切り替わる「緊急帝王切開」があります。妊娠中に、赤ちゃんの頭が大きくて骨盤を通り抜けられない「児頭骨盤不均衡」や、胎盤が子宮の出口をふさぐ位置にある「前置胎盤」などがわかった場合は、予定帝王切開になります。

ほかに、逆子、多胎（双子、三つ子など）、産道をふさぐような子宮筋腫がある場合、子宮奇形がある場合、前回の出産が帝王切開だった場合なども、予定帝王切開になります。今は、超音波検査などによって子宮の中の様子やおなかの赤ちゃんの状態がよくわかるようになりました。そのため、事前に帝王切開を選択するケースがふえているといえます。

十分な説明を受け、納得して手術に臨みましょう

妊娠中に帝王切開が必要と判断された場合は、なぜ手術が必要なのか、経腟分娩は可能なのか、またどのぐらいリスクがあるのかなどを医師から十分に説明を受け、納得したうえで手術を受け入れることが大切です。不安なこと、疑問に思うことがあったら、どんなことでもいいので医師や助産師に聞き、心配を残さないようにしましょう。

また、そのときになって緊張しないために、手術前の処置や実際の手術の流れ、手術後の体の状態や入院中の過ごし方など、帝王切開の一連の流れを予習し、心の準備をしておくことも大切です。

予定帝王切開の主な理由

子宮の手術をしたことがある

前回の出産時に帝王切開だった人や、子宮筋腫などで子宮の手術を受けたことがある人などは、子宮の傷あと部分が薄くなり、陣痛により子宮破裂が起こることがあります。

前置胎盤

前置胎盤では、胎盤が子宮口をふさぐような位置にあるため、赤ちゃんが出てくることができないので、予定帝王切開となります。

逆子

逆子では、最後にいちばん大きい頭が出にくく、へその緒が圧迫されて赤ちゃんに酸素や栄養が送られなくなる心配があるため、帝王切開を選択することがほとんどです。

多胎

双子や三つ子の場合、お産中に2番目以降の赤ちゃんの状態が悪くなりやすく、後遺症が残ることもあるため、帝王切開になることがほとんどです。

母児いずれかに病気がある

ママや赤ちゃんに重大な病気がある場合は、体にかかる負担を減らすために、あらかじめ帝王切開での出産を選択することがあります。

子宮筋腫

子宮の出口付近に筋腫があると、産道を通過できなくなって赤ちゃんが出にくくなることがあります。筋腫の大きさやできている場所によって、帝王切開になることも。

帝王切開になるケース、知っておこう

お産がスタートしてから帝王切開になるケースも

妊娠中に特に問題がなかった人でも、陣痛がきて、お産が始まってからなんらかのトラブルが起こることもあります。そのときに行われるのが「緊急帝王切開」です。

緊急帝王切開になる理由には、出産の前に胎盤が急にはがれてしまう「常位胎盤早期剥離」や、臍帯の圧迫などによって赤ちゃんが苦しくなってしまうことなどがあります。この状態になると、赤ちゃんに酸素が送られなくなるため、一刻も早く赤ちゃんを出すことが必要になります。

また、子宮口がなかなか開かず赤ちゃんがおりてこられない「軟産道強靭」や、赤ちゃんがうまく回転しながら産道を通ってこられない「回旋異常」、児頭骨盤不均衡や原因不明でお産の進行が止まってしまう「分娩停止」、赤ちゃんの状態が悪くなったような場合も、帝王切開に切り替えます。いつ手術に切り替えるかは、ママと赤ちゃんの状態を見て医師が判断します。

緊急帝王切開の場合、スタッフや手術の設備が不十分な場合は、万全の態勢で手術を行える病院に救急車で搬送することもあります。

通常、帝王切開は下半身の痛みだけをとり除く腰椎麻酔で行われます。産婦さんの意識もはっきりしていて、赤ちゃんの産声を聞き、顔を見ることもできます。ただし、一刻を争う緊急帝王切開の場合は、全身麻酔で行われることもあります。

緊急帝王切開の主な理由

常位胎盤早期剥離

本来なら赤ちゃんが生まれたあとにはがれる胎盤が、なんらかの原因で赤ちゃんがおなかの中にいるうちにはがれてしまうこと。母子ともに危険な状態になるため、一刻も早い処置が必要。

分娩停止・軟産道強靭

陣痛開始後、お産の進行が止まってしまった場合で、吸引分娩や鉗子分娩のできない状況では、帝王切開が選択されます。

赤ちゃんの状態が悪くなったとき

お産が長引いて母体に危険があるとき

赤ちゃんの回旋がうまくいかないとき

帝王切開Q&A

Q 経腟分娩と帝王切開、赤ちゃんの将来に違いはある？

A 分娩方法の違いで、赤ちゃんの成長に違いが出るなど将来に影響することはありません。手術に使われる麻酔の影響も、心配は無用です。ただし、赤ちゃんが早産の場合、帝王切開・経腟分娩のどちらの方法でも、生後しばらくの間、呼吸や状態が不安定なこともあります。

Q 帝王切開のほうがお産はラクでしょうか？

A 予定帝王切開では、ほとんど陣痛に苦しむことはありません。でも、開腹手術なので、手術後はおなかの傷の痛みがあり、すぐに動いたり食事をとることはできません。体にかかる負担は経腟分娩よりも大きく、入院期間が通常より2～3日長くなります。人によってさまざまなので、一概にどちらがラクとは言えません。

Q 逆子でも帝王切開にならないことはある？

A 逆子では予定帝王切開になることがほとんどです。経腟分娩の場合、破水が起きたときに先に臍帯が出てしまう「臍帯脱出」が起こる可能性や、最後に頭が引っかかって出にくくなるなどのリスクがあります。ただし経産婦の場合は経腟分娩にトライする場合もあり、主治医とよく相談を。

Q 1人目が帝王切開の場合、2人目も必ず帝王切開になる？

A 前の出産で帝王切開になった原因によります。子宮の奇形や骨盤が狭いなど、母体側に原因があった場合は、次の出産でも帝王切開になる可能性が高いでしょう。一方、逆子や胎児の状態がよくないなど、赤ちゃん側の理由で帝王切開になった場合は、次の出産で赤ちゃんの状態や妊娠経過に問題がなければ、経腟分娩にトライすることも、まれですが、あります。ただし、子宮破裂のリスクもあるため今ではほとんど行われません。

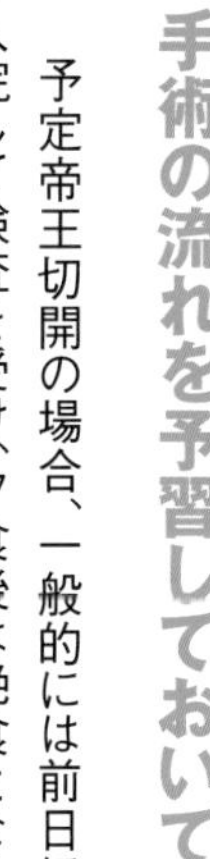

緊張しないためにも 手術の流れを予習しておいて

予定帝王切開の場合、一般的には前日に入院して検査を受け、夕食後は絶食となります。当日は手術前に赤ちゃんの状態をチェック、点滴など必要な処置をします。手術が始まってからは、平均5分で生まれます。

帝王切開による出産でも、トラブルがなければ生後すぐ赤ちゃんとふれ合える病院もふえています。赤ちゃんが出たら、胎盤などをとり出す処置をしたあと、子宮や腹壁を縫合して手術は終了。手術開始から終了まで、トータルで1時間ほどです。

産後は子宮収縮剤や抗生物質、痛み止めなどの投与を受け、安静に過ごします。ただし、手術後は下肢の血流が悪くなり、血管が詰まりやすくなるため、予防のために安静期間は足にマッサージ器をつけ、翌日くらいから少しずつ歩行練習を始めます。母体の回復具合を見て、手術の翌日から水分やおかゆをとり始め、赤ちゃんのお世話をスタート。経過に問題がなければ、手術後1週間ほどで退院となります。

手術の流れなどは、事前に説明がありますが、緊張しないためにも、入院から退院までの一連の流れを知っておくと安心です。

帝王切開のスケジュール

手術後の体や生活

翌日から立って歩く

手術後、長い間動かないでいると下肢の血流が悪くなり、血管が詰まる心配があります。そのため、手術翌日から少しずつ動き、歩く練習をスタート。赤ちゃんのお世話も開始します。

食事も翌日から

手術翌日ぐらいから腸が動き始めるため、最初はまず水分をとり、その後流動食、おかゆと段階をふんで、普通食に戻します。

赤ちゃんのお世話

授乳や赤ちゃんのお世話は、手術翌日ぐらいからスタート（初回の授乳は当日または翌日からOK。助産師に助けてもらいながら、初乳を飲ませます）。ママの体調を見ながら、無理をしないように少しずつ始めます。

シャワー・入浴

シャワーは、医師の許可が出れば手術後3～4日後から可能に。雑菌などが入らないよう、傷には防水のばんそうこうをはります。湯ぶねにつかれるのは、1カ月健診が終わってから。

帝王切開の流れ

1 説明と同意

手術の流れや注意点などの説明を受け、同意書にサインをします。わからないことや心配なことがある場合は、なんでも医師やスタッフに聞いて不安を残さないようにしましょう。

↓

2 手術の準備

血液検査や心電図など、手術するために必要な検査をします。金属やラテックス（ゴム）にアレルギーがある場合は、きちんと申告を。

↓

3 点滴開始

手術着に着替え、血管を確保するために点滴をします。その後、手術室に向かい、赤ちゃんの状態をチェックします。

4 麻酔スタート

腰に針を刺して麻酔薬を注入します（腰椎麻酔）。おなかの切開する部分を剃毛、消毒し、清潔な布で手術する部分以外をおおい、手術を始めます。

↓

5 手術スタート

最初に腹壁を10～15㎝切開し、続いて子宮を切開して医師がおなかを軽く押してサポートし、赤ちゃんをとり出します。おなかを切開するときは、縦に切る方法と、横に切る方法があります。

赤ちゃん誕生

胎盤をとり出す。

↓

6 子宮や腹壁の縫合

帝王切開 Q&A

Q 帝王切開でも夫の立ち会いは可能？

A 「帝王切開も赤ちゃんを迎えるための出産方法の一つ」との考え方から、帝王切開でも夫の立ち会いが可能な施設もふえています。ただし、すべての病院でできるわけではありません。条件付きで許可しているところもあるため、医師に相談してみましょう。

Q 手術の費用は経腟分娩とどのくらい違う？

A 手術による出産は健康保険の適用となるため、保険適用外となる経腟分娩より安くすむこともあるようです。ただし、入院日数が多くなったり、赤ちゃんの入院費や分娩介助料など費用が自費扱いになることもあり、施設によって異なるため一概には言えません。出産する施設で確認を。

Q 次の妊娠までどのくらいあけるべき？

A 切開したあとの傷の回復を考えると、1年ぐらいはあけることが望ましいと考えられます。1カ月健診で医師からOKが出ればセックスを再開することができますが、妊娠を望まない時期には確実に避妊することを忘れないようにしましょう。

Q 子宮を縦に切ったという例を聞きましたが。

A 逆子で、胎児の推定体重が1000g程度以下で出産しなければならない場合、帝王切開でも頭が引っかかりやすいので縦に切ります。ほか、横に切ろうとして子宮筋腫があった場合や、前置胎盤や子宮筋腫が原因で胎児が横位の場合も。子宮を縦に切るときは、原則的に腹壁も縦に切ります。

Q 手術予定日よりも先に陣痛が始まったら!?

A 前置胎盤や児頭骨盤不均衡など、経腟分娩が不可能な場合は、陣痛や破水が始まったら緊急帝王切開になります。緊急帝王切開の場合は、その理由によって手術の緊急度は違い、大至急（15分以内）、30分～1時間以内、3～4時間以内など、手術開始までの時間は異なります。

Q 出産の痛みが怖いから、帝王切開を希望してもいい？

A 原則として、帝王切開は「経腟分娩では赤ちゃんを安全に産むのがむずかしい」と診断された場合に行われるものです。希望を医師に伝えてもかまいませんが、医学的に帝王切開にする必要性がない場合は、されないケースが多いでしょう。どうしても痛みが怖いなら、麻酔分娩を選ぶことを考えても。

Q おなかを縦に切るのと横に切るのはどう違う？

A 横に切る場合は、恥骨の少し上を切り、傷あとが目立たないというメリットがあります。一方、縦に切ると手術する視野が広くとれ、安全性が高くなるため、緊急帝王切開の場合は縦に切ることが多くなります。おなかを縦、横、どちらに切る場合でも、子宮は横に切るのが原則。

体験談 帝王切開でのお産

傷が痛かったけど、この子に会えたことで全部OK！

子宮筋腫がちょうどお産に関係する位置にあって、予定帝王切開に。下から産めないことを悩んだ時期もあったけど、この子が元気で生まれることが何より大事なんだ！と思って手術に臨みました。産後はおなかの傷がしばらく痛みましたが、ずっと待っていた息子を抱けて幸せを実感しています。

U子ママさん（39才）　幸太郎（こうたろう）くん

逆子が直ったのに微弱陣痛で帝王切開に

妊娠25週のころ逆子と診断されて、逆子体操や三陰交のお灸などいろいろ試して30週には直ってホッとひと安心。ところがお産本番に子宮口がなかなか開かず、微弱陣痛も長引いて、緊急帝王切開になりました。「あんなにがんばったのに！」と思ったけど、わが子に会えてよかったです。

H・Kさん（28才）　小春（こはる）ちゃん

いきんでもいきんでも出てこなくて帝王切開に

子宮口が9㎝までは開いたのに全開大にならず、何度かいきんでもそれ以上は開きませんでした。赤ちゃんが出られずに苦しがっているから、と緊急帝王切開に。陣痛が始まってから2日目。気力、体力ともに消耗していて、わけがわからないままに手術台に移動。最後は無事に生まれてきてよかったです。

森島由紀さん（32才）　航生（こうき）くん

知りたい！ COLUMN

さまざまな出産方法

フリースタイル出産

あおむけだけではなく自由な姿勢で産む方法

「分娩台であおむけで産む」だけがお産のスタイルではありません。四つんばいになったり、立って誰かにしがみついたり、あるいは横向きで寝たりなど、産むときに本人がいちばんラクな姿勢で産むのがフリースタイル出産です。助産院などでは、こうした産み方があたりまえ。ただし赤ちゃんの状態が悪くなったときの発見や処置が遅れるリスクがあります。病院の場合は、安全上の理由や施設の制約があって希望してもできないこともありますが、バースプランの相談をするときに可能かどうか聞いてみるといいでしょう。

水中出産

専用の温水プールに下半身を浸して、水の中で出産する方法。温水と水圧でリラックスできます。ただし母子両方に感染のリスクがあるので注意。

アクティブバース

産む瞬間はこの姿勢と決めず、刻々と変わる自分の体の状況に合わせて、体勢を変えて産むスタイル。

呼吸法など

考え方や呼吸法で痛みをやわらげて産む方法も

呼吸の方法やイメージトレーニングなどで、痛みをやわらげる方法があります。代表的なのはソフロロジーで、痛みを「赤ちゃんを迎えるための感覚」ととらえ、深く瞑想しながら陣痛を乗り越えていきます。「ヒッ・ヒッ・フー」の呼吸で知られるラマーズ法は、呼吸に集中することで痛みをコントロールする方法。イメージトレーニングもいくつか方法があります。いずれも、それだけで無痛にはなりませんが、心身ともにリラックスして痛みをやわらげます。

立ち会い出産

付き添う人の励ましで痛みを乗り切るお産

陣痛から赤ちゃんの誕生までの間、夫（もしくはお母さんなど）が付き添う立ち会い出産。ただ「立って見ているだけ」ではありません。陣痛中、少しでもラクになるように腰や背中をさすったり、いきみのがしでは肛門周辺を強い力で押さえたりします。痛みは感じなくても、ほとんどいっしょに産むようなもの。ですから、立ち会う人はお産の流れをしっかり理解しておいて。そしていちばん大切なことは、愛情。がんばるママを精いっぱいいたわってあげてください。

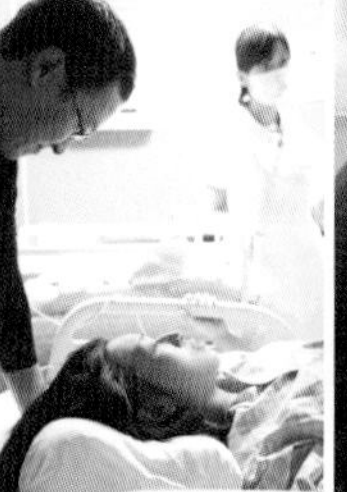

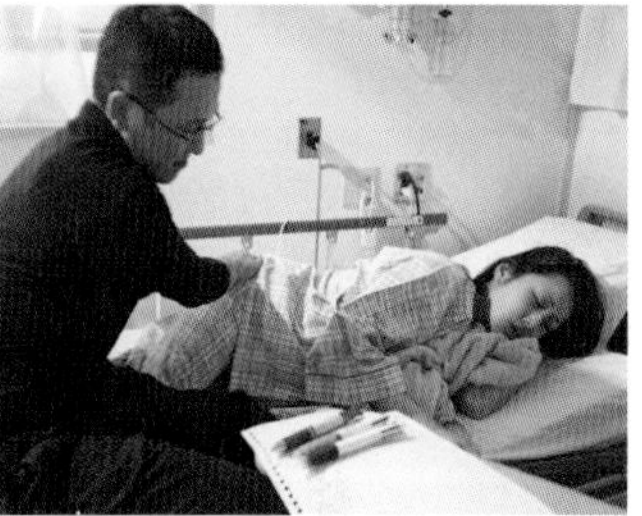

汗をふいたり、飲み物を差し出したりするのも大事な役割の一つ。産婦さんが自分でできないことをサポートするのが立ち会いです。

パパの心得 5カ条

1 お産の間は、妻の言うことを聞く

陣痛中、女性はこれまでに経験のない痛みと闘います。普段は言わないようなわがままも言うかもしれません。でも、このときだけはさからわず、すべて受け止めましょう。

2 お産の流れを把握しておきましょう

今、母体はどんな状態なのか、赤ちゃんはどうなっているのか、理解しておくことで介助の仕方も違ってくるはず。初めて行く場所の地図を見ておくのと同じです。

3 体力をキープして、体調をととのえておく

立ち会う夫がお産の途中で具合が悪くなってしまうと、妻にとっても病院スタッフにとっても困ります。産む女性といっしょに、お産が近づいたら体調をととのえて。

4 立ち会えなくても、育児をがんばって

どうしても間に合わず、立ち会えないこともあるかもしれません。でもそのあとの育児のほうがずっと長いのです。生まれた赤ちゃんをたくさんだっこして、妻をねぎらいましょう。

5 妻と子を愛する気持ちを表現しましょう

母になった妻と生まれたわが子を愛する気持ちが心からわいてきたら、素直にそれを言葉と態度で伝えましょう。立ち会い出産はイベントではなく、絆づくりの時間なのです。

PART 6

ママにもベビーにも大事な時期

産後ママの体と心のケア

出産はゴールではなく、新しい生活の始まり。
赤ちゃんがやってくると、あわただしい日々が始まります。
幸せだけどちょっぴり大変な産後の生活を
安心して過ごせるように
妊娠中の予習としてはもちろん、
産後にちょっと心配になったら、ページをめくってみて。

大仕事を終えたあと
ママの体は
どうなるの!?

お産直後のママの体と心

お産が終わったあとの体は、想像以上に疲れています。退院するまでの短い期間で、できるだけ回復するように努めて。

産後すぐは、とにかく体を休めて。無理はしないで助産師に相談を

赤ちゃんが生まれ、胎盤が出たあとに処置をすると、2時間ほどは分娩台で安静にし、様子を見ます。特に出血や体調の変化などがない場合は、入院する部屋に移ります。お産当日は新生児室で赤ちゃんを預かってくれることも多く、母子同室の場合でも赤ちゃんはまだ寝ている時間が大半。ママは体をゆっくり休めましょう。

産後6～8時間すると、助産師から「トイレに行ってみましょう」と声をかけられます。この時点ではうまく排尿できなくても徐々に感覚が戻るので問題ありませんが、お産のときに膀胱や尿道、骨盤底筋などがダメージを受けていないかをチェックするために、自力で排尿することが大切です。

産後の子宮収縮「後陣痛」は必要なものですが、おっぱいを吸われると収縮するため、授乳のときにおなかが痛いこともあります。一般的に初産婦より経産婦のほうが痛みが強い傾向があり、痛くてつらい場合は、子宮収縮剤を中止できるので、相談してみましょう。

入院中にできるだけお産の疲れを癒やして

お産が終わったあとの体は、興奮状態にあります。真っ赤な悪露は出続け、あちこち筋肉痛もあるかもしれません。

また、今まで胎盤から大量に出ていた「妊娠を続けるためのホルモン」が急激にストップし、体調も変わります。産後の体はお産による消耗を回復しつつ、さらに子育てのできる体になろうとして、めまぐるしいスピードで変化していくのです。

そんな変化についていくためにも、入院中はとにかくよく体を休めて体力を回復させましょう。ただ、出産時の興奮が冷めずになかなか寝つけなかったり、母子同室の場合は、赤ちゃんが泣いたりしてよく休めないこともあるかもしれません。助産師に、どうしたら休めるか相談してみるのも手。入院中は育児をがんばりすぎず、体の回復をいちばんに考えて過ごしましょう。

お産直後Q&A

Q 会陰切開の傷、トイレで力んだら開いたりしない？

A きちんと縫合されているので、傷は開きません。ただ、かたい便の場合は、怖いと感じるかもしれないので、便秘しそうだったり、便がかたいときは、助産師にも相談して薬を処方するなどの工夫をしてもらいましょう。

Q 母乳は産んだらすぐに出るもの？

A 妊娠中から母乳をつくるためのプロラクチンというホルモンが出ていて、産後に胎盤が出るとより分泌がふえて母乳がつくられます。でも、最初のうちは少しずつ。赤ちゃんに乳首を吸われる刺激でだんだんとたくさん出るようになります。あせらずに、「泣いたら授乳」することで慣れていきましょう。

Q お産後も動いたほうが回復が早いって本当？

A 産後は体を十分に休めてください。でも適度に体を動かすことは、子宮の回復をよくし、血栓症の予防にもなります。どんなお産だったかによって、疲れ具合は人それぞれ。特に退院後に里帰りする予定がない人は、せめてお産入院中にしっかり体を休めるようにしましょう。

産後の体はこんな状態

全身状態

変化が激しいので 血圧・尿をチェック

出産後は、子宮や乳房などの部分だけではなく、血圧なども変化することがあります。お産が長引いた場合などは、膀胱が強く圧迫され続けて膀胱麻痺が起こることもあり、血圧や排尿の状態もチェックしていきます。

子宮の状態

まだ内側には傷が いっぱいの状態

胎盤は、いわば血管のかたまりのようなもの。胎盤がはがれたあとは、たくさんの出血点が露出していて、子宮の内側に大きな傷を負ったような状態です。産道となる子宮頸管から腟にかけても小さな傷が残っているので、そこからの出血もしばらく続きます。

乳房・乳首

急激に張ってきますが 出口は未開通のことも

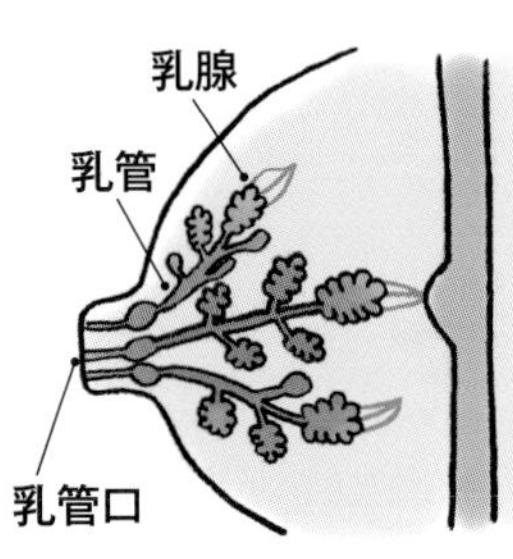

出産が終わると同時に、乳房の中の乳腺では母乳がつくられ始め、乳房が張る状態になります。ただし初産の場合は、出口となる乳管口がすべて開通していないことも多く、すぐにたくさんのおっぱいは出ないことが多いでしょう。赤ちゃんが吸う刺激で母乳をつくるホルモンが出て、さらに母乳が出る、というサイクルをつくっていきましょう。

メンタル

幸せいっぱいでも 涙がぽろり、不安定

赤ちゃんを迎えるという環境の変化に加えて、ホルモンバランスが急激に変化するので、いつまでも涙が止まらなかったり、不安感が急に強くなったりすることもあります。これは、元の性格とはあまり関係なく起こることも。夫や助産師とたくさん話して、感情を抑え込まないようにしましょう。

帝王切開のあと

痛みが強いときは 鎮痛剤を

帝王切開の場合は、通常の後陣痛に加え、前にかがんだときに、腹壁の痛みが強く感じられることがあります。痛みが強いと体力も消耗してしまうので、痛いときはがまんしすぎず、鎮痛剤をもらって痛みをやわらげましょう。

会陰切開のあと

痛みはあっても 傷は急速に閉じる

会陰切開の縫合あとは、傷を清潔に保つようにしていれば、3日目ごろにはふさがります。最初の数日間は痛みがあるかもしれませんが、徐々によくなってきます。縫合は自然にとける糸ですることが多く、その場合抜糸はしませんが、違和感がいつまでもあるようなら様子を見てもらいましょう。排便で多少りきんでも、裂けることはないので安心を。

体を休めつつ
赤ちゃんのお世話を
しっかり学んで!

お産入院中にはどんなことをするの?

退院したら赤ちゃんとの生活が待っています。疲れた体を休めながら、赤ちゃんのお世話も少しずつ覚えましょう。

意外と忙しい入院生活。がんばりすぎないで

出産当日はゆっくり休み、その翌日から入院生活が始まります。お産入院では、体の回復とともに赤ちゃんのお世話を覚えるのも大事な目的。だっこ、授乳、おむつ替え、沐浴など、赤ちゃんのお世話の基本は入院中にマスターしたいもの。助産師などに直接聞けるチャンスを生かして、帰宅してからの育児生活を安心して迎えましょう。

母乳育児をすすめている病院では、助産師による授乳指導やおっぱいマッサージで乳腺口が開通するようなケアがされるでしょう。でも母乳の分泌量はまだ多くなく、赤ちゃんも飲むのに慣れていないので、あせるかもしれません。でも、飲ませることで母乳の出はよくなり、赤ちゃんもうまくなるので、入院中に指導をあおいで慣れていきましょう。

母子同室の場合は、赤ちゃんが泣いたら授乳をし、昼も夜も赤ちゃんのお世話の日々。ただ、入院はお産で疲れた体の回復も大事な目的です。ゆっくり睡眠もとれない場合は、助産師と相談して赤ちゃんを預けて眠る時間をつくりましょう。「ママになったから」とがんばりすぎないことも大事。ママが元気でいることが、赤ちゃんにとっては何より大事なことだからです。

お産入院中のスケジュール

お産当日

ゆっくり体を休めて過ごす

体が急激に変化する2時間を分娩室で過ごしたあと、病室のベッドに移動。母子同室の場合も、当日だけは体の回復に専念するため別室の場合も。

1日目

赤ちゃんのお世話を開始

お産の翌日から授乳やおむつ替えなど、少しずつ指導が始まります。ママの体の回復は、内診を含む診察と、血圧・体温をチェックして見守られます。

2～4日目

シャワー・シャンプーが解禁

お産から2日目でシャワーOKに。湯ぶねでの入浴は感染予防のため産後1カ月までがまん。赤ちゃんの沐浴指導もあります。沐浴は意外に重労働のため、パパの仕事になることが多いもの。できればパパにも指導を受けてもらいましょう。

退院の日

退院時健診を受け、会計手続きをして退院

※帝王切開の場合は、この日程が2～3日ずつゆっくりになり、だいたい産後1週間後に退院。

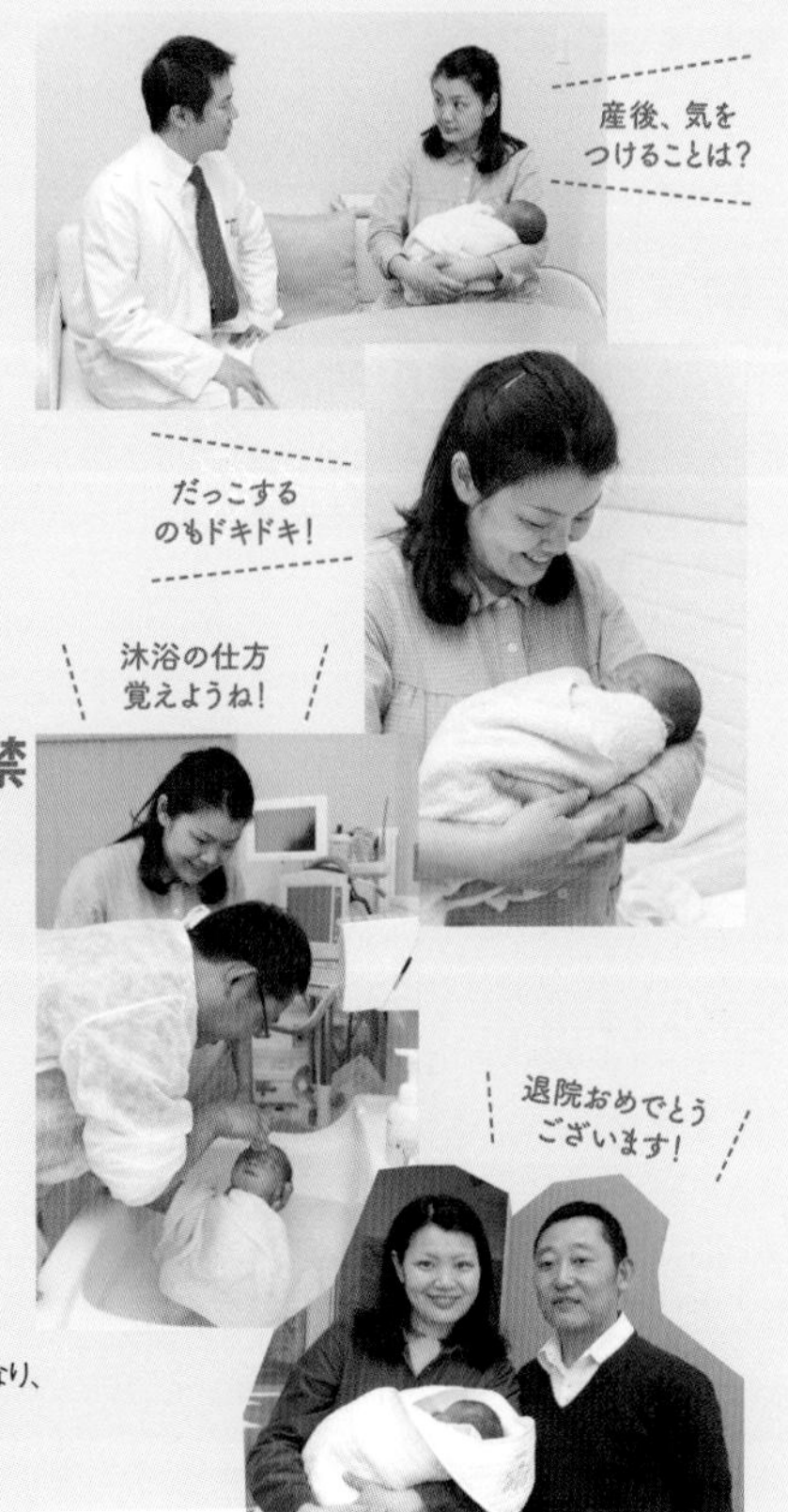

産後、気をつけることは?
だっこするのもドキドキ!
沐浴の仕方覚えようね!
退院おめでとうございます!

退院までに赤ちゃんの元気度もチェックします

ママの体と同じく、生まれたばかりの赤ちゃんも日々変化していくので、毎日何度も診察を受けます。まだ体温調節が上手にできないので、体温はこまめにチェック。体重は生理的な変化で生後3日目くらいに一度減りますが、その後またふえていけば一安心。ここでふえなければミルクを足すように指導されることもあります。母乳の量も、授乳の前とあとに体重を量ることでどのくらい飲めているのかがわかります。

また、原始反射もチェックします。刺激に対して意思と関係なく起こる反応で、脳の働きをみる項目です。ほとんどが生後しばらくするとしなくなってしまう、今しか見られないかわいい動作でもあります。

●吸てつ反射
唇にふれたものに吸いつく反射。おっぱいのにおいを本能的に知っていて、吸いついて栄養を得るための動き。

●掌握反射
手のひらや足の裏にふれると、ふれたものを握ろうとする動き。木などから落ちないように生活していた記憶ともいわれます。

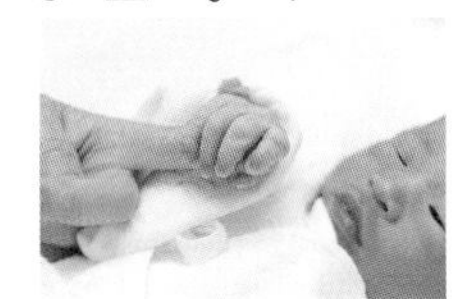

●モロー反射
音や振動にビクッと反応して手足を広げて何かに抱きつくような動きをします。

●引き起こし反射
あおむけの姿勢から両手を持って引っ張ると、まだすわらない首で頭を持ち上げようとする反射。

●原始歩行
両わきを持って抱き上げ、足の裏を床につけるようにして、前方へ引き寄せると、歩くように足を交互に出す反射。

お産入院中にはどんなことをするの？

お産入院Q&A

Q K2シロップとはなんですか？

A 生後すぐの赤ちゃんには、ビタミンKが不足しています。ビタミンKが不足すると出血しやすく、場合によっては障害につながることもあるので、生後1日目・5日目・1カ月目の3回に分けてスプーンや哺乳びんの乳首で舌にのせて飲ませます。

Q 誕生直後よりも体重が減るのはどうして？

A 生後すぐの赤ちゃんは母乳やミルクを飲める量は少ないのに、それ以上のエネルギーを消費するため、生後数日で誕生時より数百g体重が減ります。これは生理的なもので、その後ぐんぐん体重はふえていけば心配ありません。

Q 「聴覚スクリーニング」って何？

A 生後2日目以降に行う検査。聴覚スクリーニングを聴覚障害があった場合、より早く治療を始めることができるのがメリットです。自動ABRという機械で赤ちゃんに音を聞かせ、脳の反応を見て診断するため、体に負担はかかりません。任意の検査で、検査費用は3000～1万円ほどです。

お産入院中、意外と活躍するグッズ

ブランケット
相部屋では、空調の調整を個別にするのはむずかしいことも。ママの体温調整や赤ちゃんのだっこに便利。

つめ切り
大人用と赤ちゃん用、どちらも用意しておくと安心。生まれてすぐに赤ちゃんのつめが伸びていた！ということも。

着圧ソックス
帝王切開ではなくても、産後は足がむくみがち。ふくらはぎマッサージ効果のある着圧ソックスが人気です。

カーディガン
お見舞いの応対のときなどに、さっとはおれるものがあると安心。エアコンのきいた室内の体温調節にも。

メイク用品
お見舞いの人と記念の写真を撮るときにスッピンでもいい!? アイブロウとチークだけでも元気な印象に。

ミニトート
トイレ、授乳室、指導の部屋など、意外と移動が多いお産入院中。身の回りのものを整理するのにも活躍。

うちわ
陣痛中にも活躍するうちわ。産後は、授乳中に暑く感じたときにあおげば、体も気分もラクに。

育児日記
最初のうちは、授乳やおむつ替えのペースをつかむために記録します。記念にもなり、今後の育児の参考にもなります。

退院してからの育児生活24時間

育児は待ったなしの24時間態勢。特に新生児のころは、数時間おきの授乳もあって、ほとんどの人が寝不足に。無理をしすぎず、元気なママライフをスタートしましょう。

ひたすらおっぱいとだっこ、おむつ替えで24時間態勢

退院したら、いよいよ日常生活での育児が始まります。初めての育児で多くのママがびっくりするのが、「赤ちゃんはスヤスヤ眠ってばかりではない」ということ。だっこしていないと泣いたり、授乳に何十分もかかったり、おむつを替えたばかりなのにまたうんちをしたり……。赤ちゃんのお世話をしているだけで、1日があっという間に過ぎると感じるかもしれません。赤ちゃんの個性によって差はありますが、想像よりも忙しいのが新生児育児でしょう。

また、よく「授乳は3時間おき」と言われますが、母乳育児の場合はまったく当てはまらないことも。まだ一度にたくさん母乳を飲めないので、「少し飲んで、30分ほどでまたおなかがすいて飲む」の繰り返しになることも少なくありません。でも、この繰り返しで赤ちゃんは飲み方が上手になり、母乳もたくさん出るようになっていくのです。

慣れないうちはお世話そのものだけでなく、準備やあと片づけ、おむつ替えや着替え、すべてに時間がかかるもの。ですから、せめて産後1カ月までは、育児以外の家事は人にまかせたり、最低限のことだけにするような工夫をしたほうがいいでしょう。

赤ちゃんは泣くのが仕事。泣かれても大丈夫！

育児がスタートしたばかりのママは、赤ちゃんが泣くことがとても心配で、おろおろするかもしれません。でも、泣くことは赤ちゃんにとって唯一の感情表現。少しくらい泣いても大丈夫です。また、ママが緊張していると、赤ちゃんもよく泣くことが多いようです。深呼吸しリラックスして、のんびりお世話しましょう。

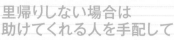

頼れる人がいない場合は？

里帰りしない場合は助けてくれる人を手配して

里帰りをしない育児スタートは、想像以上に大変になることも。パパが育休をとるならまだしも、日中はママだけで育児するなら、手伝ってくれる人を手配して。家族、友人に頼んだり、プロのサービスも利用して。

産褥シッター

通常のベビーシッターの場合は、赤ちゃんのお世話だけで家事は基本的にはしませんが、産褥シッターは買い物の代行や洗濯、簡単な食事の支度などまで助けてくれます。子育て経験者も多く、育児相談ができるのも大きなメリット。

産後ケアハウス

助産師をはじめ専門スタッフが、ママの体のケアや育児のサポートをしてくれる産褥入院施設。内容や費用は施設によって異なります。病院や助産院に併設されていたり、自治体からの補助で格安で利用できる施設などもあります。

助産院のケア

病院で出産して、退院後に助産院に産褥入院という手段も。母乳マッサージや、体も心もトータルに回復していくためのケアが受けられます。費用は1泊2日で約3～6万円など施設によりさまざまなので確認を。また日帰りでのケアや出張をしているところも。できれば妊娠中に一度行ってみてリサーチを。

新生児育児の24時間

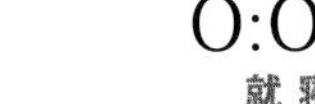

0:00 就寝

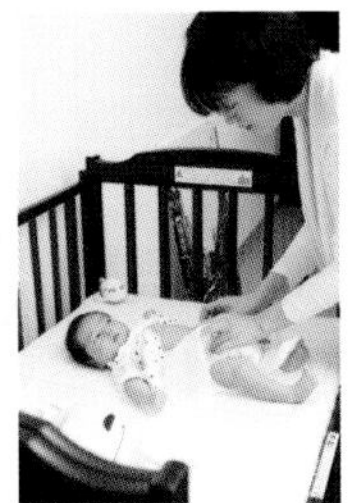

1:30

夜も2～3時間おきに授乳

まだ胃袋が小さい新生児。一度にたくさん飲めず、まだ昼夜の区別もないので、夜も昼と同じサイクルで起きて授乳することになることが多いようです。授乳のたびにおむつ替えも。

4:30

6:00

6:30

8:00 朝食&パパ出勤

9:00

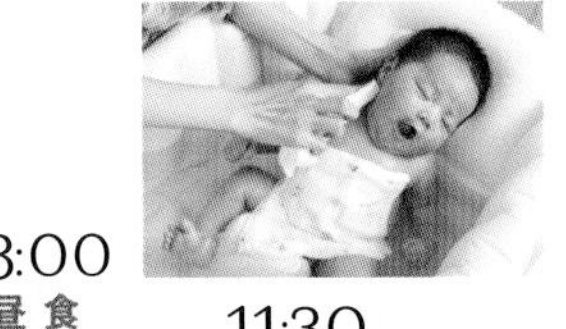

10:30

実母or家事ヘルパーが家事をしてくれる

日中、手伝いに来てくれる人を確保して、体を休めましょう

産後は体を休めたくても、育児は休みなし。実母・義母、姉妹、友だち、産褥シッターなど、誰かに助けを求めて。誰かと話をすること自体でリラックスもできます。

11:30 沐浴

12:00

13:00 昼食

14:00 ×2

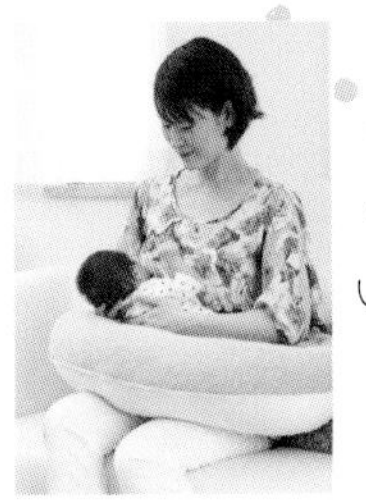

15:30

16:00

17:00

夕方から夜にかけてぐずるのが赤ちゃん

大人でも夕方になると1日の疲れが出るのと同じように、赤ちゃんも夕方はぐずって、ずっとだっこということも。産後数カ月で落ち着くので、ベランダに出るなど気分転換しながら乗り切って。

18:00

19:00

ミルク50mℓをプラス

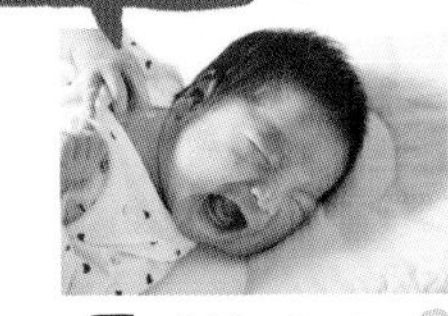

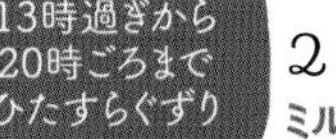

13時過ぎから20時ごろまでひたすらぐずり

20:00

ミルク30mℓ

21:00

パパ帰宅&夕食

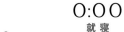

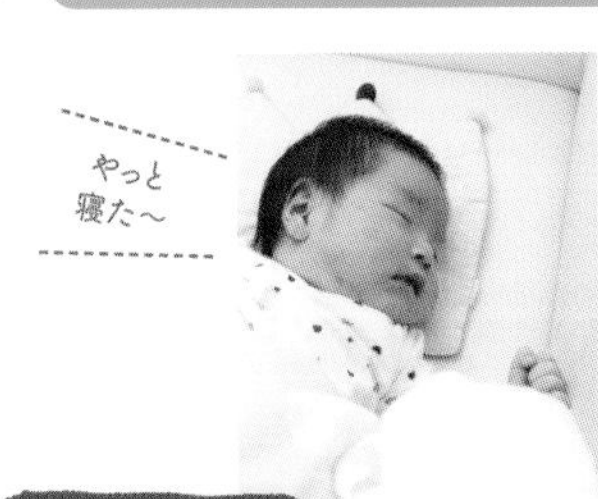

やっと寝た～

21:00

シャワー

23:00

パパとおしゃべり。ホッとする時間

体験談 産後1カ月はこんな生活

お世話でヘトヘト。ついつい添い寝に

毎日、ふと気づくと1日が終わっている……というくらい、赤ちゃんのお世話でヘトヘトでした。最初の数週間は赤ちゃんの表情もあまりなくて、心が折れそうになったこともありましたが、だんだん笑顔も見せてくれるようになって、かわいいな～と感じるように。疲れたときは、添い寝授乳で私もいっしょにうとうとしています。　豊田小百合さん（29才）　空（そら）くん

ママが食べたもののせい？母乳を飲まないときが

上に3才の子がいますが、保育園のおかげで助かっています。通園がなかったらと思うと恐ろしい……。気がかりは母乳。食べたもので母乳の味が変わるのか、ときどき飲むのを拒否。から揚げや餃子を食べたら、全然飲んでくれず、ぐずって寝ませんでした。授乳中は食べたいものもがまんなのかな。

橋爪沙彌子さん（32才）　鼓太（こた）くん

里帰り先の実家から自宅に戻ったらいきなり睡眠不足！

産後3週間は実家で過ごしましたが、自宅に戻ったとたん寝不足!　夫が仕事の関係で朝4時起床。娘は8時に起きて21時に寝つく……とリズムがバラバラ。私はいつ寝たらいいの!?という感じで、ペースがつかめませんでした。今後、体力がもつかなぁと思いながら過ごしていました。

岩井奈央さん（26才）　七咲（なな）ちゃん

幸せなはずなのに
どうしてこんなに
涙が出るの?

もしマタニティブルーになったら

誰でもなる可能性があるマタニティブルー。出産前から「こういうことがある」と知っているだけで、ラクになることもあります。

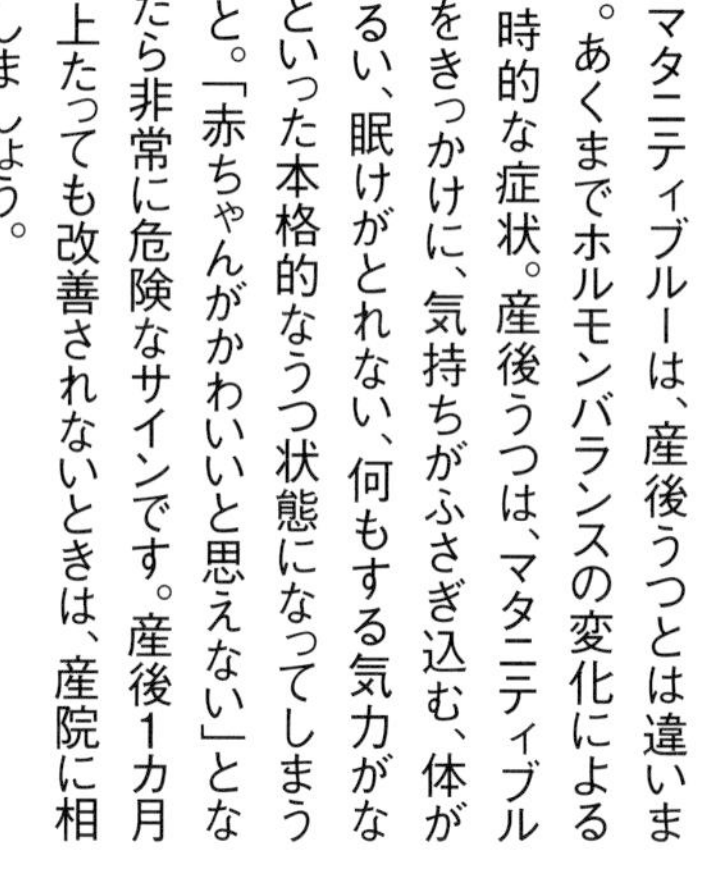

ホルモンバランスの急変で何を見ても涙が…

待ちに待った赤ちゃんと会えて幸せなはずの産後。なのに、ちょっとしたことでも涙が出たり、何もやる気が起きず投げやりになるようなときは、マタニティブルーかもしれません。

産後は、体調とともにホルモンバランスが激変します。この変化は自律神経やメンタルにも大きく影響して、軽いうつ傾向になったり、気持ちが不安定になったりします。

どんな人でもなる可能性があり、とまどうかもしれませんが、「今だけだから、しかたない」と知っておくことで、ラクに過ごせるかもしれません。

産後うつにならないために早めに病院に相談を

体は、お産から1週間ほどで新たなホルモン環境に慣れるはずですが、寝不足や育児疲れ、出産の疲れがとれないなどの条件が重なると、もっと回復は遅れるかもしれません。産後10日を過ぎても、気持ちが晴れない場合は、出産した病院などに早めに相談を。そのままがまんしているうちに、本格的な産後うつになることもあります。

赤ちゃんがかわいいと思えないのは危険サイン

マタニティブルーは、産後うつとは違います。あくまでホルモンバランスの変化による一時的な症状。産後うつは、マタニティブルーをきっかけに、気持ちがふさぎ込む、体がだるい、眠けがとれない、何もする気力がないといった本格的なうつ状態になってしまうこと。「赤ちゃんがかわいいと思えない」となったら非常に危険なサインです。産後1カ月以上たっても改善されないときは、産院に相談しましょう。

そうならないためにも、まずは体をしっかり癒やすことが大事。消化がよく栄養たっぷりの食事とこまぎれでもいいので睡眠をとって体を回復させましょう。

マタニティブルー脱出法

1 体を休める

睡眠に勝る体力回復法はありません。授乳以外の仕事はすべて家族にまかせて体を休めて。家事は手を抜いていいのです。

2 声を出して誰かと話す

声を発するのは、息を吐き出すことでリラックスにつながります。話し相手がいないときは、ひとり言や赤ちゃんに話しかけるのでもOK。深呼吸も忘れずに。

3 泣いてもいい! と割り切る

何を見ても泣けるときは、思い切り泣いていいのです。涙には気持ちを癒やす作用もあり、泣いたら意外と気分スッキリ!

4 赤ちゃんとたっぷりスキンシップ

何より大事なのは、赤ちゃんをかわいいと思えること。たくさんだっこしてたっぷりスキンシップを。

もしマタニティブルーになったら

周囲のサポートが重要。気持ちを前向きにする言葉がけを

ママをひどいマタニティブルーや産後うつにさせないためには、家族や周りのサポートがとても大切です。

特にパパのサポートがとても大切。育児休暇をとることはむずかしくても、せめて少しでも早く帰宅してもらいましょう。「家事も育児もわからないからできない」と思わず、できることを少しずつふやしてもらって。

もし、どうしても仕事が忙しくて時間的な余裕がない場合は、がんばっているママを、気持ちのうえでサポートする重要性をわかってもらうことがとても大切。「ありがとう」のひと言だけでも、このあとの家族の絆づくりにつながっていきます。

できれば妊娠中から夫や実家のお母さんなどに、産後はマタニティブルーになりやすいことを説明し、気持ちを落ち込ませる言動は控えてもらえるとよいですね。

基本的には、

- ●ネガティブな言い方をしない。
- ●「ママになったんだから」はＮＧ。
- ●がんばっている姿を認めること。

なにげないひと言をきっかけに、元気をとり戻すこともあります。

もう1つ大事なのは、ママ自身も「自分ががんばらなくちゃ」と思わず、周りに頼ること。かつて、子育ては地域ぐるみでしていました。長い人類の歴史の中で、核家族だけで育児するようになったのは、ここ数十年のこと。上手に人に頼って育児していきましょう。

両親や義両親も頼りになります。

周りの人のNGワードは、こうすればOKワードになる!

励ますつもりのひと言が、意外とママを傷つけることも。意味は同じでも言い回しを変えて、ママの気持ちを支えましょう。

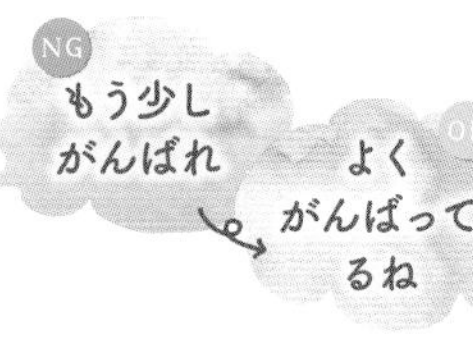

NG もう少しがんばれ → OK よくがんばってるね
十分がんばっているママ、これ以上がんばらなくてOK!の気持ちを伝えてあげて。

NG みんなできることだよ → OK 大丈夫だよ
「自分だけがうまくできないの?」という気持ちにさせないことが大事。

NG ママなんだからがまん → OK 少し休んでいいよ
ママになったら突然なんでもできるわけではありません。ママ自身が成長する手伝いを。

NG それじゃダメ! → OK それでいいんだよ
育児には正解も不正解もありません。1つの方法に固執しないで、ママの気持ちを尊重して。

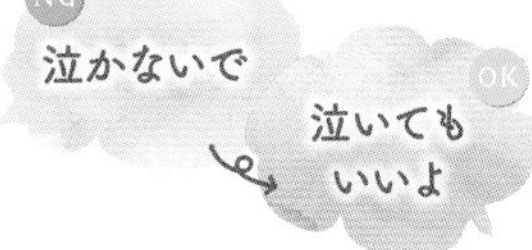

NG 泣かないで → OK 泣いてもいいよ
泣くことは悪いことではありません。泣きたかったら泣くことで、そのあとがんばる力につながります。

体験談 マタニティブルー、こうして乗り切った

失敗を繰り返すうちに「習うより慣れろ」だと気づいた!

初めて赤ちゃんがうんちを肌着までもらしたとき、「こんなに一生懸命やっているのに、どうして!?」と、涙が止まらなくなったことがありました。でも、何回もいろいろな失敗を繰り返すうちに手際もよくなり、産後1カ月には元気に。育児は「習うより慣れろ」だと実感しました。

なつママさん(31才) なっくん

出口の見えないトンネルを抜けられたのは先輩ママのおかげ

産後は食事の時間もろくにとれず、傷も痛くて……真っ暗なトンネルの中にいるような気持ちで過ごしていました。でも先輩ママたちの話を聞いて、みんな同じ道を通ってきたんだと知ったとき、光が見えた気持ちに。「この状態もいつかは終わる」と信じることができました。

前川菜穂子さん(28才) 桜子(さくらこ)ちゃん

つらいときのいちばんの薬は夫のやさしさでした

産後1週間は病院でひとりでさびしかったし、続けて眠らない赤ちゃんを一晩中だっこしたりと、つらくて泣いたこともありました。でも退院してからは、疲れていても、夫がそばにいてくれるだけで心強かったです。産後ブルーには夫のやさしさがいちばんの薬ですね。

杉山恵美子さん(25才) みらいちゃん

妊娠前の子宮の状態にいつ戻れるの?

子宮の回復と気になる悪露（おろ）

お産が終わった子宮は、どんなふうになっているのでしょうか。それ以外にも、産後気をつけたい症状があります。

産後の出血は、子宮が収縮することで止まっていきます

妊娠末期には胃の高さくらいまで大きくふくらんでいた子宮ですが、産後胎盤が出るときに強く収縮します。その後、子宮底はいったんおへその高さあたりまで戻り、約6週間かけて妊娠前の大きさに戻ります。これを「子宮復古」といいます。

お産のときにできた子宮壁や産道の傷からの出血や、子宮内膜のかけらなどがまじったおりものが「悪露」。

お産の直後は真っ赤な鮮血で、大きなパッドを頻繁にとりかえる必要があるほどたくさん出ますが、徐々に量も減り、色も赤から褐色、黄色、やがて透明な状態になります。一般的には産後1カ月ほどでなくなりますが、産後6～8週間まで続く人もいます。

悪露が出ている間は、感染予防のため、トイレのたびに消毒綿などで前から後ろへふく、シャワートイレで洗うなど、清潔に保つようにします。また、湯ぶねへの入浴は控え、シャワーにしましょう。

減りかけていた出血の量がまたふえて、普段の月経よりも多くなったり、鮮血のかたまりが出た場合は、トラブルが起きているサインなので、病院を受診してください。

産褥熱

細菌感染による産後2～10日の高熱

傷ついた産道の表面などから細菌が入り、38～39度の高熱が出るのが「産褥熱」です。治療には抗菌薬を使い、治療中は母乳による授乳を中止することもあります。現在は衛生状態もよく、消毒が徹底しているので昔に比べて少なくなりました。

産後は出産の疲労から抵抗力も弱まり、産褥熱ではなくても発熱しやすい状態です。たっぷり水分をとる、できるだけ休養するなど、体をいたわりましょう。

妊娠高血圧症候群

産後12週までに戻らなかったら要注意

妊娠中に妊娠高血圧症候群と診断された場合、通常は産後12週（約3カ月）までに通常の血圧に戻ります。ただ、中にはその後もずっと血圧が高いままというケースも。妊娠をきっかけに高血圧症になる例もあり、35才以上の初産の場合は特に注意が必要です。産後もなるべく安静にして休養をとり、太りすぎないように注意を。次の妊娠は血圧が正常に戻ってからと指導されます。

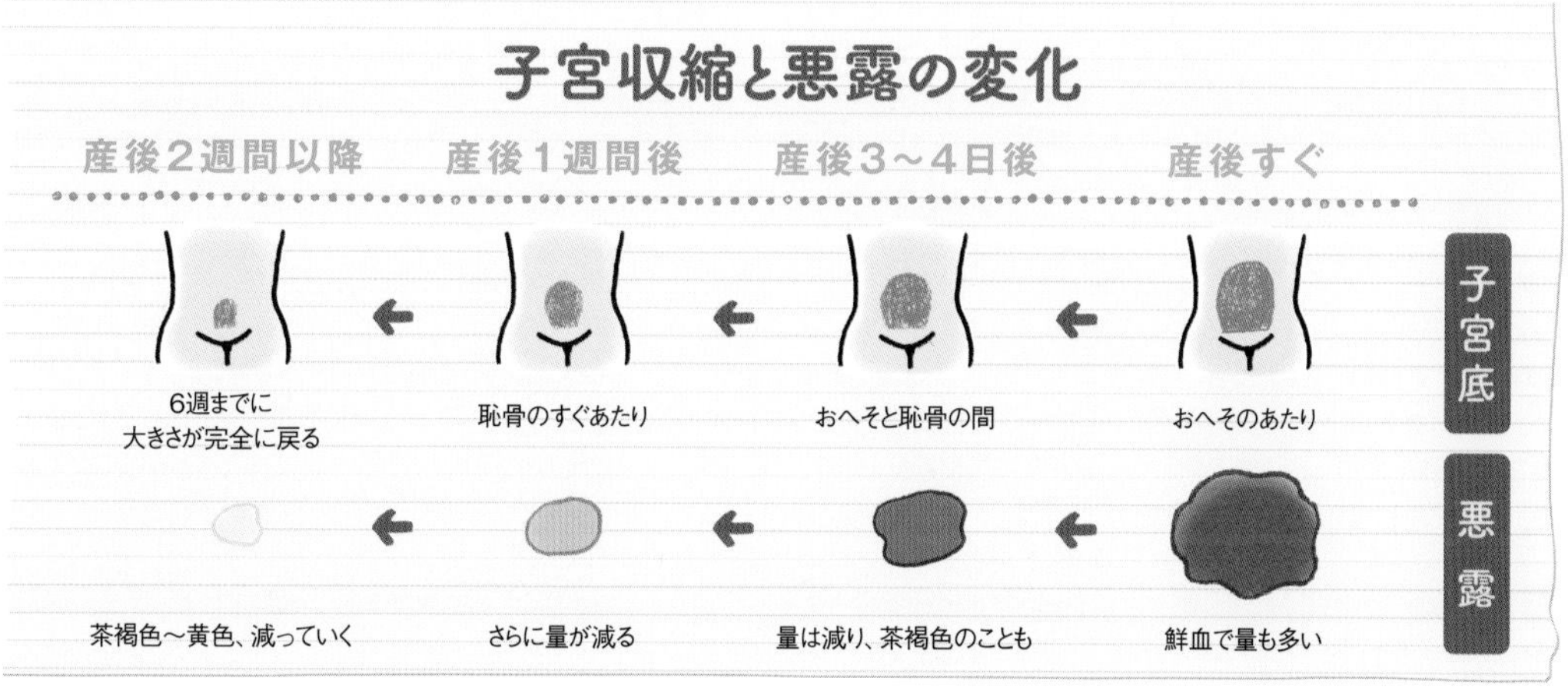

子宮収縮と悪露の変化

	産後すぐ	産後3～4日後	産後1週間後	産後2週間以降
子宮底	おへそのあたり	おへそと恥骨の間	恥骨のすぐあたり	6週までに大きさが完全に戻る
悪露	鮮血で量も多い	量は減り、茶褐色のことも	さらに量が減る	茶褐色～黄色、減っていく

妊娠糖尿病

数年後に糖尿病になる確率が高い

妊娠中に血糖値が高くなった場合、産後は正常値に戻ります。でも、妊娠中に正常値だった妊婦さんに比べて、数年後に将来糖尿病を発症する率は約7倍と、非常に高くなります。糖尿病になりやすい人（136ページ）の場合は、産後も注意が必要です。

糖尿病は、生活習慣病の代表的な病気で、いろいろな合併症を起こす大変怖い病気です。本格的に糖尿病にならないためには、食べすぎないことと適度な運動が必要です。お産が終わったからと気をゆるめずに、妊娠中に覚えたバランスのいい食生活を続けていきましょう。1日3食、和食を中心に、という食事が基本。これは乳腺炎を予防する食事でもあります。

鉄欠乏性貧血

出産時の出血多量や母乳育児による貧血も

妊娠中の貧血のほとんどは、血流量がふえたために起こる生理的なもの（138ページ）。産後の貧血が心配されるのは、子宮収縮がうまくいかなくて悪露がいつまでも止まらないような場合や、出産時に大量に出血したケース。医師の指導に従って、貧血の改善をしていきます。

また、育児で忙しいために、食生活がおろそかになって鉄分が不足して貧血になる場合も。特に母乳で授乳中のママは、赤ちゃんのためにもしっかりと栄養をとることが必要です。出産が終わっても、これから育児をしていくためには健康であることがとても大切。基本は妊娠中と変わりません。今まで以上に貧血にならない食生活（139ページ）を心がけましょう。

月経が再開していなくても妊娠することがあります

授乳中は、排卵しないようにさせるプロラクチンというホルモンが豊富に出ているので、妊娠しにくい状態です。ただ、これには個人差があり、しっかり授乳していても排卵が起こることもあります。

月経は、排卵が起こってから子宮内膜が厚くなり、その内膜がはがれ落ちたもの。つまり排卵のほうが月経よりも先に起こるため、月経が再開しないまま次の妊娠をする可能性があります。

まだ次の妊娠を望まない場合や、病気などの状況で妊娠を控える指導がされているときは、月経が再開していなくても必ず避妊しましょう。産後6週間はピルによる避妊はできません。産後6カ月まではできるだけ、コンドームやリングを使いましょう。産後は6カ月を過ぎれば、ピルも使えます。

子宮の回復と気になる悪露

子宮回復Q&A

Q 産後3日で悪露が止まりましたが、大丈夫？

A 悪露は通常、産後1週間くらいまで、血液がまじった状態。3日で止まるのは早すぎるので、子宮の中にたまっている状態（悪露滞留）でしょう。悪露がうまく排出されない原因は疲労とストレス。できるだけ体を休めて、リラックスして過ごしましょう。

Q 悪露がなかなか止まりません。受診の目安は？

A 悪露が止まらないのは、卵膜などが残っていて子宮収縮がうまくいっていないせいかもしれません。産後1週間を過ぎても生理用ナプキンをすぐにかえなければならないほど出血するなら受診を。そのまま出血が続くと重度の貧血になるので、ほうっておいてはいけません。

Q 産後2週目で血のかたまりがぼっこり出ました。なぜ？

A 退院健診でていねいに診察しますが、それでも胎盤や卵膜が残っているかどうかはわかりづらいもの。こうしたものが子宮収縮によって、突然血のかたまりとして出ることもあります。そのあと出血が続くようでなければ大丈夫。出血が続くなら、受診しましょう。

Q いつまで月経の再開がなかったら受診するべき？

A 母乳での授乳の状態にもよりますが、断乳してから半年以上たっても再開しなければ、一度相談してみるといいでしょう。ただ、気づかないうちに次の妊娠をしていて、一度も月経がこないまま、ということもあります。体調にも変化があるようだったら、早めに受診を。

気をつけなくちゃね

出産
↓
産後初の排卵
↙ ↘
何もない → 産後初の月経
セックス → 月経がないまま妊娠することも!

「母乳で育てたい」と思ったら知っておきたいこと

母乳育児がうまくいくためには

母乳育児のメリットはたくさんあります。でも、軌道に乗るまでは意外と山あり谷あり。まずは体のメカニズムを知っておきましょう。

母乳は栄養豊富で免疫抗体も含まれています

母乳にはタンパク質や脂肪、糖分、ビタミンB群などのビタミン、鉄分などのミネラルなど、赤ちゃんの成長に必要な栄養がたっぷり含まれています。栄養面なら人工乳のミルクも引けをとりませんが、産後1週間の間に出る黄色っぽい「初乳」には、ウイルス性の病気に対する抗体が多く含まれています。この抗体は、妊娠中には臍帯を通じて赤ちゃんに送られていたもので、赤ちゃんが生後6カ月になるころまで残って病気から守ります。

ほかにも、母乳にはスキンシップによる絆づくりなどのメリットがありますが、ミルクでも、たくさんだっこして話しかけることで絆づくりはできます。薬を飲む必要があったり、職場に早く復帰したいといったママの事情で、母乳・ミルク混合にしたり、ミルクオンリーということもあるでしょう。母乳育児は、ママにとっても赤ちゃんにとってもいいことがたくさんありますが、個々人の体や生活によって、完全な母乳育児にこだわる必要はありません。リラックスして育児するための母乳育児を目指しましょう。

よいおっぱいを出すコツ

これでケア! 1 おっぱいマッサージ

乳房の中の血流をよくするマッサージをしましょう。基本は乳房をやわらかく、血流の状態をよくすること。乳房のつけ根の部分「基底部」を締めつけないことも大切です。

これでケア! 2 和食中心で栄養バランスよく

1日3食、ごはんとタンパク質、野菜をバランスよくとる一汁二菜を基本に。具だくさんの汁ものは、母乳のための栄養も水分補給もできて一石二鳥。

これでケア! 3 冷やさない

母乳をたくさんつくるためには、血行をよくすることが大事。肩甲骨回りをストレッチでほぐしたり、カイロや湯たんぽなどであたためて、血流をよくしましょう。

これでケア! 4 乳腺を開通させる

赤ちゃんに吸ってもらうことがいちばんの方法。あるいは助産師のケアによって、乳腺を開通させます。ベテラン助産師のケアなら、痛みはありません。

これでケア! 5 バター、生クリームを避ける

動物性脂肪をたくさんとると、血液内のコレステロールがふえて、血管が詰まりやすくなります。血管=乳腺です。乳腺炎になりやすい人は特に控えましょう。

これでケア! 6 リラックスする

ストレスがあると、母乳が出にくくなります。リラックスがとても大事。目を使いすぎると首から頭がこり固まって緊張するので、スマホやパソコンの見すぎも要注意。

これでケア! 7 短時間でも深い睡眠

新生児のころは、まとめて眠れるのは長くて2~3時間ほどかもしれません。それでも、短くても質のいい睡眠をとれば、体がリラックスして母乳も出るようになります。

母乳育児がうまくいくためには

母乳が軌道に乗るまでは「頻回授乳」が基本です

産後、乳汁をつくるホルモンの働きにより、母乳がつくられ始めますが、乳汁が出るための乳管口がまだ開通していないことがよくあります。開通させるためには、まずは赤ちゃんにたくさん吸ってもらうこと。最初のうちはおっぱいも少しずつつくられ、赤ちゃんも体力がなくて一度にたくさんは飲めません。ちょっと飲んでは休み、また飲む、ちょこちょこ飲ませる「頻回授乳」が、母乳育児を軌道に乗せる近道です。

赤ちゃんの吸う力は意外に強いもの。ママの乳首の状態にもよりますが、母乳育児スタートのころに、乳首の皮膚が切れて血がにじむこともよくあります。赤ちゃんがなめても大丈夫な油脂（馬油やラノリンなど）を塗ってケアしていきましょう。

また、母乳はたくさんつくられても、赤ちゃんが小さくてうまく飲めず、乳腺がうっ滞して乳腺炎になったり、逆に赤ちゃんがとてもよく飲むのに母乳が不足したりといったことも、母乳育児が軌道に乗るまではよく起こります。基本は、バランスよく消化のいい和食で栄養をとり、体をあたためて血行をよくすること。そして何よりも、ママのリラックスが、母乳がたくさんスムーズに出るためには必要です。

母乳Q&A

Q 風邪をひいていても母乳をあげて大丈夫？

A 母乳を介してウイルスが感染することはないので問題ありませんが、手洗いをしっかりして、咳やくしゃみが出るならマスクを。また、一般的な風邪薬や抗生物質も影響のないものが多いので、飲んでも大丈夫。ママの無理のない範囲で、授乳を続けましょう。

Q 乳首が切れて痛いときは母乳をお休みしてもいい？

A 赤ちゃんが吸うことで母乳は出るようになるので、痛みがあってもできるだけお休みしない方法で続けましょう。赤ちゃんが口にしても大丈夫な軟膏を塗る、やわらかいシリコンの乳頭保護器を使う、搾乳して哺乳びんで飲ませるなどの方法で乗り切って。

Q 母乳の出が悪いときにミルクを足したら出なくなる？

A ミルクを足すこと自体は問題ありません。ただ、できるだけ乳首を吸わせたほうが母乳は出るようになるので、ミルクと母乳を1回ずつ交互に飲ませるのではなく、母乳をまず与えて足りない分はミルクを足すという方法にしましょう。

体験談 母乳育児、私の場合

産後1カ月で乳腺炎。突然の高熱にびっくりでした

産後すぐに助産師さんから「よく出るおっぱいね！」と言われたほど、母乳育児は順調に進んでいました。が、年末年始にごちそうを食べすぎたら、ものすごく胸が張って、突然39度の高熱が！　出産した病院にかけ込んでケアを受けてよくなりましたが、それ以来、乳製品と脂っこいものはがまんの日々です。

T. Kさん（34才）　樹生（たつき）くん

「授乳中に寝ないで～！」と何度も思いました

とにかくよく寝る娘で、ラクといえばラクだったけれど、授乳は大変でした。おっぱいを吸い始めて3分くらいでウトウト寝てしまうんです。あまり量も飲んでいないようでなかなか大きくならず、私自身もおっぱいが張って、しょっちゅう搾乳。結局、産後1カ月健診でミルクを足すように指導されました。

高田優実さん（32才）　優香（ゆうか）ちゃん

「泣いたら飲ませる」で2カ月かけて軌道に乗りました

3600gと大きめで誕生した息子。体力があって吸う力も強い子でしたが、私のほうが乳首が小さく、母乳がなかなか出なくてうまくいかず……。母乳外来で相談したら「とにかく泣いたら飲ませて」と言われ、30分～1時間おきで飲ませたところ、乳首が切れたりもしたけれど、2カ月ごろには順調になりました！

かなママさん（25才）　健太（けんた）くん

ママの元気がそのまま赤ちゃんの元気につながる!

産後の体に起こりがちなトラブル

病院に行く時間がない、受診の間に赤ちゃんを預ける人がいない……そんなときは、少しでもセルフケアしましょう。

赤ちゃんを優先するあまりがまんのしすぎは禁物

産後はどうしても、赤ちゃんのことが優先で、自分の体は二の次になりがちです。育児をがんばるのはいいことですが、そのためにママが倒れてしまっては本末転倒。産後の体は自分で考えているよりずっと疲れていて、これまでの人生でも未体験ゾーンのことばかりです。

「病院に行くほどではない」とがまんしすぎると、ある日突然、大きなダメージとしてあらわれることがあります。普段から、少しずつ不快症状を解消するようにしましょう。基本は、やはり体力の回復。

- ●ぐっすり眠る時間をつくる
- ●ひとりでゆっくり湯ぶねにつかる時間をつくる(1カ月健診以降)
- ●体を冷やさないようにする
- ●ストレッチなど、適度に運動する
- ●消化のよい栄養たっぷりの食事を心がける

こうしたことを意識してみましょう。「このくらい、大丈夫」と、自分を過信しないことが大切です。また、198ページにもあるように、産後すぐの過度なダイエットはNGです。育児は体力勝負と心得ましょう。

会陰切開の傷が痛い

2週間たっても痛むなら相談を

会陰切開の傷は、縫合のあと2~3日で傷口が開くようなことはなくなり、その後痛みはだんだん薄れるはず。2週間を過ぎてもズキズキするような痛みがある場合は、傷が化膿したり、まれですが血腫ができている可能性があるので、受診を。ただ、違和感があるような感じは、半年くらい残ることがあります。

ケアと受診の目安

1カ月健診を過ぎてもつれるような感じが気になるときは、保湿クリームや残っている妊娠線予防オイルを塗るといいでしょう。会陰切開に限らず、傷あとは冷えると痛むもの。産後1カ月を過ぎたら、おふろであたためて。血行をよくするタイプの入浴剤を入れて、ゆっくり入浴を。

便秘

トイレに行く時間を確保して

産後は、立ったりすわったりがつらい、会陰切開の傷が気になってトイレでいきめない、授乳で水分が不足する、体を動かさないなどの悪条件が重なって便秘になることがあります。また、妊娠中になった痔が、出産のときのいきみでさらにひどくなるケースも。便秘になると痔もますます悪化します。

まずは繊維質の多い食事と水分を多めにとり、適度な運動をして、便秘解消に努めましょう。赤ちゃんのお世話に追われてトイレに行く時間を確保できずに便秘になる人もいますが、家族にも協力してもらって、なるべく行きたいときにトイレに行きましょう。

排泄には心身ともにリラックスしていることも大切。ストレスをなるべく解消して、快便になるよう心がけましょう。

ケアと受診の目安

食物繊維の多い野菜やきのこ、海藻類などを毎日意識して食べましょう(54ページ)。痔は症状が軽いうちに産院で相談を。坐薬や軟膏を使って治療すればしだいに治ってきます。

寝不足

短時間でぐっすり眠れる工夫を

よく眠る赤ちゃんでも、新生児の間は続けて3時間眠れたらいいほうかもしれません。「赤ちゃんが寝たらママも眠って」とよく言われますが、実際にはそんなにすぐに寝つけないことも。疲れているのに頭だけさえて眠れないときは、左のような工夫をしてみましょう。たとえこまぎれでも、トータルで1日5～6時間深く眠れたらスッキリするはずです。

短時間でもぐっすり眠れる工夫

スマホを見ない
スマホは画面が光るため、ずっと目が光を浴びている状態になり、脳が覚醒して寝つきにくくなります。

足をあたためる
頭ばかりさえているときは、足が冷えていることが。靴下や冬なら湯たんぽなどを使って足をあたためて。

赤ちゃんと添い寝・添い乳
寝かせると泣く赤ちゃんは、常に密着を。口や鼻をふさがないよう、赤ちゃんの頭の下にタオルを入れて。

肩・首のストレッチ
慣れないだっこや授乳で肩・首がこっていると、筋肉の緊張からリラックスできません。ストレッチしましょう。

アロマオイルを使う
好きな香りのアロマオイルを、枕カバーやタオルに1～2滴落として。ラベンダーが代表的です。

尿もれ・膣がゆるむ

骨盤底筋群のゆるみが原因

産後は、広がった膣がゆるんだり、お産のときのいきみによって、子宮や膀胱を支える骨盤底筋群や肛門括約筋が伸びてしまうのも一因です。このため、ちょっとした動きで尿もれすることがあります。しだいによくなりますが、パッドをあてるなどの方法で乗り切って。

セルフケア

骨盤底筋群を引き締めるケーゲル体操にトライを。肛門や膣を意識して締めたりゆるめたりするだけ。1日何度でもOK。

抜け毛

産後3～4カ月ごろがピーク

個人差はありますが、多くの人が経験するのが産後の抜け毛。出産直後ではなく、3～4カ月ごろになって抜け始めることが多いです。シャンプーやブラッシングのたびにごっそり抜けるのでびっくりしますが、ホルモン変化による一時的なもの。数週間～数カ月でじきにおさまり、再び生えてきます。

セルフケア

抜けること自体に対策はありませんが、生えてきた短い髪の毛がピンピンはねて落ち着かないことが。ヘアアクセサリーや帽子でうまく工夫して伸びるのを待って。

腱鞘炎・手首の痛み

手首や腕の緊張から起こることも

出産後に腱鞘炎になりやすいのは、産後のホルモンバランスのせいで関節がゆるむせいもありますが、慣れないだっこによる緊張や搾乳のしすぎからも起こります。赤ちゃんの頭を支えようと、指や手首に力が入りがちですが、手首に負担のかからない抱き方をマスターして（206ページ）。

セルフケア

腱鞘炎になる前兆として、腕の筋肉自体が張ってきます。手首を回したり、腕をあたためてもみほぐしましょう。炎症を起こして痛くなってしまったら、休めることが第一の治療法です。まずはだっこの仕方を変えてみることから始めましょう。

腰痛

赤ちゃんを抱き上げる姿勢に要注意

妊娠中の腰痛は、出産すればラクになりそうですが、産後も赤ちゃんをだっこするために腰に負担がかかりがち。改善するには姿勢が大切です。赤ちゃんを抱き上げるときは腰を落とす、ベビーベッドなど高い場所でお世話をするなど腰に負担をかけない工夫を。

セルフケア

さらしや骨盤ベルトで、骨盤回りの筋肉をサポートするとラクに。（199ページ）腰をそらさないように、背骨をまっすぐ上に伸ばすイメージで過ごすことも大事。また、腹筋が弱っていると腰痛は起こりやすいので、腹筋運動で筋力アップを。

産後は実は、
スタイルアップの
チャンス!

産後の体重・体型戻し

赤ちゃんを産んでもきれいでいたい。いつの時代もママの願いはここ！ 食事の内容と、効率のいい運動がカギを握っているようです。

過度なダイエットはNG。適切な栄養をバランスよく

出産直後、ママの体重はそのまま妊娠前に戻るわけではなく、一般的には3〜5kg残っているものです。でも育児は体力勝負。適切なエネルギー補給が必要です。ダイエットというよりは、健康的なバランスのいい食事を妊娠中と変わらず続け、無理のない範囲で少しずつ運動をして、体重を戻していきましょう。

健康的に体重を落とす目安としては、週に0・5kg、1カ月で2kgというペースが適切です。これ以上に体重を落とそうとすると体に負担がかかり、体調不良になったり、将来の体力低下や骨粗しょう症などにつながることもあります。

母乳育児はかなりのエネルギーを消費するので、母乳が出ているうちはたくさん食べても体重が落ちる時期でもあります。また、産後の体は元に戻ろうとする力が強く、脂肪組織にも流動性があります。体が元に戻ろうとする産後6カ月までの期間を有効に使って、無理なく体重や体型を戻して、健康美ママを目指しましょう。

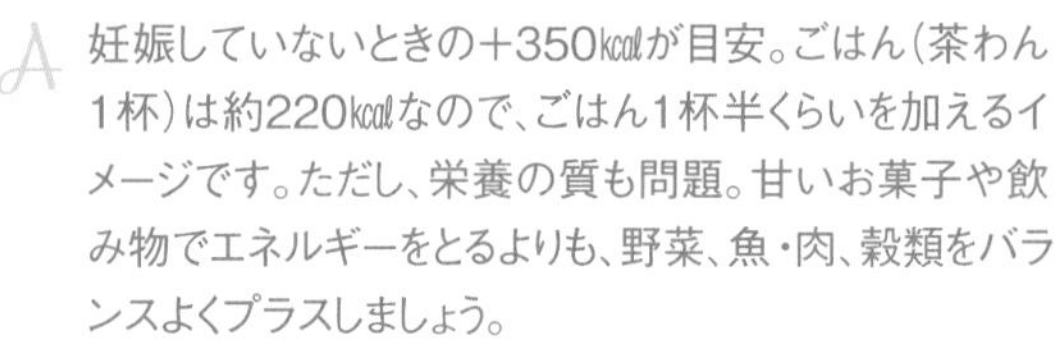

Q 授乳中の1日の摂取カロリー目安は？

A 妊娠していないときの＋350kcalが目安。ごはん（茶わん1杯）は約220kcalなので、ごはん1杯半くらいを加えるイメージです。ただし、栄養の質も問題。甘いお菓子や飲み物でエネルギーをとるよりも、野菜、魚・肉、穀類をバランスよくプラスしましょう。

Q 産後特に気をつけてとるべき栄養素は？

A 鉄分はしっかりとりたいミネラルですが、吸収をよくするには野菜のビタミンCが必要。何か1つを突出してとるというより、妊娠中に引き続き、栄養バランスよく食べましょう。便秘がちな人は食物繊維の多い芋類、きのこ、海藻を意識してたくさんとって。

Q ダイエット食品は食べてもいい？

A 食べていけないわけではありませんが、あくまで食事を中心に。無理な「置きかえダイエット」は、かえって空腹感をあおり、ドカ食いの原因になることも。また低エネルギーだからと、夜中の授乳の合間にたくさん食べるのも、消化器官に負担をかけるのでやめましょう。

Q ノンカロリーおやつはいくら食べても平気？

A カロリー0の人工甘味料は、甘みは感じさせても血糖値が上がりません。そのため、甘みを感じたのに血糖値が上がらない矛盾に脳が混乱して満足感が得られず、さらに糖分を欲するという悪循環に陥りがち。ほどほどにしておきましょう。

Q 完全ミルクの場合はダイエットしたほうがいい？

A 完全ミルクの場合、授乳によるエネルギー消費はないので、食べる量をコントロールしたほうが体重は落ちます。ただ、それも極端なダイエットは体調をくずす原因になるので、バランスのいい食事と運動という基本原則は変わりません。

Q どんどん体重が落ちて心配です。どうしたら？

A 体重減少に加えて、疲れやすい、立ちくらみ、育児する気力がわかないなど、体調不良のサインが出たら、生活の見直しを。体力不足になると食べても栄養がつかないという悪循環にもなります。少しでも体を休ませつつ、病院にも相談するといいでしょう。

問題は体重よりも体型。ぽっこりおなかには腹筋運動を

産後、「体重戻しよりも大変」と多くの先輩ママたちが言うのが「体型戻し」。体重が戻っても、おなか回りのたるみはなかなか戻らないことが多いのです。

母乳で育てているとカロリー消費は大きいため、体重は順調に妊娠前まで戻るかもしれませんが、おなかはぽっこりしたまま。また、赤ちゃんのお世話は前傾姿勢が多いため、猫背になりがち。こうなると背中の肉が落ちにくく、おばさん体型化が進んでしまいます。

でも産後6カ月までは、骨盤などの骨の結合がゆるんでいるため、きちんと筋肉をつけて引き締めていくことで、体はぐっと変わるチャンスです。

そのためには、食生活に加えて、運動が必要になります。腹筋を回復させることで、正しい姿勢を保てるようにもなるので、まずは無理のない産褥体操からスタートして、赤ちゃんに添い寝したり、だっこしながらできる腹筋運動を日常生活にとり入れていきましょう。特別にエクササイズの時間をとれなくても、ベビーカーやだっこひもで散歩するときにおなかを引き締める意識をするだけでも、筋肉のつき方は違ってきます。

産後のおすすめ腹筋運動

おなかを引き締めるうえに腰痛防止にもなるのが、腹筋を鍛えること。赤ちゃんをあやしながら、腹筋を鍛えられる動きです。

カールアップ

1

あおむけに寝てひざを曲げる

あおむけに寝て、両ひざは軽く曲げて肩幅に開く。息を大きく吸いながら、首と肩の力を抜いてリラックスする。

2

息を吐きながら上体を起こす

おなかの前面の腹直筋に力を込めて、息を吐きながらゆっくりと頭を持ち上げる。あごを引きすぎないように注意。これを4回繰り返す。

ボールエクササイズ

1

体を丸めて後ろに倒す

ひざをかかえてすわり、足を床から離す。息を吐きながら、体を後ろにゆっくり倒す。背骨の1つひとつを床につけていくイメージで。

2

転がって起き上がる

体を丸めて後ろに倒し、息を吸っておなかに力を込めながら、背中を持ち上げる。勢いをつけず、腹筋の力で戻るのがポイント。

骨盤ベルトやさらしは、正しく巻いて引き締め！

骨盤は、出産時に赤ちゃんが通るためにゆるみ、その後もしばらくゆるい状態が続きます。そこで骨盤ベルトを巻くと、骨盤を引き締めてやせやすくなります。骨盤ベルトやさらしを巻くときのポイントは、骨盤の腸骨の左右のてっぺんと、もものつけ根（大転子）をしっかり押さえること。ウエストを締めるのではありません。おなかではなく、骨盤をしっかり締めることを意識しましょう。

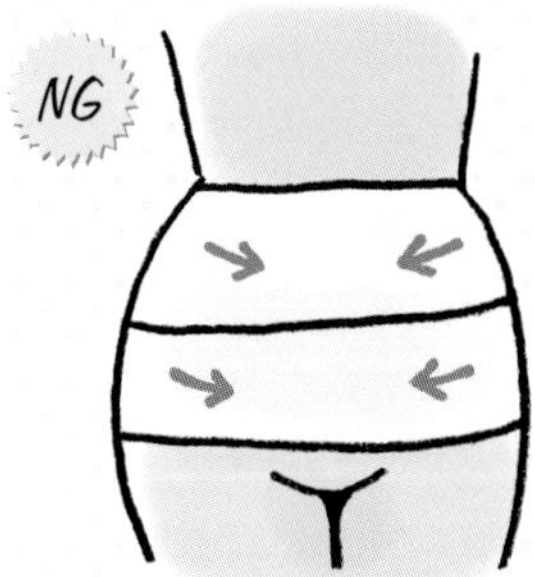

ウエストを締めようとしても、肉を引っ張って胃腸が苦しいだけ。骨盤を締める効果はありませんし、苦しくなって逆効果。

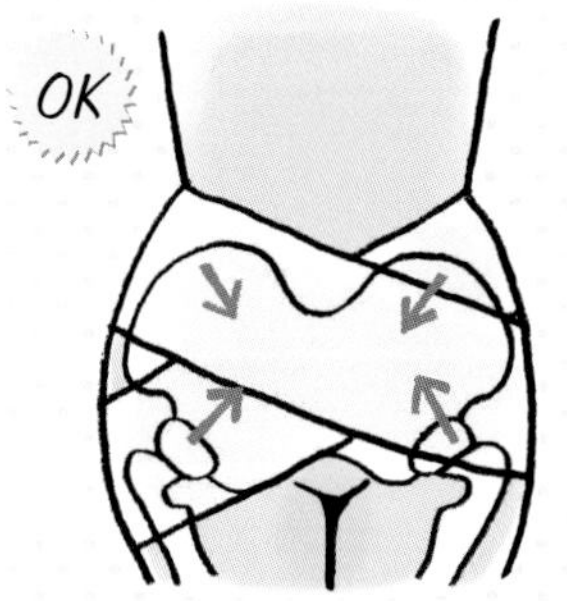

骨盤のいちばん上、腸骨のてっぺんをおおうようにして締めるのが正解。

COLUMN

産後のセックス、どうする？ どうなる？

産後1カ月健診がすんだらセックスはOKですが…

産後の1カ月健診では母体の状態もチェックします。そこで問題がなければ、医学的にはセックスしてもOKです。多少悪露が残っていても、セックス再開には問題がありません。

とはいえ、女性ホルモンのバランスが急激な変化を迎える産後は、メンタルも不安定。とにかく寝不足で「セックスどころじゃない！」という人も少なくないでしょう。

男性よりも、より精神的な影響が大きいのが女性のセックス。産後は気持ちが赤ちゃんに集中していて、パパのほうには向かないかもしれません。だからといって、そのままにはしないで。

夫婦が仲よくいることは、子育てにもいい影響があり、そこにセックスはやはり関係してきます。お互いに気持ちを伝え合って、体をいたわり合う時間は大事にしていきましょう。

産後セックスQ&A

Q 産後、腟がゆるくなる、ってホント？

A 残念ながら、本当です。経腟分娩の場合、直径10㎝の頭や肩が通るので、どうしても腟は開いた状態になります。湯ぶねにつかったあと、湯がざっともれ出る経験をする人もいることでしょう。これは骨盤底筋群を締める体操をして戻していくことができます。肛門にキュッと力を入れたりゆるめたりする体操です。簡単なので、ときどきするといいでしょう。

Q 産後のセックスで会陰の傷が裂けたりしませんか？

A 大丈夫です。会陰縫合の傷は、3日ほどでふさがり、1週間もすれば多少力を入れても開かないようになっています。産後1カ月健診で問題なければ大丈夫。ただ、なんとなく違和感があったり、さわられたくない、というときは、気持ちを伝えていきましょう。

Q セックスすると痛いです。どうしたら？

A 会陰切開でも帝王切開でも、傷がうずくように痛いこともあるでしょう。痛みがある場合は、産院を受診して原因を解決していきましょう。また、セックスする気にはなっても、濡れにくくて痛い場合は、市販の潤滑ゼリーを使う方法もあります。

先輩ママに聞きました

Q 産後セックスの再開、した？

まだ 38%
した 62%

Q 再開した人は、いつごろから？

平均：産後**5カ月**のころ

Q 月のセックス回数は変わった？

出産前**7.2**回 → 産後**2.4**回

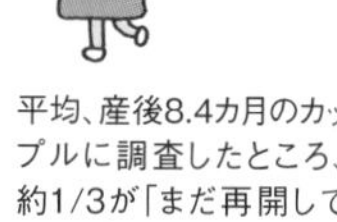

平均、産後8.4カ月のカップルに調査したところ、約1/3が「まだ再開していない」という結果に。

（育児雑誌『Baby-mo』読者アンケート結果より）

体験談 産後セックス、わが家の場合

夫はやさしくしてくれるけどどうしても濡れない！

子煩悩パパな夫ですが、娘が寝つくと私にすり寄ってきます（笑）。私も、悪露が止まったころから「したい」気持ちはあるんですが、なぜか濡れなくてとにかく痛いので、潤滑ゼリーを初めて使用。最初は抵抗があったけど、今は仲よしのための必須アイテム。また自力で濡れるようになるといいな。

K子さん（30才）

家事も育児もしない夫。セックスする気になれません

産後はおなか回りに脂肪が残っている感じで、裸になりたくない気分……。それに、赤ちゃんが生まれても、夫は今までと変わらず飲みに行ったり、何も手伝ってくれないから、大事にしてくれないんだなーって悲しい気持ちに。だからセックスする気にもなれないんです。

A・Yさん（33才）

産後はずっと寝不足。性欲より睡眠欲のほうが勝ち！

妊娠前は「待ち遠しい！」くらいに求め合っていたのに、産後は完全に性欲がありません。夜中も2～3時間おきに授乳で起きて、本当に寝不足！　性欲以前に、今は食欲すらない感じ。でも、夫を嫌いになったわけじゃないので、なんとか起きて義務を果たすように（笑）しています。

とこちゃんママさん（29才）

PART
7

赤ちゃんを知って、ベビーグッズをそろえよう

育児グッズ&新生児のお世話

赤ちゃんが元気にすくすく育つために
必要なベビーグッズはどんなものがある?
生まれたての新生児の特徴と
どんなお世話が必要かをちょっぴり予習して、
必要そうなアイテムをそろえていきましょう。
赤ちゃんのいる暮らし、楽しみですね♪

赤ちゃんって
生まれたときから
こんなにスゴイ!

生まれたてベビーの体とお世話

生まれたばかりの赤ちゃんは、ふにゃふにゃでだっこするのもドキドキしてしまいます。どんな感じなのか先どりしてみましょう!

おなかにいるときから赤ちゃんの五感は発達!

「聴覚」「触覚」「嗅覚」「味覚」「視覚」といった赤ちゃんの五感は、おなかの中にいるときから発達し始め、誕生直後から機能しています。なかでも「聴覚」はいち早く備わっていて、生まれてすぐにママの声をちゃんと区別できます。

赤ちゃんの五感

聴覚

胎内にいるときからママの声が聞こえていたため、生まれたあともママの声はわかるみたい。大きな音にビクッと反応する原始反射もあります。

触覚

皮膚感覚は胎内から発達し、生後すぐの赤ちゃんはママの乳首を唇で探しあてます。痛みやかゆみもわかり、だっこされるとぬくもりを感じます。

視覚

生まれる前から光を感じることはできますが、生後すぐの赤ちゃんの視力は0.03ぐらい。焦点が合う距離は25㎝なので、あやすときは近づいて。

味覚

胎児のころから味の違いがわかります。甘い味が好きで苦味やすっぱさは苦手。粉ミルクの味もわかるので、種類をかえると飲まないことも。

嗅覚

生まれながらに母乳やママのにおいをかぎ分けられるほど、非常に発達している感覚。いいにおい、いやなにおいは成長するにつれて学習します。

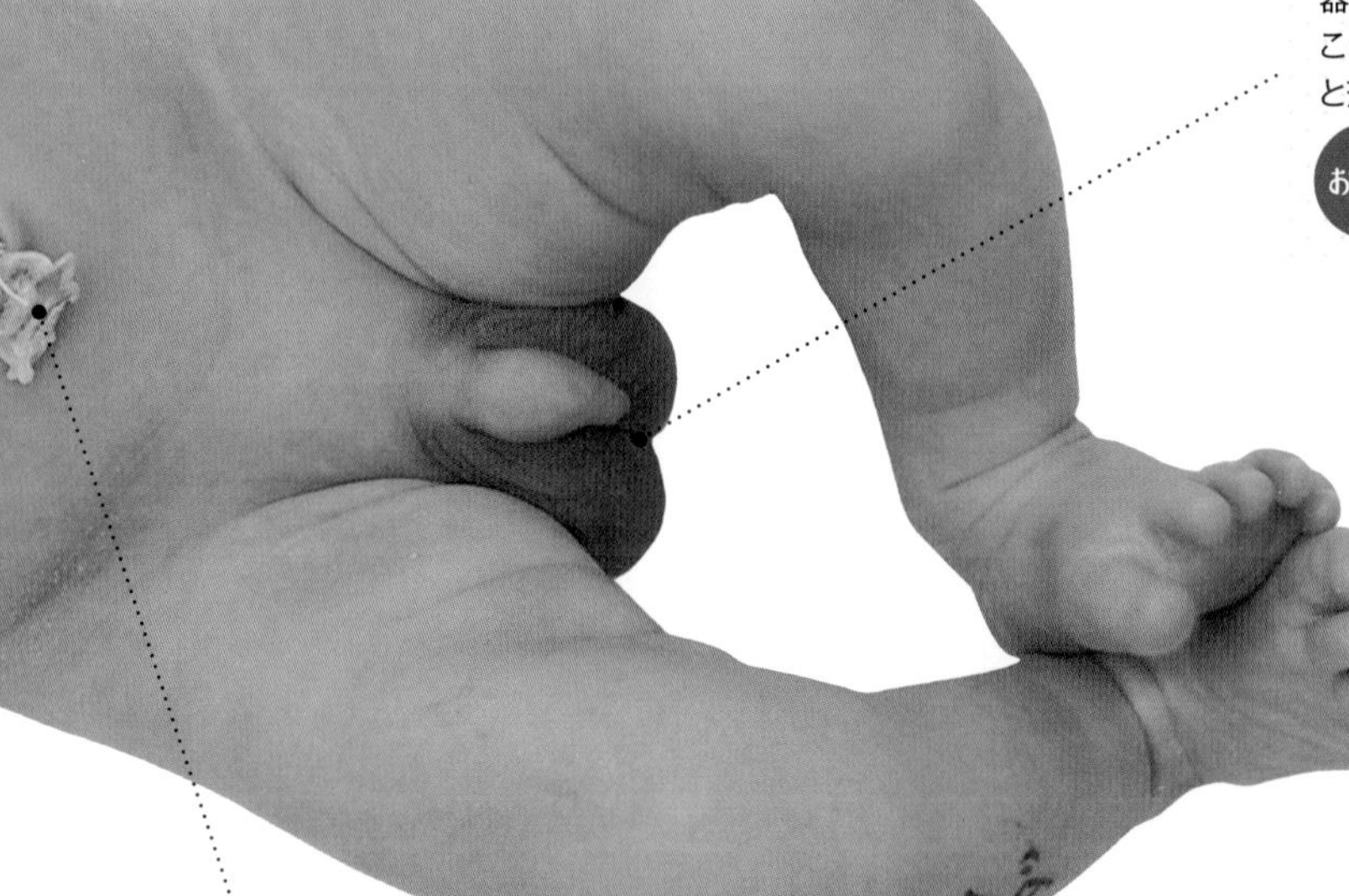

性器

男の子も女の子も生まれたては性器がはれているように見えますが、これは生理的なもの。しばらくすると落ち着くので心配いりません。

お世話 おむつ替えや沐浴時にきちんと汚れを落として。お手入れの仕方は男女で違います。

おへそ

へその緒は誕生直後に短く切られますが、残りがしばらくついています。干物状になったへその緒は1週間ほどすると自然にポロリ。

お世話 へその緒がついている間は綿棒を使って消毒。とれてからも乾くまでは消毒が必要。

おしり

おしりや背中に蒙古斑が見られます。5～6年もたてば、自然に消えます。

お世話 おむつ替えではもちろん、沐浴でもうんちのふき残しをきちんと落としましょう。

生まれたてベビーの体とお世話

新生児赤ちゃんってこんなかんじ！

手足

手のひらや足の裏をさわるとギュッと握りかえす「把握反射」が見られます。足はM字型が普通。手足のつめは生えそろっています。

表情

筋肉が動いた結果として笑ったように見える「新生児微笑」は、原始反射の一つ。笑いかけてくれたわけじゃなくても、かわいい！

目

明暗はわかるけれど、周りはぼんやりと見える程度。見える範囲は25~30㎝といわれるので、うんと近づいてあげましょう。

お世話 目やにに気づいたら、ガーゼや清浄綿でふきとってあげて。沐浴でもそっとふきます。

鼻

ママのおっぱいのにおいはしっかりとかぎ分けられます。鼻の穴は小さいので、フガフガと詰まったような音を鳴らすこともあります。

お世話 実際に鼻詰まりが起こることもしょっちゅう。ベビー用綿棒や鼻水吸い器でケアを。

口

口の周囲をつつかれるとそちらに向く反応や、唇にふれるものに吸いつく「吸てつ反射」が見られます。ほとんどの子が歯は生えていません。

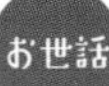

お世話 歯が生えていないので、歯磨きは不要。授乳後は、きれいに口元をふいてあげて。

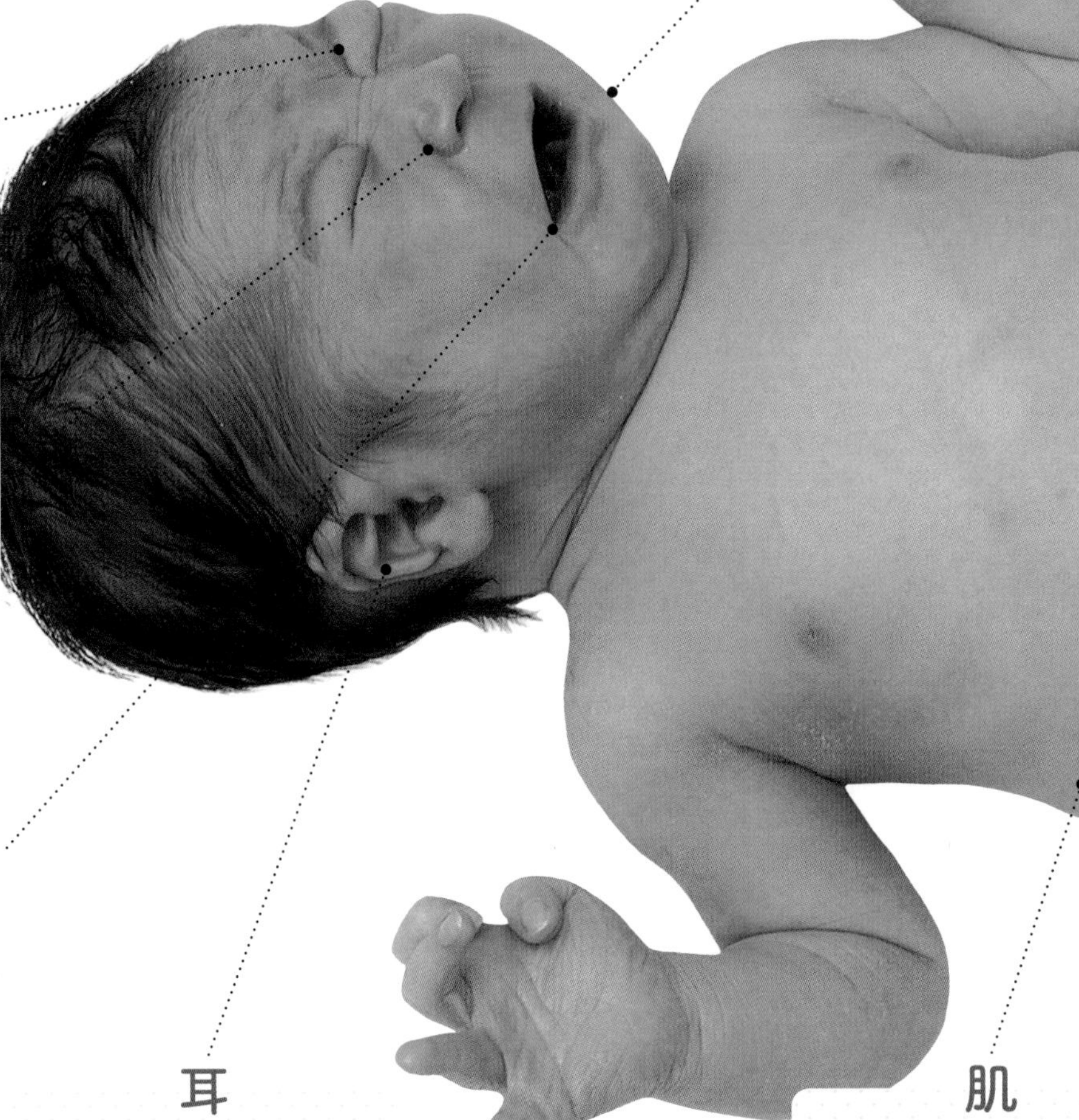

耳

胎内にいたときから耳は聞こえていたので、ママの鼓動とママの声はよく知っています。たくさん話しかけて安心させてあげましょう。

お世話 湿った耳あかがたまることがあります。沐浴後に綿棒で入り口付近をふいて清潔に。

肌

新生児期の赤ちゃんは新陳代謝が盛んなので、肌はどんどんむけかわり強くなります。ポロポロとむけても異常ではありません。

お世話 カサカサはクリームで落ち着きます。赤くなったり湿疹になったら病院に相談を。

赤ちゃん用品のそろえ方にはコツがある!

ベビーグッズの選び方

赤ちゃんが生まれてすぐに使うグッズの準備はすみましたか? 左ページのお買い物リストを参考に、妊娠中から最低限の用意をしておきましょう!

出産前は最低限を用意して産後に買い足すのが正解

赤ちゃんグッズはたくさんありすぎて、何を選んだらよいのか迷ってしまいます。赤ちゃんの個性や生活パターンによっても「いる」「いらない」は変わるもの。自宅での授乳やおむつ替えなどシーン別にシミュレーションしてみると、本当に必要なものが見えてきます。最低限必要なものだけ準備すれば、あとは産後にそろえていけばOK。特におむつやおしりふき、スキンケアグッズなどは赤ちゃんの肌に合う合わないがありますので、まとめ買いは避けて、そのつど購入を。

帰宅してまず赤ちゃんをどこに寝かせる? ベビーベッドなら組み立てて、お布団もセットしておきましょう。

ママが「かわいい!」と思うものを選ぶのも大事ですが、迷ったものはあとからでも間に合います。

ベビーグッズはお世話シーンから考えるとそろえやすい!

お世話 1 だっこ

布でくるむと抱きやすさアップ 外出にはだっこひもを

赤ちゃんはだっこが大好き。新生児のうちはアフガン(おくるみ)でしっかりくるむとだっこしやすくなります。1カ月健診などの外出時には、だっこひもやスリングがあると便利です。

詳しくは → P206

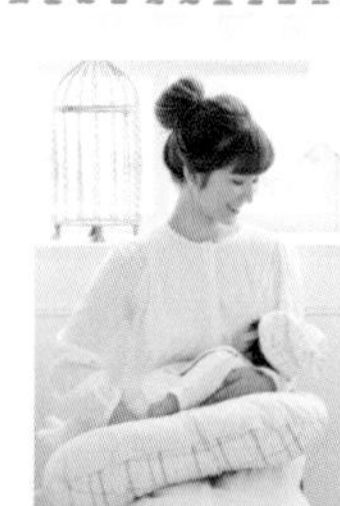

お世話 2 授乳(母乳・ミルク)

母乳とミルク、それぞれ必要なものが違います

母乳で育てるなら母乳パッドや授乳兼用ブラジャー、ミルクで育てるなら哺乳びんや粉ミルクなどが必要。母乳と決めているママも、最低限のミルクグッズを準備しておくと安心です。

詳しくは → P208

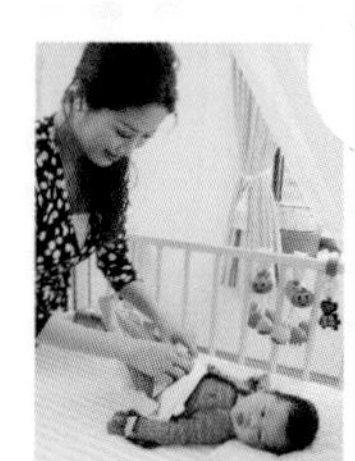

お世話 3 おむつ替え

布おむつにしたい人も紙おむつ1パックは用意して

紙おむつと布おむつがあります。紙おむつと決めているなら、新生児用サイズを1～2パック＋おしりふきを必ず用意。布おむつにしたい人も、念のため紙おむつを1パックは準備を。

詳しくは → P212

お世話 4 沐浴&パーツケア

生後しばらくはベビーバスで沐浴させます

生後1カ月はベビーバスで沐浴させる必要があるので、ベビーバスや湯温計をそろえておきましょう。つめやおへそなどのパーツケアは生後すぐから必要です。

詳しくは → P214

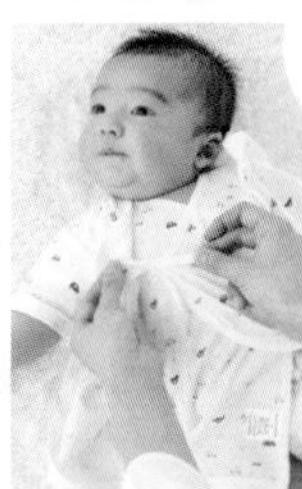

お世話 5 着替え

肌着を中心にそろえ、ウエアは様子を見ながら買い足し

生後1カ月は基本的に外出しないので、肌着の重ね着で過ごすのが基本。外出するようになったら、季節に合わせてウエアを選んで。退院や1カ月健診で着るものは出産前に用意を。

詳しくは → P216

お世話 6 寝かしつけ&あやし

ベビー布団は上質なものを ぐずりにはバウンサーを試して

1日のほとんどを寝て過ごす赤ちゃんのために、ベビー布団はしっかり選びたいもの。ぐずったときはおくるみでくるんだり、バウンサーで揺らすと効果的です。

詳しくは → P218

お世話シーン別 ベビーグッズ お買い物リスト

それぞれのお世話で使うグッズ一覧です。◎は最低限必要なもの。
○は必要があれば用意したいものです。

□アイテム	必要数	必要度	アドバイス
沐浴＆パーツケアアイテム			
□ベビーバス	1台	◎	エアタイプやシンクタイプなど
□湯温計	1個	○	最初は適温を目で確認できると安心
□ベビーソープ	1個	◎	低刺激を。ポンプタイプは使い勝手◎
□沐浴布	2枚	◎	沐浴時に赤ちゃんの体にかけると安心
□バスタオル	2枚	◎	くるみやすい正方形や裏ガーゼがおすすめ
□ガーゼハンカチ	10～20枚	◎	授乳にケアに、何かと使うので枚数多めに
□綿棒	1箱	◎	ベビー用の細いものを耳鼻のお手入れに
□つめ切り	1個	◎	はさみ&先丸タイプがベビー用の定番
□ブラシ	1個	○	おふろ上がりに。ベビー用が安心
□スキンケアグッズ	1～2個	○	肌の状態によりローションやオイルで保湿
□ベビー用体温計	1個	○	耳で測れるタイプが人気。健康チェックに
□鼻水吸い器	1個	○	ズルズル鼻水はママが吸って解消！
肌着＆ウエア＆小物			
□短肌着	合わせて3～5枚	◎	肌着の定番。打ち合わせ式で着せやすい
□コンビ肌着		◎	打ち合わせ&股下スナップでおなかをカバー
□ボディスーツ		◎	股下スナップ留めで、スッキリスタイル完成
□兼用ドレス	合わせて3～5枚	◎	スナップの留め方で、2ウエイで着せられます
□カバーオール		◎	足が分かれていて全身を包みます
□はおりもの		○	新生児期の重ね着におすすめ
□スタイ	1～2枚	○	ベストやカーディガンは季節の変わり目に◎
□帽子	1個	○	日差しよけや防寒、頭を保護する役目も
□ソックス	1～2足	○	つま先が冷えるときに。秋冬は必須
□レッグウォーマー	1～2足	○	足元を冷えから守ります。おしゃれとしても
□セレモニードレス	1枚	○	退院時やお宮参りに。フードもつけて
寝かしつけアイテム			
□ベビー布団	1組	◎	組み布団なら季節を問わず使えて便利
□シーツ類	1～2枚	◎	洗い替え用を用意して、いつも清潔に
□ベビー用枕	1個	○	赤ちゃんの頭を固定して落ち着かせます
□タオルケット・綿毛布	1～2枚	◎	お昼寝やお出かけに。家で洗えるものを
□ベビーベッド	1台	○	上の子やペットがいる家はマスト
□ベビーチェア	1台	○	バウンサーやハイ&ローチェアでゴキゲン
□胎内音ぬいぐるみ	1個	○	ママの胎内音でベビーは安眠
□オルゴールメリー	1台	○	やさしいメロディが眠けを誘います

□アイテム	必要数	必要度	アドバイス
だっこ（お出かけ）アイテム			
□アフガン（おくるみ）	1～2枚	◎	新生児をくるむと落ち着きます
□だっこひもorスリング	1個	○	退院や1カ月健診など外出時に
□ベビーカー	1台	○	荷物が入れられるので、買い物に便利
□チャイルドシート	1台	○	車で退院する人は出産前に装着を
□マザーズバッグ	1個	○	軽量でポケット多め、斜めがけできるものを
□授乳ケープ	1枚	○	授乳を目隠し。どこでも母乳をあげられます
授乳アイテム			
□授乳用ブラジャー	2～3枚	○	おっぱいを締めつけず、授乳しやすい
□授乳クッション	1個	○	赤ちゃんの体が小さなうちは必須
□母乳パッド	1パック	○	母乳のもれをキャッチ。紙製と布製が
□搾乳器	1台	○	授乳リズムを保つのに必要なケースも
□授乳服	1～2枚	○	胸元だけあいて、授乳しやすさ抜群
□哺乳びん&乳首	1～2本	◎	母乳派もいざというときのために1本は準備
□粉ミルク	1個	◎	缶やスティックなど。産院でもらえるか確認を
□調乳ポット	1台	○	調乳適温を24時間キープ。授乳がラク
□哺乳びん洗浄グッズ	1セット	◎	洗浄ブラシや無添加洗剤を用意
□哺乳びん消毒グッズ	1セット	◎	生後4カ月までは消毒を。方法はさまざま
おむつ替えアイテム			
□紙おむつ	1～2パック	◎	すぐにサイズが変わるので、買いすぎに注意
□布おむつ本体	20～30枚	○	輪型やパッド状の成形タイプなどさまざま
□布おむつカバー	3～5枚	○	布おむつなら必要。素材は綿やウールなど
□おむつライナー	1箱	○	おむつの上にのせるだけで洗濯がラクに
□おしりふき	1～2パック	◎	市販のウエットタイプやコットンなど
□おむつ用ゴミ箱	1個	○	紙おむつは密封タイプ、布おむつはバケツを
□おむつポーチ	1個	○	おむつやおしりふきの収納に。外出に重宝

新生児のうちは
クニャクニャの体を
しっかり支えてあげて

お世話1 だっこ

だっこはすべてのお世話に必要であり、コミュニケーションの基本。リラックスして初めてのスキンシップを楽しみましょう。

不自然なだっこの仕方は肩こりや腱鞘炎の原因に 正しい抱き方をマスターして

生まれたばかりの赤ちゃんをだっこするのはドキドキ。肩や腕につい力が入ってしまいがちですが、不自然な姿勢が原因で肩こりや腱鞘炎を招いてしまうこともあります。赤ちゃんの首をしっかりと支える、おなかをママにくっつけるなどポイントを押さえて、正しいだっこの仕方をマスターしましょう。だっこは赤ちゃんとの大事なコミュニケーション。やさしく抱き上げたら目と目を合わせて、話しかけてあげて。

基本のだっこ

1
赤ちゃんの首の下に手を入れて
新生児の首はグラグラ。抱き上げるときは、まず赤ちゃんの首の下に手を差し入れ、手のひらで首から後頭部をしっかりと支えます。手のひらで受け止めるように支えるのがポイント。

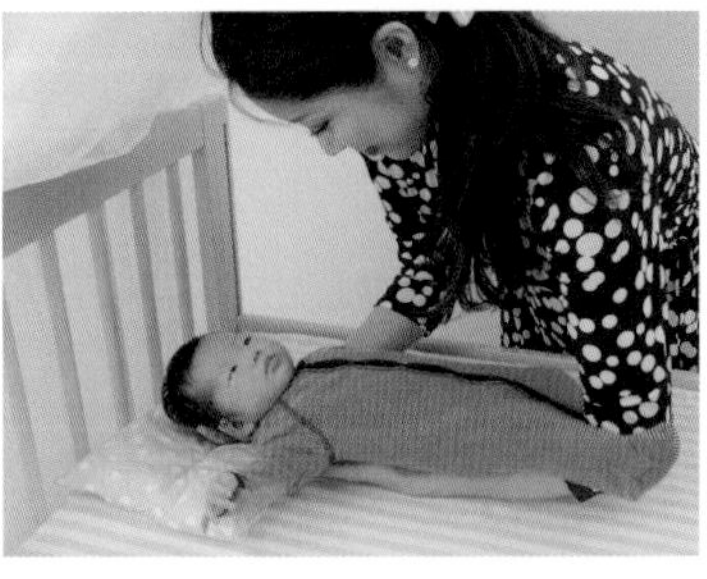

2
もう片方の手をおしりの下へ
片方の手で首と後頭部を支えたら、もう片方の手を赤ちゃんのおしりの下に差し入れます。大人の腕を赤ちゃんの足の間に入れ、手のひらを背中にあてると安定感がアップします。

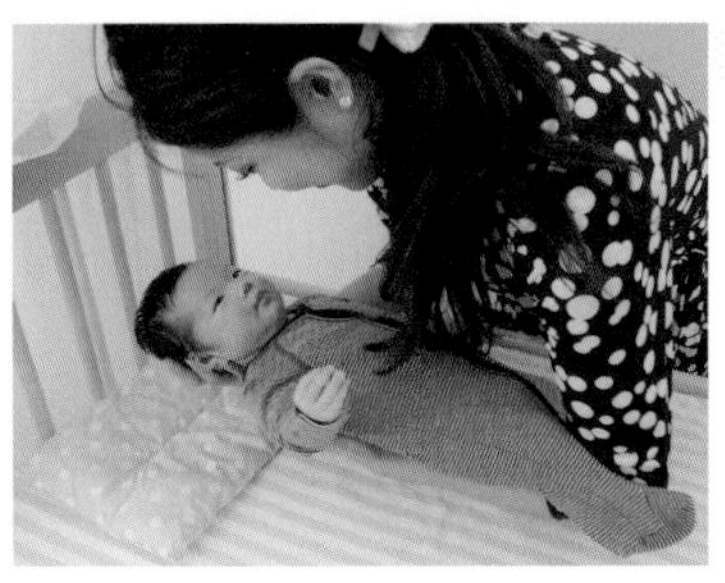

3
大人の体を赤ちゃんに寄せて
大人の姿勢が安定したら、自分の体を赤ちゃんに寄せてから、やさしく抱き上げましょう。赤ちゃんを寄せるよりも安全です。抱き上げるときの姿勢が悪いと腰痛の原因になるので注意。

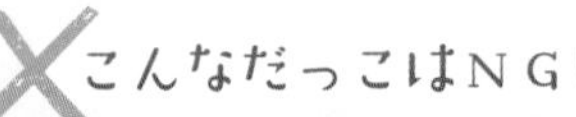

胸を押しつける
おなかだけでなく、顔まで大人の胸に押しつけると、赤ちゃんは窮屈だし、苦しそう。

手首だけでだっこ
手首を使って長時間だっこすると腱鞘炎になるおそれがあります。腕でだっこして。

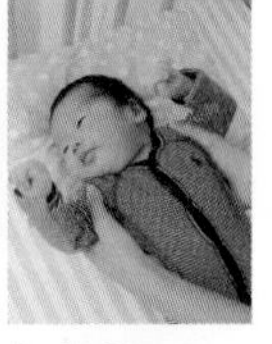

わきを持ち上げる
首すわり前の赤ちゃんには危険。首がすわる2カ月ごろまでは首を支えて抱き上げて。

抱き上げ
成功!

左右に抱きかえ

1
横抱きスタイルからスタートします
片方の腕全体で赤ちゃんの体を支えた横抱きスタイルからスタート。ずっと同じ姿勢だと疲れるので、反対側の腕に抱きかえます。

2
手を首の後ろに回します
赤ちゃんのおしりに添えていた手を首の後ろに回します。首を安定させて、ゆっくりやさしく赤ちゃんの体を正面に動かします。

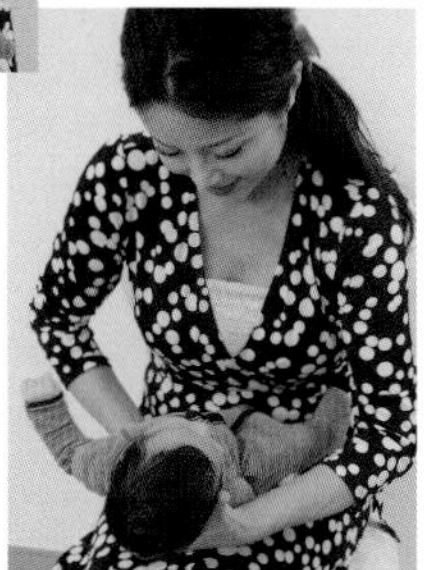

3
おしりを軸に反対側に回転
赤ちゃんの首を支えながら、もう一方の手でおしりをしっかりとホールド。そのおしりの手を軸に赤ちゃんの体を反対側へ回転させます。

4
反対側の腕に頭と首をのせて
赤ちゃんのおしりを支えていた手をずらして、背中からおしりまでサポート。首の手もずらして、反対側のひじの内側に頭と首をのせて。

頭と首をのせた腕全体で、赤ちゃんの体を支えます。もう片方の手で赤ちゃんのおしりを支えると安定しますが、慣れたら赤ちゃんの体に軽く添えるだけでOK。

横から縦抱きに

1
赤ちゃんのおしりを軸に回転
赤ちゃんを抱き上げた状態から、赤ちゃんの上体を軽く起こします。おしりを支えていた手をずらし、おしりを軸にして90度回転。

2
首と後頭部を支えて大人と向かい合って
赤ちゃんのおしりを支えていた手をずらして、首と後頭部を支えながら縦抱きに。もう一方の手は赤ちゃんのおしりを支えて。

赤ちゃんの首と背中、腰を支えたまま、向かい合った姿勢になったら大成功。

1カ月健診はどうする？ お出かけグッズも用意しよう

だっこなら

だっこひもやスリングを利用すれば、首すわり前の赤ちゃんでもだっこで移動しやすいもの。0カ月または1カ月から使えるものを選んで。

横抱きだっこひも
寝かせたままだっこできて新生児でも安心。たいていが対面やおんぶもできる多機能タイプです。

縦抱きだっこひも
首を支えるサポート機能つきなら新生児からOK。ママと向かい合う姿勢が低月齢のころは安心。

スリング
おなかの中にいたときと似た姿勢で、赤ちゃんもリラックス。縦抱きや逆さ抱きもできます。

こんなグッズも必要！

マザーズバッグ
おむつや着替えなど荷物の多いママのためのバッグ。ポケットが多い、バッグ自体が軽いなどの特徴が。

授乳ケープ
外出時や来客時に母乳を飲ませる姿を目隠しできるアイテム。ひざかけやストールとしても使えます。

ベビーカーなら

180度リクライニングするタイプなら新生児期から寝かせたまま移動できます。荷物をシート下に入れられるので、買い物にも○。

おへその高さが、押すのにちょうどいい高さ。両対面式も人気。

ほろが大きいと紫外線や風よけに。のぞき窓から赤ちゃんをチェック。

小さいと小回りがきき、大きいと安定感があります。使う環境で選んで。

ベルトは安全性が高いのはもちろん、簡単に調節できるものがおすすめ。

車なら

赤ちゃんを車に乗せるなら必需品。退院も車でという場合は出産前からチャイルドシートの準備を。ベビーカー兼用タイプもあります。

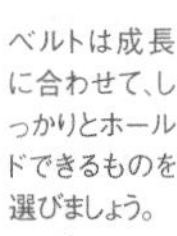

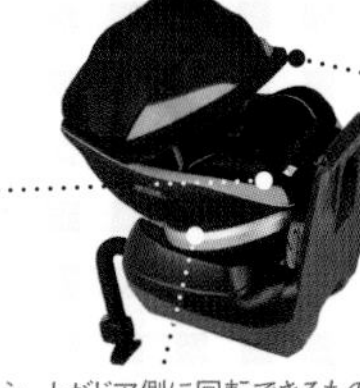

後部座席に後ろ向きに設置します。ほろで日差しをさえぎって。

ベルトは成長に合わせて、しっかりとホールドできるものを選びましょう。

シートがドア側に回転できるものもあり、赤ちゃんをのせるのがラク。

あせらず続けるうちに
ママも赤ちゃんも
上手になります

お世話2 授乳（母乳・ミルク）

産後すぐからスタートします。最初はうまくいかなくても、毎日続けるうちにママも赤ちゃんも慣れて、いいペースができてくるでしょう。

母乳の場合 赤ちゃんが吸うほど 出はよくなります

母乳には赤ちゃんに必要な栄養がバランスよく含まれており、特に産後1週間ごろまでに出る「初乳」には、細菌やウイルスに対する免疫物質が多く含まれ、赤ちゃんを病気から守ります。乳房は産後2～3日から張ってきますが、個人差があります。最初はうまく出なくても、繰り返し赤ちゃんに吸ってもらうことで、ホルモンが分泌されて母乳の出が安定してくるもの。また赤ちゃんも最初からうまく飲めるとは限りませんが、あせらず続けましょう。

おっぱいのあげ方

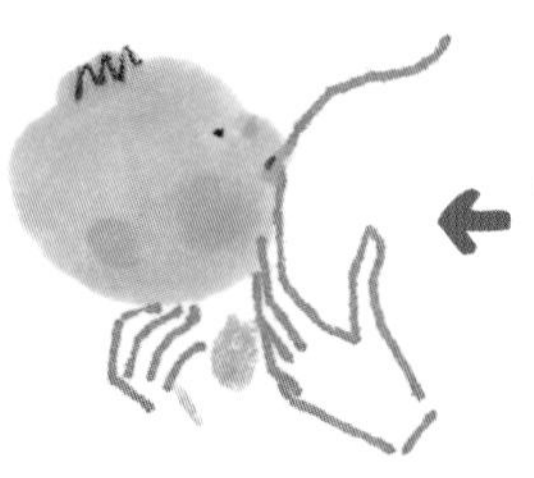

1 乳房全体を持ち上げて高さを調節
赤ちゃんをだっこし、片方の手で赤ちゃんの頭を支えます。もう片方の手を乳房の下に当てて、乳首が赤ちゃんの口の近くにくるように乳房全体を持ち上げます。

2 乳輪が隠れるほど深くくわえさせる
乳輪を深くくわえることで、赤ちゃんはあごを使って、しっかりと母乳を飲むことができます。赤ちゃんが口をあけて乳首全体を吸っているかどうか、チェックしてあげましょう。

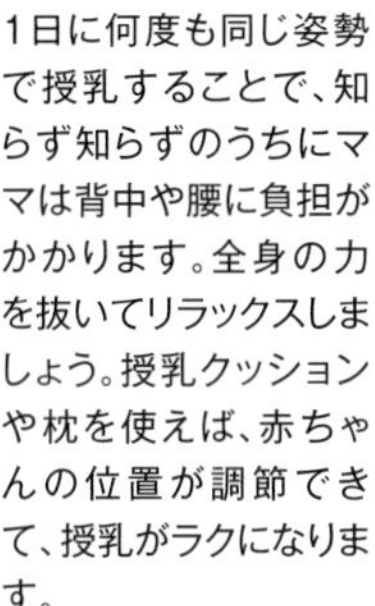

1日に何度も同じ姿勢で授乳することで、知らず知らずのうちにママは背中や腰に負担がかかります。全身の力を抜いてリラックスしましょう。授乳クッションや枕を使えば、赤ちゃんの位置が調節できて、授乳がラクになります。

授乳の前に

- 背中はまっすぐに、体の力を抜いてリラックス。
- いすにすわる場合、かかとはしっかり床につける。
- 乳首と赤ちゃんの距離が合わないときは、クッションや枕で高さ調節。

母乳あると便利グッズ

乳頭保護器
乳首に傷や痛みがあるときに、乳首にかぶせて乳首を保護しながら、飲ませられます。

乳頭ケアクリーム
乳頭が切れたり、乾燥したときは、専用のクリームを塗って。赤ちゃんが口にしても大丈夫。

授乳クッション
赤ちゃんを胸の高さで安定させられます。将来は赤ちゃんのおすわり補助にも。

授乳服
胸元にさりげなくスリットや穴がついていて、おっぱいだけ出せる仕組み。外出時に便利。

母乳マストグッズ

授乳用ブラジャー
胸元だけ簡単にあけられる専用ブラ。締めつけず、バストをやさしく包む設計です。

母乳パッド
胸とブラの間にはさんで、もれ出る母乳をキャッチ。紙製（使い捨て）と布製があります。

お世話2 授乳(母乳・ミルク)

おすすめの抱き方

ママが快適にできる方法を3スタイルから見つけて

授乳するときの抱き方は横抱き、縦抱き、フットボール抱きの3スタイル。ママの乳首の形や乳房の大きさで、しやすさが違うので、いろいろ試していちばん快適に授乳できる方法を見つけましょう。姿勢が悪いと肩こりや腰痛の原因になるので気をつけて。

スタイル1 横抱き

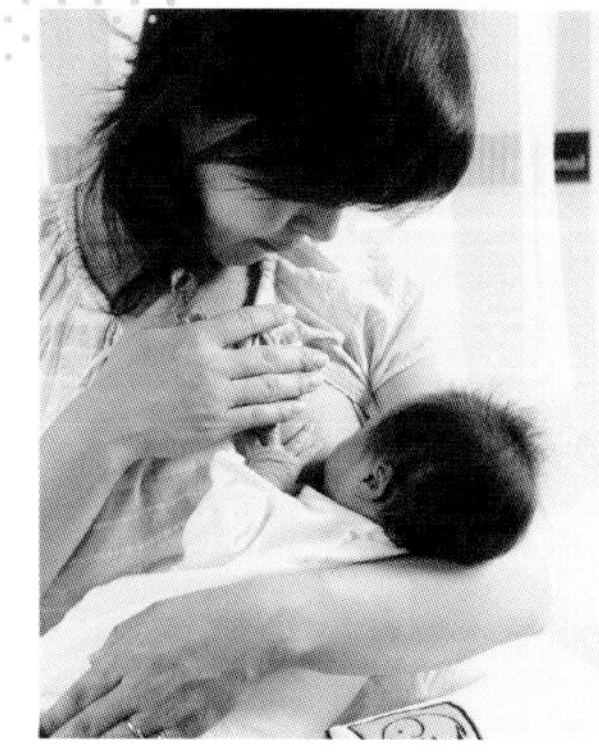

どんなママにもおすすめな基本的な抱き方

赤ちゃんの頭をひじの上にのせるだっこの姿勢で、そのまま授乳する最もベーシックな方法。ママの腕で赤ちゃんの首をしっかりと支え、ママと赤ちゃんの体をなるべくぴったりと、くっつけるようにして乳首を含ませます。

スタイル2 縦抱き

乳房や乳首が小さいママに向いています

赤ちゃんをすわらせるように縦に抱き、ママと赤ちゃんのおなかをくっつけるようにして飲ませます。赤ちゃんがくわえやすく、乳首や乳房の小さいママ向き。赤ちゃんの首がすわったら、ママの太ももにまたがるようにすわらせて。

スタイル3 フットボール抱き

乳房が大きい、乳首が外側を向いている人に○

フットボールを小わきに抱えるように赤ちゃんの体を外側に抱いて飲ませる方法。乳首が外側に向いているママや、乳房が大きいママに飲ませやすい抱き方です。新生児期は授乳クッションで位置を調節するとよいでしょう。

✕こんなポーズはNG!

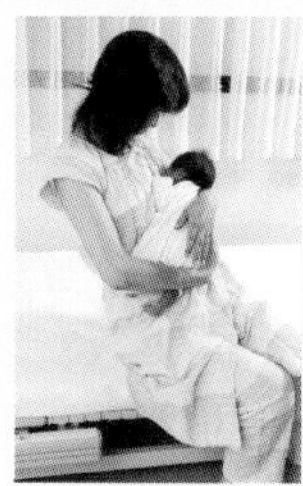

後ろにそりすぎ

赤ちゃんにおっぱいを飲ませるのに一生懸命で、体に力が入ってしまうと、体が後ろにそってしまいがち。ママの背中や腰に負担がかかり、疲れてしまいます。リラックスして!

前にかがみすぎ

赤ちゃんをだっこしたまま前にかがみすぎると、ママの腰や首に負担がかかるだけでなく、赤ちゃんも圧迫されて苦しくなってしまいます。背筋はまっすぐに伸ばすように気をつけて。

先輩ママたちに人気の「添い乳」とは?

赤ちゃんに添い寝した状態でおっぱいを飲ませるのが、いわゆる「添い乳」。赤ちゃんがそのまま寝てくれてママもラクな姿勢ですが、新生児期はできるだけすわった姿勢で授乳しましょう。授乳に慣れても、おっぱいで赤ちゃんの鼻をふさいでいないか注意を。

授乳を終えるときのコツ

終わったらそっと離して

吸っている途中に無理に引っ張ると乳首を傷つけることもあるので、赤ちゃんの様子を見ながら、離すタイミングをはかること。あまり長く吸われていると乳首が切れることがあるので、片側5~10分ぐらいを目安に左右均等に吸わせましょう。授乳を終えたら、げっぷさせて。

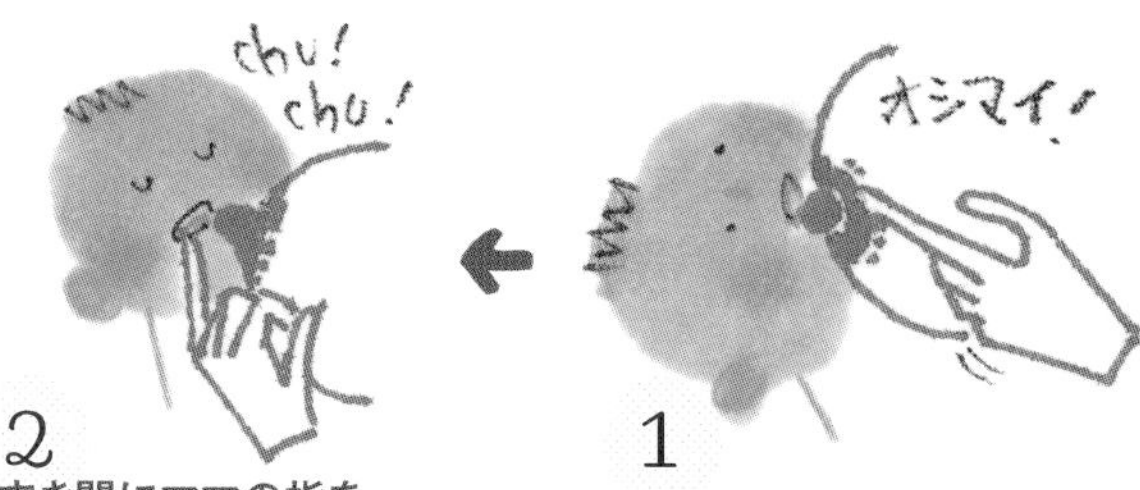

1 乳輪にくぼみをつくる

赤ちゃんの口の近くのおっぱいに指でくぼみをつくります。おなかがいっぱいでも吸っていることがあるのでくぼみをつくって、終わりを知らせます。

2 すき間にママの指を入れて離す

1でつくったくぼみと赤ちゃんの口の間にそっとママの指を入れましょう。くぼみと口のすき間を指で広げて、自然に赤ちゃんの口を離していきます。

✕急に離すと乳首に傷ができます

いきなり離そうとすると、まだおっぱいを飲みたい赤ちゃんが乳首に吸いついて、乳首に傷ができたり、トラブルの原因になることも。急に離さずに、指を入れてそっと離すのがコツ。

母乳Q＆A

Q おっぱいが足りているのかわかりません

A 「うっくん、うっくん」と音を立ててリズミカルに飲んでいたり、飲んだあとスヤスヤ寝ているなら問題ありません。ちょっとずつでも体重がふえていれば、あまり心配せずに授乳を続けましょう。体重がまったくふえない場合やとても不安な場合は、1カ月健診を待たずに受診を。

Q おっぱいをくわえさせるのがむずかしい！

A ママの乳首の大きさや形によって赤ちゃんがうまくくわえられないことがあります。乳首が小さめや平らな扁平乳頭ならマッサージで十分に伸ばして、大きめなら乳首をやわらかくしましょう。乳首がへこんでいる陥没乳頭なら、乳頭保護器を使っても。

Q 飲んでいる最中に寝てしまったら？

A 授乳時間は片方で長くても10分が目安。その間に寝てしまったら、赤ちゃんの口や足の裏をさわって起こして飲ませます。飲み始め5分で、おっぱいの60%は飲んでしまうので、10分くらいたったらおっぱいにくぼみをつくり、自然に口を離させて。片方だけを長く吸わせず、タイミングを見て反対のおっぱいも吸わせましょう。

Q 授乳間隔が定まりません

A 母乳は時間に関係なく、泣くたびに飲ませてOK。とはいえ泣く原因はおむつなのか、空腹なのかわからないので、まずはおむつをチェックして。口の周りをつつくと吸いつく様子が見られたら、授乳のタイミング。繰り返すうちにペースがつかめます。

げっぷのさせ方

赤ちゃんの吐きもどしを防ぐために授乳が終わったら背中をすりすり

赤ちゃんは授乳のときに空気をいっしょに飲み込んでしまうので、そのまま寝かせると吐きもどしてしまうことがあります。授乳が終わったら背中をさすって、げっぷさせましょう。出ないときは、頭を少し高くして横向きに寝かせて。

スタイル 1 肩にかついで

オーソドックスでいちばん出やすい方法

ママの肩に赤ちゃんの頭をのせるように、赤ちゃんを縦に抱き、ママの手で赤ちゃんの背中を下から上にさすります。ママの肩にガーゼをかけておけば、赤ちゃんが吐きもどしてもキャッチできます。

スタイル 2 ひざにのせて

ママのひざにすわらせて背中をトントン

赤ちゃんをママのひざの上にすわらせるように抱き、上体をママの腕に寄りかからせるようにします。赤ちゃんの背中をママの手で下から上にさすったり、軽くトントンとたたいてげっぷさせます。肩にかつぐのが苦手な人におすすめな方法。

スタイル 3 縦抱きにして

慣れないママには最もやりやすい

ひざにのせるよりも、もっと簡単なのが赤ちゃんと向かい合って、ママの太ももにすわらせるようにして縦に抱き、片方の手で首を支え、もう片方の手で背中をさする方法。赤ちゃんの胃がまっすぐになって、げっぷが出やすくなります。

体験談 授乳、こんな感じ！

乳腺炎になりかけたけれど食事改善とマッサージで完治

新生児期は2時間おきの授乳でしたが、産後2週間で乳腺炎になりかけ、吸われるたびに痛くて大変でした。1カ月健診で助産師さんにマッサージをしてもらい、「和食中心にして甘いものは控えて」などのアドバイスを受け、その後は自分でもマッサージをしながら、なんとか完治しました。

カズくんママさん・一樹くん

夜中の授乳には防寒対策が必要。ミルクも足して少しラクに

冬の出産で夜中の授乳は寒くてつらかった！ 枕元にはガウンを置き、授乳時間に合わせてヒーターのタイマーをセットしておきました。でも肝心のベビーは、おっぱいをあげていてもすぐに寝てしまい、はずすと泣いてしまって……。困り果てた末、ミルクを足すようにしたら少しラクになりました。

天野敦子さん・真珠ちゃん

新生児期の授乳はつらさもあるけれど楽しい時間でした！

産後すぐの授乳は2時間おきでしたが、母乳が出すぎて、時間があくとおっぱいがガチガチ。でも赤ちゃんがグビグビ飲んでくれたときの乳が抜けていく感じが、なんともいえないスッキリ感！ 一生懸命に飲む姿もかわいくて「こんな頻繁な授乳も今だけ」と思うと、ちょっと寂しくなったほどです。

坂本 薫さん・沙南ちゃん

ミルクの場合 いざというときに備えて最低限は準備を

ママの体調やベビーの発育具合、仕事復帰などの事情によっては粉ミルクで授乳することになります。「母乳で育てたい」と思っていても、いざというときのために最低限のミルクグッズを用意し、ミルクの作り方を知っておきましょう。粉ミルクは規定量をきちんと守って正しい濃度で作ることが大切。お湯の温度が高すぎると栄養分を損なうので適温を守って。また飲み残したミルクは雑菌が繁殖するので必ず捨てましょう。ミルクの場合は授乳間隔を2〜3時間あけます。

哺乳びんってどんなもの?

1 乳首
においやかたさの違う素材が3種類。サイズとは「穴の大きさ」を指します。

2 材質
丈夫で安全性の高いガラス製と、軽くてお出かけ向きのプラスチック製などがあります。

3 大きさ
生まれてしばらくは120〜160mlを。飲む量がふえる2カ月以降は240mlにチェンジ。

乳首の穴

丸穴
新生児向き。月齢に対応してS、M、Lに分類されています。

Y字
丸穴よりたくさん出るので、生後2〜3カ月ごろが目安。

クロスカット
吸う力に合わせて、ミルクの出る量が加減されます。

乳首の素材

シリコーンゴム
においや味はありません。特有のかたさがあごを発達促進。

イソプレンゴム
天然ゴムよりにおいは少なく、かたさはややかため。

天然ゴム
やわらかくて弾力があります。ゴム特有のにおいもあり。

ミルクマストグッズ

哺乳びん洗浄グッズ
専用ブラシなら哺乳びんを傷つけず、すみずみまで洗えます。乳首洗いも必要。

粉ミルク
缶やキューブタイプ、スティックタイプなど。

哺乳びん&乳首
基本の1本はガラス&小サイズ。飲む量に合わせて、サイズアップしましょう。

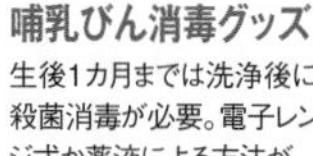

哺乳びん消毒グッズ
生後1カ月までは洗浄後に殺菌消毒が必要。電子レンジ式か薬液による方法が。

ミルクあると便利グッズ

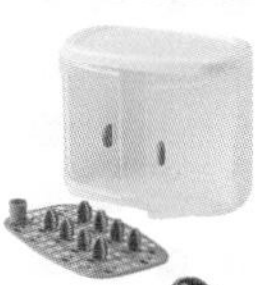

保管ケース
哺乳びんを衛生的に保管できます。電子レンジ消毒後、そのまま保管できるタイプも。

哺乳びんケース
哺乳びんを衝撃から守ります。ミルク用のお湯を持ち歩ける保温機能を備えたタイプも。

調乳ポット
調乳適温のお湯をキープできるため、いちいちお湯を沸かす手間が省けます。夜中に重宝。

ミルクの作り方

1 でき上がり量の⅓のお湯を注ぎます
一度沸騰させた70度以上のお湯を用意。哺乳びんにでき上がり量の1/3ほどを注ぎます。

2 分量どおりのミルクを入れます
粉ミルクの専用スプーンを利用して分量どおり、正確に計量して注ぎましょう。規定量は守ること。

3 哺乳びんを振ってミルクをとかします
哺乳びんにタオルを巻きつけ、軽く振ってとかします。熱いので気をつけて。

4 お湯を足して全体をまぜます
70度以上のお湯を規定量まで足したら、すき間からもれないようにふたを閉め、全体をとかします。

5 体温ぐらいまで水で冷まします
流水やボウルに張った水につけて冷まします。腕の内側にミルクをたらして体温ぐらいになったらOK。

洗い方

1 哺乳びんの材質でブラシを使い分けて
ガラスびんはナイロン、プラスチックびんはスポンジのブラシで、すみずみまで洗います。

2 専用の細いブラシでこまかな汚れも落として
汚れがたまりやすい乳首は、細いブラシを先端まで差し込み、きれいに汚れを落としましょう。

飲ませ方

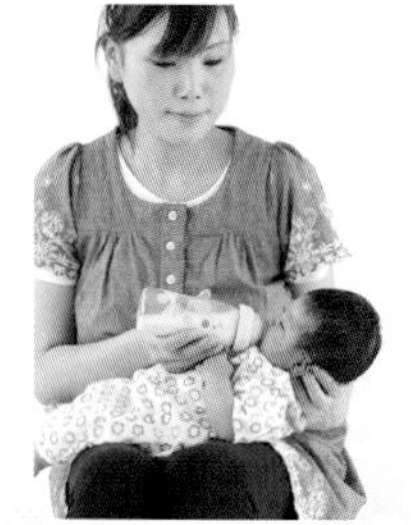

1 横抱きで話しかけながら飲ませましょう
母乳と同じように横抱きの姿勢で、赤ちゃんに話しかけながら飲ませましょう。

2 口を大きくあけてカプリとくわえさせて
上下両方の唇が外側から見えるくらい、口を大きくあけたら乳首をカプリとくわえさせます。

こまめにとりかえて
いつも清潔に!

お世話3 おむつ替え

新生児ベビーは膀胱も小さいのでおしっこの回数が多く、うんちもゆるゆる。1日10回以上のおむつ替えが必要です。

紙おむつの場合

使ったらおむつまるごと捨てられて便利

おしりに直接あてて、汚れたらそのまま捨てられる紙おむつは、多くのママが利用。育児に慣れず、またママの体も本調子でない産後すぐは特に便利でしょう。

紙おむつはメーカーごとにサイズ感や肌ざわりが違うので、いろいろと試してみるのがおすすめ。汚れた紙おむつは、使ったおしりふきも巻き込んで小さく丸めて、専用のゴミ箱へ。ふたつきや密封タイプなら、においを外にもらしません。下に敷くシートや外出用ポーチもあると便利。

紙おむつマストグッズ

紙おむつ
各メーカーでこだわりが違います。新生児サイズはすぐに小さくなるのでまとめ買いは×。

おしりふき
市販のウエットシートやコットンなど。肌に合う合わないがあるので様子を見て購入を。

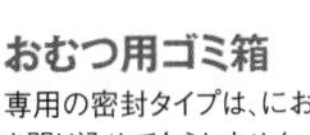

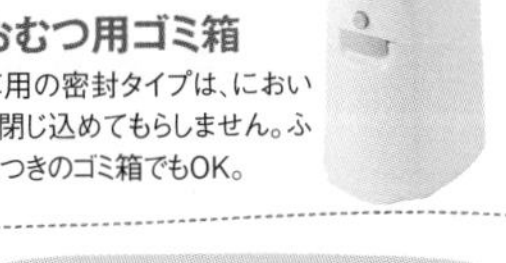

おむつ用ゴミ箱
専用の密封タイプは、においを閉じ込めてもらしません。ふたつきのゴミ箱でもOK。

紙おむつあると便利グッズ

おしりシャワー
ぬるま湯で汚れを洗い流せるものがあると便利。スッキリするうえ、おしりふきを使う量が減らせて経済的。

おむつ替えシート
外出先でおむつ替えするときに周りを汚す心配がなく、かたい場所でも痛くありません。

おむつポーチ
紙おむつやおしりふき、ゴミ袋などおむつ替えで使うものをまとめて収納。お出かけに便利。

紙おむつってどんなもの?

シート
水分を吸収して逆戻りを防ぐ構造。かつ高い通気性が特徴。

テープ
ベビーの成長に合わせて、おなか回りを調節します。

おしっこサイン
吸収体が水分を吸い込むと色が変わり、とりかえ時期をお知らせ。

紙おむつのあて方

1 新しいおむつを下にセット
両足とおしりを持ち上げて、下に新しい紙おむつを敷きます。足だけ持ち上げないように注意。

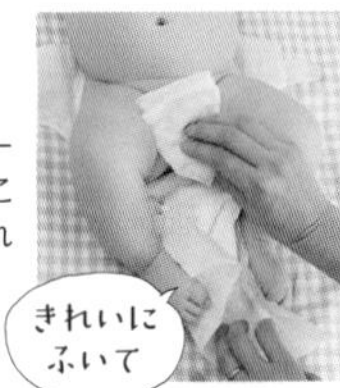

2 おしりふきで汚れをとります
おしっこやうんちで汚れたおしりをふきます。男の子は細部までしっかりと、女の子は上から下にふくのがコツ。

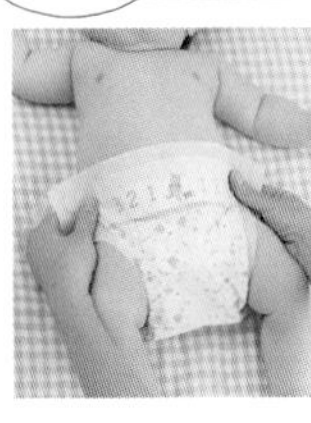

3 おへそにあたらないようにセットします
使用ずみのおむつははずし、新しいおむつをあてましょう。新生児期は、おへそにあたらないように注意。

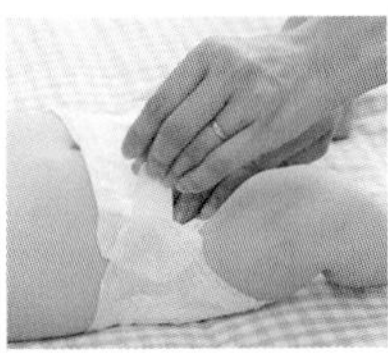

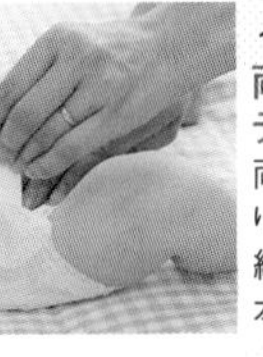

4 両サイドのテープを留める
両サイドのテープを引っ張り、おなかの前で留めます。締めつけすぎないよう、指1本入るくらいを目安に。

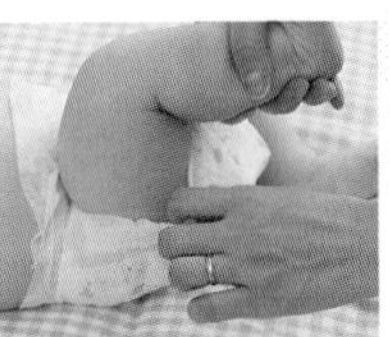

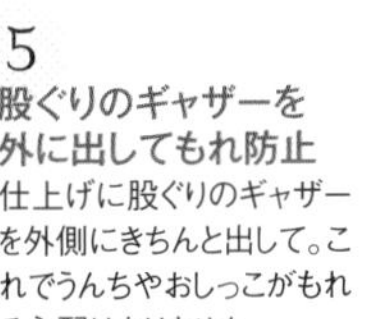

5 股ぐりのギャザーを外に出してもれ防止
仕上げに股ぐりのギャザーを外側にきちんと出して。これでうんちやおしっこがもれる心配はありません。

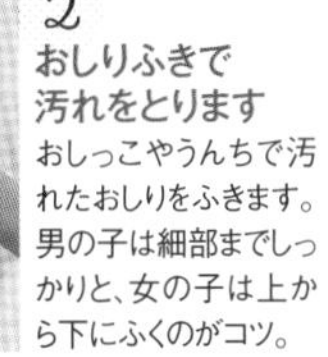

完成

お世話3 おむつ替え

布おむつの場合

昼間家にいるときは布、夜と外出は紙と使い分けて

「節約になる」「ゴミが減らせる」などのメリットを感じて、布おむつを使う人もふえています。昼間、家にいるときは布おむつ、お出かけと夜寝るときは紙おむつなど、うまく使い分けている人も。

洗濯の手間など大変そうと尻込みされがちな布おむつですが「成形タイプは洗濯が大変じゃない」「コストを気にせず何回も替えてあげられていい」と、実際に使ったママの満足度は高いようです。

布おむつマストグッズ

布おむつ本体
輪型や成形など。初心者がトライしやすいのは、折る手間のいらない成形タイプ。

布おむつカバー
コットンやウール、ポリエステルなど。生まれた季節に合わせて選んで。

おむつライナー
1枚はさむだけで、洗濯の負担が激減。うんちをしたら、これだけ捨てればOK。

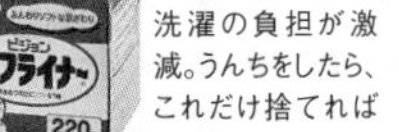

つけおき洗い用バケツ
洗濯機に入れる前に、使ったおむつカバーは専用バケツでつけ置き洗いを。

布おむつあると便利グッズ

おむつ用石けん&洗剤
うんち汚れは専用石けんで落としてから。洗うときは専用洗剤を使いましょう。

布おむつ用ハンガー
輪型のおむつを干すときは等間隔に干せるシンプルなハンガーが便利。

布おむつってどんなもの?

おむつカバー
おむつ本体がずれないように、おむつの上からおおいます。

ライナー
布おむつ本体の上にのせて、おむつからの水分の逆戻りを防止。

布おむつ本体
おしっこやうんちを吸収します。輪型タイプや成形タイプが。

おむつカバーは2タイプ

外ベルト
新生児はコレ。外側からおおってやさしいつけ心地。

内ベルト
見た目がスッキリ、はずれにくい。70サイズから。

おむつの本体の素材

さらし
昔ながらのさらりとした感触の綿素材で、通気性が抜群。

ドビー織り
表面に凹凸があるため、通気性と吸水性にすぐれています。

キルティング
厚みがあって吸収力は高いものの、乾きにくいのが難点。

布おむつのあて方

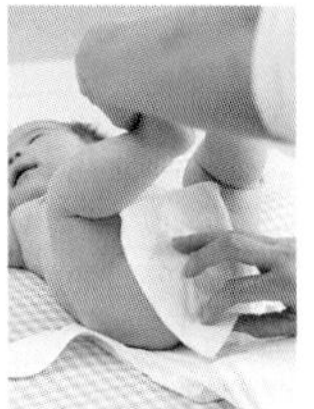

1 カバーにおむつをセットします
おしりの汚れをふいたら、おむつ本体をセットしたカバーを、おしりの下に敷きます。

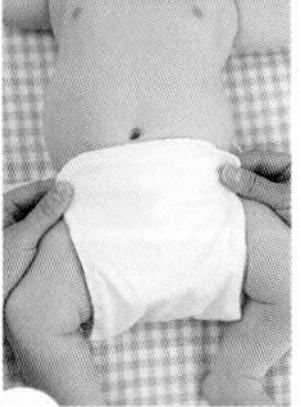

2 自然に股を開きおむつをあてます
赤ちゃんの足が動かしやすいように、股を開いて、おむつカバー&おむつをあてます。

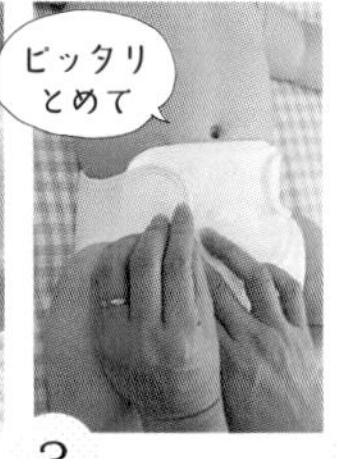

3 おへそを出してベルトを留めます
おへそが出るようにおむつをととのえて、左右のベルトをしっかりと留めます。

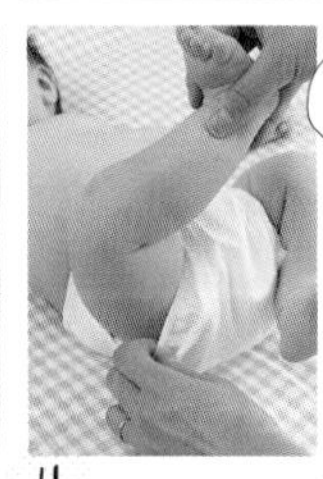

4 ギャザーを外に出します
カバーからはみ出したおむつを中に入れて、カバーのギャザーを外側に出します。

5 きつくないかどうかチェック
おなか回りをチェックしたらOK。指が2本ぐらい入るゆとりがあるのが目安です。

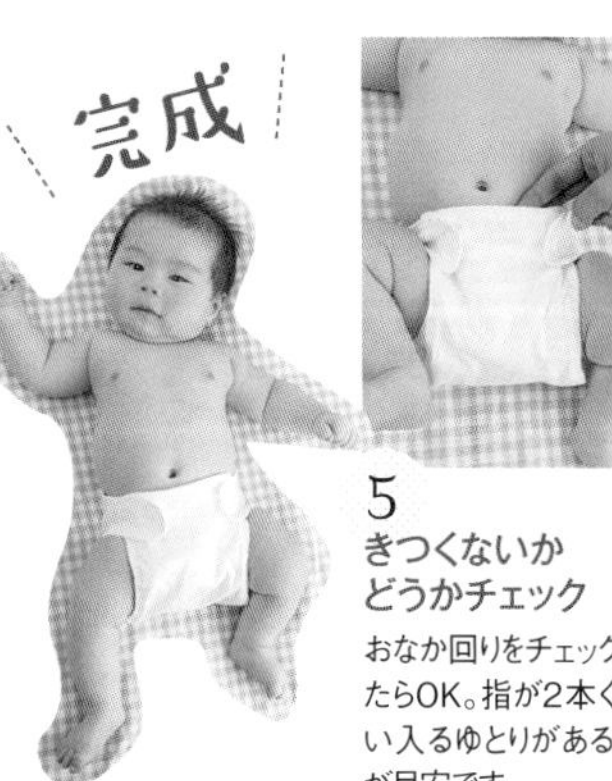

体験談 おむつ替え、こんな感じ!

新生児期は1日10回以上のうんちでおむつ替えは約15回! カット綿+水でもおしりが荒れて大変でした。
カズママさん・和己(かずみ)くん

おむつをあけたとたん、おしっこ&うんちを飛ばされたこと数回。新しいおむつを先に敷いて防ぎました。
小林妙子さん・希々歌(ののか)ちゃん

産後すぐから足をばたばたさせるのでおむつ替えがしづらくて悪戦苦闘。あやしつつ、どうにか替えました。
名倉幸子さん・陽那(ひな)ちゃん

お世話4 沐浴&パーツケア

赤ちゃんは新陳代謝が盛んなので、毎日沐浴させて体をきれいにしましょう。おふろ上がりはグルーミングタイムです。

グズグズタイムに入れると機嫌がよくなることも

生後1カ月間は細菌などによる感染を防ぐため、大人とは別のベビーバスで沐浴させます。赤ちゃんは新陳代謝や皮脂の分泌が活発なので、ガーゼハンカチで、くびれやシワの間まで、ていねいに汚れを落としましょう。あまり長く入っていると赤ちゃんも疲れてしまうので、10分ぐらいを目安に手早く入れて。授乳前後や深夜は避け、授乳と授乳の間や夕方から夜にかけて赤ちゃんのぐずりやすい時間帯に入れると気分転換にもなっていいようです。

沐浴の仕方

1 まず、おふろ上がりの準備をしましょう

バスタオルや着替えなど、おふろ上がりに使うものを準備してから、赤ちゃんを裸にします。

2 お湯はややぬるめが適温。湯温計があると安心

湯温計で適温をチェック。大人のおふろよりややぬるめの38〜40度が適温。洗面器に上がり湯も用意。

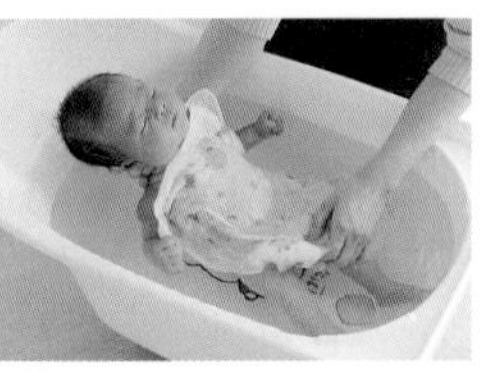

3 沐浴布をかけて足からベビーバスへ

片方の手で赤ちゃんの首を支えて足からベビーバスに入れます。体全体を沐浴布でおおうと、怖がりません。

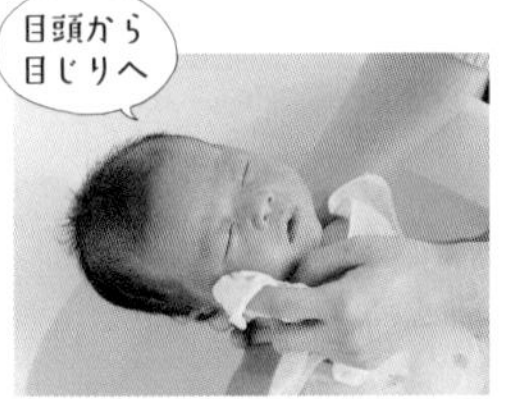

4 ガーゼハンカチで顔をふきましょう

ぬらしたガーゼで目、鼻、口と順にふいていきます。目は目頭から目じりに向かって、そっとふいて。

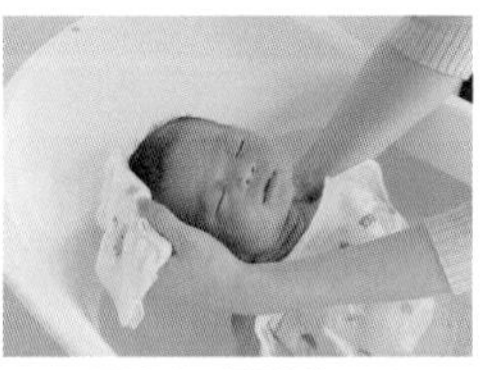

5 石けんで頭を洗ってガーゼでふきとります

石けんを使って、なでるように髪の毛を洗います。石けんを洗い流したらガーゼでふきとります。

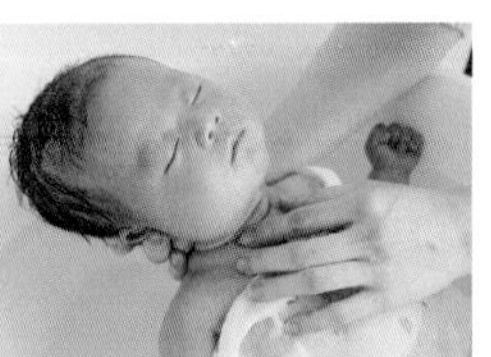

6 首から手足まで洗います。くびれ部分もしっかり

胸、おなか、手足を洗ったら、首の下やわきなど汚れがたまりやすい、くびれ部分もていねいに洗って。

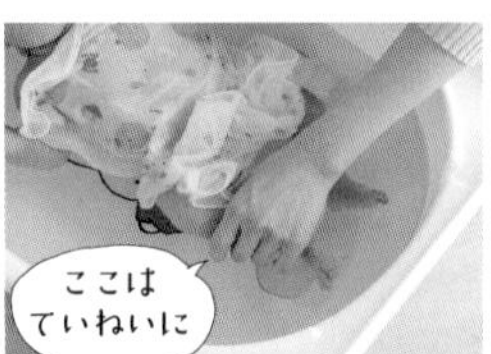

7 手を入れて足や股を洗います

お湯の中に大人の手を入れて、おしりや股の汚れをきれいに落としましょう。細部まで、ていねいに。

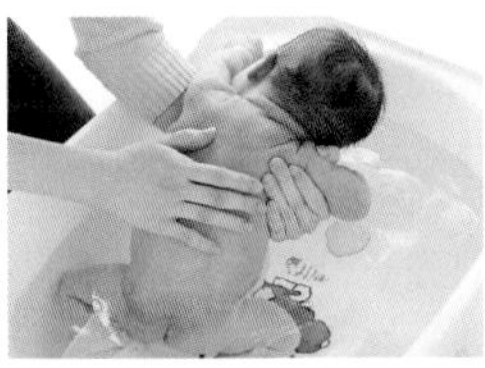

8 体をひっくり返して背中の汚れを落として

大人の手を赤ちゃんのわきの下に入れてひっくり返したら、片方の手で円をかくように背中を洗います。

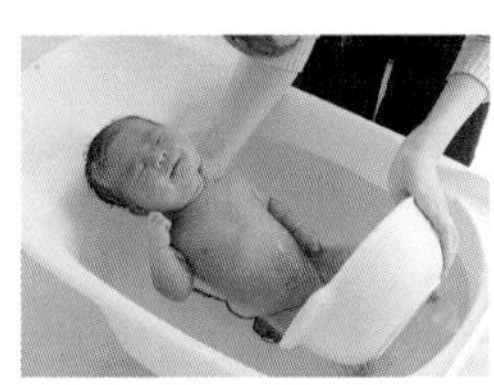

9 上がり湯をかけたら沐浴完了!

沐浴布をはずし、洗面器に用意しておいた上がり湯をそっとかけます。体をきれいにすすいだら沐浴終了。

10 バスタオルでやさしく体をふきましょう

お湯から上げたら、きれいになった体をバスタオルで包み、水分をふきとります。くびれ部分もていねいに。

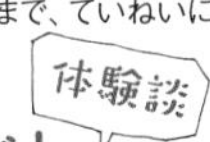

沐浴、こんな感じ!

首の下はちゃんと洗わないと吐いたミルクがたまって赤くなっていることも!! 「う〜ん」と首を上げさせて念入りに洗いました。手のひらも、ちゃんとパーにさせて洗ってあげましたよ。

高島真矢さん・理央ちゃん

浴室は寒いので和室にシートを敷いて入れていました。つらかったのは中腰の姿勢と、沐浴中のうんち。うんちをされると大変だったけれど、本人はゴキゲンだったので気持ちよかったのかなぁ。

まこママさん・真理ちゃん

お世話4 沐浴＆パーツケア

ケアタイムは健康状態をチェックする絶好のチャンス

沐浴後は、目、おへそなどのパーツのお手入れを。耳や鼻は週1回でOKです。また、つめが伸びていればつめ切り、季節の変わり目などで肌が乾燥していればベビー用のローションを利用して保湿ケアしてあげましょう。パーツケアは健康状態をチェックするチャンス。湿疹がないか、いつもと違うところがないか、全身を観察してみましょう。

パーツケアグッズは、赤ちゃんの小さな体に合わせた専用のものを用意しましょう。収納ポーチやボックスもあると便利。

パーツケアの仕方

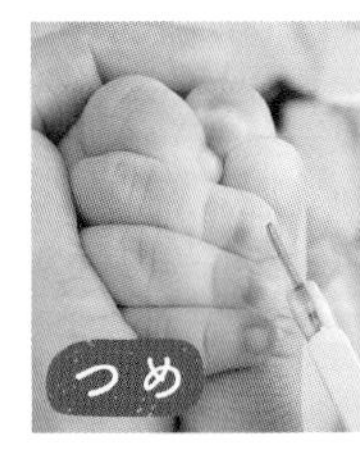

白い部分が1㎜になったらカット

手のつめは顔のひっかき傷の原因になるのでこまめにチェックし、白い部分が1㎜程度になったらカット。沐浴後のつめがやわらかくなっているときが最適。

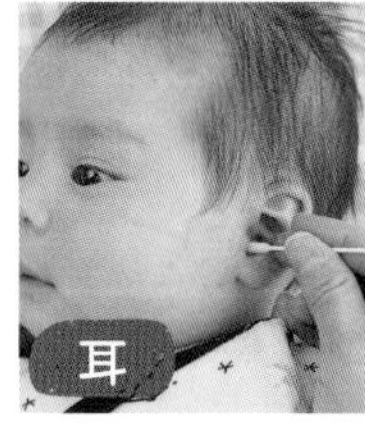

細い専用綿棒で入り口の水分を吸収

ベビー用の細い綿棒で、入り口の水分をふきとりましょう。奥まで入れるのはNG。汚れを落としやすい俵形や安全性の高いだるま形などバリエーションあり。

専用ブラシでやさしくとかして

新生児期はガーゼハンカチでなでつけるだけでもOKですが、髪の毛の多い赤ちゃんは、専用のやわらかいブラシやコームで、やさしくとかしましょう。

綿棒やピンセットでとりのぞきます

蒸気でふやけた鼻くそや鼻水をとりのぞくときは、専用の細い綿棒をほんの少し鼻の穴に入れてキャッチ。大きな鼻くそは、つまみやすいピンセットで。

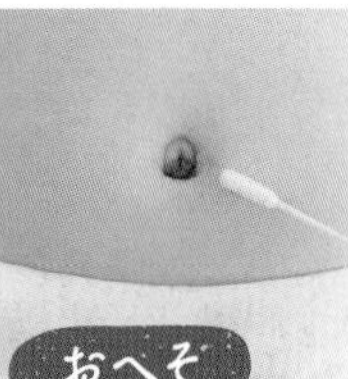

きれいに乾くまではきちんと消毒

おへそがきれいに乾くまでは、綿棒に薬用アルコールをつけて消毒しましょう。おむつはおへそにあたらないようにあてて。出血が続くときは病院に相談を。

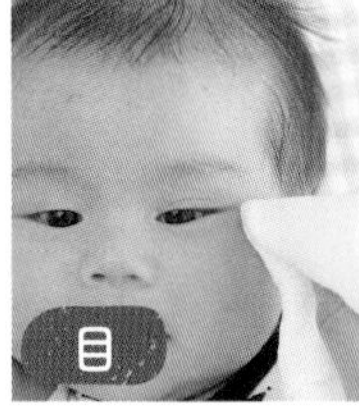

目頭から目じりに向かってふいて

ぬるま湯でぬらしたガーゼや清浄綿をかたくしぼり、目頭から目じりに向かってふいてあげましょう。目やにが出ていなければ、おふろのときだけでOK。

パーツケア、こんな感じ！

へその緒は退院前にとれていたけれど、ジクジクが続いたので沐浴後にケア。よく動く子でおへその消毒中も、とにかく暴れる！ 綿棒がささりそうでドキドキでした。

武井雅子さん・元希（げんき）くん

つめはどこまで切ればいいかわからず、1回切りすぎて血が出ちゃった!! 起きているときに切ると大泣きしたので、寝ているときを狙って切るようにしました。

藤原絵美さん・空来（そら）ちゃん

パーツケアあると便利グッズ

スキンケアグッズ

肌がカサカサに乾燥しているときは、馬油などのクリームでケア。ローションやオイルでも。

ベビー用体温計

耳式やわき式など。ごそごそ動く赤ちゃんには、数秒で計測できるタイプが便利。

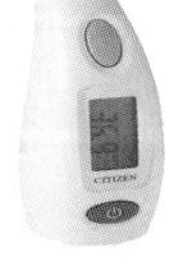

鼻水吸い器

ママが口で吸って、赤ちゃんの鼻詰まりを解消させるグッズ。秋冬生まれは、あると便利。

パーツケアマストグッズ

綿棒

耳や鼻、おへそのケアに使います。ベビーの耳や鼻は小さいので、ベビー用がおすすめ。

ガーゼハンカチ

沐浴時はもちろん、口元をふいたり、顔をふいたり、普段から何かと出番あり。

ブラシ

赤ちゃんの髪の毛をやさしくとかせる、やわらかい毛を使った専用ブラシを選びましょう。

つめ切り

生後すぐは、赤ちゃんのやわらかいつめも安全にカットできる先丸＆はさみタイプが◎。

沐浴マストグッズ

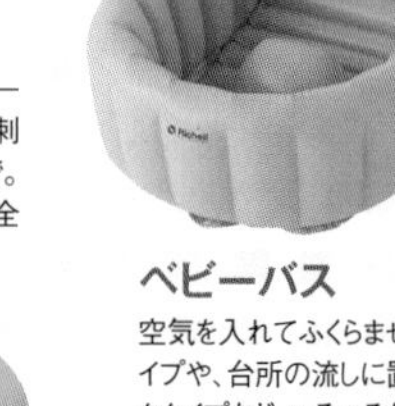

ベビーソープ

赤ちゃんのデリケート肌に合わせた低刺激のものを選んで。頭からつま先まで全身使えるものも。

ベビーバス

空気を入れてふくらませるエアタイプや、台所の流しに置けるシンクタイプなど、いろいろな種類が。

湯温計

湯ぶねに浮かべて沐浴適温をチェックします。タイマー機能つきや室温度計兼用のもの。

バスタオル

赤ちゃんの全身を包みやすい正方形や、くびれまで水分がふきとれるガーゼ素材が人気。

沐浴布＆ガーゼハンカチ

赤ちゃんの体をおおう沐浴布や、顔やくびれを洗うのに使うガーゼハンカチは必須。

沐浴あると便利グッズ

沐浴剤

お湯にとかすだけで、石けんを使わなくても赤ちゃんの肌はきれいに。上がり湯も不要。

手おけ

手おけや洗面器は上がり湯をかけるときに便利。持ち手つきだと、よりかけやすく◎。

何を何枚着せればいいの？
にお答えします！

お世話5 着替え

肌着やウエア選びはママのお楽しみの一つですが、大事なのは赤ちゃんの着心地。生まれる季節で用意すべきアイテムと着せ方も変わります！

基本ウエア

カバーオール
手足をおおうデザインで肌着の上から重ねます。夏は薄手の半そで、冬は厚手の長そでを。

兼用ドレス
股下のスナップの留め方で、ベビードレスにもカバーオールにもなり、長く使えます。

ベビードレス
ゆったりとしたすそ広がりのデザインで、おむつ替えしやすいのが特徴。新生児にイチ押し。

基本の肌着

短肌着
ひもをほどくと広がるので、着せやすい打ち合わせ式。タグや縫い目は外側にあります。

打ち合わせ式

タグ

ボディスーツ
股下でスナップ留めできて、着せるとスッキリ。頭からかぶるタイプは、首がすわってから使いましょう。

コンビ肌着
短肌着のすそを長くして、股下でスナップ留めできる形。足をばたつかせてもはだけません。

組み合わせ方

0〜2カ月ごろ

体温調節が上手にできない生後すぐは、大人より1枚多めに着せます。春夏は肌着の重ね着、秋冬は肌着＋ドレス。真夏は肌着1枚だけでも。ベビードレスや兼用ドレスは、おむつ替えがラク。

パターン1

短肌着 ＋ コンビ肌着

新生児の基本スタイル。短肌着だけだとおなかが出てしまうので、上からコンビ肌着を重ねて。だっこもしやすくなります。

パターン2

短肌着 ＋ ベビードレス

短肌着でおなかをカバー、ベビードレスでつま先までしっかりとおおえる安心スタイル。スナップなしでおむつ替えもラクラク。

パターン3

コンビ肌着 ＋ 兼用ドレス

肌寒い時期はインナーもコンビ肌着でしっかりと防寒。上には兼用ドレスを。スナップをはずしたドレススタイルで着せて。

3カ月を過ぎたら

手足の動きが活発になる2〜3カ月ごろからは大人と同じか1枚少なめに。体の動きを妨げないものを着せましょう。寒い時期は部屋ではカーディガンやベスト、外出にはジャンプスーツを足して。

パターン1

短肌着 ＋ 兼用ドレス

暑い時期も汗を吸ってくれるインナーは必要。短肌着を下に着せてから兼用ドレスを。足を自由に動かせるパンツスタイルで。

パターン2

ボディスーツ ＋ カバーオール

冷えが気になるときはボディスーツでおなかをカバー。その上から、そのときどきの天候に合ったカバーオールを着せます。

パターン3

おしゃれボディスーツ1枚

夏場は、ボディスーツ1枚でもOK。かわいいデザインのものなら、お出かけにも使えます。汗をかいたら、すぐに着替えられるのも便利。

肌寒いときはこんなアイテムが便利

ベスト
前あき&そでなしなので、おなかや肩が冷えるときにさっと着せられて便利。合わせやすい無地が○。

レッグウォーマー
足元だけあたためられて、おむつ替えもラク。かわいいデザインが多く、ボディスーツと好相性。

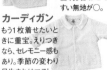

カーディガン
もう1枚着せたいときに重宝。えりつきなら、セレモニー感もあり。季節の変わり目生まれはマスト。

ソックス
つま先が冷えているときに、はかせてあげて。新生児サイズはすぐに小さくなるので、買いすぎ注意。

着替えレッスン

ねんねの赤ちゃんの着替えをスムーズにすませるためには、あらかじめ肌着やウエアなど着せる服を重ねて、そでを通しておくのがポイント。内側から順に着せていきましょう。

1 着せる服を重ねてそでを通しておく
一度に着せられるように、ひもやスナップをはずして広げたコンビ肌着の上に短肌着をのせて、そでを通しておきます。洗濯してたたむときにセットしておくと便利。

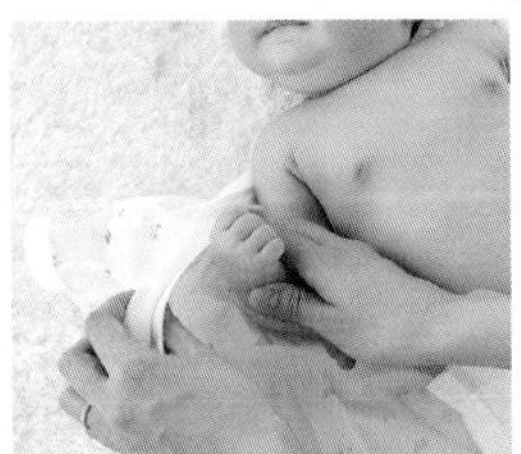

2 開いたそでに赤ちゃんの腕を入れます
広げておいた2枚の肌着の上に赤ちゃんを寝かせて、片方のそでに赤ちゃんの腕を入れます。大人は片方の手でそでを開き、もう片方の手で赤ちゃんの腕を持って。

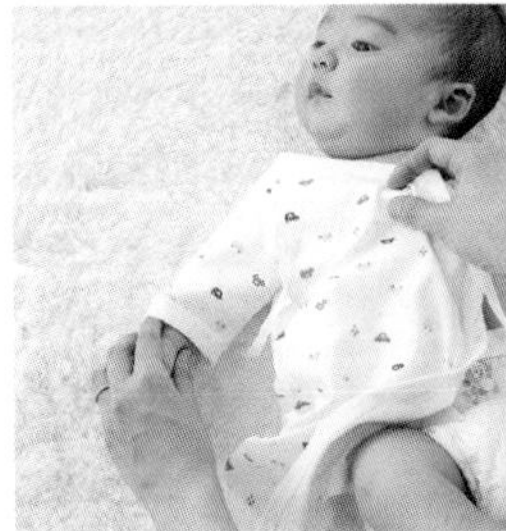

3 そで口から大人の手を入れて迎えにいきます
そでに赤ちゃんの腕を入れたら、そで口から大人の手を入れて、赤ちゃんの手をそっと引き出します。反対側も同様に、赤ちゃんの手を引っ張らないように出して。

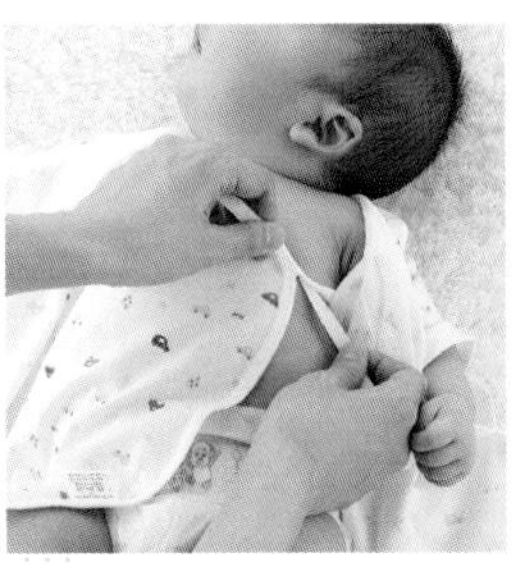

4 内側の短肌着のひもを結びましょう
両方のそでに赤ちゃんの手を通したら、まずはいちばん内側の短肌着のひもを結びましょう。体を締めつけないように、ゆったりと結びます。

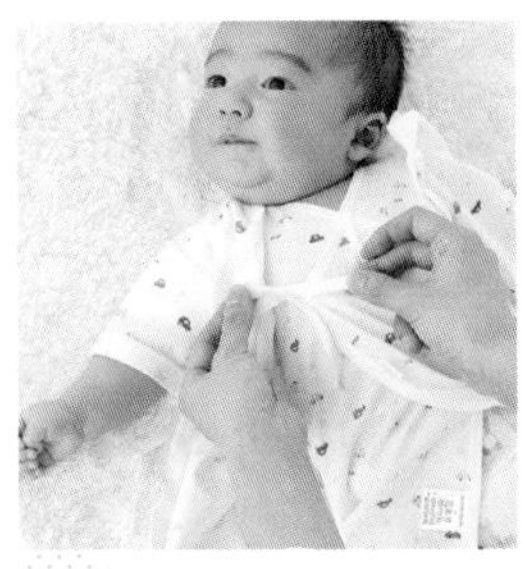

5 えり元を"ソ"の字にして外側のひもを結びます
えり元がカタカナの"ソ"の字になるように、打ち合わせに気をつけて、外側のひもを結びます。あまりもたもたしていると、赤ちゃんが動いてしまうので手早く!

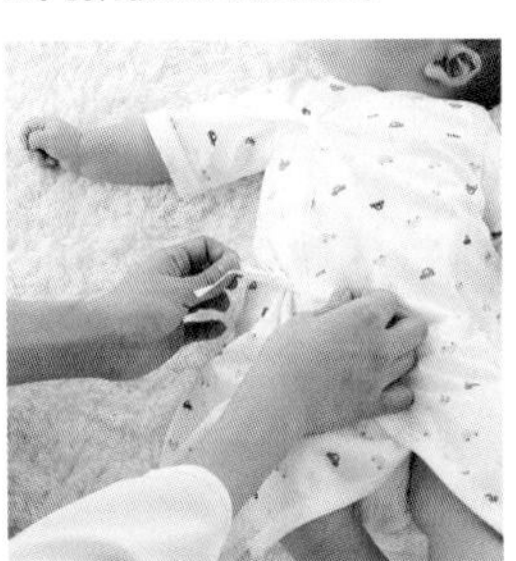

6 外側のコンビ肌着のひもを結べばでき上がり
コンビ肌着のひも同様に結び、股下のスナップボタンを留めたらでき上がり。最後に生地がもたついているところがないか全体をチェックしてみましょう。

シーン別着こなしガイド

0カ月 退院〜お宮参り < 0カ月 おうちスタイル < 1カ月 1カ月健診 < 2カ月 おうちスタイル < 3カ月 予防接種 < 6カ月 ハーフバースデー

純白ドレス+フードではじめまして
退院やお宮参りは、白いセレモニードレスとフードでおめかし。重ね着できるドレスなら天候に合わせて調節できます。

ねんねしやすい兼用ドレス
1日じゅうねんねで過ごす時期は、すそをめくるだけでおむつ替えできる兼用ドレスやベビードレスがおすすめです。

前あきカバーオールに小物をプラス
肌着の上にカバーオールを着せて健診へ。計測や診察を行うので、前あきのほうが便利。冷え防止にレッグウォーマーも。

股下で留められるアイテムを
足をばたばたさせておなかがはだけないよう、股下で留められるウエアにチェンジ。かわいい柄でテンションアップ!

前あき服にはおりものを持参
予防接種でも検温や診察などで服を脱がせることが多いので、前あきを着せておいて。冷え予防にカーディガンも持参。

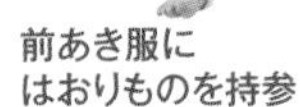

特別な日らしくとびきりおしゃれに
おしゃれなデザインやしゃれた素材使いのカバーオールを選べば、特別感がぐんとアップ。女子ならヘアアクセサリーも!

赤ちゃんがグズグズ泣いたらどうすればいい!?

お世話6 寝かしつけ&あやし

新米ママ&パパにとって、寝かしつけと泣きやませは難易度が高いお世話。ポイントを知れば、気持ちがぐんとラクになります。

寝かしつけ 赤ちゃんは泣くのが仕事 あせらずゆったり構えて

新生児は、短い周期で眠ったり起きたりしています。ベビーが寝てくれないと、ママも睡眠不足でイライラがつのりがち。でもイライラすると、それが赤ちゃんに伝わり、ますます寝てくれない悪循環に陥ってしまいます。そんなときは沐浴、外気にふれるなど気分転換も試してみて。「赤ちゃんは泣くのが仕事」と割り切ると気がラクになります。

生後2カ月ごろには昼と夜のリズムができ、3～4カ月ごろからは夜にまとめて眠るようになることが多いもの。赤ちゃんの眠りには個人差があるので、あせらず対応して。

寝かしつけアイデア

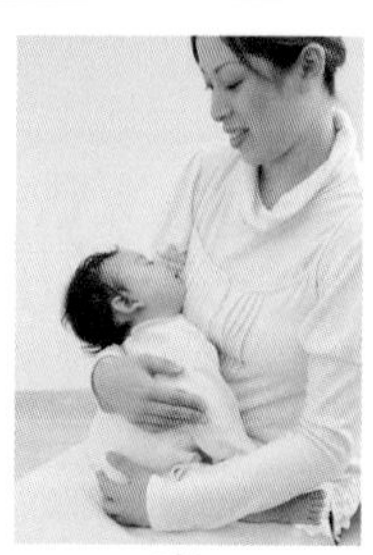

アイデア 1
脱力してから布団へおろす

赤ちゃんはだっこして揺らすとウトウトしてきますが、眠ったと思ってもすぐにおろすと目を覚ましてしまいます。赤ちゃんの体から力が抜け、ぐったりとなるまで待ってから布団の上にそっと置いて。寝かせるときはおしりから背中、頭の順に静かに置きましょう。

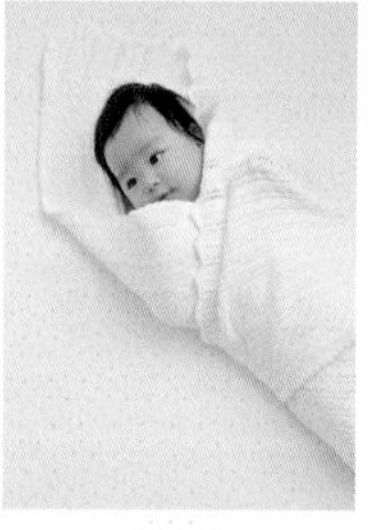

アイデア 2
おくるみでグルグル巻きに

赤ちゃんはママのおなかの中にいたときのように何かにピッタリ包まれていると安心します。おくるみやバスタオルなどで、少しきつめにグルグル巻いてだっこすると、よく寝てくれることが多いようです。

アイデア 3
おなかにいたころに聞かせていた歌を歌う

おなかの中にいたときから聞いていたママの声で、聞きなじみのある歌を歌ってあげると効果があることも。妊娠中によく歌っていた歌があったら、歌ってみましょう。

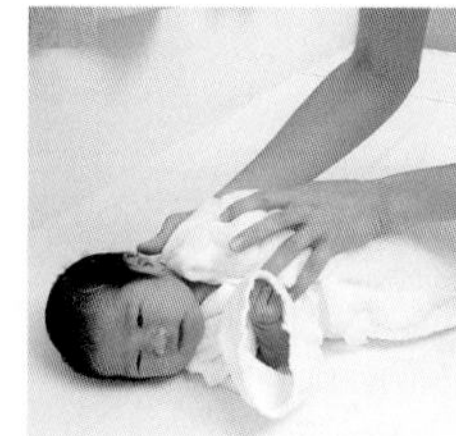

Point
あおむけか横向けに寝かせましょう

寝かせるときは呼吸がラクなあおむけが基本。新生児期は飲んだばかりのおっぱいやミルクを吐きやすいので、頭をやや横向きにして寝かせても。うつぶせ寝はSIDS(乳幼児突然死症候群)の発生と関係があるともいわれるので、大人が近くにいるときだけにしたほうが安心です。

寝かしつけマストグッズ

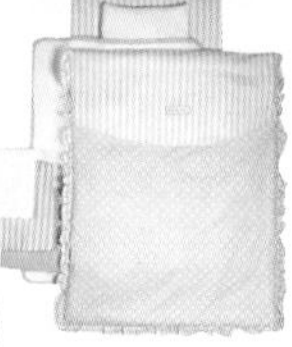

ベビー布団
敷布団や掛け布団がセットになった組み布団は1年じゅう使えて、1組あると便利。

シーツ類
シーツは洗い替えが必要。汗やおしっこをキャッチする防水シーツもあると便利。

寝かしつけあると便利グッズ

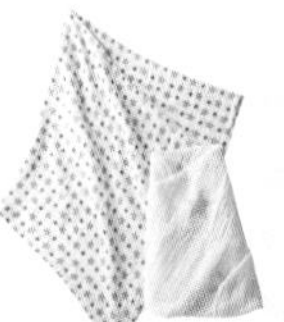

胎内音ぬいぐるみ
ママの胎内音を出すぬいぐるみ。ただし枕元には置かないよう注意。

アフガン
新生児は布でしっかり包んでだっこすると、なぜかグズグズがピタリ。肌ざわりのよいものを。

オルゴールメリー
やさしい音色やゆったりと動くマスコットが、赤ちゃんを眠りに誘います。あやすときにも。

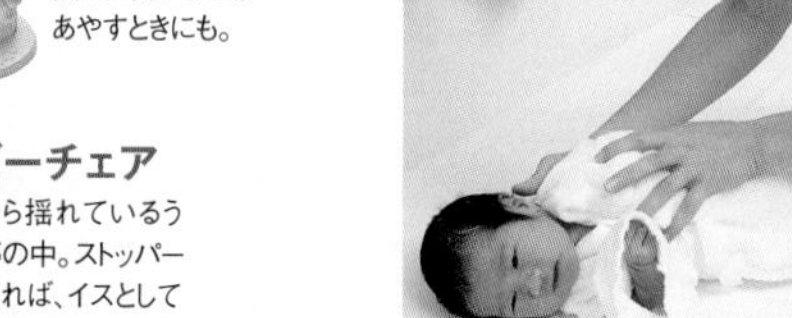

ベビーチェア
ゆらゆら揺れているうちに夢の中。ストッパーを立てれば、イスとして使えるものも。

お世話6 寝かしつけ&あやし

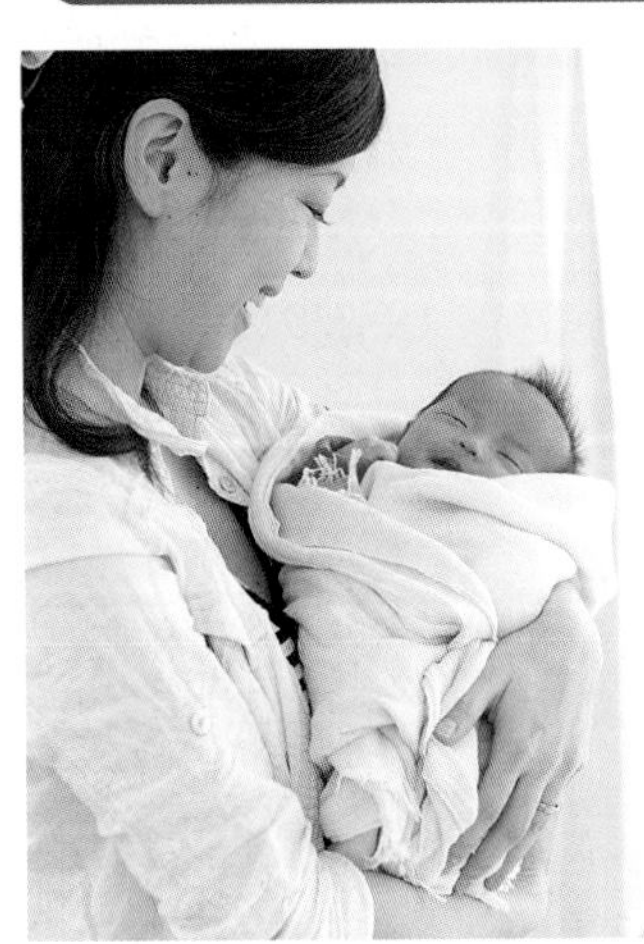

あやし ママ・パパの声やだっこが大好きです

赤ちゃんが目をあけているときは、たっぷりとスキンシップをしましょう。赤ちゃんはママ・パパのやさしいだっこや声がけで安心します。「どんなことをすればいいの?」と、とまどうかもしれませんが、特別なことをする必要はありません。耳元で音を鳴らしたり、頭をなでなでしたり、五感を刺激してあげるだけでOK。道具も必要なく、いつでもどこでもできます。

お世話するときも「だっこするよ」「おっぱい飲もうね」など、行動を言葉に出すとよいでしょう。赤ちゃんの耳にはしっかり届いていて、ママ・パパも黙ってするより声をかけながらお世話したほうが楽しいはず。

また「おはよう」「おやすみ」といったあいさつや、泣いたときに子守唄や童謡を歌ってあげるのも○。気負わず、自然にふれ合いの時間を楽しみましょう。

上手にあやすポイント

1 赤ちゃんは繰り返し言葉が好き

「アーアー」「ブーブー」など、赤ちゃんはリズミカルな言葉の繰り返しを好みます。赤ちゃんにわかりやすいよう、やさしい声ではっきりと発音してあげましょう。

2 目線を合わせてゆっくり高いトーンで

目と目を合わせるのは、心を伝えるコミュニケーションの基本。赤ちゃんでもいっしょです。声をかけるときに赤ちゃんの目をしっかりと見ると、赤ちゃんの反応が違います。

3 音が鳴るものを利用して

ベッドメリーやガラガラなど音の鳴るおもちゃを使うのもおすすめ。「きれいな音だね」と声をかけたり、いっしょに歌ったりしても。あまりうるさい音はNG。

4 寝かせておしゃべりもOK

ずっとだっこをしていて疲れたときは、ベッドやベビーチェアに寝かせて、体をトントンしたり、揺らしたりしてあやしましょう。ベビーマッサージもおすすめ。

体験談 寝かしつけ&あやし、こんな感じ!

●バスタオルで赤ちゃんの体を包み、そのままだっこしてユ～ラユ～ラ。うちの子はそれだけで眠ってくれたのでかなりラクでした。ママのおなかにいるみたいで安心するのかな。10カ月の今もこの方法で寝かしつけ。
安藤みどりさん・佑真(ゆうま)くん

●新生児のころはできるだけ赤ちゃんと目が合うように顔を見て話しかけ。ときには手足をさわって、体操のまねごとをして遊んだりしました。
石川有里さん・悠乃(ゆの)ちゃん

●赤ちゃんの手を持ってパチパチ、足を持って伸ばしたり曲げたり……自己流ですが声をかけながら体にふれてコミュニケーションを楽しみました。
西川千絵さん・温人(はると)くん

赤ちゃんとのふれ合い

背中を手でトントン

片方の手は赤ちゃんのおしりを支えて、げっぷするときのような体勢でだっこしたら、もう一方の手で背中をトントン。歌や声かけに合わせてトントンしているうちに、赤ちゃんはウトウト。

縦抱きでぴったり

縦抱きで赤ちゃんの顔を大人の胸元に寄せてあげれば密着度がアップ。赤ちゃんは、より安心するでしょう。体ごと揺らしたり、やさしく歌ったりしてリラックスした時間を過ごしましょう。

横抱きであんよをスリスリ

赤ちゃんを片方の腕に預けて横抱きにしたら、もう一方の手で太ももやひざをやさしくなでてあげましょう。密着感とママの肌のぬくもりで、グズグズの赤ちゃんもゴキゲンになるはず。

頭をなでなで

横抱きでも縦抱きでも、抱きやすい姿勢で赤ちゃんをだっこしたら、声をかけながらやさしく頭をなでてあげましょう。「かわいいね」「おりこうさん♪」といった言葉が自然に出てしまうはず。

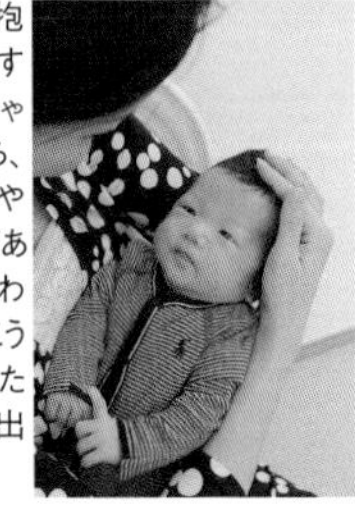

縦抱きでおしゃべり

首と腰を支える縦抱きで赤ちゃんと向かい合う体勢になり、赤ちゃんの目を見ながら、やさしく話しかけましょう。「○○ちゃん」と名前を呼んだり、「おはよう」とあいさつしたりなんでもOK。

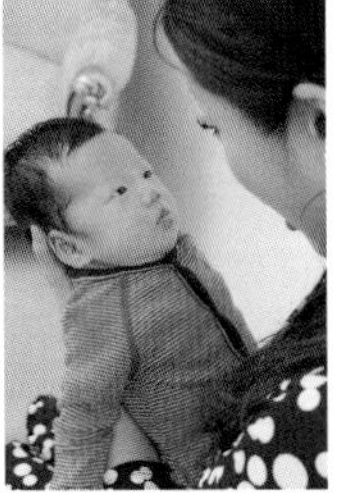

耳元で話す&音を鳴らす

赤ちゃんを縦抱きにしたら、赤ちゃんの耳元に口を近づけて、お話したり、口を鳴らしたりしましょう。耳元に「チュッ」としてもらうのも大好きな遊びです。

あ

い

う

え

お

か

き

く

ぬ

ね

の

は

ひ

と

な

に

ち

つ

監修:安達知子

総合母子保健センター 愛育病院
副院長・産婦人科部長
東京女子医大客員教授

1978年、東京女子医科大学医学部卒業後、同大学産婦人科学教室入局。米国ジョンズ・ホプキンス大学研究員、東京女子医科大学産婦人科助教授をへて、2004年から愛育病院産婦人科部長に。06年より東京女子医科大学の客員教授に、13年より愛育病院副院長を兼務。厚労省、文科省、内閣府などの各種委員会の委員などを務める、わが国の産科学界を担う中心的存在の一人。

staff

カバーデザイン♥川村哲司(atmosphere ltd.)

カバーイラスト♥100%ORANGE

本文デザイン♥アトム☆スタジオ(川崎綾子、岩崎亜樹、鈴木聖恵)

ママちゃんイラスト♥仲川かな

本文イラスト♥aque、いけもとなおみ、蛯原あきら、岡本典子、カネコシオリ、岸より子、サトウヨーコ、sayasans、高沢幸子、タカタケイコ、タナカユリ、野田節美、福井典子、フクチマミ、山本ユウカ、よしいちひろ、米澤よう子

撮影♥目黒、石川正勝、加藤しのぶ、加藤幸江、楠 聖子、近藤 誠、園田昭彦、高橋 進、高見優子、千葉 充、外山亮一(Studio104)、林 ひろし、吉竹めぐみ、主婦の友社写真課

取材協力♥祐成二葉(料理研究家)、ほりえさわこ(料理研究家)、牧野直子(料理研究家)、森脇じゅん(ママの学校主宰)、山田静江(ファイナンシャルプランナー)、山本妙子(愛育病院 栄養科科長)(50音順、敬称略)

撮影協力♥犬印本舗

モデル(P2)♥有坂来瞳

読者モデル♥阿部友香子さん、岩田由香里さん、上城春香さん、大浦真子さん、片山絵里さんほか

校正♥田杭雅子

構成・文♥荒木晶子(引き出し、3章)、池田純子(2・7章)、植田晴美(1章)、関川香織(2・4〜6章)、出村真理子(4章)

編集♥志岐麻子(主婦の友社)

はじめてママ&パパの妊娠・出産

編者　主婦の友社
発行者　荻野善之
発行所　株式会社主婦の友社
〒101-8911　東京都千代田区神田駿河台2-9
電話(編集)03-5280-7537
(販売)03-5280-7551
印刷所　大日本印刷株式会社

ISBN978-4-07-295538-3

■乱丁本、落丁本はおとりかえします。お買い求めの書店か、主婦の友社資材刊行課(電話03-5280-7590)にご連絡ください。
■内容に関するお問い合わせは、主婦の友社(電話03-5280-7537)まで。
■主婦の友社発行の書籍・ムックのご注文は、お近くの書店か主婦の友社コールセンター(電話0120-916-892)まで。
*お問い合わせ受付時間　土・日・祝日を除く　月〜金　9:30〜17:30
■主婦の友社ホームページ　http://www.shufunotomo.co.jp/

*本書は『最新　はじめての妊娠&出産』および雑誌『Pre-mo』の内容に新たな情報を加えて構成したものです。ご協力いただいた先生がた、モデルになってくださった妊婦さんや赤ちゃんとご家族のみなさま、取材撮影スタッフに心からお礼申し上げます。

*スタッフおよび読者のかたに掲載の連絡をしておりますが、連絡のつかないかたがいらっしゃいます。お気づきの際はプレモ編集部(☎03-5280-7521)までご一報ください。あらためて編集部よりご連絡差し上げます。

た-101010